7·9급 시험을 준비하는 수험생을 위한 **최적의 맞춤형 교재**

신(神)의 한 수
한자편

2022 혜원국어

신의 한 수 필살기
**한자야~
너 이렇게 쉬운 애였니?**
한자 울렁증 타파

고혜원 편저

20시간 초단기 완성
한자가 두려운 수험생을 위한 필수 선택
암기가 아닌 **연상과 유추를 통한 학습**

한자 암기용 가림판 수록 〈일일 암기 단어장〉 부록

머리말
PREFACE

2022 시험 대비 ≪혜원국어 신(神)의 한 수, 한자편≫은,

1. 새롭다! 가볍다!

새로운 시험의 패러다임에 맞추어

시험에 꼭 알맞은 내용은 넣고, 불필요한 부분은 과감히 삭제하여

수험생들이 시험 공부를 하는 데 최소의 노력으로 최대의 효과를 볼 수 있도록 구성하였다.

2. 반복! 반복! 반복!

테마의 반복,

낱개 한자어가 다른 한자어 및 한자성어를 통해 반복, 반복, 반복되어

촘촘한 그물망으로 시험장까지 암기가 유지되도록 구성하였다.

3. 결국은 문제!

한자를 공부하는 것은 결국 수험 과목인 국어에서의 고득점을 위해서이다.

자연스러운 암기와 문제를 푸는 완벽한 공식을 통해

최종 시험장에서 한자 관련 문제를 맞힐 수 있는 힘을 기르도록 구성하였다.

한자의 바다는 너무나 넓고, 외워야 할 한자는 너무나 많다.

그러나 모든 한자를 다 공부해야 하는 것은 아니다.

시험에 꼭 필요한 부분을 지혜롭게 공부하여,

꼭 국어 100점과 합격의 기쁨을 모든 수험생이 누리기 바란다.

한자는 영어와 달라 무작정 암기한다고 되는 것이 아니다. 그 근간을 이해하고, 꾸준히 성실하게 암기한다면 더 이상 한자는 두려움의 이름이 아니라, 시험에 더 많이 나와 주길 바라는 소망의 이름이 되리라 믿는다. 한자는 한자 그 자체로 국어 고득점의 관건일 뿐만 아니라, 국어 전체 영역의 이해를 돕는 초석이며, 무엇보다 한자의 근간을 이해하게 되면, 낯선 한자도 유추할 수 있게 된다.

2022 시험 대비 ≪혜원국어 신(神)의 한 수, 한자편≫과 함께 차근차근 공부해 나가다 보면, 수험 국어의 심도 깊은 이해가 덤으로 주어지고, 스스로가 국어 고득점의 주인공이 되어 있음을 확인하게 될 것이다. 늘 믿고 신뢰를 보내 주는 수험생 여러분, 항상 필요를 살피며 함께하는 혜원국어 연구소 가족(김대승, 이진우, 김지희, 박희연, 염희원), 또한 좋은 교재를 위해 애써 주시는 오스틴북스 가족들, 특히 성백철 차장님, 더불어 늘 무한한 지지를 보내 주시는 사랑하는 가족과 언제나 도움의 손길을 주시는 하 선생님께 마음을 모아 감사의 마음을 전한다.

2021년 9월
노량진 연구실에서
고 혜 원

목차
CONTENTS

한자(漢字) 20시간 초단기 완성

신(神)의 한 수 한자편

한자 (漢字)

20시간 초단기 완성

20시간 초단기 완성
한자 1600선

1회독 _____월_____일
2회독 _____월_____일
3회독 _____월_____일

1 한자

001 木 나무 목	002 本 근본 본	003 末 끝 말	004 未 아닐 미	005 味 맛 미	006 昧 어두울 매
007 寐 잠잘 매	008 來 올 래	009 麥 보리 맥	010 束 묶을 속	011 速 빠를 속	012 策 꾀 책
013 目 눈 목	014 見 볼 견/뵈올 현	015 現 나타날 현	016 示 보일 시	017 視 볼 시	018 看 볼 간
019 相 서로 상	020 想 생각 상	021 心 마음 심	022 必 반드시 필	023 禾 벼 화	024 和 화목할 화
025 私 사사로울 사	026 利 이로울 리	027 梨 배나무 리	028 秀 빼어날 수	029 誘 꾈 유	030 透 통할 투

2 한자성어

001 未曾有	002 未嘗不	003 彌縫策	004 白眼視	005 拔本塞源
006 前代未聞	007 前人未踏	008 寤寐不忘	009 輾轉不寐	010 輾轉反側
011 捲土重來	012 苦盡甘來	013 興盡悲來	014 束手無策	015 欲速不達
016 糊口之策	017 窮餘之策	018 苦肉之策	019 目不識丁	020 目不忍見
021 見物生心	022 見利思義	023 刮目相對	024 相扶相助	025 同病相憐
026 作心三日	027 和而不同	028 先公後私	029 滅私奉公	030 麥秀之嘆

3 한자어

001 未收	002 未遂	003 米壽	004 示唆	005 時事
006 試寫	007 現象	008 現像	009 現狀	010 懸賞
011 心思	012 深思	013 審査	014 必須	015 必需
016 私有	017 思惟	018 事由	019 俊秀	020 遵守

○ 알고있음 △ 애매함 X 모름

001

木
나무 목
★

草木	草 풀 초　　　　木 나무 목
	풀과 나무를 아울러 이르는 말
樹木	樹 나무 수　　　　木 나무 목
	1. 살아 있는 나무 2. 목본 식물을 통틀어 이르는 말
木材	木 나무 목　　　　材 재목 재
	건축이나 가구 따위에 쓰는, 나무로 된 재료

002

本
근본 본
★★

基本	基 터 기　　　　本 근본 본
	사물이나 현상, 이론, 시설 따위를 이루는 바탕
本質	本 근본 본　　　　質 바탕 질
	1. 본디부터 가지고 있는 사물 자체의 성질이나 모습 2. 사물이나 현상을 성립시키는 근본적인 성질
資本	資 재물 자　　　　本 근본 본
	1. 장사나 사업 따위의 기본이 되는 돈 2. 상품을 만드는 데 필요한 생산 수단이나 노동력을 통틀어 이르는 말

003

末
끝 말
★★

週末	週 돌 주　　　　末 끝 말
	한 주일의 끝 무렵. 주로 토요일부터 일요일까지를 이른다.
末端	末 끝 말　　　　端 끝 단
	1. 맨 끄트머리 2. 조직에서 제일 아랫자리에 해당하는 부분
末尾	末 끝 말　　　　尾 꼬리 미
	어떤 사물의 맨 끄트머리

004 未 아닐 미 ★★★

未來	未 아닐 미　　　來 올 래
	앞으로 올 때
未定	未 아닐 미　　　定 정할 정
	아직 정하지 못함.
未亡人	未 아닐 미　　　亡 망할 망　　　人 사람 인
	남편을 여읜 여자. ≪춘추좌씨전≫의 〈장공편(莊公篇)〉에 나오는 말이다.
	※ 아직 따라 죽지 못한 사람이라는 뜻으로, 다른 사람이 당사자를 미망인이라고 부르는 것은 실례가 된다.

005 味 맛 미 ★★

味覺	味 맛 미　　　覺 깨달을 각
	맛을 느끼는 감각
意味	意 뜻 의　　　味 맛 미
	1. 말이나 글의 뜻　2. 행위나 현상이 지닌 뜻　3. 사물이나 현상의 가치
興味	興 일 흥　　　味 맛 미
	1. 흥을 느끼는 재미　2. 어떤 대상에 마음이 끌린다는 감정을 수반하는 관심

006 昧 어두울 매 ★★

愚昧	愚 어리석을 우　　　昧 어두울 매
	어리석고 사리에 어두움.
蒙昧	蒙 어리석을 몽　　　昧 어두울 매
	어리석고 사리에 어두움.
曖昧	曖 희미할 애　　　昧 어두울 매
	희미하여 분명하지 아니함.

007 寐 잠잘 매 ★★★

寤寐	寤 깰 오　　　寐 잠잘 매
	자나 깨나 언제나
夢寐	夢 꿈 몽　　　寐 잠잘 매
	잠을 자면서 꿈을 꿈. 또는 그 꿈
夙興夜寐	夙 이를 숙　　　興 일 흥　　　夜 밤 야　　　寐 잠잘 매
	아침에 일찍 일어나고 밤에 늦게 잔다는 뜻으로, 부지런히 일함을 이르는 말

008 來 올 래 ★★

來日	來 올 내(래)　　　日 날 일
	[명사] 1. 오늘의 바로 다음 날　2. 다가올 앞날 [부사] 오늘의 바로 다음 날에
由來	由 말미암을 유　　　來 올 래
	사물이나 일이 생겨남. 또는 그 사물이나 일이 생겨난 바
招來	招 부를 초　　　來 올 래
	1. 일의 결과로서 어떤 현상을 생겨나게 함. 2. 불러서 오게 함.

009 麥 보리 맥 ★

麥酒	麥 보리 맥　　　酒 술 주
	알코올성 음료의 하나. 엿기름가루를 물과 함께 가열하여 당화한 후, 홉(hop)을 넣어 향(香)과 쓴맛이 나게 한 뒤 발효하여 만든다.
麥芽	麥 보리 맥　　　芽 싹 아
	보리에 물을 부어 싹이 트게 한 다음에 말린 것. 녹말을 당분으로 바꾸는 효소를 함유하고 있으며, 식혜나 엿을 만드는 데에 쓰인다.
菽麥不辨	菽 콩 숙　　　麥 보리 맥　　　不 아닐 불　　　辨 분별할 변
	콩인지 보리인지를 구별하지 못한다는 뜻으로, 사리 분별을 못 하고 세상 물정을 잘 모름을 이르는 말

010 束 묶을 속 ★★

約束	約 맺을 약　　　束 묶을 속
	다른 사람과 앞으로의 일을 어떻게 할 것인가를 미리 정하여 둠. 또는 그렇게 정한 내용
拘束	拘 잡을 구　　　束 묶을 속
	행동이나 의사의 자유를 제한하거나 속박함.
束縛	束 묶을 속　　　縛 묶을 박
	어떤 행위나 권리의 행사를 자유로이 하지 못하도록 강압적으로 얽어매거나 제한함.

011 速 빠를 속 ★★

速度	速 빠를 속　　　度 법도 도
	물체가 나아가거나 일이 진행되는 빠르기
高速	高 높을 고　　　速 빠를 속
	매우 빠른 속도
迅速	迅 빠를 신　　　速 빠를 속
	매우 날쌔고 빠름.

12　한자(漢子) 20시간 초단기 완성

012

策 꾀 책
★★★

計策	計 셈할 계	策 꾀 책
	어떤 일을 이루기 위하여 꾀나 방법을 생각해 냄. 또는 그 꾀나 방법	
對策	對 대할 대	策 꾀 책
	어떤 일에 대처할 계획이나 수단	
姑息策	姑 잠깐 고 息 쉴 식 策 꾀 책	
	우선 당장 편한 것만을 택하는 꾀나 방법. 한때의 안정을 얻기 위하여 임시로 둘러 맞추어 처리하거나 이리저리 주선하여 꾸며 내는 계책을 이른다. = 고식지계(姑息之計)	

013

目 눈 목
★

耳目	耳 귀 이	目 눈 목
	1. 귀와 눈을 아울러 이르는 말 2. 주의나 관심 3. 귀와 눈을 중심으로 한 얼굴의 생김새	
科目	科 과목 과	目 눈 목
	1. 분류한 조목 2. 가르치거나 배워야 할 지식 및 경험의 체계를 세분하여 계통을 세운 영역	
目的	目 눈 목	的 과녁 적
	실현하려고 하는 일이나 나아가는 방향	

014

見 볼 견
뵈올 현
★★★

意見	意 뜻 의	見 볼 견
	어떤 대상에 대하여 가지는 생각	
參見	參 참여할 참	見 볼 견
	1. 자기와 별로 관계없는 일이나 말 따위에 끼어들어 쓸데없이 아는 체하거나 이래라저래라 함. 2. 어떤 자리에 직접 나아가서 봄.	
謁見	謁 아뢸 알	見 뵈올 현
	지체가 높고 귀한 사람을 찾아가 뵘.	

015

現 나타날 현
★★

現在	現 나타날 현	在 있을 재
	[명사] 1. 지금의 시간 2. 기준으로 삼은 그 시점 [부사] 1. 지금 이 시점에 2. 기준으로 삼은 그 시점에	
現實	現 나타날 현	實 열매 실
	현재 실제로 존재하는 사실이나 상태	
表現	表 겉 표	現 나타날 현
	생각이나 느낌 따위를 언어나 몸짓 따위의 형상으로 드러내어 나타냄.	

016 示 보일 시 ★

提示	提 끌 제 示 보일 시
	1. 어떠한 의사를 말이나 글로 나타내어 보임.
	2. 검사나 검열 따위를 위하여 물품을 내어 보임.
揭示	揭 걸 게 示 보일 시
	여러 사람에게 알리기 위하여 내붙이거나 내걸어 두루 보게 함. 또는 그런 물건.
啓示	啓 열 계 示 보일 시
	1. 깨우쳐 보여 줌.
	2. 사람의 지혜로써는 알 수 없는 진리를 신(神)이 가르쳐 알게 함.

017  視 볼 시 ★★★

視覺	視 볼 시 覺 깨달을 각
	눈을 통해 빛의 자극을 받아들이는 감각 작용
無視	無 없을 무 視 볼 시
	1. 사물의 존재 의의나 가치를 알아주지 아니함.
	2. 사람을 깔보거나 업신여김.
度外視	度 법도 도 外 바깥 외 視 볼 시
	상관하지 아니하거나 무시함.

018 看 볼 간 ★★

看做	看 볼 간 做 지을 주
	상태, 모양, 성질 따위가 그와 같다고 봄. 또는 그렇다고 여김.
看過	看 볼 간 過 지날 과
	큰 관심 없이 대강 보아 넘김.
看護	看 볼 간 護 보호할 호
	다쳤거나 앓고 있는 환자나 노약자를 보살피고 돌봄.

019  相 서로 상 ★★★

相對	相 서로 상 對 대할 대
	1. 마주 대함. 또는 그런 대상. 2. 서로 겨룸. 또는 그런 대상.
相續	相 서로 상 續 이을 속
	1. 뒤를 이음.
	2. 일정한 친족 관계가 있는 사람 사이에서, 한 사람이 사망한 후에 다른 사람에게 재산에 관한 권리와 의무의 일체를 이어 주거나, 다른 사람이 사망한 사람으로부터 그 권리와 의무의 일체를 이어받는 일
相殺	相 서로 상 殺 감할 쇄
	1. 상반되는 것이 서로 영향을 주어 효과가 없어지는 일.
	2. 채무자와 채권자가 같은 종류의 채무와 채권을 가지는 경우에, 일방적 의사 표시로 서로의 채무와 채권을 같은 액수만큼 소멸함. 또는 그런 일

想
생각 상

★★

□ □ □

思想	思 생각 사　　　想 생각 상
	어떠한 사물에 대하여 가지고 있는 구체적인 사고나 생각
想像	想 생각 상　　　像 모양 상
	실제로 경험하지 않은 현상이나 사물에 대하여 마음속으로 그려 봄.
理想	理 다스릴 이(리)　　想 생각 상
	생각할 수 있는 범위 안에서 가장 완전하다고 여겨지는 상태

心
마음 심

★

□ □ □

良心	良 어질 양(량)　　心 마음 심
	사물의 가치를 변별하고 자기의 행위에 대하여 옳고 그름과 선과 악의 판단을 내리는 도덕적 의식
疑心	疑 의심할 의　　　心 마음 심
	확실히 알 수 없어서 믿지 못하는 마음
關心	關 관계할 관　　　心 마음 심
	어떤 것에 마음이 끌려 주의를 기울임. 또는 그런 마음이나 주의

必
반드시 필

★

□ □ □

必要	必 반드시 필　　　要 요긴할 요
	반드시 요구되는 바가 있음.
何必	何 어찌 하　　　必 반드시 필
	다른 방도를 취하지 아니하고 어찌하여 꼭
必然	必 반드시 필　　　然 그럴 연
	[명사] 사물의 관련이나 일의 결과가 반드시 그렇게 될 수밖에 없음. [부사] 틀림없이 꼭

禾
벼 화

★

□ □ □

禾苗	禾 벼 화　　　苗 모 묘
	옮겨 심기 위하여 기른 벼의 싹
禾穀	禾 벼 화　　　穀 곡식 곡
	벼에 딸린 곡식을 통틀어 이르는 말.
禾尺	禾 벼 화　　　尺 자 척
	1. 가면극, 인형극, 줄타기, 땅재주, 판소리 따위를 하던 직업적 예능인을 통틀어 이르던 말 2. 버드나무를 세공하거나 소 잡는 일을 직업으로 하던 천민. 뒤에 백정이라 불렀다.

和
화목할 화
★★

□□□

平和	平 평평할 평　　和 화목할 화 1. 평온하고 화목함. 2. 전쟁, 분쟁 또는 일체의 갈등이 없이 평온함. 또는 그런 상태
和解	和 화목할 화　　解 풀 해 싸움하던 것을 멈추고 서로 가지고 있던 안 좋은 감정을 풀어 없앰.
調和	調 고를 조　　和 화목할 화 서로 잘 어울림.

私
사사로울 사
★★

□□□

私心	私 사사로울 사　　心 마음 심 1. 사사로운 마음. 또는 자기 욕심을 채우려는 마음 2. 남에게 자기의 마음을 낮추어 이르는 말
私立	私 사사로울 사　　立 설 립 개인이 자신의 자금으로 공익의 사업 기관을 설립하여 유지함.
私利私慾	私 사사로울 사　　利 이로울 리　　私 사사로울 사　　慾 욕심 욕 사사로운 이익과 욕심

利
이로울 리
★★

□□□

利用	利 이로울 이(리)　　用 쓸 용 1. 대상을 필요에 따라 이롭게 씀. 2. 다른 사람이나 대상을 자신의 이익을 채우기 위한 방편(方便)으로 씀.
利益	利 이로울 이(리)　　益 더할 익 물질적으로나 정신적으로 보탬이 되는 것
利子	利 이로울 이(리)　　子 아들 자 남에게 돈을 빌려 쓴 대가로 치르는 일정한 비율의 돈

梨
배나무 리
★

□□□

梨花	梨 배나무 이(리)　　花 꽃 화 배나무의 꽃
梨木	梨 배나무 이(리)　　木 나무 목 장미과 배나무속의 나무를 통틀어 이르는 말
烏飛梨落	烏 까마귀 오　　飛 날 비　　梨 배나무 이(리)　　落 떨어질 락 까마귀 날자 배 떨어진다는 뜻으로, 아무 관계도 없이 한 일이 공교롭게도 때가 같아 억울하게 의심을 받거나 난처한 위치에 서게 됨을 이르는 말

秀
빼어날 수
★★

優秀	優 넉넉할 우　　　秀 빼어날 수
	여럿 가운데 뛰어남.
秀才	秀 빼어날 수　　　才 재주 재
	뛰어난 재주. 또는 머리가 좋고 재주가 뛰어난 사람
秀麗	秀 빼어날 수　　　麗 고울 려
	빼어나게 아름다움.

誘
꾈 유
★★★

勸誘	勸 권할 권　　　誘 꾈 유
	어떤 일 따위를 하도록 권함.
誘引	誘 꾈 유　　　引 끌 인
	주의나 흥미를 일으켜 꾀어냄.
誘致	誘 꾈 유　　　致 이를 치
	1. 꾀어서 데려옴. 2. 행사나 사업 따위를 이끌어 들임.

透
통할 투
★★★

透明	透 통할 투　　　明 밝을 명
	1. 물 따위가 속까지 환히 비치도록 맑음.
	2. 사람의 말이나 태도, 펼쳐진 상황 따위가 분명함.
	3. 앞으로의 움직임이나 미래의 전망 따위가 예측할 수 있게 분명함.
透視	透 통할 투　　　視 볼 시
	막힌 물체를 환히 꿰뚫어 봄. 또는 대상의 내포된 의미까지 봄.
透過	透 통할 투　　　過 지날 과
	장애물에 빛이 비치거나 액체가 스미면서 통과함.

한자성어

001 □ □ □

未曾有
미증유

아닐 미　　일찍 증　　있을 유

지금까지 한 번도 있어 본 적이 없음.

002 □ □ □

未嘗不
미상불

아닐 미　　맛볼 상　　아닐 불

아닌 게 아니라 과연

003 □ □ □

彌縫策
미봉책

두루 미　　꿰맬 봉　　꾀 책

눈가림만 하는 일시적인 계책(計策)

004 □ □ □

白眼視
백안시

흰 백　　눈 안　　볼 시

남을 업신여기거나 무시하는 태도로 흘겨봄.

※ 중국의 ≪진서(晉書)≫ 〈완적전(阮籍傳)〉에서 나온 말로, 진나라 때 죽림칠현의 한 사람인 완적(阮籍)이 반갑지 않은 손님은 백안(白眼)으로 대하고, 반가운 손님은 청안(靑眼)으로 대한 데서 유래한다.

005 □ □ □

拔本塞源
발본색원

뽑을 발　　근본 본　　막을 색　　근원 원

좋지 않은 일의 근본 원인이 되는 요소를 완전히 없애 버려서 다시는 그러한 일이 생길 수 없도록 함.

006 □ □ □

前代未聞
전대미문

앞 전　　대신할 대　　아닐 미　　들을 문

이제까지 들어 본 적이 없음.

007 □ □ □

前人未踏
전인미답

앞 전　　사람 인　　아닐 미　　밟을 답

1. 이제까지 그 누구도 가 보지 못함.　2. 이제까지 그 누구도 손을 대어 본 일이 없음.

008 寤寐不忘
오매불망

깰 오	잠잘 매	아닐 불	잊을 망

[명사] 자나 깨나 잊지 못함.
[부사] 자나 깨나 잊지 못하여

009 輾轉不寐
전전불매

돌아누울 전	구를 전	아닐 불	잠잘 매

누워서 몸을 이리저리 뒤척이며 잠을 이루지 못함.

010 輾轉反側
전전반측

돌아누울 전	구를 전	돌이킬 반	곁 측

누워서 몸을 이리저리 뒤척이며 잠을 이루지 못함.

011 捲土重來
권토중래

말 권	흙 토	거듭 중	올 래

1. 땅을 말아 일으킬 것 같은 기세로 다시 온다는 뜻으로, 한 번 실패하였으나 힘을 회복
   하여 다시 쳐들어옴을 이르는 말
   ※ 중국 당나라 두목의 〈오강정시(烏江亭詩)〉에 나오는 말로, 항우가 유방과의 결전에서 패하여 오강(烏江)
   　근처에서 자결한 것을 탄식한 말에서 유래한다.
2. 어떤 일에 실패한 뒤에 힘을 가다듬어 다시 그 일에 착수함을 비유하여 이르는 말

012 苦盡甘來
고진감래

쓸 고	다할 진	달 감	올 래

쓴 것이 다하면 단 것이 온다는 뜻으로, 고생 끝에 즐거움이 옴을 이르는 말

013 興盡悲來
흥진비래

일 흥	다할 진	슬플 비	올 래

즐거운 일이 다하면 슬픈 일이 닥쳐온다는 뜻으로, 세상일은 순환되는 것임을 이르는 말

014 束手無策
속수무책

묶을 속	손 수	없을 무	꾀 책

손을 묶은 것처럼 어찌할 도리가 없어 꼼짝 못 함.

015 　☐☐☐

欲速不達
욕속부달

| 하고자 할 욕 | 빠를 속 | 아닐 부(불) | 통달할 달 |

일을 빨리하려고 하면 도리어 이루지 못함.

016 　☐☐☐

糊口之策
호구지책

| 풀 호 | 입 구 | 갈 지 | 꾀 책 |

가난한 살림에서 그저 겨우 먹고살아 가는 방책

017 　☐☐☐

窮餘之策
궁여지책

| 다할 궁 | 남을 여 | 갈 지 | 꾀 책 |

궁한 나머지 생각다 못하여 짜낸 계책.

018 　☐☐☐

苦肉之策
고육지책

| 쓸 고 | 고기 육 | 갈 지 | 꾀 책 |

자기 몸을 상해 가면서까지 꾸며 내는 계책이라는 뜻으로, 어려운 상태를 벗어나기 위해 어쩔 수 없이 꾸며 내는 계책을 이르는 말

019 　☐☐☐

目不識丁
목불식정

| 눈 목 | 아닐 불 | 알 식 | 고무래 정 |

아주 간단한 글자인 '丁' 자를 보고도 그것이 '고무래'인 줄을 알지 못한다는 뜻으로, 아주 까막눈임을 이르는 말

020 　☐☐☐

目不忍見
목불인견

| 눈 목 | 아닐 불 | 참을 인 | 볼 견 |

눈앞에 벌어진 상황 따위를 눈 뜨고는 차마 볼 수 없음.

021 　☐☐☐

見物生心
견물생심

| 볼 견 | 물건 물 | 날 생 | 마음 심 |

어떠한 실물을 보게 되면 그것을 가지고 싶은 욕심이 생김.

022 　☐☐☐

見利思義
견리사의

| 볼 견 | 이로울 리 | 생각 사 | 옳을 의 |

눈앞의 이익을 보면 의리를 먼저 생각함.

023 刮目相對
괄목상대

| 비빌 괄 | 눈 목 | 서로 상 | 대할 대 |

눈을 비비고 상대편을 본다는 뜻으로, 남의 학식이나 재주가 놀랄 만큼 부쩍 늘음을 이르는 말

024 相扶相助
상부상조

| 서로 상 | 도울 부 | 서로 상 | 도울 조 |

서로서로 도움.

025 同病相憐
동병상련

| 같을 동 | 병 병 | 서로 상 | 불쌍히 여길 련 |

같은 병을 앓는 사람끼리 서로 가엾게 여긴다는 뜻으로, 어려운 처지에 있는 사람끼리 서로 가엾게 여김을 이르는 말

026 作心三日
작심삼일

| 지을 작 | 마음 심 | 석 삼 | 날 일 |

단단히 먹은 마음이 사흘을 가지 못한다는 뜻으로, 결심이 굳지 못함을 이르는 말

027 和而不同
화이부동

| 화목할 화 | 말 이을 이 | 아닐 부(불) | 같을 동 |

남과 사이좋게 지내기는 하나 무턱대고 어울리지는 아니함.

028 先公後私
선공후사

| 먼저 선 | 공평할 공 | 뒤 후 | 사사로울 사 |

공적인 일을 먼저 하고 사사로운 일은 뒤로 미룸.

029 滅私奉公
멸사봉공

| 멸할 멸 | 사사로울 사 | 받들 봉 | 공평할 공 |

사욕을 버리고 공익을 위하여 힘씀.

030 麥秀之嘆
맥수지탄

| 보리 맥 | 빼어날 수 | 갈 지 | 탄식할 탄 |

고국의 멸망을 한탄함을 이르는 말

※ 기자(箕子)가 은(殷)나라가 망한 뒤에도 보리만은 잘 자라는 것을 보고 한탄하였다는 데서 유래한다.

001 未收

미수

아닐 미　거둘 수

돈이나 물건 따위를 아직 다 거두어들이지 못함.
• 이번 수금에서는 한 푼의 未收도 없다.

002 未遂

미수

아닐 미　이룰 수

목적한 바를 시도하였으나 이루지 못함.
• 암살 기도가 未遂로 그치다.

003 米壽

미수

쌀 미　목숨 수

여든여덟 살을 달리 이르는 말
• 그는 米壽의 나이에도 건강을 유지하고 있다.

004 示唆

시사

보일 시　부추길 사

어떤 것을 미리 간접적으로 표현해 줌.
• 그 보도는 우리나라의 척박한 교육 현실을 示唆하고 있다.

005 時事

시사

때 시　일 사

그 당시에 일어난 여러 가지 사회적 사건.
• 그는 신문을 많이 읽어 時事에 밝다.

006 試寫

시사

시험할 시　베낄 사

영화나 광고 따위를 일반에게 공개하기 전에 심사원, 비평가, 제작 관계자 등의 특정인에게 시험적으로 보이는 일
• 내주에 개봉될 영화를 시민 회관에서 試寫하였다.

007 現象

현상

나타날 현　코끼리 상

인간이 지각할 수 있는, 사물의 모양과 상태
• 지구 온난화로 인해 기후에 이상 現象이 일어나고 있다.

008 現像

현상

나타날 현　모양 상

노출된 필름이나 인화지를 약품으로 처리하여 상이 나타나도록 함.
• 필름을 現像하다.

009 現狀

현상

나타날 현　형상 상

나타나 보이는 현재의 상태.
• 現狀을 유지하다.

010 懸賞

현상

매달 현　상 줄 상

무엇을 모집하거나 구하거나 사람을 찾는 일 따위에 현금이나 물품 따위를 내걺.
• 懸賞 수배

011 心思

心思 마음 심　　생각 사

심사

1. 어떤 일에 대한 여러 가지 마음의 작용
   - 그는 고향 생각만 하면 心思가 울적해지곤 하였다.
2. 마음에 맞지 않아 어깃장을 놓고 싶은 마음
   - 고약한 心思

012 深思

深思 깊을 심　　생각 사

심사

깊이 생각함. 또는 깊은 생각
- 고개를 숙이고 深思와 묵도를 오래오래 하였다.

013 審査

審査 살필 심　　조사할 사

심사

자세하게 조사하여 등급이나 당락 따위를 결정함.
- 위헌 여부를 審査하다.

014 必須

必須 반드시 필　　모름지기 수

필수

꼭 있어야 하거나 하여야 함.
- 必須 조건

015 必需

必需 반드시 필　　쓰일 수

필수

반드시 있어야 함. 또는 반드시 쓰임.
- 必需 물품

016 私有

私有 사사로울 사　　있을 유

사유

개인이 사사로이 소유함. 또는 그런 소유물
- 정당한 보상 없이 私有 재산을 공유화할 수는 없다.

017 思惟

思惟 생각 사　　생각할 유

사유

대상을 두루 생각하는 일
- 철학적 思惟

018 事由

事由 일 사　　말미암을 유

사유

일의 까닭
- 정당한 事由가 있을 시 훈련 불참을 인정해 드립니다.

019 俊秀

俊秀 준걸 준　　빼어날 수

준수

재주와 슬기, 풍채가 빼어남.
- 용모가 俊秀하다.

020 遵守

遵守 좇을 준　　지킬 수

준수

전례나 규칙, 명령 따위를 그대로 좇아서 지킴.
- 국민은 헌법을 遵守해야 할 의무를 지닌다.

💬 다음 한자의 뜻과 음을 쓰시오.

01 現 : (   )   02 末 : (   )

03 視 : (   )   04 味 : (   )

05 看 : (   )   06 來 : (   )

07 相 : (   )   08 策 : (   )

💬 다음 한자성어의 독음을 쓰고, 적절한 뜻을 바르게 연결하시오.

09 白眼視
    (   )   ·   · ⓐ 일을 빨리하려고 하면 도리어 이루지 못함.

10 未嘗不
    (   )   ·   · ⓑ 쓴 것이 다하면 단 것이 온다는 뜻으로, 고생 끝에 즐거움이
                                      옴을 이르는 말

11 先公後私
    (   )   ·   · ⓒ 좋지 않은 일의 근본 원인이 되는 요소를 완전히 없애 버려
                                      서 다시는 그러한 일이 생길 수 없도록 함.

12 苦盡甘來
    (   )   ·   · ⓓ 아닌 게 아니라 과연

13 欲速不達
    (   )   ·   · ⓔ 남을 업신여기거나 무시하는 태도로 흘겨봄.

14 拔本塞源
    (   )   ·   · ⓕ 남과 사이좋게 지내기는 하나 무턱대고 어울리지는 아니함.

15 同病相憐
    (   )   ·   · ⓖ 공적인 일을 먼저 하고 사사로운 일은 뒤로 미룸.

16 和而不同
    (   )   ·   · ⓗ 같은 병을 앓는 사람끼리 서로 가엾게 여긴다는 뜻으로, 어
                                      려운 처지에 있는 사람끼리 서로 가엾게 여김을 이르는 말

💬 〈보기〉의 설명을 참고하여 빈칸에 들어갈 한자를 쓰시오.

	A.			가.		B.	
나.			C.		다.		
							D.
		라					
	E.					마.	
바							

보기

[가로]
가. 이제까지 들어 본 적이 없음.
나. 눈앞에 벌어진 상황 따위를 눈 뜨고는 차마 볼 수 없음.
다. 개인이 사사로이 소유함. 또는 그런 소유물
라. 어떤 일에 대한 여러 가지 마음의 작용
마. 눈가림만 하는 일시적인 계책
바. 고국의 멸망을 한탄함을 이르는 말

[세로]
A. 남과 사이좋게 지내기는 하나 무턱대고 어울리지는 아니함.
B. 지금까지 한 번도 있어 본 적이 없음.
C. 눈앞의 이익을 보면 의리를 먼저 생각함.
D. 가난한 살림에서 그저 겨우 먹고살아 가는 방책
E. 재주와 슬기, 풍채가 빼어남.

⊕ 정답

01. 나타날 **현**
02. 끝 **말**
03. 볼 **시**
04. 맛 **미**
05. 볼 **간**
06. 올 **래**
07. 서로 **상**
08. 꾀 **책**

09. 백안시 – ⓔ
10. 미상불 – ⓓ
11. 선공후사 – ⓖ
12. 고진감래 – ⓑ
13. 욕속부달 – ⓐ
14. 발본색원 – ⓒ
15. 동병상련 – ⓗ
16. 화이부동 – ⓕ

01 다음 글에서 '황거칠'이 처한 상황에 어울리는 한자 성어로 가장 적절한 것은?　　2021 국가직 9급

> 황거칠 씨는 더 참을 수가 없었다. 그는 거의 발작적으로 일어섰다.
> "이 개 같은 놈들아, 어쩌면 남이 먹는 식수까지 끊으려노?"
> 그는 미친 듯이 우르르 달려가서 한 인부의 괭이를 억지로 잡아서 저만큼 내동댕이쳤다. …(중략)…
> 경찰은 발포를ㅡ다행히 공포였지만ㅡ해서 겨우 군중을 해산시키고, 황거칠 씨와 청년 다섯 명을 연행해 갔다. 물론 강제집행도 일시 중단되었었다.
> 경찰에 끌려간 사람들은 밤에도 풀려나오지 못했다. 공무집행 방해에다, 산주의 권리행사 방해, 그리고 폭행죄까지 뒤집어쓰게 되었던 것이다. 그래서 그 이튿날도 풀려나오질 못했다. 쌍말로 썩어 갔다.
> 황거칠 씨는 모든 죄를 자기가 안아맡아서 처리하려고 했다. 그러나 그것이 뜻대로 되지 않았다. 면회를 오는 가족들의 걱정스런 얼굴을 보자, 황거칠 씨는 가슴이 아팠다. 그는 만부득이 담당 경사의 타협안에 도장을 찍기로 했다. 석방의 조건으로서, 다시는 강제집행을 방해하지 않겠다는 각서였다.
> 이리하여 황거칠 씨는 애써 만든 산수도를 포기하게 되고 '마삿등'은 한때 도로 물 없는 지대가 되고 말았다.
> 　　　　　　　　　　　　　　　　　　　　　　　　　　　　ㅡ 김정한, 〈산거족〉

① 同病相憐　　　　　　　　② 束手無策

③ 自家撞着　　　　　　　　④ 輾轉反側

02 밑줄 친 말의 의미와 거리가 먼 것은?　　2020 국가직 9급

> • 넌 얼마나 <u>오지랖이 넓기에</u> 남의 일에 그렇게 미주알고주알 캐는 거냐?
> • 강쇠네는 입이 재고 무슨 일에나 <u>오지랖이 넓었지만</u>, 무작정 덤벙거리고만 다니는 새줄랑이는 아니었다.

① 謁見　　　　　　　　　② 干涉

③ 參見　　　　　　　　　④ 干與

03 화자의 상황을 적절하게 표현한 한자 성어는?

> 미인이 잠에서 깨어 새 단장을 하는데
> 향기로운 비단, 보배 띠에 원앙이 수놓였네
> 겹발을 비스듬히 걷으니 비취새가 보이는데
> 게으르게 은 아쟁을 안고 봉황곡을 연주하네
> 금 재갈, 꾸민 안장은 어디로 떠났는가?
> 다정한 앵무새는 창가에서 지저귀네
> 풀섶에 놀던 나비는 뜰 밖으로 사라지고
> 꽃잎에 가리운 거미줄은 난간 너머에서 춤추네
> 뉘 집의 연못가에서 풍악 소리 울리는가?
> 달빛은 금 술잔에 담긴 좋은 술을 비추네
> 시름겨운 이는 외로운 밤에 잠 못 이루는데
> 새벽에 일어나니 비단 수건에 눈물이 흥건하네
>
> — 허난설헌, 〈사시사(四時詞)〉

① 琴瑟之樂   ② 輾轉不寐

③ 錦衣夜行   ④ 麥秀之嘆

---

01 황거칠 씨는 빈민촌인 '마삿등'에 식수를 공급하기 위해 설치한 수도를 철거하기 위한 강제집행을 방해하다가 마을 사람들과 함께 경찰에 끌려가게 되었고, 가족들의 걱정스러운 얼굴을 보며 마지못해 '다시는 강제집행을 방해하지 않겠다'는 타협안에 도장을 찍는다. 이러한 상황에 가장 어울리는 한자 성어는 '손을 묶은 것처럼 어찌할 도리가 없어 꼼짝 못 함.'의 의미인 ② 束手無策(속수무책: 묶을 속, 손 수, 없을 무, 꾀 책)이다.

> **오답정리** ① 同病相憐(동병상련: 같을 동, 병 병, 서로 상, 불쌍히 여길 련): 같은 병을 앓는 사람끼리 서로 가엾게 여긴다는 뜻으로, 어려운 처지에 있는 사람끼리 서로 가엾게 여김을 이르는 말
> ③ 自家撞着(자가당착: 스스로 자, 집 가, 칠 당, 붙을 착): 같은 사람의 말이나 행동이 앞뒤가 서로 맞지 아니하고 모순됨.
> ④ 輾轉反側(전전반측: 돌아누울 전, 구를 전, 돌이킬 반, 곁 측): 누워서 몸을 이리저리 뒤척이며 잠을 이루지 못함.

02 '오지랖이 넓다'는 '쓸데없이 지나치게 아무 일에나 참견하는 면이 있다.', 또는 '염치없이 행동하는 면이 있다.'의 의미로, 밑줄 친 문장에서는 모두 첫 번째의 의미로 쓰였다. 선택지의 한자어 중에서 '지체가 높고 귀한 사람을 찾아가 뵘.'의 의미인 ① 謁見(알현: 아뢸 알, 뵈올 현)은 밑줄 친 말과 거리가 멀다.

> **오답정리** ② 干涉(간섭: 방패 간, 건널 섭): 직접 관계가 없는 남의 일에 부당하게 참견함.
> ③ 參見(참견: 참여할 참, 볼 견): 자기와 별로 관계없는 일이나 말 따위에 끼어들어 쓸데없이 아는 체하거나 이래라저래라 함.
> ④ 干與(간여: 방패 간, 더불 여): 어떤 일에 간섭하여 참여함.

03 "시름겨운 이는 외로운 밤에 잠 못 이루는데" 부분에 화자의 정서가 직접적으로 드러나 있다. 즉 화자는 임을 그리워하는 마음에 잠을 이루지 못하는 상황이다. 따라서 화자의 상황을 표현할 말로는 누워서 몸을 이리저리 뒤척이며 잠을 이루지 못함을 이르는 한자 성어인 '輾轉不寐(전전불매: 돌아누울 전, 구를 전, 아닐 불, 잠잘 매)'가 가장 적절하다.

> **오답정리** ① 琴瑟之樂(금슬지락: 거문고 금, 큰 거문고 슬, 갈 지, 즐거울 락): 부부간의 사랑
> ③ 錦衣夜行(금의야행: 비단 금, 옷 의, 밤 야, 다닐 행): 1) 비단옷을 입고 밤길을 다닌다는 뜻으로, 자랑삼아 하지 않으면 생색이 나지 않음을 이르는 말 2) 아무 보람이 없는 일을 함을 이르는 말
> ④ 麥秀之嘆(맥수지탄: 보리 맥, 빼어날 수, 갈 지, 탄식할 탄): 고국의 멸망을 한탄함을 이르는 말

정답 01 ②   02 ①   03 ②

04 빈칸에 들어갈 한자어로 가장 적절한 것은?

> 신종 코로나바이러스 감염증의 등장으로 인한 (   )의 사태로 인류는 삶의 방식에 대전환점을 맞았다. 공공과 민간을 막론하고 불확실성이 상존하는 시대의 생존, 나아가 코로나19 사태 이후 이른바 '뉴노멀' 시대의 새로운 시장 환경에 대한 담론 일색이다. 대면 소통이 본질적 요소였던 공연예술계 역시 스스로를 재정의하고 '언택트'라는 화두를 치열하게 고민하기 시작했다. 온라인 콘텐츠 시장이 현장에 끼칠 부정적 여파를 우려하는 목소리도 있지만 세상의 흐름에 저항하기보다는 이에 적극적으로 대응할 전략이 필요한 시기이다. 언제든 불거질 수 있는 불가항력의 사태에 대한 대안적 내지 병행적 채널을 갖추지 못한다면 공연예술 생태계의 지속 가능성이 위협받을 수 있다.

① 彌縫策   ② 未嘗不   ③ 未曾有   ④ 白眼視

05 밑줄 친 한자어의 표기로 적절한 것은?

> • 며칠 동안 이상 고온 ㉠현상이 계속되고 있다.
> • 학칙에 규정되어 있는 대로 수업 일수를 ㉡준수하다.
> • 이 논문은 내용이 불충실하여 ㉢심사에 통과할 수 없었다.

	㉠	㉡	㉢		㉠	㉡	㉢
①	現象	遵守	審査	②	現象	俊秀	深思
③	現像	遵守	深思	④	現像	俊秀	審査

---

04 빈칸에는 문맥상 '지금껏 있어본 적이 없다'는 수식어가 들어가는 것이 적절하다. 이에 가장 부합하는 것은 '지금까지 한 번도 있어 본 적이 없음.'의 의미인 ③ 未曾有(미증유: 아닐 미, 일찍 증, 있을 유)이다.

오답정리 ① 彌縫策(미봉책: 두루 미, 꿰맬 봉, 꾀 책): 눈가림만 하는 일시적인 계책(計策)
② 未嘗不(미상불: 아닐 미, 맛볼 상, 아닐 불): 아닌 게 아니라 과연
④ 白眼視(백안시: 흰 백, 눈 안, 볼 시): 남을 업신여기거나 무시하는 태도로 흘겨봄.

05 ㉠ '이상 고온 현상'은 인간이 지각할 수 있는 상태이기 때문에, '現象(현상: 나타날 현, 코끼리 상)'을 쓰는 것이 적절하다.
㉡ '수업 일수'라는 규칙을 지켰다는 의미가 되어야 하므로, '遵守(준수: 좇을 준, 지킬 수)'을 쓰는 것이 적절하다.
㉢ 논문의 내용을 자세하게 조사하여 당락을 결정한 것이므로, '審査(심사: 살필 심, 조사할 사)'를 쓰는 것이 적절하다.

오답정리 ㉠ 現像(현상: 나타날 현, 모양 상): 노출된 필름이나 인화지를 약품으로 처리하여 상이 나타나도록 함.
㉡ 俊秀(준수: 준걸 준, 빼어날 수): 재주와 슬기, 풍채가 빼어남.
㉢ 深思(심사: 깊을 심, 생각 사): 깊이 생각함. 또는 깊은 생각

정답 04 ③   05 ①

한자 1600선

1 한자

031 土 흙 토	032 王 임금 왕	033 玉 구슬 옥	034 主 주인 주	035 注 물 댈 주	036 柱 기둥 주
037 住 살 주	038 往 갈 왕	039 足 발/만족 족	040 走 달릴 주	041 去 갈 거	042 法 법 법
043 却 물리칠 각	044 脚 다리 각	045 至 이를 지	046 致 이를 치	047 到 이를 도	048 倒 넘어질 도
049 室 집 실	050 屋 집 옥	051 老 늙을 로	052 考 생각할 고	053 孝 효도 효	054 者 놈 자
055 著 나타날 저	056 暑 더울 서	057 署 관청 서	058 緖 실마리 서	059 都 도읍 도	060 奢 사치할 사

2 한자성어

001 積土成山	002 金枝玉葉	003 金科玉條	004 仙姿玉質	005 主客顚倒
006 本末顚倒	007 客反爲主	008 膠柱鼓瑟	009 右往左往	010 說往說來
011 鳥足之血	012 畫蛇添足	013 安分知足	014 東奔西走	015 夜半逃走
016 走馬看山	017 走馬加鞭	018 見危致命	019 言行一致	020 共倒同亡
021 抱腹絶倒	022 偕老同穴	023 反哺之孝	024 深思熟考	025 近墨者黑
026 麻中之蓬	027 角者無齒	028 結者解之	029 盲者正門	030 會者定離

3 한자어

001 主意	002 主義	003 注意	004 主事	005 注射
006 酒邪	007 注文	008 呪文	009 競走	010 傾注
011 到着	012 倒錯	013 罵倒	014 賣渡	015 思考
016 事故	017 史庫	018 首都	019 水道	020 修道

○ 알고있음 △ 애매함 X 모름

031

土
흙 토
★

土地	土 흙 토　　　　地 땅 지
	경지나 주거지 따위의 사람의 생활과 활동에 이용하는 땅
領土	領 거느릴 영(령)　　土 흙 토
	국제법에서, 국가의 통치권이 미치는 구역
土臺	土 흙 토　　　　臺 대 대
	1. 모든 건조물 따위의 가장 아랫도리가 되는 밑바탕 2. 어떤 사물이나 사업의 밑바탕이 되는 기초와 밑천을 비유적으로 이르는 말

032

王
임금 왕
★★

帝王	帝 임금 제　　　王 임금 왕
	황제와 국왕을 아울러 이르는 말
王子	王 임금 왕　　　子 아들 자
	임금의 아들
王冠	王 임금 왕　　　冠 갓 관
	임금이 머리에 쓰는 관

033

玉
구슬 옥
★★

玉石	玉 구슬 옥　　　石 돌 석
	1. 옥이 들어 있는 돌. 또는 가공하지 아니한 천연의 옥 2. 옥과 돌이라는 뜻으로, 좋은 것과 나쁜 것을 아울러 이르는 말
玉篇	玉 구슬 옥　　　篇 책 편
	한자를 모아서 일정한 순서로 늘어놓고 글자 하나하나의 뜻과 음을 풀이한 책
纖纖玉手	纖 가늘 섬　　　纖 가늘 섬　　　玉 구슬 옥　　　手 손 수
	가냘프고 고운 여자의 손을 이르는 말

□□□

034 主 주인 주
★★

主題	主 주인 주　　　題 제목 제
	1. 연구 따위에서 중심이 되는 문제
	2. 예술 작품에서 지은이가 나타내고자 하는 기본적인 사상
公主	公 공평할 공　　　主 주인 주
	정실 왕비가 낳은 임금의 딸
民主主義	民 백성 민　　　主 주인 주　　　主 주인 주　　　義 옳을 의
	국민이 권력을 가지고 그 권력을 스스로 행사하는 제도. 또는 그런 정치를 지향하는 사상

□□□

035 注 물 댈 주
★★★

注目	注 물 댈 주　　　目 눈 목
	1. 관심을 가지고 주의 깊게 살핌. 또는 그 시선
	2. 조심하고 경계하는 눈으로 살핌. 또는 그 시선
注入	注 물 댈 주　　　入 들 입
	흘러 들어가도록 부어 넣음.
注視	注 물 댈 주　　　視 볼 시
	1. 어떤 목표물에 주의를 집중하여 봄.　2. 어떤 일에 온 정신을 모아 자세히 살핌.

□□□

036 柱 기둥 주
★

四柱	四 넉 사　　　柱 기둥 주
	사람이 태어난 연월일시의 네 간지(干支). 또는 이에 근거하여 사람의 길흉화복을 알아보는 점
支柱	支 지탱할 지　　　柱 기둥 주
	1. 어떠한 물건이 쓰러지지 아니하도록 버티어 괴는 기둥
	2. 정신적·사상적으로 의지할 수 있는 근거나 힘을 비유적으로 이르는 말
電信柱	電 번개 전　　　信 믿을 신　　　柱 기둥 주
	전선이나 통신선을 늘여 매기 위하여 세운 기둥

□□□

037 住 살 주
★★

住居	住 살 주　　　居 살 거
	일정한 곳에 머물러 삶. 또는 그런 집
住所	住 살 주　　　所 바 소
	사람이 살고 있는 곳이나 기관, 회사가 자리 잡고 있는 곳을 행정 구역으로 나타낸 이름
住宅	住 살 주　　　宅 집 택
	1. 사람이 들어가 살 수 있게 지은 건물　2. 한 채씩 따로 지은 집

往
갈 왕
★★★

往來	往 갈 왕 　　　 來 올 래
	1. 가고 오고 함. 　 2. 서로 교제하여 사귐.
往復	往 갈 왕 　　　 復 회복할 복
	갔다가 돌아옴.
已往	已 이미 이 　　　 往 갈 왕
	[명사] 지금보다 이전 [부사] 이미 정하여진 사실로서 그렇게 된 바에

足
발/만족 족
★★

手足	手 손 수 　　　 足 발 족
	1. 손과 발을 아울러 이르는 말 2. 자기의 손이나 발처럼 마음대로 부리는 사람을 비유적으로 이르는 말 3. 형제나 자식을 비유적으로 이르는 말
蛇足	蛇 뱀 사 　　　 足 발 족
	뱀을 다 그리고 나서 있지도 아니한 발을 덧붙여 그려 넣는다는 뜻으로, 쓸데없는 군짓을 하여 도리어 잘못되게 함을 이르는 말. = 화사첨족(畫蛇添足)
滿足	滿 가득 찰 만 　　　 足 만족 족
	1. 마음에 흡족함. 　 2. 모자람이 없이 넉넉함.

走
달릴 주
★

走行	走 달릴 주 　　　 行 다닐 행
	주로 동력으로 움직이는 자동차나 열차 따위가 달림.
奔走	奔 달릴 분 　　　 走 달릴 주
	몹시 바쁘게 뛰어다님.
逃走	逃 달아날 도 　　　 走 달릴 주
	피하거나 쫓기어 달아남.

去
갈 거
★

過去	過 지날 과 　　　 去 갈 거
	1. 이미 지나간 때 　 2. 지나간 일이나 생활
去來	去 갈 거 　　　 來 올 래
	1. 주고받음. 또는 사고팖. 2. 친분 관계를 이루기 위하여 오고 감.
去就	去 갈 거 　　　 就 나아갈 취
	1. 사람이 어디로 가거나 다니거나 하는 움직임. 2. 어떤 사건이나 문제에 대하여 밝히는 태도

042 法 법 법 ★★

法律	法 법 법　　　律 법 률
	국가의 강제력을 수반하는 사회 규범. 국가 및 공공 기관이 제정한 법률, 명령, 규칙, 조례 따위이다.
方法	方 모 방　　　法 법 법
	어떤 일을 해 나가거나 목적을 이루기 위하여 취하는 수단이나 방식
法則	法 법 법　　　則 법 칙
	반드시 지켜야만 하는 규범

043 却 물리칠 각 ★★

忘却	忘 잊을 망　　　却 물리칠 각
	어떤 사실을 잊어버림.
棄却	棄 버릴 기　　　却 물리칠 각
	1. 물품을 내버림.
	2. 소송을 수리한 법원이, 소나 상소가 형식적인 요건은 갖추었으나, 그 내용이 실체적으로 이유가 없다고 판단하여 소송을 종료하는 일
却下	却 물리칠 각　　　下 아래 하
	1. 행정법에서, 국가 기관에 대한 행정상 신청을 배척하는 처분
	2. 민사 소송법에서, 소(訴)나 상소가 형식적인 요건을 갖추지 못한 경우, 부적법한 것으로 하여 내용에 대한 판단 없이 소송을 종료하는 일

044 脚 다리 각 ★

橋脚	橋 다리 교　　　脚 다리 각
	다리를 받치는 기둥
失脚	失 잃을 실　　　脚 다리 각
	1. 발을 헛디딤.　2. 세력을 잃고 지위에서 물러남.
脚光	脚 다리 각　　　光 빛 광
	1. 사회적 관심이나 흥미
	2. 무대의 앞쪽 아래에 장치하여 배우를 비추는 광선

045 至 이를 지 ★★★

至誠	至 이를 지　　　誠 정성 성
	1. 지극한 정성　2. 아주 성실함.
甚至於	甚 심할 심　　　至 이를 지　　　於 어조사 어
	더욱 심하다 못하여 나중에는
自初至終	自 스스로 자　　　初 처음 초　　　至 이를 지　　　終 마칠 종
	처음부터 끝까지의 과정

046

致 이를 치

★★

理致	理 다스릴 이(리)　致 이를 치
	사물의 정당한 조리(條理). 또는 도리에 맞는 취지
送致	送 보낼 송　致 이를 치
	1. 수사 기관에서 검찰청으로, 또는 한 검찰청에서 다른 검찰청으로 피의자와 서류를 넘겨 보내는 일
	2. 서류나 물건 따위를 보내어 정해진 곳에 이르게 함.
致命傷	致 이를 치　命 목숨 명　傷 다칠 상
	1. 목숨이 위험할 정도의 큰 상처　2. 회복할 수 없을 정도의 큰 피해

047

到 이를 도

★★

到達	到 이를 도　達 통달할 달
	목적한 곳이나 수준에 다다름.
殺到	殺 감할 쇄　到 이를 도
	1. 전화, 주문 따위가 한꺼번에 세차게 몰려듦.
	2. 어떤 곳을 향하여 세차게 달려듦.
到處	到 이를 도　處 곳 처
	이르는 곳

048

倒 넘어질 도

★★★

倒置	倒 넘어질 도　置 둘 치
	차례나 위치 따위를 서로 뒤바꿈.
顚倒	顚 엎드러질 전　倒 넘어질 도
	1. 엎어져 넘어지거나 넘어뜨림.
	2. 차례, 위치, 이치, 가치관 따위가 뒤바뀌어 원래와 달리 거꾸로 됨. 또는 그렇게 만듦.
打倒	打 칠 타　倒 넘어질 도
	어떤 대상이나 세력을 쳐서 거꾸러뜨림.

049

室 집 실

★★

室內	室 집 실　內 안 내
	방이나 건물 따위의 안
居室	居 살 거　室 집 실
	1. 거처하는 방　2. 가족이 일상 모여서 생활하는 공간
休憩室	休 쉴 휴　憩 쉴 게　室 집 실
	잠깐 동안 머물러 쉴 수 있도록 마련해 놓은 방

050 屋 집 옥 ★ □□□

家屋	家 집 가　　　　屋 집 옥
	사람이 사는 집
茅屋	茅 띠 모　　　　屋 집 옥
	1. 띠나 이엉 따위로 지붕을 인 초라한 집
	2. 자기가 사는 집을 겸손하게 이르는 말
屋上	屋 집 옥　　　　上 위 상
	지붕의 위. 특히 현대식 양옥 건물에서 마당처럼 편평하게 만든 지붕 위를 이른다.

051 老 늙을 로 ★ □□□

老衰	老 늙을 노(로)　　　衰 쇠할 쇠
	늙어서 쇠약하고 기운이 별로 없음.
敬老	敬 공경할 경　　　老 늙을 로
	노인을 공경함.
老婆心	老 늙을 노(로)　　　婆 할미 파　　　心 마음 심
	필요 이상으로 남의 일을 걱정하고 염려하는 마음

052 考 생각할 고 ★★ □□□

考慮	考 생각할 고　　　慮 생각할 려
	생각하고 헤아려 봄.
再考	再 다시 재　　　考 생각할 고
	어떤 일이나 문제 따위에 대하여 다시 생각함.
模擬考査	模 본뜰 모　　擬 헤아릴 의　　考 생각할 고　　査 조사할 사
	실제의 시험에 대비하여 그것을 본떠 실시하는 시험

053 孝 효도 효 ★ □□□

孝道	孝 효도 효　　　道 길 도
	1. 부모를 잘 섬기는 도리　　2. 부모를 정성껏 잘 섬기는 일
孝誠	孝 효도 효　　　誠 정성 성
	마음을 다하여 부모를 섬기는 정성
事親以孝	事 일 사　　親 친할 친　　以 써 이　　孝 효도 효
	세속 오계의 하나. 어버이를 섬기기를 효도로써 함을 이른다.

054

者
놈 자
★

富者	富 넉넉할 부　　　者 놈 자
	재물이 많아 살림이 넉넉한 사람
學者	學 배울 학　　　者 놈 자
	학문에 능통한 사람. 또는 학문을 연구하는 사람
同伴者	同 같을 동　　　伴 짝 반　　　者 놈 자
	1. 어떤 행동을 할 때 짝이 되어 함께하는 사람 2. 어떤 행동을 할 때 적극적으로 참가하지는 아니하나 그것에 동감하면서 어느 정도의 도움을 주는 사람

055

著
나타날 저
★★

著名	著 나타날 저　　　名 이름 명
	세상에 이름이 널리 드러나 있음.
著述	著 나타날 저　　　述 지을 술
	글이나 책 따위를 씀. 또는 그 글이나 책
顯著	顯 나타날 현　　　著 나타날 저
	뚜렷이 드러나 있음.

056

暑
더울 서
★

避暑	避 피할 피　　　暑 더울 서
	더위를 피하여 시원한 곳으로 옮김.
處暑	處 곳 처　　　暑 더울 서
	이십사절기의 하나. 입추와 백로 사이에 들며, 태양이 황경 150도에 달한 시각으로 양력 8월 23일경이다.
炎暑	炎 불꽃 염　　　暑 더울 서
	몹시 심한 더위

057

署
관청 서
★

署名	署 관청 서　　　名 이름 명
	자기의 이름을 써넣음. 또는 써넣은 것
部署	部 거느릴 부　　　署 관청 서
	기관, 기업, 조직 따위에서 일이나 사업의 체계에 따라 나뉘어 있는, 사무의 각 부문
警察署	警 경계할 경　　　察 살필 찰　　　署 관청 서
	경찰 사무를 맡아보는 관청

緖
실마리 서
★★

端緒	端 끝 단　　　　緖 실마리 서
	1. 어떤 문제를 해결하는 방향으로 이끌어 가는 일의 첫 부분　2. 어떤 일의 시초
情緒	情 뜻 정　　　　緖 실마리 서
	사람의 마음에 일어나는 여러 가지 감정. 또는 감정을 불러일으키는 기분이나 분위기
頭緒	頭 머리 두　　　　緖 실마리 서
	일의 차례나 갈피

都
도읍 도
★★

都市	都 도읍 도　　　　市 시장 시
	일정한 지역의 정치·경제·문화의 중심이 되는, 사람이 많이 사는 지역
都賣金	都 도읍 도　　　　賣 팔 매　　　　金 쇠 금
	1. 도매로 파는 가격 2. 각각의 차이에도 불구하고 여럿이 같은 무리로 취급받음을 비유적으로 이르는 말
都大體	都 도읍 도　　　　大 큰 대　　　　體 몸 체
	1. 다른 말은 그만두고 요점만 말하자면 2. 유감스럽게도 전혀 3. 전혀 알지 못하거나 아주 궁금하여 묻는 것인데

奢
사치할 사
★★★

奢侈	奢 사치할 사　　　　侈 사치할 치
	필요 이상의 돈이나 물건을 쓰거나 분수에 지나친 생활을 함.
華奢	華 빛날 화　　　　奢 사치할 사
	화려하게 고움.
豪奢	豪 호걸 호　　　　奢 사치할 사
	호화롭게 사치함. 또는 그런 사치

---

001 □□□

積土成山
적토성산

| 쌓을 적 | 흙 토 | 이룰 성 | 산 산 |

작거나 적은 것도 쌓이면 크게 되거나 많아짐. = 적소성대(積小成大)

---

002 □□□

金枝玉葉
금지옥엽

| 쇠 금 | 가지 지 | 구슬 옥 | 잎 엽 |

1. 금으로 된 가지와 옥으로 된 잎이라는 뜻으로, 임금의 가족을 높여 이르는 말
2. 귀한 자손을 이르는 말
3. 구름의 아름다운 모양을 이르는 말

---

003 □□□

金科玉條
금과옥조

| 쇠 금 | 과목 과 | 구슬 옥 | 가지 조 |

금이나 옥처럼 귀중히 여겨 꼭 지켜야 할 법칙이나 규정

---

004 □□□

仙姿玉質
선자옥질

| 신선 선 | 모습 자 | 구슬 옥 | 바탕 질 |

신선의 자태에 옥의 바탕이라는 뜻으로, 몸과 마음이 매우 아름다운 사람을 이르는 말

---

005 □□□

主客顚倒
주객전도

| 주인 주 | 손님 객 | 엎드러질 전 | 넘어질 도 |

주인과 손의 위치가 서로 뒤바뀐다는 뜻으로, 사물의 경중·선후·완급 따위가 서로 뒤바뀜을 이르는 말

---

006 □□□

本末顚倒
본말전도

| 근본 본 | 끝 말 | 엎드러질 전 | 넘어질 도 |

1. 일이 처음과 나중이 뒤바뀜.
2. 일의 근본 줄기는 잊고 사소한 부분에만 사로잡힘.

007 客反爲主 객반위주

손님 객	돌이킬 반	할 위	주인 주

손이 도리어 주인 노릇을 한다는 뜻으로, 부차적인 것을 주된 것보다 오히려 더 중요하게 여김을 이르는 말

008 膠柱鼓瑟 교주고슬

아교 교	기둥 주	북 고	큰 거문고 슬

아교풀로 비파나 거문고의 기러기발을 붙여 놓으면 음조를 바꿀 수 없다는 뜻으로, 고지식하여 조금도 융통성이 없음을 이르는 말

009 右往左往 우왕좌왕

오른 우	갈 왕	왼 좌	갈 왕

이리저리 왔다 갔다 하며 일이나 나아가는 방향을 종잡지 못함.

010 說往說來 설왕설래

말씀 설	갈 왕	말씀 설	올 래

서로 변론을 주고받으며 옥신각신함. 또는 말이 오고 감.

011 鳥足之血 조족지혈

새 조	발 족	갈 지	피 혈

새 발의 피라는 뜻으로, 매우 적은 분량을 비유적으로 이르는 말

012 畫蛇添足 화사첨족

그림 화	뱀 사	더할 첨	발 족

뱀을 다 그리고 나서 있지도 아니한 발을 덧붙여 그려 넣는다는 뜻으로, 쓸데없는 군짓을 하여 도리어 잘못되게 함을 이르는 말. ≒ 사족(蛇足)

013 安分知足 안분지족

편안할 안	나눌 분	알 지	만족 족

편안한 마음으로 제 분수를 지키며 만족할 줄을 앎.

014 東奔西走 동분서주

동녘 동	달릴 분	서녘 서	달릴 주

동쪽으로 뛰고 서쪽으로 뛴다는 뜻으로, 사방으로 이리저리 몹시 바쁘게 돌아다님을 이르는 말

015 □□□

夜半逃走
야반도주

밤 야	반 반	달아날 도	달릴 주

남의 눈을 피하여 한밤중에 도망함.

016 □□□

走馬看山
주마간산

달릴 주	말 마	볼 간	산 산

말을 타고 달리며 산천을 구경한다는 뜻으로, 자세히 살피지 아니하고 대충대충 보고 지나감을 이르는 말

017 □□□

走馬加鞭
주마가편

달릴 주	말 마	더할 가	채찍 편

달리는 말에 채찍질한다는 뜻으로, 잘하는 사람을 더욱 장려함을 이르는 말

018 □□□

見危致命
견위치명

볼 견	위태할 위	이를 치	목숨 명

나라가 위태로울 때 자기의 몸을 나라에 바침.

019 □□□

言行一致
언행일치

말씀 언	다닐 행	하나 일	이를 치

말과 행동이 하나로 들어맞음. 또는 말한 대로 실행함.

020 □□□

共倒同亡
공도동망

함께 공	넘어질 도	같을 동	망할 망

함께 넘어지고 같이 망함.

021 □□□

抱腹絶倒
포복절도

안을 포	배 복	끊을 절	넘어질 도

배를 그러안고 넘어질 정도로 몹시 웃음.

022 □□□

偕老同穴
해로동혈

함께 해	늙을 로	같을 동	구멍 혈

살아서는 같이 늙고 죽어서는 한 무덤에 묻힌다는 뜻으로, 생사를 같이하자는 부부의 굳은 맹세를 이르는 말

023 □□□

反哺之孝
반포지효

| 돌이킬 반 | 먹일 포 | 갈 지 | 효도 효 |

까마귀 새끼가 자라서 늙은 어미에게 먹이를 물어다 주는 효(孝)라는 뜻으로, 자식이 자란 후에 어버이의 은혜를 갚는 효성을 이르는 말

024 □□□

深思熟考
심사숙고

| 깊을 심 | 생각 사 | 익을 숙 | 생각할 고 |

깊이 잘 생각함.

025 □□□

近墨者黑
근묵자흑

| 가까울 근 | 먹 묵 | 놈 자 | 검을 흑 |

먹을 가까이하는 사람은 검어진다는 뜻으로, 나쁜 사람과 가까이 지내면 나쁜 버릇에 물들기 쉬움을 비유적으로 이르는 말

026 □□□

麻中之蓬
마중지봉

| 삼 마 | 가운데 중 | 갈 지 | 쑥 봉 |

삼밭 속의 쑥이라는 뜻으로, 곧은 삼밭 속에서 자란 쑥은 곧게 자라게 되는 것처럼 선한 사람과 사귀면 그 감화를 받아 자연히 선해짐을 비유적으로 이르는 말

027 □□□

角者無齒
각자무치

| 뿔 각 | 놈 자 | 없을 무 | 이 치 |

뿔이 있는 짐승은 이가 없다는 뜻으로, 한 사람이 여러 가지 재주나 복을 다 가질 수 없다는 말

028 □□□

結者解之
결자해지

| 맺을 결 | 놈 자 | 풀 해 | 갈 지 |

맺은 사람이 풀어야 한다는 뜻으로, 자기가 저지른 일은 자기가 해결하여야 함을 이르는 말

029 □□□

盲者正門
맹자정문

| 눈멀 맹 | 놈 자 | 바를 정 | 문 문 |

맹인이 정문을 바로 찾아 들어간다는 뜻으로, 어리석은 사람이 어쩌다 이치에 들어맞는 일을 했음을 비유적으로 이르는 말

030 □□□

會者定離
회자정리

| 모일 회 | 놈 자 | 정할 정 | 떠날 리 |

만난 자는 반드시 헤어짐. 모든 것이 무상함을 나타내는 말이다.

001 主意 주의

주인 주   뜻 의

주장이 되는 요지나 근본이 되는 중요한 뜻
• 이 글의 主意는 서론에 제시되어 있다.

002 主義 주의

주인 주   옳을 의

1. 굳게 지키는 주장이나 방침.
  • 모든 일에 성실해야 한다는 것이 아버님의 主義이다.
2. 체계화된 이론이나 학설.
  • 민주主義

003 注意 주의

물 댈 주   뜻 의

1. 마음에 새겨 두고 조심함.
  • 注意를 요하다.
2. 어떤 한 곳이나 일에 관심을 집중하여 기울임.
  • 注意가 산만하다.
3. 경고나 훈계의 뜻으로 일깨움.
  • 注意를 받다.

004 主事 주사

주인 주   일 사

1. 사무를 주장하는 사람.
2. 일반직 6급 공무원의 직급
  • 행정 主事

005 注射 주사

물 댈 주   쏠 사

약액을 주사기에 넣어 생물체의 조직이나 혈관 속에 직접 주입하는 일. 또는 그 기구
• 注射를 맞다.

006 酒邪 주사

술 주   간사할 사

술 마신 뒤에 버릇으로 하는 못된 언행
• 酒邪를 부리다.

007 注文 주문

물 댈 주   글월 문

다른 사람에게 어떤 일을 하도록 요구하거나 부탁함. 또는 그 요구나 부탁
• 웨이터를 불러 음식을 注文하다.

008 呪文 주문

빌 주   글월 문

음양가나 점술에 정통한 사람이 술법을 부리거나 귀신을 쫓을 때 외는 글귀
• 무당은 呪文을 외워 주술을 행했다.

009 競走 경주

다툴 경   달릴 주

사람, 동물, 차량 따위가 일정한 거리를 달려 빠르기를 겨루는 일. 또는 그런 경기
• 달리기 競走에서 일 등으로 들어오다.

010 傾注 경주

기울 경   물 댈 주

힘이나 정신을 한곳에만 기울임.
• 경제 발전에 전력을 傾注하다.

011 □□□

到着

이를 도   붙을 착

도착

목적한 곳에 다다름.
· 목적지에 到着하다.

012 □□□

倒錯

넘어질 도   섞일 착

도착

본능이나 감정 또는 덕성의 이상(異常)으로 사회나 도덕에 어그러진 행동을 나타냄.
· 倒錯되고 일그러진 심리 상태.

013 □□□

罵倒

꾸짖을 매   넘어질 도

매도

심하게 욕하며 나무람.
· 사람들은 그를 기회주의자라고 罵倒한다.

014 □□□

賣渡

팔 매   건널 도

매도

값을 받고 물건의 소유권을 다른 사람에게 넘김.
· 토지를 賣渡하다.

015 □□□

思考

생각 사   생각할 고

사고

생각하고 궁리함.
· 다양하고 개방적인 思考

016 □□□

事故

일 사   연고 고

사고

1. 뜻밖에 일어난 불행한 일.
   · 자동차 事故
2. 사람에게 해를 입혔거나 말썽을 일으킨 나쁜 짓
   · 事故를 치다.

017 □□□

史庫

역사 사   곳집 고

사고

고려 말기부터 조선 후기까지 실록 따위 국가의 중요한 서적을 보관하던 서고

018 □□□

首都

머리 수   도읍 도

수도

나라의 중앙 정부가 있는 도시
· 서울은 대한민국의 首都이다.

019 □□□

水道

물 수   길 도

수도

먹는 물이나 공업, 방화(防火) 따위에 쓰는 물을 관을 통하여 보내 주는 설비
· 마을에 水道 시설을 갖추다.

020 □□□

修道

닦을 수   길 도

수도

도를 닦음.
· 산에 들어가 修道 생활을 하다.

💬 다음 한자의 뜻과 음을 쓰시오.

01 注 : (   )   02 考 : (   )

03 往 : (   )   04 孝 : (   )

05 倒 : (   )   06 老 : (   )

07 致 : (   )   08 者 : (   )

💬 다음 한자성어의 독음을 쓰고, 적절한 뜻을 바르게 연결하시오.

09 近墨者黑
( )

ⓐ 아교풀로 비파나 거문고의 기러기발을 붙여 놓으면 음조를 바꿀 수 없다는 뜻으로, 고지식하여 조금도 융통성이 없음을 이르는 말

10 膠柱鼓瑟
( )

ⓑ 금이나 옥처럼 귀중히 여겨 꼭 지켜야 할 법칙이나 규정

11 金科玉條
( )

ⓒ 먹을 가까이하는 사람은 검어진다는 뜻으로, 나쁜 사람과 가까이 지내면 나쁜 버릇에 물들기 쉬움을 비유적으로 이르는 말

12 積土成山
( )

ⓓ 말을 타고 달리며 산천을 구경한다는 뜻으로, 자세히 살피지 아니하고 대충대충 보고 지나감을 이르는 말

13 偕老同穴
( )

ⓔ 뱀을 다 그리고 나서 있지도 아니한 발을 덧붙여 그려 넣는다는 뜻으로, 쓸데없는 군짓을 하여 도리어 잘못되게 함을 이르는 말

14 畫蛇添足
( )

ⓕ 달리는 말에 채찍질한다는 뜻으로, 잘하는 사람을 더욱 장려함을 이르는 말

15 走馬加鞭
( )

ⓖ 살아서는 같이 늙고 죽어서는 한 무덤에 묻힌다는 뜻으로, 생사를 같이하자는 부부의 굳은 맹세를 이르는 말

16 走馬看山
( )

ⓗ 작거나 적은 것도 쌓이면 크게 되거나 많아짐.

💬 〈보기〉의 설명을 참고하여 빈칸에 들어갈 한자를 쓰시오.

보기

[가로]

가. 손이 도리어 주인 노릇을 한다는 뜻으로, 부차적인 것을 주된 것보다 오히려 더 중요하게 여김을 이르는 말

나. 본능이나 감정 또는 덕성의 이상(異常)으로 사회나 도덕에 어그러진 행동을 나타냄.

다. 맺은 사람이 풀어야 한다는 뜻으로, 자기가 저지른 일은 자기가 해결하여야 함을 이르는 말

라. 말과 행동이 하나로 들어맞음. 또는 말한 대로 실행함.

마. 새 발의 피라는 뜻으로, 매우 적은 분량을 비유적으로 이르는 말

[세로]

A. 함께 넘어지고 같이 망함.

B. 까마귀 새끼가 자라서 늙은 어미에게 먹이를 물어다 주는 효(孝)라는 뜻으로, 자식이 자란 후에 어버이의 은혜를 갚는 효성을 이르는 말

C. 주장이 되는 요지나 근본이 되는 중요한 뜻

D. 뿔이 있는 짐승은 이가 없다는 뜻으로, 한 사람이 여러 가지 재주나 복을 다 가질 수 없다는 말

E. 편안한 마음으로 제 분수를 지키며 만족할 줄을 앎.

F. 나라가 위태로울 때 자기의 몸을 나라에 바침.

⊕ 정답

01. 물 댈 **주**
02. 생각할 **고**
03. 갈 **왕**
04. 효도 **효**
05. 넘어질 **도**
06. 늙을 **로**
07. 이를 **치**
08. 놈 **자**

09. 근묵자흑 – ⓒ
10. 교주고슬 – ⓐ
11. 금과옥조 – ⓑ
12. 적토성산 – ⓗ
13. 해로동혈 – ⓖ
14. 화사첨족 – ⓔ
15. 주마가편 – ⓕ
16. 주마간산 – ⓓ

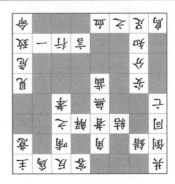

02^강 실전 연습문제

01 다음 밑줄 친 단어의 한자어로 적합한 것은?

2017 서울시 9급

<u>토의</u>는 최적의 해결 방안을 선택하기 위한 공동의 <u>사고</u> 과정이다. 이 과정이 효율적으로 진행되기 위해서는 공동체가 해결해야 할 문제와 문제의 원인을 인식하고 가능한 대안들을 도출해야 한다. 그리고 대안의 <u>선택</u>에 필요한 판단 <u>준거</u>를 토대로 대안을 분석해 최적의 대안을 선택해야 한다.

① 토의 – 討義   ② 사고 – 思考

③ 선택 – 先擇   ④ 준거 – 準擧

02 다음 글에서 어부의 삶의 태도를 가장 적절하게 나타낸 한자 성어는?

2017 교육행정직 7급

작은 어촌에 간 여행객이 마을의 어부가 잡은 크고 싱싱한 물고기를 보고는 어부에게 물었다. "그거 잡는데 얼마나 걸렸습니까?" 어부가 대답하였다. "별로 걸리지 않았습니다." 여행객이 다시 물었다. "왜 물고기를 잡는 데 좀 더 시간을 들이지 않습니까? 좀 더 노력하면 더 많이 잡을 수 있을 텐데……." 어부는 적은 물고기로도 자신과 가족에게 충분하므로 고기를 더 많이 낚으려 욕심내기보다는 남는 시간에 늦잠도 자고 애들과 놀고 노래도 부르며 삶의 여유를 즐기는 것을 더 중요하게 여긴다고 대답하였다.

① 雪上加霜   ② 亡羊之歎   ③ 安分知足   ④ 脣亡齒寒

03 밑줄 친 한자어의 표기로 적절한 것은?

• 주방에서 ㉠ <u>수도</u>를 끌어 물을 받았다.
• 다시는 이런 일이 없게 ㉡ <u>주의</u>하겠습니다.

	㉠	㉡		㉠	㉡
①	水道	主意	②	首都	主意
③	水道	注意	④	首都	注意

04 다음 중 한자 성어와 속담의 연결이 바르지 않은 것은?

① 客反爲主 – 나그네가 주인 노릇한다   ② 積土成山 – 티끌 모아 태산

③ 麻中之蓬 – 삼밭에 쑥대   ④ 走馬看山 – 달리는 말에 채찍질

05 다음 글의 내용과 관련된 한자 성어는?

> 사람은 환경의 지배를 받는다. 먹을 가까이 하는 사람은 몸 어디엔가 먹물을 묻히게 되고, 농사를 짓는 농부의 몸에서는 흙냄새가 나기 마련이다. 해서 운수(雲水) 행각(行脚)을 즐기는 승려들은 깊은 산골, 물 맑고 경치 좋은 곳을 찾아가 마음을 가다듬고자 한다.

① 結者解之　　　　② 近墨者黑　　　　③ 和而不同　　　　④ 欲速不達

---

01 '사고'는 '생각'이란 의미이다. 따라서 '思考(사고: 생각 사, 생각할 고)'의 한자 표기는 적절하다.

　오답정리 ① 토의(討義 → 討議): '토의'는 의논하는 것이므로 둘 다 '말씀 언(言)'이 들어가야 한다. 따라서 '義(옳을 의)'가 아닌 '議(의논할 의)'가 들어간 '討議(토의: 칠 토, 의논할 의)'가 올바른 표기이다.
　③ 선택(先擇 → 選擇): '선택'은 '골라 뽑음'이란 의미이므로 '先(먼저 선)'이 아닌 '選(가릴 선)'이 들어간 '選擇(선택: 가릴 선, 가릴 택)'이 올바른 표기이다.
　④ 준거(準擧 → 準據): 문맥상 '근거, 기준'이란 의미이므로, '擧(들 거)'가 아닌 '據(근거 거)'가 들어간 '準據(준거: 준할 준, 근거 거)'로 표기해야 한다.

02 어부는 고기를 더 낚으려 욕심내기보다는 삶의 여유를 즐기는 것을 더 중요하게 생각하고 있다. 이처럼 편안한 마음으로 제 분수를 지키며 만족할 줄 아는 어부에게는 '安分知足(안분지족: 편안할 안, 나눌 분, 알 지, 만족 족)'이 어울린다.

　오답정리 ① 雪上加霜(설상가상: 눈 설, 위 상, 더할 가, 서리 상): 눈 위에 서리가 덮인다는 뜻으로, 난처한 일이나 불행한 일이 잇따라 일어남을 이르는 말
　② 亡羊之歎(망양지탄: 망할 망, 양 양, 갈 지, 탄식할 탄): 갈림길이 매우 많아 잃어버린 양을 찾을 길이 없음을 탄식한다는 뜻으로, 학문의 길이 여러 갈래여서 한 갈래의 진리도 얻기 어려움을 이르는 말
　④ 脣亡齒寒(순망치한: 입술 순, 망할 망, 이 치, 찰 한): 입술이 없으면 이가 시리다는 뜻으로, 서로 이해관계가 밀접한 사이에 어느 한쪽이 망하면 다른 한쪽도 그 영향을 받아 온전하기 어려움을 이르는 말

03 ㉠ '물이 들어오는 설비'의 의미이므로, '水道(수도: 물 수, 길 도)'를 쓰는 것이 적절하다.
　㉡ '마음에 새겨 두고 조심함.'의 의미이므로, '注意(주의: 물 댈 주, 뜻 의)'를 쓰는 것이 적절하다.

　오답정리 ㉠ 首都(수도: 머리 수, 도읍 도): 한 나라의 중앙 정부가 있는 도시
　㉡ 主意(주의: 주인 주, 뜻 의): 주장이 되는 요지나 근본이 되는 중요한 뜻

04 '走馬看山(주마간산: 달릴 주, 말 마, 볼 간, 산 산)'은 '말을 타고 달리며 산천을 구경한다는 뜻으로, 자세히 살피지 아니하고 대충대충 보고 지나감을 이르는 말'이고, '달리는 말에 채찍질'은 '기세가 한창 좋을 때 더 힘을 가한다는 말'이므로 연결이 바르지 않다. '달리는 말에 채찍질'과 유사한 의미의 한자성어로는 '走馬加鞭(주마가편: 달릴 주, 말 마, 더할 가, 채찍 편)'이 있다.

　오답정리 ① 客反爲主(객반위주: 손님 객, 돌이킬 반, 할 위, 주인 주): 손이 도리어 주인 노릇을 한다는 뜻으로, 부차적인 것을 주된 것보다 오히려 더 중요하게 여김을 이르는 말
　② 積土成山(적토성산: 쌓을 적, 흙 토, 이룰 성, 산 산): 작거나 적은 것도 쌓이면 크게 되거나 많아짐.
　③ 麻中之蓬(마중지봉: 삼 마, 가운데 중, 갈 지, 쑥 봉): 삼밭 속의 쑥이라는 뜻으로, 곧은 삼밭 속에서 자란 쑥은 곧게 자라게 되는 것처럼 선한 사람과 사귀면 그 감화를 받아 자연히 선해짐을 비유적으로 이르는 말

05 가까이 하는 환경에 따라 인간이 변한다는 내용이다. 따라서 '먹을 가까이하는 사람은 검어진다는 뜻으로, 나쁜 사람과 가까이 지내면 나쁜 버릇에 물들기 쉬움을 비유적으로 이르는 말'인 '近墨者黑(근묵자흑: 가까울 근, 먹 묵, 놈 자, 검을 흑)'이 이 글의 내용과 가장 관련이 있다.

　오답정리 ① 結者解之(결자해지: 맺을 결, 놈 자, 풀 해, 갈 지): 맺은 사람이 풀어야 한다는 뜻으로, 자기가 저지른 일은 자기가 해결하여야 함을 이르는 말
　③ 和而不同(화이부동: 화목할 화, 말 이을 이, 아닐 부(불), 같을 동): 남과 사이좋게 지내기는 하나 무턱대고 어울리지는 아니함.
　④ 欲速不達(욕속부달: 하고자 할 욕, 빠를 속, 아닐 부(불), 통달할 달): 일을 빨리하려고 하면 도리어 이루지 못함.

➕정답 01 ② **02** ③ **03** ③ **04** ④ **05** ②

1 한자

061	062	063	064	065	066
水	氷	永	泳	詠	求
물 수	얼음 빙	길 영	헤엄칠 영	읊을 영	구할 구

067	068	069	070	071	072
救	球	綠	錄	剝	緣
구원할 구	공 구	푸를 록	기록할 록	벗길 박	인연 연

073	074	075	076	077	078
白	百	伯	泊	迫	宿
흰/아뢸 백	일백 백	맏 백	배 댈 박	닥칠 박	잘 숙

079	080	081	082	083	084
縮	泉	線	羽	習	翁
줄일 축	샘 천	줄 선	깃 우	익힐 습	늙은이 옹

085	086	087	088	089	090
雨	雪	雲	雷	電	霜
비 우	눈 설	구름 운	우레 뢰	번개 전	서리 상

2 한자성어

| 001 白眉 | 002 水魚之交 | 003 氷炭之間 | 004 氷姿玉質 | 005 如履薄氷 |

| 006 吟風詠月 | 007 緣木求魚 | 008 刻舟求劍 | 009 綠衣紅裳 | 010 白面書生 |

| 011 白雲孤飛 | 012 百發百中 | 013 百年河淸 | 014 百年大計 | 015 一罰百戒 |

| 016 伯仲之勢 | 017 伯牙絶絃 | 018 伯樂一顧 | 019 泉石膏肓 | 020 積羽沈舟 |

| 021 塞翁之馬 | 022 雨後竹筍 | 023 雪上加霜 | 024 螢雪之功 | 025 望雲之情 |

| 026 靑雲之志 | 027 浮雲之志 | 028 雲泥之差 | 029 附和雷同 | 030 東家食西家宿 |

3 한자어

| 001 水上 | 002 手相 | 003 首相 | 004 受賞 | 005 殊常 |

| 006 隨想 | 007 救命 | 008 究明 | 009 救助 | 010 構造 |

| 011 錄音 | 012 綠陰 | 013 習得 | 014 拾得 | 015 雨水 |

| 016 憂愁 | 017 優秀 | 018 電波 | 019 全破 | 020 傳播 |

○ 알고있음 △ 애매함 X 모름

061

水 물 수

★

□□□

洪水	洪 넓을 홍　　　水 물 수 1. 비가 많이 와서 강이나 개천에 갑자기 크게 불은 물 2. 사람이나 사물이 많이 쏟아져 나옴을 비유적으로 이르는 말
水平	水 물 수　　　平 평평할 평 1. 기울지 않고 평평한 상태　2. 지구 중력의 방향과 직각을 이루는 방향
水準	水 물 수　　　準 법도 준 사물의 가치나 질 따위의 기준이 되는 일정한 표준이나 정도

062

氷 얼음 빙

★

□□□

氷河	氷 얼음 빙　　　河 물 하 수백 수천 년 동안 쌓인 눈이 얼음덩어리로 변하여 그 자체의 무게로 압력을 받아 이동하는 현상. 또는 그 얼음덩어리
解氷	解 풀 해　　　氷 얼음 빙 1. 얼음이 녹아 풀림. 2. 서로 대립 중이던 세력 사이의 긴장이 완화됨을 비유적으로 이르는 말
薄氷	薄 엷을 박　　　氷 얼음 빙 1. 살짝 언 얼음. = 살얼음　2. 근소한 차이를 비유적으로 이르는 말

063

永 길 영

★★

□□□

永久	永 길 영　　　久 오랠 구 어떤 상태가 시간상으로 무한히 이어짐.
永遠	永 길 영　　　遠 멀 원 어떤 상태가 끝없이 이어짐. 또는 시간을 초월하여 변하지 아니함.
永訣式	永 길 영　　　訣 이별할 결　　　式 법 식 장사 지내기 전에, 죽은 사람을 영원히 떠나보낸다는 뜻으로 행하는 의식

064

泳 헤엄칠 영

★

□□□

| 水泳 | 水 물 수　　　泳 헤엄칠 영
스포츠나 놀이로서 물속을 헤엄치는 일 |
| 游泳 | 游 헤엄칠 유　　　泳 헤엄칠 영
1. 물속에서 헤엄치며 놂.　2. 이리저리 떠돌아다니는 일 |

□□□

065

詠
읊을 영
★★

詠歎	詠 읊을 영　　歎(嘆) 탄식할 탄 1. 목소리를 길게 뽑아 깊은 정회(情懷)를 읊음. 2. 마음속 깊이 느끼어 탄복함.
吟詠	吟 읊을 음　　詠 읊을 영 시가(詩歌) 따위를 읊음.
詠唱	詠(咏) 읊을 영　　唱 부를 창 오페라, 오라토리오 따위에서 기악 반주가 있는 서정적인 가락의 독창곡

□□□

066

求
구할 구
★★

要求	要 요긴할 요　　求 구할 구 받아야 할 것을 필요에 의하여 달라고 청함. 또는 그 청
請求	請 청할 청　　求 구할 구 남에게 돈이나 물건 따위를 달라고 요구함.
促求	促 재촉할 촉　　求 구할 구 급하게 재촉하여 요구함.

□□□

067

救
구원할 구
★★

救援	救 구원할 구　　援 도울 원 어려움이나 위험에 빠진 사람을 구하여 줌.
救濟	救 구원할 구　　濟 건널 제 자연적인 재해나 사회적인 피해를 당하여 어려운 처지에 있는 사람을 도와줌.
救急	救 구원할 구　　急 급할 급 1. 위급한 상황에서 구하여 냄. 2. 병이 위급할 때 우선 목숨을 구하기 위한 처치를 함.

□□□

068

球
공 구
★

地球	地 땅 지　　球 공 구 태양에서 셋째로 가까운 행성. 인류가 사는 천체로, 달을 위성으로 가진다.
野球	野 들 야　　球 공 구 9명씩으로 이루어진 두 팀이 9회씩 공격과 수비를 번갈아 하며 승패를 겨루는 구기 경기
球技	球 공 구　　技 재주 기 공을 사용하는 운동 경기. 야구, 축구, 배구, 탁구 따위가 있다.

069 綠 푸를 록 ★★ □□□

草綠	草 풀 초 　　　 綠 푸를 록
	파랑과 노랑의 중간 빛
綠地	綠 푸를 녹(록) 　　　 地 땅 지
	1. 천연적으로 풀이나 나무가 우거진 곳
	2. 도시의 자연환경 보전과 공해 방지를 위하여 풀이나 나무를 일부러 심은 곳
常綠樹	常 항상 상 　　 綠 푸를 록 　　 樹 나무 수
	사철 내내 잎이 푸른 나무를 통틀어 이르는 말. 소나무, 대나무 따위가 있다.

070 錄 기록할 록 ★★ □□□

記錄	記 기록할 기 　　 錄 기록할 록
	1. 주로 후일에 남길 목적으로 어떤 사실을 적음. 또는 그런 글
	2. 운동 경기 따위에서 세운 성적이나 결과를 수치로 나타냄. 특히, 그 성적이나 결과의 가장 높은 수준을 이른다.
登錄	登 오를 등 　　 錄 기록할 록
	일정한 자격 조건을 갖추기 위하여 단체나 학교 따위에 문서를 올림.
錄取	錄 기록할 녹(록) 　　 取 취할 취
	방송 따위의 내용을 녹음함. 또는 녹음한 것을 글로 옮겨 기록함.

071 剝 벗길 박 ★★★ □□□

剝奪	剝 벗길 박 　　　 奪 빼앗을 탈
	남의 재물이나 권리, 자격 따위를 빼앗음.
剝皮	剝 벗길 박 　　　 皮 가죽 피
	껍질이나 가죽을 벗김.
剝製	剝 벗길 박 　　　 製 지을 제
	동물의 가죽을 곱게 벗기고 썩지 아니하도록 한 뒤에 솜이나 대팻밥 따위를 넣어 살아 있을 때와 같은 모양으로 만듦. 또는 그렇게 만든 물건

072 緣 인연 연 ★★★ □□□

因緣	因 인할 인 　　　 緣 인연 연
	1. 사람들 사이에 맺어지는 관계
	2. 어떤 사물과 관계되는 연줄　3. 일의 내력 또는 이유
緣由	緣 인연 연 　　　 由 말미암을 유
	일의 까닭
緣故	緣 인연 연 　　　 故 연고 고
	1. 일의 까닭
	2. 혈통, 정분, 법률 따위로 맺어진 관계
	3. 사람들 사이에 맺어지는 관계

<table>
<tr><td>073</td></tr>
</table>

073 白 흰/아뢸 백 ★

黑白	黑 검을 흑 　　　　白 흰 백
	1. 검은색과 흰색을 아울러 이르는 말 2. 색조가 검은색의 짙고 옅음으로 이루어진 것 3. 옳고 그름.
告白	告 알릴 고 　　　　白 아뢸 백
	마음속에 생각하고 있는 것이나 감추어 둔 것을 사실대로 숨김없이 말함.
白日夢	白 흰 백 　　　　日 날 일 　　　　夢 꿈 몽
	대낮에 꿈을 꾼다는 뜻으로, 실현될 수 없는 헛된 공상을 이르는 말.

074 百 일백 백 ★

百姓	百 일백 백 　　　　姓 성 성
	1. 나라의 근본을 이루는 일반 국민을 예스럽게 이르는 말 2. 예전에, 사대부가 아닌 일반 평민을 이르던 말
百貨店	百 일백 백 　　　　貨 재물 화 　　　　店 가게 점
	여러 가지 상품을 부문별로 나누어 진열·판매하는 대규모의 현대식 종합 소매점
百科事典	百 일백 백 　　　　科 과목 과 　　　　事 일 사 　　　　典 법 전
	학문, 예술, 문화, 사회, 경제 따위의 과학과 자연 및 인간의 활동에 관련된 모든 지식을 압축하여 부문별 또는 자모순으로 배열하고 풀이한 책

075 伯 맏 백 ★

伯父	伯 맏 백 　　　　父 아비 부
	둘 이상의 아버지의 형 가운데 맏이가 되는 형을 이르는 말
伯仲	伯 맏 백 　　　　仲 버금 중
	1. 맏이와 둘째를 아울러 이르는 말 2. 재주나 실력, 기술 따위가 서로 비슷하여 낫고 못함이 없음. 또는 그런 형세

076 泊 배 댈 박 ★

宿泊	宿 잘 숙 　　　　泊 배 댈 박
	여관이나 호텔 따위에서 잠을 자고 머무름.
碇泊	碇 닻 정 　　　　泊 배 댈 박
	배가 닻을 내리고 머무름.
漂泊	漂 떠다닐 표 　　　　泊 배 댈 박
	1. 풍랑을 만난 배가 물 위에 정처 없이 떠돎. 2. 일정한 주거나 생업이 없이 떠돌아다니며 지냄.

077

迫
닥칠 박

★

切迫	切 끊을 절 迫 닥칠 박
	1. 어떤 일이나 때가 가까이 닥쳐서 몹시 급함.
	2. 인정이 없고 냉정함.
脅迫	脅 위협할 협 迫 닥칠 박
	겁을 주며 압력을 가하여 남에게 억지로 어떤 일을 하도록 함.
迫眞感	迫 닥칠 박 眞 참 진 感 느낄 감
	1. 진실에 가까운 느낌
	2. 생동감 있고 활기차고 적극적이어서 현실적으로 느껴지는 느낌

078

宿
잘 숙

★★

宿題	宿 잘 숙 題 제목 제
	1. 복습이나 예습 따위를 위하여 방과 후에 학생들에게 내 주는 과제
	2. 두고 생각해 보거나 해결해야 할 문제
露宿	露 이슬 노(로) 宿 잘 숙
	한데에서 자는 잠
宿命	宿 잘 숙 命 목숨 명
	날 때부터 타고난 정해진 운명. 또는 피할 수 없는 운명

079

縮
줄일 축

★★★

縮小	縮 줄일 축 小 작을 소
	모양이나 규모 따위를 줄여서 작게 함.
壓縮	壓 누를 압 縮 줄일 축
	1. 물질 따위에 압력을 가하여 그 부피를 줄임.
	2. 문장 따위를 줄여 짧게 함. 3. 일정한 범위나 테두리를 줄임.
萎縮	萎 시들 위 縮 줄일 축
	1. 마르거나 시들어서 우그러지고 쭈그러듦.
	2. 어떤 힘에 눌려 졸아들고 기를 펴지 못함.

080

泉
샘 천

★

源泉	源 근원 원 泉 샘 천
	1. 물이 흘러나오는 근원
	2. 사물의 근원
溫泉	溫 따뜻할 온 泉 샘 천
	지열에 의하여 지하수가 그 지역의 평균 기온 이상으로 데워져 솟아 나오는 샘
黃泉	黃 누를 황 泉 샘 천
	사람이 죽은 뒤에 그 혼이 가서 산다고 하는 세상

線
줄 선
★

直線	直 곧을 직　　線 줄 선
	꺾이거나 굽은 데가 없는 곧은 선
路線	路 길 노(로)　　線 줄 선
	1. 자동차 선로, 철도 선로 따위와 같이 일정한 두 지점을 정기적으로 오가는 교통선
	2. 개인이나 조직 따위가 일정한 목표를 실현하기 위하여 지향하여 나가는 견해의 방향이나 행동 방침
視線	視 볼 시　　線 줄 선
	1. 눈이 가는 길. 또는 눈의 방향　2. 주의 또는 관심을 비유적으로 이르는 말

羽
깃 우
★

羽衣	羽 깃 우　　衣 옷 의
	선녀나 신선이 입는다는 새의 깃으로 만든 옷
羽化登仙	羽 깃 우　　化 될 화　　登 오를 등　　仙 신선 선
	사람의 몸에 날개가 돋아 하늘로 올라가 신선이 됨.

習
익힐 습
★★

學習	學 배울 학　　習 익힐 습
	배워서 익힘.
復習	復 회복할 복　　習 익힐 습
	배운 것을 다시 익혀 공부함.
習慣	習 익힐 습　　慣 버릇 관
	어떤 행위를 오랫동안 되풀이하는 과정에서 저절로 익혀진 행동 방식

翁
늙은이 옹
★★

老翁	老 늙을 노(로)　　翁 늙은이 옹
	늙은 남자
呂翁枕	呂 음률 여(려)　　翁 늙은이 옹　　枕 베개 침
	인생의 덧없음과 영화의 헛됨을 비유적으로 이르는 말.
	※ 중국 당나라 때, 노생(盧生)이라는 소년이 한단(邯鄲)의 여사(旅舍)에서 도사 여옹(呂翁)의 베개를 베고 잠을 자는데 메조 밥을 짓는 사이에 팔십 년간의 영화스러운 생활을 누리는 꿈을 꾸었다는 고사에서 유래한다.
塞翁之馬	塞 변방 새　　翁 늙은이 옹　　之 갈 지　　馬 말 마
	인생의 길흉화복은 변화가 많아서 예측하기가 어렵다는 말.
	※ 옛날에 새옹이 기르던 말이 오랑캐 땅으로 달아나서 노인이 낙심하였는데, 그 후에 달아났던 말이 준마를 한 필 끌고 와서 그 덕분에 훌륭한 말을 얻게 되었으나 아들이 그 준마를 타다가 떨어져서 다리가 부러졌으므로 노인이 다시 낙심하였는데, 그로 인하여 아들이 전쟁에 끌려 나가지 아니하고 죽음을 면할 수 있었다는 이야기에서 유래한다.

085 雨 (비 우) ★		
降雨	降 내릴 강　　雨 비 우	
	비가 내림. 또는 그 비	
穀雨	穀 곡식 곡　　雨 비 우	
	이십사절기의 하나. 청명(淸明)과 입하(立夏) 사이에 들며, 봄비가 내려서 온갖 곡식이 윤택하여진다고 한다. 양력으로는 4월 20일경이다.	
豪雨	豪 호걸 호　　雨 비 우	
	줄기차게 내리는 크고 많은 비	

086 雪 (눈 설) ★★		
白雪	白 흰 백　　雪 눈 설	
	하얀 눈	
暴雪	暴 사나울 폭　　雪 눈 설	
	갑자기 많이 내리는 눈	
雪辱	雪 눈 설　　辱 욕될 욕	
	부끄러움을 씻음.	

087 雲 (구름 운) ★★		
風雲	風 바람 풍　　雲 구름 운	
	1. 바람과 구름을 아울러 이르는 말 2. 용이 바람과 구름을 타고 하늘로 오르는 것처럼 영웅호걸들이 세상에 두각을 나타내는 좋은 기운 3. 사회적·정치적으로 세상이 크게 변하려는 기운을 비유적으로 이르는 말	
雲集	雲 구름 운　　集 모일 집	
	구름처럼 모인다는 뜻으로, 많은 사람이 모여듦을 이르는 말	
行雲流水	行 다닐 행　　雲 구름 운　　流 흐를 유(류)　　水 물 수	
	1. 떠가는 구름과 흐르는 물을 아울러 이르는 말. 2. 일의 처리가 자연스럽고 거침이 없음. 3. 마음씨가 시원하고 씩씩함. 4. 일정한 형태가 없이 늘 변함.	

088 雷 (우레 뢰) ★★		
雷雨	雷 우레 뇌(뢰)　　雨 비 우	
	천둥과 번개를 동반한 비	
落雷	落 떨어질 낙(락)　　雷 우레 뢰	
	벼락이 떨어짐. 또는 그 벼락	
地雷	地 땅 지　　雷 우레 뢰	
	땅속에 묻어 두고, 그 위를 사람이나 차량 따위가 지나가면 폭발하도록 만든 폭약	

089

□□□

電氣	電 번개 전　　　氣 기운 기
	물질 안에 있는 전자 또는 공간에 있는 자유 전자나 이온들의 움직임 때문에 생기는 에너지의 한 형태
電話	電 번개 전　　　話 이야기 화
	말소리를 전파나 전류로 바꾸었다가 다시 말소리로 환원시켜 공간적으로 떨어져 있는 사람이 서로 이야기할 수 있게 만든 기계
漏電	漏 샐 누(루)　　　電 번개 전
	절연(絕緣)이 불완전하거나 시설이 손상되어 전기가 전깃줄 밖으로 새어 흐름. 또는 그 전류.

090

□□□

霜降	霜 서리 상　　　降 내릴 강
	이십사절기의 하나. 한로(寒露)와 입동(立冬) 사이에 들며, 아침과 저녁의 기온이 내려가고, 서리가 내리기 시작할 무렵이다. 10월 23일경이다.
萬古風霜	萬 일만 만　　　古 옛 고　　　風 바람 풍　　　霜 서리 상
	아주 오랜 세월 동안 겪어 온 많은 고생
傲霜孤節	傲 오만할 오　　　霜 서리 상　　　孤 외로울 고　　　節 마디 절
	서릿발이 심한 속에서도 굴하지 아니하고 외로이 지키는 절개라는 뜻으로, '국화'를 이르는 말

03^강 한자성어

001

白眉
백미

흰 백　　　눈썹 미

흰 눈썹이라는 뜻으로, 여럿 가운데에서 가장 뛰어난 사람이나 훌륭한 물건을 비유적으로 이르는 말

※ 중국 촉한(蜀漢) 때 마씨(馬氏) 다섯 형제가 모두 재주가 있었는데 그중에서도 눈썹 속에 흰 털이 난 마량(馬良)이 가장 뛰어났다는 데서 유래한다.

002

水魚之交
수어지교

물 수　　　물고기 어　　　갈 지　　　사귈 교

1. 물이 없으면 살 수 없는 물고기와 물의 관계라는 뜻으로, 아주 친밀하여 떨어질 수 없는 사이를 비유적으로 이르는 말
2. 임금과 신하 또는 부부의 친밀함을 이르는 말

003

氷炭之間
빙탄지간

얼음 빙　　　숯 탄　　　갈 지　　　사이 간

얼음과 숯의 사이라는 뜻으로, 서로 맞지 않아 화합하지 못하는 관계를 이르는 말

004

氷姿玉質
빙자옥질

얼음 빙　　　모습 자　　　구슬 옥　　　바탕 질

1. 얼음같이 맑고 깨끗한 살결과 구슬같이 아름다운 자질
2. '매화'를 달리 이르는 말

005

如履薄氷
여리박빙

같을 여　　　밟을 리　　　엷을 박　　　얼음 빙

살얼음을 밟는 것과 같다는 뜻으로, 아슬아슬하고 위험한 일을 비유적으로 이르는 말

006

吟風詠月
음풍영월

읊을 음　　　바람 풍　　　읊을 영　　　달 월

맑은 바람과 밝은 달을 대상으로 시를 짓고 흥취를 자아내어 즐겁게 놂.
= 음풍농월(吟風弄月)

007 □□□

緣木求魚
연목구어

| 인연 연 | 나무 목 | 구할 구 | 물고기 어 |

나무에 올라가서 물고기를 구한다는 뜻으로, 도저히 불가능한 일을 굳이 하려 함을 비유적으로 이르는 말

008 □□□

刻舟求劍
각주구검

| 새길 각 | 배 주 | 구할 구 | 칼 검 |

융통성 없이 현실에 맞지 않는 낡은 생각을 고집하는 어리석음을 이르는 말
※ 초나라 사람이 배에서 칼을 물속에 떨어뜨리고 그 위치를 뱃전에 표시하였다가 나중에 배가 움직인 것을 생각하지 않고 칼을 찾았다는 데서 유래한다.

009 □□□

綠衣紅裳
녹의홍상

| 푸를 녹(록) | 옷 의 | 붉을 홍 | 치마 상 |

1. 연두저고리와 다홍치마
2. 곱게 차려입은 젊은 여자의 옷차림을 이르는 말

010 □□□

白面書生
백면서생

| 흰 백 | 낯 면 | 글 서 | 날 생 |

한갓 글만 읽고 세상일에는 전혀 경험이 없는 사람

011 □□□

白雲孤飛
백운고비

| 흰 백 | 구름 운 | 외로울 고 | 날 비 |

1. 타향에서 고향에 계신 부모를 생각함.
2. 멀리 떠나온 자식이 어버이를 사모하여 그리는 정(情)

012 □□□

百發百中
백발백중

| 일백 백 | 필 발 | 일백 백 | 가운데 중 |

1. 백 번 쏘아 백 번 맞힌다는 뜻으로, 총이나 활 따위를 쏠 때마다 겨눈 곳에 다 맞음을 이르는 말
2. 무슨 일이나 틀림없이 잘 들어맞음.

013 □□□

百年河淸
백년하청

| 일백 백 | 해 년 | 물 하 | 맑을 청 |

중국의 황허강(黃河江)이 늘 흐려 맑을 때가 없다는 뜻으로, 아무리 오랜 시일이 지나도 어떤 일이 이루어지기 어려움을 이르는 말

014 □□□

百年大計
백년대계

| 일백 백 | 해 년 | 큰 대 | 셈할 계 |

먼 앞날까지 미리 내다보고 세우는 크고 중요한 계획

015

一罰百戒
일벌백계

하나 일	벌할 벌	일백 백	경계할 계

한 사람을 벌주어 백 사람을 경계한다는 뜻으로, 다른 사람들에게 경각심을 불러일으키기 위하여 본보기로 한 사람에게 엄한 처벌을 하는 일을 이르는 말

016

伯仲之勢
백중지세

맏 백	버금 중	갈 지	기세 세

서로 우열을 가리기 힘든 형세

017

伯牙絶絃
백아절현

맏 백	어금니 아	끊을 절	줄 현

자기를 알아주는 참다운 벗의 죽음을 슬퍼함.

※ 중국 춘추 시대에 백아(伯牙)는 거문고를 매우 잘 탔고 그의 벗 종자기(鍾子期)는 그 거문고 소리를 잘 들었는데, 종자기가 죽어 그 거문고 소리를 들을 사람이 없게 되자 백아가 절망하여 거문고 줄을 끊어 버리고 다시는 거문고를 타지 않았다는 데서 유래한다.

018

伯樂一顧
백낙일고

맏 백	즐거울 낙(락)	하나 일	돌아볼 고

명마가 백낙을 만나 세상에 알려진다는 뜻으로, 자기의 재능을 알아주는 사람을 만나 대접을 잘 받음을 이르는 말

019

泉石膏肓
천석고황

샘 천	돌 석	기름 고	명치끝 황

자연의 아름다운 경치를 몹시 사랑하고 즐기는 성벽(性癖). = 연하고질(煙霞痼疾)

020

積羽沈舟
적우침주

쌓을 적	깃 우	잠길 침	배 주

새의 깃이라도 쌓이고 쌓이면 배를 가라앉힐 수 있다는 뜻으로, 작은 힘이라도 합치면 큰 힘이 됨을 이르는 말

021

塞翁之馬
새옹지마

변방 새	늙은이 옹	갈 지	말 마

인생의 길흉화복은 변화가 많아서 예측하기가 어렵다는 말.

※ 옛날에 새옹이 기르던 말이 오랑캐 땅으로 달아나서 노인이 낙심하였는데, 그 후에 달아났던 말이 준마를 한 필 끌고 와서 그 덕분에 훌륭한 말을 얻게 되었으나 아들이 그 준마를 타다가 떨어져서 다리가 부러졌으므로 노인이 다시 낙심하였는데, 그로 인하여 아들이 전쟁에 끌려 나가지 아니하고 죽음을 면할 수 있었다는 이야기에서 유래한다.

022

雨後竹筍
우후죽순

비 우	뒤 후	대나무 죽	죽순 순

비가 온 뒤에 여기저기 솟는 죽순이라는 뜻으로, 어떤 일이 한때에 많이 생겨남을 비유적으로 이르는 말

023 □□□

雪上加霜
설상가상

눈 설	위 상	더할 가	서리 상

눈 위에 서리가 덮인다는 뜻으로, 난처한 일이나 불행한 일이 잇따라 일어남을 이르는 말

---

024 □□□

螢雪之功
형설지공

반딧불 형	눈 설	갈 지	공 공

반딧불·눈과 함께 하는 노력이라는 뜻으로, 고생을 하면서 부지런하고 꾸준하게 공부하는 자세를 이르는 말

※ 진나라 차윤(車胤)이 반딧불을 모아 그 불빛으로 글을 읽고, 손강(孫康)이 가난하여 겨울밤에는 눈빛에 비추어 글을 읽었다는 고사에서 유래한다.

---

025 □□□

望雲之情
망운지정

바랄 망	구름 운	갈 지	뜻 정

자식이 객지에서 고향에 계신 어버이를 생각하는 마음.

---

026 □□□

靑雲之志
청운지지

푸를 청	구름 운	갈 지	뜻 지

높은 지위에 오르고자 하는 욕망

---

027 □□□

浮雲之志
부운지지

뜰 부	구름 운	갈 지	뜻 지

뜬구름과 같은 일시적인 부귀공명을 바라는 마음

---

028 □□□

雲泥之差
운니지차

구름 운	진흙 니	갈 지	다를 차

구름과 진흙의 차이라는 뜻으로, 서로 간의 차이가 매우 심함을 이르는 말

---

029 □□□

附和雷同
부화뇌동

붙을 부	화목할 화	우레 뇌(뢰)	같을 동

줏대 없이 남의 의견에 따라 움직임.

---

030 □□□

東家食西家宿
동가식서가숙

동녘 동	집 가	먹을 식	서녘 서	집 가	잘 숙

동쪽 집에서 밥 먹고 서쪽 집에서 잠잔다는 뜻으로, 일정한 거처가 없이 떠돌아다니며 지냄을 이르는 말. 나중에는 자기의 잇속을 차리기 위하여 지조 없이 여기저기 빌붙어 사는 행태를 이르게 되었다

001 水上

물 수   위 상

수상

물의 위. 또는 물길
• 나는 곤돌라를 타고 베네치아의 水上 가옥을 구경했다.

002 手相

손 수   서로 상

수상

1. 손바닥의 살갗에 줄무늬를 이룬 금
2. 손금이나 손의 모양
   • 점쟁이가 나의 手相을 자세히 들여다보았다.

003 首相

머리 수   서로 상

수상

내각의 우두머리
• 영국에서 首相이 새로 선출되었다.

004 受賞

받을 수   상 줄 상

수상

상을 받음.
• 그는 많은 대회에서 受賞을 한 경력이 있다.

005 殊常

다를 수   항상 상

수상

보통과는 달리 이상하여 의심스러움.
• 거동이 殊常하다.

006 隨想

따를 수   생각 상

수상

그때그때 떠오르는 느낌이나 생각
• 이 글은 잡지에 기고했던 隨想입니다.

007 救命

구원할 구   목숨 명

구명

사람의 목숨을 구함.
• 침몰한 배의 선원 모두가 무사히 救命되었다.

008 究明

궁구할 구   밝을 명

구명

사물의 본질, 원인 따위를 깊이 연구하여 밝힘.
• 그 문제에 관한 답은 아직도 究明되고 있지 않다.

009 救助

구원할 구   도울 조

구조

재난 따위를 당하여 어려운 처지에 빠진 사람을 구하여 줌.
• 물에 빠진 사람을 救助하다.

010 構造

얽을 구   지을 조

구조

부분이나 요소가 어떤 전체를 짜 이룸. 또는 그렇게 이루어진 얼개
• 이 가옥의 構造는 매우 튼튼하게 되어 있다.

011 錄音
녹음

기록할 녹(록)　소리 음

테이프나 판 또는 영화 필름 따위에 소리를 기록함. 또는 그렇게 기록한 소리
• 노래를 錄音한 테이프를 듣다.

012 綠陰
녹음

푸를 녹(록)　그늘 음

푸른 잎이 우거진 나무나 수풀. 또는 그 나무의 그늘
• 봄이 되자 정원에는 꽃과 綠陰이 어울려 가고 있었다.

013 習得
습득

익힐 습　얻을 득

학문이나 기술 따위를 배워서 자기 것으로 함.
• 선진 기술을 習得하다.

014 拾得
습득

주울 습　얻을 득

주워서 얻음.
• 그는 길에서 拾得한 돈을 파출소에 맡겼다.

015 雨水
우수

비 우　물 수

1. 비가 와서 고이거나 모인 물
2. 이십사절기의 하나. 입춘(立春)과 경칩(驚蟄) 사이에 들며, 양력 2월 18일경이 된다.
• 雨水가 지났으니 이제 곧 봄이 다가오겠구나.

016 憂愁
우수

근심 우　시름 수

근심과 걱정을 아울러 이르는 말
• 憂愁가 서린 얼굴

017 優秀
우수

넉넉할 우　빼어날 수

여럿 가운데 뛰어남.
• 그는 優秀한 성적으로 시험을 통과하였다.

018 電波
전파

번개 전　물결 파

전하의 진동 또는 전류의 주기적 변화에 의해 에너지가 공간으로 방사되는 현상
• 당국의 공식적인 발표가 電波를 타고 전국 각지로 전해졌다.

019 全破
전파

온전할 전　깨뜨릴 파

전부 파괴되거나 파괴함.
• 지진으로 수많은 집들이 全破되었다.

020 傳播
전파

전할 전　뿌릴 파

전하여 널리 퍼뜨림.
• 우리의 우수한 문화를 세계에 傳播하다.

💬 **다음 한자의 뜻과 음을 쓰시오.**

01 緣 : (   )   02 雲 : (   )

03 綠 : (   )   04 雷 : (   )

05 錄 : (   )   06 雪 : (   )

07 剝 : (   )   08 霜 : (   )

💬 **다음 한자성어의 독음을 쓰고, 적절한 뜻을 바르게 연결하시오.**

09 緣木求魚 (   ) •
　　• ⓐ 눈 위에 서리가 덮인다는 뜻으로, 난처한 일이나 불행한 일이 잇따라 일어남을 이르는 말

10 附和雷同 (   ) •
　　• ⓑ 살얼음을 밟는 것과 같다는 뜻으로, 아슬아슬하고 위험한 일을 비유적으로 이르는 말

11 雪上加霜 (   ) •
　　• ⓒ 줏대 없이 남의 의견에 따라 움직임.

12 泉石膏肓 (   ) •
　　• ⓓ 나무에 올라가서 물고기를 구한다는 뜻으로, 도저히 불가능한 일을 굳이 하려 함을 비유적으로 이르는 말

13 如履薄氷 (   ) •
　　• ⓔ 자연의 아름다운 경치를 몹시 사랑하고 즐기는 성벽(性癖)

14 氷炭之間 (   ) •
　　• ⓕ 중국의 황허강(黃河江)이 늘 흐려 맑을 때가 없다는 뜻으로, 아무리 오랜 시일이 지나도 어떤 일이 이루어지기 어려움을 이르는 말

15 百年河淸 (   ) •
　　• ⓖ 먼 앞날까지 미리 내다보고 세우는 크고 중요한 계획

16 百年大計 (   ) •
　　• ⓗ 얼음과 숯의 사이라는 뜻으로, 서로 맞지 않아 화합하지 못하는 관계를 이르는 말

💬 〈보기〉의 설명을 참고하여 빈칸에 들어갈 한자를 쓰시오.

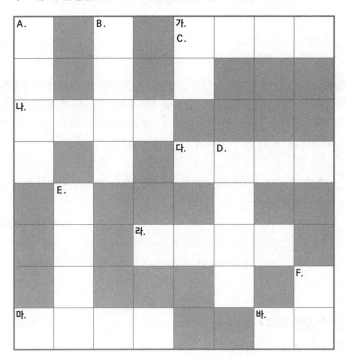

⊕ 정답

01. 인연 **연**

02. 구름 **운**

03. 푸를 **록**

04. 우레 **뢰**

05. 기록할 **록**

06. 눈 **설**

07. 벗길 **박**

08. 서리 **상**

09. 연목구어 - ⓓ

10. 부화뇌동 - ⓒ

11. 설상가상 - ⓐ

12. 천석고황 - ⓔ

13. 여리박빙 - ⓑ

14. 빙탄지간 - ⓗ

15. 백년하청 - ⓕ

16. 백년대계 - ⓖ

03^강 실전 연습문제

01 **(가)에 들어갈 한자성어로 적절한 것은?** `2021 지방직 9급`

> "집안 내력을 알고 보믄 동기간이나 진배없고, 성환이도 이자는 대학생이 됐으니께 상의도 오빠겉이 그렇게 알아놔라." 하고 장씨 아저씨는 말하는 것이었다. 그러나 상의는 처음 만났을 때도 그랬지만 두 번째도 거부감을 느꼈다. 사람한테 거부감을 느꼈기보다 제복에 거부감을 느꼈는지 모른다. 학교규칙이나 사회의 눈이 두려웠는지 모른다. 어쨌거나 그들은 청춘남녀였으니까. 호야 할매 입에서도 성환의 이름이 나오기론 이번이 처음이 아니었다.
> "___(가)___, 손주 때문에 눈물로 세월을 보내더니, 이자는 성환이도 대학생이 되었으니 할매가 원풀이 한풀이를 다 했을 긴데 아프기는 와 아프는고, 옛말 하고 살아야 하는 긴데."
>
> ─박경리, 〈토지〉

① 오매불망(寤寐不忘) ② 망운지정(望雲之情) ③ 염화미소(拈華微笑) ④ 백아절현(伯牙絶絃)

02 **다음 중 밑줄 친 부분의 한자 표기가 가장 적절한 것은?** `2016 서울시 7급`
① 여행 도중 틈틈이 <u>수상</u>을 기록하여 문집을 냈다. – 首想
② 그가 사주, 관상, <u>수상</u>에 능하기는 했지만 자신의 운명은 알지 못했다. – 手象
③ 어쩐지 <u>수상</u>하다 했더니 처음부터 범죄 의도가 있던 사람이었다. – 樹狀
④ 그는 지원자 중 유일하게 대상을 <u>수상</u>한 경력이 있어 뽑혔다. – 受賞

03 **밑줄 친 부분의 한자가 옳은 것은?** `2016 지방직 9급`
① 학술지의 <u>규정(規正)</u>에 따라 표절 논문을 반려하였다.
② 문법 <u>구조(救助)</u>를 잘 이해하면 독해력이 향상된다.
③ 각급 기관에서 협조할 사안이 <u>충분(充分)</u>히 있다.
④ 사회적 <u>현상(懸賞)</u>을 파악하여 정책을 마련해야 한다.

04 **밑줄 친 '백'의 한자가 나머지와 다른 것은?**
① <u>백</u>년하청   ② <u>백</u>중지세
③ <u>백</u>발백중   ④ 일벌<u>백</u>계

05 다음 글의 내용과 가장 부합하는 한자 성어는?

> 코로나19 예방접종 추진을 앞두고 지역 의료계의 한숨이 깊어지고 있다. 코로나 사태 이후 과도한 업무와 인력 부족에 병원 운영 등에 과부하가 걸린 상황에서, 코로나19 백신 예방접종을 위한 의료인 파견 또한 불가피할 것으로 예상되기 때문이다. 특히 지역 의료계는 자칫 의료 공백이 생길 수 있다는 불안감 속에 상황을 예의주시하고 있다.

① 雪上加霜　　　　② 塞翁之馬　　　　③ 附和雷同　　　　④ 緣木求魚

---

01 (가)의 바로 뒤에서 '할머니가 손주 때문에 눈물로 세월을 보냈다'는 내용을 보았을 때, 할머니가 손주를 내내 걱정하였음을 짐작할 수 있다. 이와 가장 부합하는 것은 '자나 깨나 잊지 못함.'의 의미인 '寤寐不忘(오매불망: 깰 오, 잠잘 매, 아닐 불, 잊을 망)'이다.

　　오답정리　② 望雲之情(망운지정: 바랄 망, 구름 운, 갈 지, 뜻 정): 자식이 객지에서 고향에 계신 어버이를 생각하는 마음
　　③ 拈華微笑(염화미소: 집을 염(념), 빛날 화, 작을 미, 웃을 소): 말로 통하지 아니하고 마음에서 마음으로 전하는 일. 석가모니가 영산회(靈山會)에서 연꽃 한 송이를 대중에게 보이자 마하가섭만이 그 뜻을 깨닫고 미소 지으므로 그에게 불교의 진리를 주었다고 하는 데서 유래한다.
　　④ 伯牙絕絃(백아절현: 맏 백, 어금니 아, 끊을 절, 줄 현): 자기를 알아주는 참다운 벗의 죽음을 슬퍼함.

02 ④ 문맥상 '상을 받다'란 의미이므로, ④의 '受賞(수상: 받을 수, 상 줄 상)'의 표기는 옳다.

　　오답정리　① 首想 → 隨想: 문맥상 '그때그때 떠오르는 느낌'이란 의미로 쓰였다. 따라서 '隨想(수상: 따를 수, 생각 상)'으로 수정해야 한다.
　　※ '首想(수상: 머리 수, 생각 상)'이란 말은 없다.
　　② 手象 → 手相: '사주, 관상'이란 말을 볼 때, '수상'은 '손금'의 의미로 쓰였다. 따라서 '手相(수상: 손 수, 서로 상)'으로 수정해야 한다.
　　※ '手象(수상: 손 수, 코끼리 상)'이란 말은 없다.
　　③ 樹狀 → 殊常: 문맥상 '의심스럽다'란 의미로 쓰였다. 따라서 '殊常(수상: 다를 수, 항상 상)'으로 수정해야 한다.
　　※ '樹狀(수상: 나무 수, 형상 상)'은 '나무처럼 가지가 있는 형상'이란 의미이다.

03 ③ '모자람이 없이 넉넉하게'란 뜻을 가진 '충분히'의 '充分(충분: 채울 충, 나눌 분)'의 표기는 올바르다.

　　오답정리　① 規正 → 規定: '規正(규정: 법 규, 바를 정)'은 '바로잡아서 고침.'이란 뜻이다. 그런데 문맥상 '규칙'이란 의미이므로, '規定(규정: 법 규, 정할 정)'을 써야 한다.
　　② 救助 → 構造: '救助(구조: 구원할 구, 도울 조)'는 '사람을 구하다'란 의미이다. 그런데 문맥상 '짜임'이란 의미이므로, '構造(구조: 얽을 구, 지을 조)'를 써야 한다.
　　④ 懸賞 → 現狀: '懸賞(현상: 매달 현, 상 줄 상)'은 '무엇을 모집하거나 구하거나 사람을 찾는 일 따위에 현금이나 물품 따위를 내걺. 또는 그 현금이나 물품.'을 이르는 말이다. 그런데 문맥상 '현재 상태'란 의미이므로, '現狀(현상: 나타날 현, 형상 상)'을 써야 한다.

04 ② '서로 우열을 가리기 힘든 형세'의 의미인 '백중지세(伯仲之勢: 맏 백, 버금 중, 갈 지, 기세 세)'의 '백'은 '伯(맏 백)'으로 쓰고, 나머지는 모두 '百(일백 백)'으로 쓴다.

　　오답정리
　　① 百年河淸(백년하청: 일백 백, 해 년, 물 하, 맑을 청): 중국의 황허강(黃河江)이 늘 흐려 맑을 때가 없다는 뜻으로, 아무리 오랜 시일이 지나도 어떤 일이 이루어지기 어려움을 이르는 말
　　③ 百發百中(백발백중: 일백 백, 필 발, 일백 백, 가운데 중): 백 번 쏘아 백 번 맞힌다는 뜻으로, 총이나 활 따위를 쏠 때마다 겨눈 곳에 다 맞음을 이르는 말
　　④ 一罰百戒(일벌백계: 하나 일, 벌할 벌, 일백 백, 경계할 계): 한 사람을 벌주어 백 사람을 경계한다는 뜻으로, 다른 사람들에게 경각심을 불러일으키기 위하여 본보기로 한 사람에게 엄한 처벌을 하는 일을 이르는 말

05 지역 의료계는 코로나19로 인하여 업무 과부하가 걸린 와중에, 예방 접종을 위한 추가 인력이 필요한 상황이 되어 난처해하고 있다. 이 상황에 가장 어울리는 한자 성어는 '눈 위에 서리가 덮인다는 뜻으로, 난처한 일이나 불행한 일이 잇따라 일어남을 이르는 말'인 '雪上加霜(설상가상: 눈 설, 위 상, 더할 가, 서리 상)'이다.

　　오답정리　② 塞翁之馬(새옹지마: 변방 새, 늙은이 옹, 갈 지, 말 마): 인생의 길흉화복은 변화가 많아서 예측하기가 어렵다는 말
　　③ 附和雷同(부화뇌동: 붙을 부, 화목할 화, 우레 뇌(뢰), 같을 동): 줏대 없이 남의 의견에 따라 움직임.
　　④ 緣木求魚(연목구어: 인연 연, 나무 목, 구할 구, 물고기 어): 나무에 올라가서 물고기를 구한다는 뜻으로, 도저히 불가능한 일을 굳이 하려 함을 비유적으로 이르는 말

　　➕정답　01 ①　02 ④　03 ③　04 ②　05 ①

04^강

20시간 초단기 완성
한자 1600선

1회독 ____월 ____일
2회독 ____월 ____일
3회독 ____월 ____일

1 **한자**

091 又 또 우	092 反 돌이킬 반	093 返 돌아올 반	094 飯 밥 반	095 板 널빤지 판	096 版 판목 판
097 才 재주 재	098 材 재목 재	099 支 지탱할 지	100 技 재주 기	101 枝 가지 지	102 友 벗 우
103 左 왼 좌	104 右 오른 우	105 若 같을 약	106 有 있을 유	107 存 있을 존	108 在 있을 재
109 自 스스로 자	110 息 쉴 식	111 臭 냄새 취	112 鼻 코 비	113 面 낯 면	114 首 머리 수
115 道 길 도	116 導 이끌 도	117 耳 귀 이	118 恥 부끄러워할 치	119 取 취할 취	120 最 가장 최

2 한자성어

001 如反掌	002 賊反荷杖	003 反面敎師	004 他山之石	005 十匙一飯
006 蓋世之才	007 棟梁之材	008 支離滅裂	009 竹馬故友	010 莫逆之友
011 左之右之	012 左衝右突	013 左顧右眄	014 傍若無人	015 明若觀火
016 有備無患	017 鷄卵有骨	018 言中有骨	019 自畫自讚	020 自繩自縛
021 登高自卑	022 姑息之計	023 口尙乳臭	024 吾鼻三尺	025 首丘初心
026 首鼠兩端	027 馬耳東風	028 牛耳讀經	029 不恥下問	030 厚顔無恥

3 한자어

001 題材	002 制裁	003 支援	004 志願	005 支院
006 技術	007 記述	008 技能	009 機能	010 技士
011 騎士	012 記事	013 公有	014 共有	015 偏在
016 遍在	017 脫臭	018 奪取	019 引導	020 引渡

091

又
또 우

★

又況	又 또 우 況 하물며 황
	그도 그러한데 더욱이. 앞의 사실이 그러하다면 뒤의 사실은 말할 것도 없다는 뜻의 접속 부사
日新又日新	日 날 일 新 새 신 又 또 우 日 날 일 新 새 신
	날마다 새로워지고 또 날마다 새로워진다는 뜻으로, 나날이 발전해야 함을 이르는 말

092

反
돌이킬 반

★★

反對	反 돌이킬 반 對 대할 대
	1. 두 사물이 모양, 위치, 방향, 순서 따위에서 등지거나 서로 맞섬. 또는 그런 상태
	2. 어떤 행동이나 견해, 제안 따위에 따르지 아니하고 맞서 거스름.
反駁	反 돌이킬 반 駁 논박할 박
	어떤 의견, 주장, 논설 따위에 반대하여 말함.
反復	反 돌이킬 반 復 회복할 복
	같은 일을 되풀이함.

093

返
돌아올 반

★★

返還	返 돌아올 반 還 돌아올 환
	1. 빌리거나 차지했던 것을 되돌려줌. 2. 왔던 길을 되돌아감.
返送	返 돌아올 반 送 보낼 송
	도로 돌려보냄.
返納	返 돌아올 반 納 들일 납
	도로 바침. 또는 도로 돌려줌.

094

飯
밥 반

★

朝飯	朝 아침 조 飯 밥 반
	아침 끼니로 먹는 밥.
飯饌	飯 밥 반 饌 반찬 찬
	밥에 곁들여 먹는 음식을 통틀어 이르는 말.
茶飯事	茶 차 다 飯 밥 반 事 일 사
	차를 마시고 밥을 먹는 일이라는 뜻으로, 보통 있는 예사로운 일을 이르는 말

095 板 널빤지 판 ★

漆板	漆 옻 칠　　　板 널빤지 판
	검정이나 초록색 따위의 칠을 하여 그 위에 분필로 글씨를 쓰거나 그림을 그리게 만든 판
看板	看 볼 간　　　板 널빤지 판
	1. 기관, 상점, 영업소 따위에서 이름이나 판매 상품, 업종 따위를 써서 사람들의 눈에 잘 뜨이게 걸거나 붙이는 표지(標識)
	2. 대표하여 내세울 만한 사람이나 사물을 비유적으로 이르는 말
	3. 겉으로 내세우는 외모, 학벌, 경력, 명분 따위를 속되게 이르는 말
揭示板	揭 걸 게　　　示 보일 시　　　板 널빤지 판
	1. 여러 사람에게 알릴 내용을 내붙이거나 내걸어 두루 보게 붙이는 판(板)
	2. 인터넷상에서 여러 사람에게 알리는 글을 볼 수 있으면서, 자신의 글을 올릴 수도 있는 공간

096 版 판목 판 ★

出版	出 날 출　　　版 판목 판
	서적이나 회화 따위를 인쇄하여 세상에 내놓음.
版畫	版 판목 판　　　畫(畵) 그림 화
	나무, 수지, 금속, 돌 따위로 이루어진 판에 그림을 새기고 색을 칠한 뒤에, 종이나 천을 대고 찍어서 만든 그림
改訂版	改 고칠 개　　　訂 바로잡을 정　　　版 판목 판
	전에 출판한 책의 내용을 개정하거나 보완하여 다시 출판한 책

097 才 재주 재 ★

才能	才 재주 재　　　能 능할 능
	어떤 일을 하는 데 필요한 재주와 능력
才媛	才 재주 재　　　媛 미녀 원
	재주가 뛰어난 젊은 여자
英才	英 꽃부리 영　　　才 재주 재
	뛰어난 재주. 또는 그런 사람

098 材 재목 재 ★★

人材	人 사람 인　　　材 재목 재
	어떤 일을 할 수 있는 학식이나 능력을 갖춘 사람
題材	題 제목 제　　　材 재목 재
	예술 작품이나 학술 연구의 바탕이 되는 재료
材料	材 재목 재　　　料 헤아릴 료
	1. 물건을 만드는 데 들어가는 감
	2. 어떤 일을 하기 위한 거리

099 支 지탱할 지 ★

支持	支 지탱할 지 　　　持 가질 지
	1. 어떤 사람이나 단체 따위의 주의·정책·의견 따위에 찬동하여 이를 위하여 힘을 씀. 또는 그 원조 2. 무거운 물건을 받치거나 버팀.
支給	支 지탱할 지 　　　給 줄 급
	돈이나 물품 따위를 정하여진 몫만큼 내줌.
支店	支 지탱할 지 　　　店 가게 점
	본점에서 갈라져 나온 점포

100 技 재주 기 ★★

特技	特 특별할 특 　　　技 재주 기
	남이 가지지 못한 특별한 기술이나 기능
競技	競 다툴 경 　　　技 재주 기
	일정한 규칙 아래 기량과 기술을 겨룸. 또는 그런 일
技巧	技 재주 기 　　　巧 공교할 교
	솜씨가 아주 교묘함. 또는 그런 기술이나 솜씨.

101 枝 가지 지 ★

枝葉	枝 가지 지 　　　葉 잎 엽
	1. 식물의 가지와 잎 2. 본질적이거나 중요하지 아니하고 부차적인 부분
連理枝	連 이을 연(련) 　　　理 다스릴 리 　　　枝 가지 지
	1. 두 나무의 가지가 서로 맞닿아서 결이 서로 통한 것 2. 화목한 부부나 남녀 사이를 비유적으로 이르는 말
金枝玉葉	金 쇠 금 　　　枝 가지 지 　　　玉 구슬 옥 　　　葉 잎 엽
	1. 금으로 된 가지와 옥으로 된 잎이라는 뜻으로, 임금의 가족을 높여 이르는 말 2. 귀한 자손을 이르는 말

102 友 벗 우 ★

友愛	友 벗 우 　　　愛 사랑 애
	형제간 또는 친구 간의 사랑이나 정분
友情	友 벗 우 　　　情 뜻 정
	친구 사이의 정
友好	友 벗 우 　　　好 좋을 호
	나라끼리 서로 사이가 좋음.

103 左 왼 좌 ★

左側	左 왼 좌　　　　側 곁 측	
	북쪽을 향하였을 때의 서쪽과 같은 쪽. = 왼쪽	
左遷	左 왼 좌　　　　遷 옮길 천	
	낮은 관직이나 지위로 떨어지거나 외직으로 전근됨을 이르는 말	
	※ 예전에 중국에서 오른쪽을 숭상하고 왼쪽을 멸시하였던 데서 유래한다.	
左右間	左 왼 좌　　　右 오른 우　　　間 사이 간	
	이렇든 저렇든 어떻든 간	

104 右 오른 우 ★

右側	右 오른 우　　　　側 곁 측
	북쪽을 향하였을 때의 동쪽과 같은 쪽. = 오른쪽
座右銘	座 자리 좌　　　右 오른 우　　　銘 새길 명
	늘 자리 옆에 갖추어 두고 가르침으로 삼는 말이나 문구

105 若 같을 약 ★★

若干	若 같을 약　　　　干 방패 간
	[명사] 얼마 되지 않음.
	[부사] 얼마 안 되게. 또는 얼마쯤
萬若	萬 일만 만　　　　若 같을 약
	[명사] 혹시 있을지도 모르는 뜻밖의 경우
	[부사] 혹시 있을지도 모르는 뜻밖의 경우에
泰然自若	泰 클 태　　　然 그럴 연　　　自 스스로 자　　　若 같을 약
	마음에 어떠한 충동을 받아도 움직임이 없이 천연스러움.

106 有 있을 유 ★

所有	所 바 소　　　　有 있을 유
	가지고 있음. 또는 그 물건
享有	享 누릴 향　　　　有 있을 유
	누리어 가짐.
有名稅	有 있을 유　　　名 이름 명　　　稅 세금 세
	세상에 이름이 널리 알려져 있는 탓으로 당하는 불편이나 곤욕을 속되게 이르는 말

107 存 있을 존 ★★

生存	生 날 생 存 있을 존
	살아 있음. 또는 살아남음.
實存	實 열매 실 存 있을 존
	실제로 존재함. 또는 그런 존재
存續	存 있을 존 續 이을 속
	어떤 대상이 그대로 있거나 어떤 현상이 계속됨.

108 在 있을 재 ★

存在	存 있을 존 在 있을 재
	1. 현실에 실제로 있음. 또는 그런 대상
	2. 다른 사람의 주목을 끌 만한 두드러진 품위나 처지. 또는 그런 대상
介在	介 끼일 개 在 있을 재
	어떤 것들 사이에 끼여 있음.
潛在	潛 잠길 잠 在 있을 재
	겉으로 드러나지 않고 속에 잠겨 있거나 숨어 있음.

109 自 스스로 자 ★

自由	自 스스로 자 由 말미암을 유
	외부적인 구속이나 무엇에 얽매이지 아니하고 자기 마음대로 할 수 있는 상태
自然	自 스스로 자 然 그럴 연
	사람의 힘이 더해지지 아니하고 세상에 스스로 존재하거나 우주에 저절로 이루어지는 모든 존재나 상태
自己	自 스스로 자 己 몸 기
	[명사] 그 사람 자신
	[대명사] 앞에서 이미 말하였거나 나온 바 있는 사람을 도로 가리키는 삼인칭 대명사

110 息 쉴 식 ★★

休息	休 쉴 휴 息 쉴 식
	하던 일을 멈추고 잠깐 쉼.
消息	消 사라질 소 息 쉴 식
	멀리 떨어져 있는 사람의 사정을 알리는 말이나 글
子息	子 아들 자 息 쉴 식
	1. 부모가 낳은 아이를, 그 부모에 상대하여 이르는 말
	2. 어린아이를 귀엽게 이르는 말
	3. 남자를 욕할 때 '놈'보다 낮추어 이르는 말

臭
냄새 취
★★

惡臭	惡 악할 악　　　　臭 냄새 취
	나쁜 냄새
體臭	體 몸 체　　　　臭 냄새 취
	1. 몸에서 나는 냄새
	2. 어떤 개인이나 작품에서 풍겨 나오는 특유의 느낌
俗臭	俗 풍속 속　　　　臭 냄새 취
	1. 세속의 더러운 냄새
	2. 돈이나 헛된 명예에 집착하는 천한 기풍

鼻
코 비
★

鼻音	鼻 코 비　　　　音 소리 음
	1. 코가 막힌 듯이 내는 소리
	2. 입 안의 통로를 막고 코로 공기를 내보내면서 내는 소리. 'ㅁ', 'ㄴ', 'ㅇ' 따위가 있다.
鼻祖	鼻 코 비　　　　祖 조상 조
	1. 한 겨레나 가계의 맨 처음이 되는 조상
	2. 어떤 학문이나 기술 따위를 처음으로 연 사람
	3. 나중 것의 바탕이 된 맨 처음의 것
耳目口鼻	耳 귀 이　　　目 눈 목　　　口 입 구　　　鼻 코 비
	귀·눈·입·코를 아울러 이르는 말. 또는 귀·눈·입·코를 중심으로 한 얼굴의 생김새

面
낯 면
★

表面	表 겉 표　　　　面 낯 면
	1. 사물의 가장 바깥쪽. 또는 가장 윗부분
	2. 겉으로 나타나거나 눈에 띄는 부분
場面	場 마당 장　　　　面 낯 면
	1. 어떤 장소에서 겉으로 드러난 면이나 벌어진 광경
	2. 영화, 연극, 문학 작품 따위의 한 정경(情景)
人面獸心	人 사람 인　　　面 낯 면　　　獸 짐승 수　　　心 마음 심
	사람의 얼굴을 하고 있으나 마음은 짐승과 같다는 뜻으로, 마음이나 행동이 몹시 흉악함을 이르는 말

114

首
머리 수
★

元首	元 으뜸 원　　　首 머리 수
	한 나라에서 으뜸가는 권력을 지니면서 나라를 다스리는 사람. 공화국에서는 주로 대통령을, 군주국에서는 군주를 이른다.
自首	自 스스로 자　　　首 머리 수
	범인이 스스로 수사 기관에 자기의 범죄 사실을 신고하고, 그 처분을 구하는 일
首肯	首 머리 수　　　肯 즐길 긍
	옳다고 인정함.

115

道
길 도
★★

道路	道 길 도　　　路 길 로
	사람, 차 따위가 잘 다닐 수 있도록 만들어 놓은 비교적 넓은 길
道德	道 길 도　　　德 덕 덕
	사회의 구성원들이 양심, 사회적 여론, 관습 따위에 비추어 스스로 마땅히 지켜야 할 행동 준칙이나 규범의 총체
道理	道 길 도　　　理 다스릴 리
	1. 사람이 어떤 입장에서 마땅히 행하여야 할 바른길 2. 어떤 일을 해 나갈 방도(方道)

116

導
이끌 도
★★★

指導	指 가리킬 지　　　導 이끌 도
	어떤 목적이나 방향으로 남을 가르쳐 이끎.
導入	導 이끌 도　　　入 들 입
	1. 기술, 방법, 물자 따위를 끌어 들임. 2. 문학 작품이나 예술 작품, 책 따위에서, 전체를 개관하고 방향이나 방법, 준비 따위를 미리 알리거나 암시하는 일. 또는 그 단계.
矯導所	矯 바로잡을 교　　　導 이끌 도　　　所 바 소
	행형(行刑) 사무를 맡아보는 기관. 징역형이나 금고형, 노역장 유치나 구류 처분을 받은 사람, 재판 중에 있는 사람 등을 수용하는 시설이다.

117

耳
귀 이
★

耳順	耳 귀 이　　　順 순할 순
	예순 살을 달리 이르는 말 ※《논어》〈위정편(爲政篇)〉에서, 공자가 예순 살부터 생각하는 것이 원만하여 어떤 일을 들으면 곧 이해가 된다고 한 데서 나온 말이다.
耳鼻咽喉科	耳 귀 이　　　鼻 코 비　　　咽 목구멍 인　　　喉 목구멍 후　　　科 과목 과
	귀, 코, 목구멍, 기관, 식도의 병을 전문적으로 치료하는 의학 분야.

118 恥	廉恥	廉 청렴할 염(렴)　　恥 부끄러워할 치
부끄러워할 치		체면을 차릴 줄 알며 부끄러움을 아는 마음
★★★	羞恥	羞 부끄러울 수　　恥 부끄러워할 치
		다른 사람들을 볼 낯이 없거나 스스로 떳떳하지 못함. 또는 그런 일
	恥辱	恥 부끄러워할 치　　辱 욕될 욕
		수치와 모욕을 아울러 이르는 말

119 取	取扱	取 취할 취　　扱 취급할 급
취할 취		1. 물건을 사용하거나 소재나 대상으로 삼음.
★★		2. 사람이나 사건을 어떤 태도로 대하거나 처리함.
	取得	取 취할 취　　得 얻을 득
		자기 것으로 만들어 가짐.
	取消	取 취할 취　　消 사라질 소
		발표한 의사를 거두어들이거나 예정된 일을 없애 버림.

120 最	最初	最 가장 최　　初 처음 초
가장 최		맨 처음
★	最近	最 가장 최　　近 가까울 근
		1. 얼마 되지 않은 지나간 날부터 현재 또는 바로 직전까지의 기간
		2. 거리 따위가 가장 가까움.
	最善	最 가장 최　　善 착할 선
		1. 가장 좋고 훌륭함. 또는 그런 일
		2. 온 정성과 힘

001 □□□

如反掌
여반장

같을 여	돌이킬 반	손바닥 장

손바닥을 뒤집는 것 같다는 뜻으로, 일이 매우 쉬움을 이르는 말

002 □□□

賊反荷杖
적반하장

도둑 적	돌이킬 반	멜 하	지팡이 장

도둑이 도리어 매를 든다는 뜻으로, 잘못한 사람이 아무 잘못도 없는 사람을 나무람을 이르는 말

003 □□□

反面教師
반면교사

돌이킬 반	낯 면	가르칠 교	스승 사

사람이나 사물 따위의 부정적인 면에서 얻는 깨달음이나 가르침을 주는 대상을 이르는 말

004 □□□

他山之石
타산지석

다를 타	산 산	갈 지	돌 석

다른 산의 나쁜 돌이라도 자신의 산의 옥돌을 가는 데에 쓸 수 있다는 뜻으로, 본이 되지 않은 남의 말이나 행동도 자신의 지식과 인격을 수양하는 데에 도움이 될 수 있음을 비유적으로 이르는 말

005 □□□

十匙一飯
십시일반

열 십	숟가락 시	하나 일	밥 반

밥 열 술이 한 그릇이 된다는 뜻으로, 여러 사람이 조금씩 힘을 합하면 한 사람을 돕기 쉬움을 이르는 말

006 □□□

蓋世之才
개세지재

덮을 개	세상 세	갈 지	재주 재

세상을 뒤덮을 만큼 뛰어난 재주. 또는 그 재주를 가진 사람

007

棟梁之材
동량지재

마룻대 동　　들보 량　　갈 지　　재목 재

기둥과 들보로 쓸 만한 재목이라는 뜻으로, 집안이나 나라를 떠받치는 중대한 일을 맡을 만한 인재를 이르는 말

008

支離滅裂
지리멸렬

지탱할 지　　떠날 리　　멸할 멸　　찢을 렬

이리저리 흩어지고 찢기어 갈피를 잡을 수 없음.

009

竹馬故友
죽마고우

대나무 죽　　말 마　　연고 고　　벗 우

대말을 타고 놀던 벗이라는 뜻으로, 어릴 때부터 같이 놀며 자란 벗

010

莫逆之友
막역지우

없을 막　　거스를 역　　갈 지　　벗 우

서로 거스름이 없는 친구라는 뜻으로, 허물이 없이 아주 친한 친구를 이르는 말

011

左之右之
좌지우지

왼 좌　　갈 지　　오른 우　　갈 지

이리저리 제 마음대로 휘두르거나 다룸.

012

左衝右突
좌충우돌

왼 좌　　부딪칠 충　　오른 우　　부딪칠 돌

1. 이리저리 마구 찌르고 부딪침.
2. 아무에게나 또는 아무 일에나 함부로 맞닥뜨림.

013

左顧右眄
좌고우면

왼 좌　　돌아볼 고　　오른 우　　곁눈질할 면

이쪽저쪽을 돌아본다는 뜻으로, 앞뒤를 재고 망설임을 이르는 말

014

傍若無人
방약무인

곁 방　　같을 약　　없을 무　　사람 인

곁에 사람이 없는 것처럼 아무 거리낌 없이 함부로 말하고 행동하는 태도가 있음.

015

明若觀火
명약관화

□□□

| 밝을 명 | 같을 약 | 볼 관 | 불 화 |

불을 보듯 분명하고 뻔함.

016

有備無患
유비무환

□□□

| 있을 유 | 갖출 비 | 없을 무 | 근심 환 |

미리 준비가 되어 있으면 걱정할 것이 없음.

017

鷄卵有骨
계란유골

□□□

| 닭 계 | 알 란 | 있을 유 | 뼈 골 |

달걀에도 뼈가 있다는 뜻으로, 운수가 나쁜 사람은 모처럼 좋은 기회를 만나도 역시 일이 잘 안됨을 이르는 말

018

言中有骨
언중유골

□□□

| 말씀 언 | 가운데 중 | 있을 유 | 뼈 골 |

말 속에 뼈가 있다는 뜻으로, 예사로운 말 속에 단단한 속뜻이 들어 있음을 이르는 말

019

自畫自讚
자화자찬

□□□

| 스스로 자 | 그림 화 | 스스로 자 | 기릴 찬 |

자기가 그린 그림을 스스로 칭찬한다는 뜻으로, 자기가 한 일을 스스로 자랑함을 이르는 말

020

自繩自縛
자승자박

□□□

| 스스로 자 | 줄 승 | 스스로 자 | 묶을 박 |

자기의 줄로 자기 몸을 옭아 묶는다는 뜻으로, 자기가 한 말과 행동에 자기 자신이 옭혀 곤란하게 됨을 비유적으로 이르는 말

021

登高自卑
등고자비

□□□

| 오를 등 | 높을 고 | 스스로 자 | 낮을 비 |

1. 높은 곳에 오르려면 낮은 곳에서부터 오른다는 뜻으로, 일을 순서대로 하여야 함을 이르는 말
2. 지위가 높아질수록 자신을 낮춤을 이르는 말

022

姑息之計
고식지계

□□□

| 잠깐 고 | 쉴 식 | 갈 지 | 셈할 계 |

우선 당장 편한 것만을 택하는 꾀나 방법. 한때의 안정을 얻기 위하여 임시로 둘러맞추어 처리하거나 이리저리 주선하여 꾸며 내는 계책을 이른다.

023 □□□

口尚乳臭
구상유취

| 입 구 | 오히려 상 | 젖 유 | 냄새 취 |

입에서 아직 젖내가 난다는 뜻으로, 말이나 행동이 유치함을 이르는 말

024 □□□

吾鼻三尺
오비삼척

| 나 오 | 코 비 | 석 삼 | 자 척 |

내 코가 석 자라는 뜻으로, 자기 사정이 급하여 남을 돌볼 겨를이 없음을 이르는 말

025 □□□

首丘初心
수구초심

| 머리 수 | 언덕 구 | 처음 초 | 마음 심 |

여우가 죽을 때에 머리를 자기가 살던 굴 쪽으로 둔다는 뜻으로, 고향을 그리워하는 마음을 이르는 말

026 □□□

首鼠兩端
수서양단

| 머리 수 | 쥐 서 | 두 양(량) | 끝 단 |

구멍에서 머리를 내밀고 나갈까 말까 망설이는 쥐라는 뜻으로, 머뭇거리며 진퇴나 거취를 정하지 못하는 상태를 이르는 말

027 □□□

馬耳東風
마이동풍

| 말 마 | 귀 이 | 동녘 동 | 바람 풍 |

동풍이 말의 귀를 스쳐 간다는 뜻으로, 남의 말을 귀담아듣지 아니하고 지나쳐 흘려버림을 이르는 말

028 □□□

牛耳讀經
우이독경

| 소 우 | 귀 이 | 읽을 독 | 글 경 |

쇠귀에 경 읽기라는 뜻으로, 아무리 가르치고 일러 주어도 알아듣지 못함을 이르는 말

029 □□□

不恥下問
불치하문

| 아닐 불 | 부끄러워할 치 | 아래 하 | 물을 문 |

손아랫사람이나 지위나 학식이 자기만 못한 사람에게 모르는 것을 묻는 일을 부끄러워하지 아니함.

030 □□□

厚顔無恥
후안무치

| 두터울 후 | 얼굴 안 | 없을 무 | 부끄러워할 치 |

뻔뻔스러워 부끄러움이 없음.

04^강 한자어

001 題材
제재

제목 제   재목 재

예술 작품이나 학술 연구의 바탕이 되는 재료
• 수필은 다양한 題材를 가진 문학 장르이다.

002 制裁
제재

억제할 제   마름질할 재

일정한 규칙이나 관습의 위반에 대하여 제한하거나 금지함. 또는 그런 조치
• 법률적인 制裁를 받다.

003 支援
지원

지탱할 지   도울 원

지지하여 도움.
• 수재민들에게 생활필수품을 支援하다.

004 志願
지원

뜻 지   원할 원

어떤 일이나 조직에 뜻을 두어 한 구성원이 되기를 바람.
• 명문 대학에 志願하다.

005 支院
지원

지탱할 지   집 원

지방 법원이나 가정 법원의 관할 아래에 있으면서 일정한 지역에 따로 떨어져 그곳의 법원 사무를 맡아 처리하는 하부 기관
• 지방에서 일어난 단순 사건은 支院에서 판결한다.

006 技術
기술

재주 기   재주 술

1. 과학 이론을 실제로 적용하여 사물을 인간 생활에 유용하도록 가공하는 수단   • 무기 제조 技術
2. 사물을 잘 다룰 수 있는 방법이나 능력
   • 그는 사람 다루는 技術이 뛰어났다.

007 記述
기술

기록할 기   지을 술

대상이나 과정의 내용과 특징을 있는 그대로 열거하거나 기록하여 서술함. 또는 그런 기록.
• 그는 사건을 담담하게 記述했다.

008 技能
기능

재주 기   능할 능

육체적, 정신적 작업을 정확하고 손쉽게 해 주는 기술상의 재능
• 새로운 技能을 습득하다.

009 機能
기능

틀 기   능할 능

1. 하는 구실이나 작용을 함. 또는 그런 것.   • 언어의 사회적 機能
2. 권한이나 직책, 능력 따위에 따라 일정한 분야에서 하는 역할과 작용.
   • 機能을 축소하다.

010 技士
기사

재주 기   선비 사

1. '운전사'를 높여 이르는 말.
   • 버스 技士
2. 국가 기술 자격 등급의 하나. 공학적 기술 이론 지식을 가지고 기술 업무를 수행할 수 있는 사람으로서 법에 의거한 기술 자격 검정 시험에 합격하여야 한다.

011 騎士

말 탈 기　　선비 사

기사

말을 탄 무사
• 백마 탄 騎士

016 遍在

두루 편　　있을 재

편재

널리 퍼져 있음.
• 이러한 현상은 어느 지역만의 문제가
아니라 전국적으로 遍在해 있다.

012 記事

기록할 기　　일 사

기사

1. 사실을 적음. 또는 그런 글.
2. 신문이나 잡지 따위에서, 어떠한 사
실을 알리는 글
• 신문에 강도 사건에 대한 記事가 났다.

017 脫臭

벗을 탈　　냄새 취

탈취

냄새를 빼어 없앰.
• 쓰고 난 녹차 티백을 냉장고 안에 넣
어 두면 脫臭 효과가 난다.

013 公有

공평할 공　　있을 유

공유

국가나 지방 자치 단체의 소유
• 지방 자치 단체에 대한 公有 재산 현
황을 조사하였다.

018 奪取

빼앗을 탈　　취할 취

탈취

빼앗아 가짐.
• 금품을 奪取하다.

014 共有

함께 공　　있을 유

공유

두 사람 이상이 한 물건을 공동으로 소
유함.
• 마을 사람들이 그 땅을 共有하고 있다.

019 引導

끌 인　　이끌 도

인도

이끌어 지도함.
• 그는 나를 훌륭한 선생님에게 引導해
주었다.

015 偏在

치우칠 편　　있을 재

편재

한곳에 치우쳐 있음.
• 문화 시설 대부분이 서울에 偏在해
있다.

020 引渡

끌 인　　건널 도

인도

사물이나 권리 따위를 넘겨줌.
• 물품을 매수인에게 引渡하다.

04강 연습 문제

💬 다음 한자의 뜻과 음을 쓰시오.

01 存 : (　　　　　　　)　　　02 自 : (　　　　　　　)

03 有 : (　　　　　　　)　　　04 面 : (　　　　　　　)

05 右 : (　　　　　　　)　　　06 取 : (　　　　　　　)

07 若 : (　　　　　　　)　　　08 恥 : (　　　　　　　)

💬 다음 한자성어의 독음을 쓰고, 적절한 뜻을 바르게 연결하시오.

09 口尚乳臭 ·　　　　　　· ⓐ 입에서 아직 젖내가 난다는 뜻으로, 말이나 행동이 유치함을
(　　　　　)　　　　　　　　이르는 말

10 十匙一飯 ·　　　　　　· ⓑ 구멍에서 머리를 내밀고 나갈까 말까 망설이는 쥐라는 뜻으로,
(　　　　　)　　　　　　　　머뭇거리며 진퇴나 거취를 정하지 못하는 상태를 이르는 말

11 自繩自縛 ·　　　　　　· ⓒ 밥 열 술이 한 그릇이 된다는 뜻으로, 여러 사람이 조금씩 힘
(　　　　　)　　　　　　　　을 합하면 한 사람을 돕기 쉬움을 이르는 말

12 竹馬故友 ·　　　　　　· ⓓ 자기의 줄로 자기 몸을 옭아 묶는다는 뜻으로, 자기가 한 말과
(　　　　　)　　　　　　　　행동에 자기 자신이 옭혀 곤란하게 됨을 비유적으로 이르는 말

13 首鼠兩端 ·　　　　　　· ⓔ 사람이나 사물 따위의 부정적인 면에서 얻는 깨달음이나 가르
(　　　　　)　　　　　　　　침을 주는 대상을 이르는 말

14 不恥下問 ·　　　　　　· ⓕ 이쪽저쪽을 돌아본다는 뜻으로, 앞뒤를 재고 망설임을 이르는 말
(　　　　　)

15 反面教師 ·　　　　　　· ⓖ 손아랫사람이나 지위나 학식이 자기만 못한 사람에게 모르는
(　　　　　)　　　　　　　　것을 묻는 일을 부끄러워하지 아니함.

16 左顧右眄 ·　　　　　　· ⓗ 대말을 타고 놀던 벗이라는 뜻으로, 어릴 때부터 같이 놀며 자
(　　　　　)　　　　　　　　란 벗

💬 〈보기〉의 설명을 참고하여 빈칸에 들어갈 한자를 쓰시오.

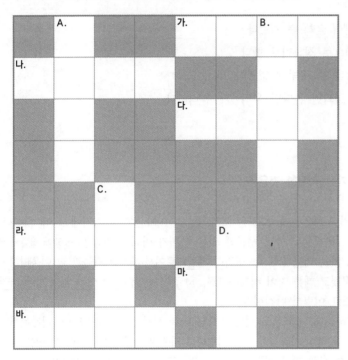

보기

[가로]
가. 말 속에 뼈가 있다는 뜻으로, 예사로운 말 속에 단단한 속뜻이 들어 있음을 이르는 말
나. 곁에 사람이 없는 것처럼 아무 거리낌 없이 함부로 말하고 행동하는 태도가 있음.
다. 뻔뻔스러워 부끄러움이 없음.
라. 본이 되지 않은 남의 말이나 행동도 자신의 지식과 인격을 수양하는 데에 도움이 될 수 있음을 비유적으로 이르는 말
마. 잘못한 사람이 아무 잘못도 없는 사람을 나무람을 이르는 말
바. 우선 당장 편한 것만을 택하는 꾀나 방법

[세로]
A. 불을 보듯 분명하고 뻔함.
B. 미리 준비가 되어 있으면 걱정할 것이 없음.
C. 이리저리 제 마음대로 휘두르거나 다룸.
D. 손바닥을 뒤집는 것 같다는 뜻으로, 일이 매우 쉬움을 이르는 말

➕ 정답

01. 있을 **존**	**09.** 구상유취 – ⓐ
02. 스스로 **자**	**10.** 십시일반 – ⓒ
03. 있을 **유**	**11.** 자승자박 – ⓓ
04. 낯 **면**	**12.** 죽마고우 – ⓗ
05. 오른 **우**	**13.** 수서양단 – ⓑ
06. 취할 **취**	**14.** 불치하문 – ⓖ
07. 같을 **약**	**15.** 반면교사 – ⓔ
08. 부끄러워할 **치**	**16.** 좌고우면 – ⓕ

01 밑줄 친 부분의 한자 표기가 잘못된 것은?   `2019 지방직 9급`

① 그는 여러 차례 TV 출연으로 <u>유명세(有名勢)</u>를 치렀다.

② 누가 먼저 할 것인지 <u>복불복(福不福)</u>으로 정하기로 했다.

③ 긴박한 상황이라 <u>대증요법(對症療法)</u>을 쓸 수밖에 없었다.

④ 사건의 <u>경위(經緯)</u>는 알 수 없지만, 결과만 본다면 우리에게 유리하다.

02 ㉠~㉣의 상황에 어울리는 한자 성어로 가장 적절한 것은?   `2018 국가직 7급`

> 내가 사는 집 이름을 사우재(四友齋)라고 하였는데, 그것은 내가 벗하는 이가 셋이고 거기에 또 내가 끼니, 합하여 넷이 되기 때문이다. 그런데 그 세 벗은 오늘날 생존해 있는 선비가 아니고 지금은 세상에 없는 옛 선비들이다. 나는 원래 세상일에 관심이 없는 데다가 또 ㉠ 성격이 제멋대로여서 세상 사람들과 잘 어울리지도 못한다. 그래서 사람들이 무리를 지어 꾸짖고 떼를 지어 배척하므로, ㉡ 집에는 찾아오는 이가 없고 밖에 나가도 찾아갈 만한 곳이 없다. 그래서 스스로 이렇게 탄식했다.
> "벗은 오륜(五倫) 가운데 하나를 차지하는데 나만 홀로 벗이 없으니 어찌 심히 부끄러운 일이 아니겠는가?"
> 벼슬길에서 물러나 생각해 보았다. ㉢ 온 세상 사람들이 나를 더럽다고 사귀려 들지 않으니 어디서 벗을 찾을 것인가. 할 수 없이 ㉣ 옛 사람들 중에서 사귈 만한 이를 가려내서 벗으로 삼으리라고 마음먹었다.

① ㉠: 傍若無人

② ㉡: 左顧右眄

③ ㉢: 不恥下問

④ ㉣: 後生可畏

03 밑줄 친 한자어의 사용이 옳지 않은 것은?

① 이번 협상에는 수많은 변수가 <u>개재(介在)</u>되어 있다.

② 이번 사건에 대한 많은 의견이 <u>게시판(揭示板)</u>에 올랐다.

③ 그 총각은 폭넓은 교양과 전문적인 지식을 갖춘 <u>재원(才媛)</u>이다.

④ 유엔 안보리가 전쟁을 일으킨 나라에 대한 경제 <u>제재(制裁)</u>를 결의했다.

04 밑줄 친 한자어의 표기로 적절한 것은?

> • 건실한 중소기업에 운영 자금을 ㉠지원하기로 하였다.
> • 지금까지의 많은 역사가들은 지배자를 중심으로 역사를 ㉡기술해 왔다.
> • 부(富)와 소득의 ㉢편재 현상은 시급히 고쳐야 한다.

	㉠	㉡	㉢		㉠	㉡	㉢
①	支援	技術	遍在	②	志願	技術	偏在
③	志願	記述	遍在	④	支援	記述	偏在

---

01 ① '유명세'란 세상에 이름이 널리 알려져 있는 탓으로 당하는 불편이나 곤욕을 속되게 이르는 말이므로 '勢(기세 세)'가 아닌 '稅(세금 세)'를 쓴 '有名稅(유명세: 있을 유, 이름 명, 세금 세)'로 표기한다.

오답정리 》 ② 福不福(복불복: 복 복, 아닐 불, 복 복): 복분(福分)의 좋고 좋지 않음이라는 뜻으로, 사람의 운수를 이르는 말
③ 對症療法(대증요법: 대할 대, 증세 증, 병 고칠 요(료), 법 법): 병의 원인을 찾아 없애기 곤란한 상황에서, 겉으로 나타난 병의 증상에 대응하여 처치를 하는 치료법. 대중요법(×)
④ 經緯(경위: 날 경, 씨 위): 직물의 '날과 씨'를 아울러 이르는 말로 일이 진행되어 온 과정을 가리킴.

02 ① '傍若無人(방약무인: 곁 방, 같을 약, 없을 무, 사람 인)'은 곁에 사람이 없는 것처럼 아무 거리낌 없이 함부로 말하고 행동하는 태도가 있음을 이르는 말이다. 따라서 ㉠의 상황에 어울린다.

오답정리 》 ② 左顧右眄(좌고우면: 왼 좌, 돌아볼 고, 오른 우, 곁눈질할 면): 이쪽저쪽을 돌아본다는 뜻으로, 앞뒤를 재고 망설임을 이르는 말
③ 不恥下問(불치하문: 아닐 불, 부끄러워할 치, 아래 하, 물을 문): 손아랫사람이나 지위나 학식이 자기만 못한 사람에게 모르는 것을 묻는 일을 부끄러워하지 아니함.
④ 後生可畏(후생가외: 뒤 후, 날 생, 옳을 가, 두려워할 외): 젊은 후학들을 두려워할 만하다는 뜻으로, 후진들이 선배들보다 젊고 기력이 좋아, 학문을 닦음에 따라 큰 인물이 될 수 있으므로 가히 두렵다는 말

03 ③ 재원(才媛) → 재자(才子): '재원(才媛: 재주 재, 미녀 원)'은 '재주가 뛰어난 젊은 여자'를 일컫는 말이다. 따라서 '총각'에는 어울리지 않는 말이다. 따라서 '재주가 뛰어난 젊은 남자'를 일컫는 '재자(才子: 재주 재, 아들 자)'로 고쳐야 한다.

오답정리 》 ① 개재(介在: 끼일 개, 있을 재): 어떤 것들 사이에 끼어 있음.
cf. 게재(揭載: 걸 게, 실을 재): 글이나 그림 따위를 신문이나 잡지 따위에 실음.
② 게시판(揭示板: 걸 게, 보일 시, 널빤지 판): 여러 사람에게 알릴 내용을 내붙이거나 내걸어 두루 보게 붙이는 판(板)
cf. 계시(啓示: 열 계, 보일 시): 깨우쳐 보여 줌.
④ 제재(制裁: 억제할 제, 마름질할 재): 일정한 규칙이나 관습의 위반에 대하여 제한하거나 금지함. 또는 그런 조치
cf. 제재(題材: 제목 제, 재목 재): 예술 작품이나 학술 연구의 바탕이 되는 재료.

04 ㉠ 건실한 중소기업에 운영 자금을 주어 '도와주는' 것이므로, '支援(지원: 지탱할 지, 도울 원)'이 적절하다.
㉡ 지배자를 중심으로 역사를 '기록하여 서술한' 것이므로, '記述(기술: 기록할 기, 지을 술)'이 적절하다.
㉢ 부와 소득이 '한곳에 치우쳐 있는' 것이므로, '偏在(편재: 치우칠 편, 있을 재)'가 적절하다.

오답정리 》 ㉠ 志願(지원: 뜻 지, 원할 원): 어떤 일이나 조직에 뜻을 두어 한 구성원이 되기를 바람.
㉡ 技術(기술: 재주 기, 재주 술): 과학 이론을 실제로 적용하여 사물을 인간 생활에 유용하도록 가공하는 수단 / 사물을 잘 다룰 수 있는 방법이나 능력
㉢ 遍在(편재: 두루 편, 있을 재): 널리 퍼져 있음.

➕ 정답 01 ① 02 ① 03 ③ 04 ④

05 다음 글의 주제로 가장 적절한 것은?

> 사람이 준비성이 없으면 어려운 일을 당할 때 대처하기 어렵다. 항상 미리미리 먼 장래에 닥칠 수 있는 환란에 대해 걱정하고 준비하지 않으면 막상 그 같은 환란을 당했을 때 근심을 면치 못한다.
>
> 율곡 선생이 십만양병론(十萬養兵論)을 주장했을 때 조선 조정은 율곡을 비웃고 평온한 나라를 소요(騷擾)케 하는 해로운 말이라 비난하였다. 훗날 임진왜란을 만나 일본 침략을 대비하지 못한 까닭에 국토는 초토화되고 백성은 참담한 화를 당했다. 전쟁이 끝난 후 서애 류성룡은 징비록(懲毖錄)을 써서 이 일을 크게 후회하고 훗날의 경계로 삼고자 하였다. 서애는 그때 자신이 율곡의 주장을 외면했던 일을 부끄러워하며, 장차 사후에 율곡을 무슨 낯으로 보겠느냐 탄식하였다. 비록 지금은 전쟁의 화가 닥친 것은 아니나 장차 올 환란을 미리 막고자 염려했던 율곡의 주장을 받아들였더라면 그토록 혹독한 화를 당하지 않았을 것이다.
>
> 어찌 이와 같은 것이 율곡과 임진왜란뿐이랴. 화재로 강원도 낙산사가 불탔을 때 이미 목조 문화재의 화재는 경종(警鐘)을 울린 터였다. 그러나 목재 문화재 화재 방지를 등한히 하고 있던 당국은, 수도(首都)에 소재한 국보 1호 숭례문이 방화(放火)로 소실(燒失)되는 것을 눈앞에서 지켜보아야 했다.

① 厚顔無恥　　　　　　　　　② 有備無患

③ 鷄卵有骨　　　　　　　　　④ 賊反荷杖

---

05 율곡의 십만양병설과 서애의 징비록, 낙산사와 숭례문의 소실 사건 등을 예로 들며, '어려운 일을 미리 대처해야 한다.'는 교훈을 주는 글이다. 따라서 이에 가장 부합하는 것은, '미리 준비가 되어 있으면 걱정할 것이 없음.'의 의미인 '有備無患(유비무환: 있을 유, 갖출 비, 없을 무, 근심 환)'이다.

<u>오답정리</u> ① 厚顔無恥(후안무치: 두터울 후, 얼굴 안, 없을 무, 부끄러워할 치): 뻔뻔스러워 부끄러움이 없음.

③ 鷄卵有骨(계란유골: 닭 계, 알 란, 있을 유, 뼈 골): 달걀에도 뼈가 있다는 뜻으로, 운수가 나쁜 사람은 모처럼 좋은 기회를 만나도 역시 일이 잘 안됨을 이르는 말

④ 賊反荷杖(적반하장: 도둑 적, 돌이킬 반, 멜 하, 지팡이 장): 도둑이 도리어 매를 든다는 뜻으로, 잘못한 사람이 아무 잘못도 없는 사람을 나무람을 이르는 말

정답 05 ②

05강

20시간 초단기 완성
한자 1600선

1회독 _____월 _____일
2회독 _____월 _____일
3회독 _____월 _____일

1 한자

121	122	123	124	125	126
爪	瓜	子	孑	孤	女
손톱 조	오이 과	아들 자	외로울 혈	외로울 고	계집 녀

127	128	129	130	131	132
好	字	安	案	妥	受
좋을 호	글자 자	편안할 안	책상 안	온당할 타	받을 수

133	134	135	136	137	138
授	愛	援	緩	釆	採
줄 수	사랑 애	도울 원	느릴 완	풍채 채	캘 채

139	140	141	142	143	144
菜	彩	爭	淨	爲	僞
나물 채	채색 채	다툴 쟁	맑을 정	할 위	거짓 위

145	146	147	148	149	150
馬	鳥	烏	鳴	嗚	島
말 마	새 조	까마귀 오	울 명	탄식할 오	섬 도

2 한자성어

001 亡子計齒	002 子子單身	003 孤立無援	004 孤掌難鳴	005 甲男乙女
006 善男善女	007 好衣好食	008 好事多魔	009 識字憂患	010 安貧樂道
011 居安思危	012 擧案齊眉	013 微吟緩步	014 薄酒山菜	015 骨肉相爭
016 犬兔之爭	017 蚌鷸之爭	018 蝸角之爭	019 指鹿爲馬	020 無所不爲
021 犬馬之勞	022 南船北馬	023 一石二鳥	024 如鳥數飛	025 傷弓之鳥
026 烏飛梨落	027 烏合之卒	028 鷄鳴狗盜	029 春雉自鳴	030 瓜田不納履

3 한자어

001 瓜年	002 過年	003 課年	004 嗜好	005 記號
006 好戰	007 好轉	008 受容	009 收容	010 收用
011 手用	012 採用	013 債用	014 共鳴	015 公明
016 功名	017 空名	018 悲鳴	019 碑銘	020 非命

한자

121

爪 손톱 조
★

爪甲	爪 손톱 조　　　甲 갑옷 갑
	손톱과 발톱을 통틀어 이르는 말
美爪師	美 아름다울 미　　　爪 손톱 조　　　師 스승 사
	남의 손톱을 예쁘게 다듬어 주는 일을 직업으로 하는 사람. 또는 그런 직업
雪泥鴻爪	雪 눈 설　　　泥 진흙 니　　　鴻 큰 기러기 홍　　　爪 손톱 조
	눈 위에 난 기러기의 발자국이 눈이 녹으면 없어진다는 뜻으로, 인생의 자취가 눈 녹듯이 사라져 무상함을 비유적으로 이르는 말

122

瓜 오이 과
★

瓜年	瓜 오이 과　　　年 해 년
	1. 결혼하기에 적당한 여자의 나이 2. 벼슬의 임기가 끝나는 시기를 이르던 말. ※ 중국 춘추 시대에, 제(齊)나라의 양공이 관리를 임지로 보내면서 다음 해 오이가 익을 무렵에는 돌아오게 하겠다고 말한 데서 유래한다.
種瓜得瓜	種 씨 종　　　瓜 오이 과　　　得 얻을 득　　　瓜 오이 과
	오이를 심으면 반드시 오이가 나온다는 뜻으로, 원인에 따라 결과가 생김을 이르는 말.
瓜田李下	瓜 오이 과　　　田 밭 전　　　李 자두 이(리)　　　下 아래 하
	오이밭에서 신을 고쳐 신지 말고 자두나무 밑에서 갓을 고쳐쓰지 말라는 뜻으로, 의심받기 쉬운 행동은 피하는 것이 좋음을 이르는 말.

123

子 아들 자
★

子孫	子 아들 자　　　孫 손자 손
	1. 자식과 손자를 아울러 이르는 말 2. 자신의 세대에서 여러 세대가 지난 뒤의 자녀를 통틀어 이르는 말
弟子	弟 아우 제　　　子 아들 자
	스승으로부터 가르침을 받거나 받은 사람
椅子	椅 의자 의　　　子 아들 자
	사람이 걸터앉는 데 쓰는 기구

124			
孑 외로울 혈 ★★	孑孑	孑 외로울 혈　　　孑 외로울 혈	
		1. 우뚝하게 외로이 서 있음. 2. 의지할 곳이 없이 외로움.	

		孑 외로울 혈　　孑 외로울 혈　　單 홀 단　　身 몸 신
	孑孑單身	의지할 곳이 없는 외로운 홀몸.
		孤 외로울 고　　孑 외로울 혈　　單 홀 단　　身 몸 신
	孤孑單身	피붙이가 전혀 없는 외로운 몸

125		
 **孤** 외로울 고 ★★★	孤立	孤 외로울 고　　立 설 립
		다른 사람과 어울리어 사귀지 아니하거나 도움을 받지 못하여 외톨이로 됨.
	孤獨	孤 외로울 고　　獨 홀로 독
		세상에 홀로 떨어져 있는 듯이 매우 외롭고 쓸쓸함.
	孤軍奮鬪	孤 외로울 고　　軍 군사 군　　奮 떨칠 분　　鬪 싸움 투
		1. 따로 떨어져 도움을 받지 못하게 된 군사가 많은 수의 적군과 용감하게 잘 싸움 2. 남의 도움을 받지 아니하고 힘에 벅찬 일을 잘해 나가는 것을 비유적으로 이르는 말

126		
女 계집 녀 ★	女子	女 계집 여(녀)　　子 아들 자
		여성으로 태어난 사람
	少女	少 적을 소　　女 계집 녀
		아직 완전히 성숙하지 아니한 어린 여자아이
	男女	男 사내 남　　女 계집 녀
		남자와 여자를 아울러 이르는 말

127		
 **好** 좋을 호 ★★	良好	良 어질 양(량)　　好 좋을 호
		대단히 괜찮음.
	選好	選 가릴 선　　好 좋을 호
		여럿 가운데서 특별히 가려서 좋아함.
	好奇心	好 좋을 호　　奇 기이할 기　　心 마음 심
		새롭고 신기한 것을 좋아하거나 모르는 것을 알고 싶어 하는 마음.

128 字 글자 자 ★★ □□□

文字	文 글월 문 字 글자 자
	1. 인간의 언어를 적는 데 사용하는 시각적인 기호 체계
	2. 학식이나 학문을 비유적으로 이르는 말
赤字	赤 붉을 적 字 글자 자
	1. 붉은 잉크를 사용하여 교정을 본 글자나 기호.
	2. 지출이 수입보다 많아서 생기는 결손액. 장부에 기록할 때 붉은 글자로 기입한 데서 유래한다.
金字塔	金 쇠 금 字 글자 자 塔 탑 탑
	1. '金' 자 모양의 탑이라는 뜻으로, 피라미드를 이르던 말
	2. 길이 후세에 남을 뛰어난 업적을 비유적으로 이르는 말

129 安 편안할 안 ★★ □□□

安全	安 편안할 안 全 온전할 전
	위험이 생기거나 사고가 날 염려가 없음. 또는 그런 상태
安寧	安 편안할 안 寧 편안할 녕
	[명사] 아무 탈 없이 편안함.
	[감탄사] 편한 사이에서, 서로 만나거나 헤어질 때 정답게 하는 인사말
保安	保 지킬 보 安 편안할 안
	1. 안전을 유지함. 2. 사회의 안녕과 질서를 유지함.

130 案 책상 안 ★★ □□□

案內	案 책상 안 內 안 내
	1. 어떤 내용을 소개하여 알려 줌. 또는 그런 일
	2. 사정을 잘 모르는 어떤 사람을 가고자 하는 곳까지 데려다주거나 그에게 여러 가지 사정을 알려 줌.
提案	提 끌 제 案 책상 안
	안이나 의견으로 내놓음. 또는 그 안이나 의견
草案	草 풀 초 案 책상 안
	1. 초를 잡아 적음. 또는 그런 글발 2. 애벌로 안(案)을 잡음. 또는 그 안

131 妥 온당할 타 ★★★ □□□

妥當	妥 온당할 타 當 마땅할 당
	일의 이치로 보아 옳음.
妥協	妥 온당할 타 協 화합할 협
	어떤 일을 서로 양보하여 협의함.
妥結	妥 온당할 타 結 맺을 결
	의견이 대립된 양편에서 서로 양보하여 일을 마무름.

132 受 받을 수 ★★★	引受	引 끌 인　　　　受 받을 수
		물건이나 권리를 건네받음.
	接受	接 이을 접　　　　受 받을 수
		1. 신청이나 신고 따위를 구두(口頭)나 문서로 받음. 2. 돈이나 물건 따위를 받음.
	受諾	受 받을 수　　　　諾 허락할 락(낙)
		요구를 받아들임.

133 授 줄 수 ★★	授受	授 줄 수　　　　受 받을 수
		물품을 주고받음.
	授業	授 줄 수　　　　業 일 업
		교사가 학생에게 지식이나 기능을 가르쳐 줌. 또는 그런 일
	敎授	敎 가르칠 교　　　　授 줄 수
		1. 학문이나 기예(技藝)를 가르침. 2. 대학에서, 학문을 가르치고 연구하는 사람

134 愛 사랑 애 ★	愛國	愛 사랑 애　　　　國 나라 국
		자기 나라를 사랑함.
	寵愛	寵 사랑할 총　　　　愛 사랑 애
		남달리 귀여워하고 사랑함.
	博愛	博 넓을 박　　　　愛 사랑 애
		모든 사람을 평등하게 사랑함.

135 援 도울 원 ★★	後援	後 뒤 후　　　　援 도울 원
		뒤에서 도와줌.
	應援	應 응할 응　　　　援 도울 원
		1. 운동 경기 따위에서, 선수들이 힘을 낼 수 있도록 도와주는 일 2. 곁에서 성원함. 또는 호응하여 도와줌.
	聲援	聲 소리 성　　　　援 도울 원
		1. 소리를 질러 응원함. 2. 하는 일이 잘되도록 격려하거나 도와줌.

緩 느릴 완
★★

緩和	緩 느릴 완　　　　和 화목할 화
	긴장된 상태나 급박한 것을 느슨하게 함.
緩慢	緩 느릴 완　　　　慢 게으를 만
	1. 움직임이 느릿느릿함.　2. 경사가 급하지 않음.
弛緩	弛 늦출 이　　　　緩 느릴 완
	1. 바짝 조였던 정신이 풀려 늦추어짐. 2. 잘 조성된 분위기 따위가 흐트러져 느슨해짐. 3. 굳어서 뻣뻣하게 된 근육 따위가 원래의 상태로 풀어짐.

采 풍채 채
★

風采	風 바람 풍　　　　采 풍채 채
	드러나 보이는 사람의 겉모양
喝采	喝 꾸짖을 갈　　　　采 풍채 채
	외침이나 박수 따위로 찬양이나 환영의 뜻을 나타냄.

採 캘 채
★★★

採用	採 캘 채　　　　用 쓸 용
	1. 사람을 골라서 씀. 2. 어떤 의견, 방안 등을 고르거나 받아들여서 씀.
採擇	採 캘 채　　　　擇 가릴 택
	작품, 의견, 제도 따위를 골라서 다루거나 뽑아 씀.
採取	採 캘 채　　　　取 취할 취
	1. 풀, 나무, 광석 따위를 찾아 베거나 캐거나 하여 얻어 냄. 2. 연구나 조사에 필요한 것을 찾거나 받아서 얻음.

菜 나물 채
★

菜蔬	菜 나물 채　　　　蔬 푸성귀 소
	밭에서 기르는 농작물. 주로 그 잎이나 줄기, 열매 따위를 식용한다. 보리나 밀 따위의 곡류는 제외한다.
野菜	野 들 야　　　　菜 나물 채
	1. 들에서 자라나는 나물 2. '채소'를 일상적으로 이르는 말
菜麻	菜 나물 채　　　　麻 삼 마
	1. 먹을거리나 입을 거리로 심어서 가꾸는 식물 2. 채마를 심어 가꾸는 밭. = 채마밭

140 彩 채색 채 ★★	色彩	色 빛 색　　　彩 채색 채
		1. 물체가 빛을 받을 때 빛의 파장에 따라 그 거죽에 나타나는 특유한 빛
		2. 사물을 표현하거나 그것을 대하는 태도 따위에서 드러나는 일정한 경향이나 성질
	光彩	光 빛 광　　　彩 채색 채
		1. 아름답고 찬란한 빛 　2. 정기 있는 밝은 빛 　3. 섬뜩할 정도로 날카로운 빛
	水彩畫	水 물 수　　　彩 채색 채　　　畫(畵) 그림 화
		서양화에서, 물감을 물에 풀어서 그린 그림

141 爭 다툴 쟁 ★★★	競爭	競 겨룰 경　　　爭 다툴 쟁
		같은 목적에 대하여 이기거나 앞서려고 서로 겨룸.
	戰爭	戰 싸움 전　　　爭 다툴 쟁
		1. 국가와 국가, 또는 교전(交戰) 단체 사이에 무력을 사용하여 싸움.
		2. 극심한 경쟁이나 혼란 또는 어떤 문제에 대한 아주 적극적인 대응을 비유적으로 이르는 말
	論爭	論 논할 논(론)　　　爭 다툴 쟁
		서로 다른 의견을 가진 사람들이 각각 자기의 주장을 말이나 글로 논하여 다툼.

142 淨 맑을 정 ★★	淨化	淨 맑을 정　　　化 될 화
		불순하거나 더러운 것을 깨끗하게 함.
	淨水	淨 맑을 정　　　水 물 수
		물을 깨끗하고 맑게 함. 또는 그 물
	洗淨	洗 씻을 세　　　淨 맑을 정
		씻어서 깨끗이 함.

143 爲 할 위 ★★	行爲	行 다닐 행　　　爲 할 위
		사람이 의지를 가지고 하는 짓
	營爲	營 경영할 영　　　爲 할 위
		일을 꾸려 나감.
	不作爲	不 아닐 부(불)　　　作 지을 작　　　爲 할 위
		마땅히 하여야 할 일을 일부러 하지 아니함.

144 僞 거짓 위 ★★ □□□

虛僞	虛 빌 허　　　　僞 거짓 위
	진실이 아닌 것을 진실인 것처럼 꾸민 것
眞僞	眞 참 진　　　　僞 거짓 위
	참과 거짓 또는 진짜와 가짜를 통틀어 이르는 말
僞造	僞 거짓 위　　　　造 지을 조
	어떤 물건을 속일 목적으로 꾸며 진짜처럼 만듦.

145 馬 말 마 ★ □□□

出馬	出 날 출　　　　馬 말 마
	1. 말을 타고 나감.　2. 선거에 입후보함.
下馬評	下 아래 하　　　　馬 말 마　　　　評 평할 평
	직의 인사이동이나 관직에 임명될 후보자에 관하여 세상에 떠도는 풍설(風說).
	※ 예전에, 관리들을 태워 가지고 온 마부들이 상전들이 말에서 내려 관아에 들어가 일을 보는 사이에 상전들에 대하여 서로 평하였다는 데서 유래한다.
走馬燈	走 달릴 주　　　　馬 말 마　　　　燈 등잔 등
	1. 등(燈)의 하나. 등 한가운데에 가는 대오리를 세우고 대 끝에 두꺼운 종이로 만든 바퀴를 붙이고 종이로 만든 네 개의 말 형상을 달아서 촛불로 데워진 공기의 힘으로 종이 바퀴에 의하여 돌게 되어 있다.
	2. 무엇이 언뜻언뜻 빨리 지나감을 비유적으로 이르는 말.

146 鳥 새 조 ★★ □□□

鳥類	鳥 새 조　　　　類 무리 류
	조강의 척추동물을 일상적으로 통틀어 이르는 말
比翼鳥	比 견줄 비　　　　翼 날개 익　　　　鳥 새 조
	1. 암컷과 수컷의 눈과 날개가 하나씩이어서 짝을 짓지 아니하면 날지 못한다는 전설상의 새
	2. 남녀나 부부 사이의 두터운 정을 비유적으로 이르는 말
鳥瞰圖	鳥 새 조　　　　瞰 굽어볼 감　　　　圖 그림 도
	높은 곳에서 내려다본 상태의 그림이나 지도

147 烏 까마귀 오 ★★★ □□□

烏鵲橋	烏 까마귀 오　　　　鵲 까치 작　　　　橋 다리 교
	까마귀와 까치가 은하수에 놓는다는 다리. 칠월 칠석날 저녁에, 견우와 직녀를 만나게 하기 위하여 이 다리를 놓는다고 한다.
金烏玉兔	金 쇠 금　　　　烏 까마귀 오　　　　玉 구슬 옥　　　　兔(兎) 토끼 토
	해와 달을 아울러 이르는 말. 해 속에 까마귀가 있고 달 속에 옥토끼가 있다는 전설에서 유래한다.
烏飛梨落	烏 까마귀 오　　　　飛 날 비　　　　梨 배나무 이(리)　　　　落 떨어질 락
	까마귀 날자 배 떨어진다는 뜻으로, 아무 관계도 없이 한 일이 공교롭게도 때가 같아 억울하게 의심을 받거나 난처한 위치에 서게 됨을 이르는 말

148

鳴
울 명
★★

□□□

悲鳴	悲 슬플 비　　　鳴 울 명
	1. 슬피 욺. 또는 그런 울음소리
	2. 일이 매우 위급하거나 몹시 두려움을 느낄 때 지르는 외마디 소리
耳鳴	耳 귀 이　　　鳴 울 명
	몸 밖에 음원(音源)이 없는데도 잡음이 들리는 병적인 상태
自鳴鐘	自 스스로 자　　　鳴 울 명　　　鐘 쇠북 종
	미리 정하여 놓은 시각이 되면 저절로 소리가 나도록 장치가 되어 있는 시계

149

嗚
탄식할 오
★

□□□

嗚咽	嗚 탄식할 오　　　咽 목멜 열
	목메어 욺. 또는 그런 울음.
嗚呼	嗚 탄식할 오　　　呼 부를 호
	슬플 때나 탄식할 때 내는 소리

150

島
섬 도
★★

□□□

半島	半 반 반　　　島 섬 도
	삼면이 바다로 둘러싸이고 한 면은 육지에 이어진 땅. 대륙에서 바다 쪽으로 좁다랗게 돌출한 육지를 말한다.
列島	列 벌일 열(렬)　　　島 섬 도
	길게 줄을 지은 모양으로 늘어서 있는 여러 개의 섬
島嶼	島 섬 도　　　嶼 섬 서
	크고 작은 온갖 섬

001 □□□

亡子計齒
망자계치

망할 망	아들 자	셈할 계	이 치

죽은 자식 나이 세기라는 뜻으로, 이미 그릇된 일은 생각하여도 아무 소용이 없음을 이르는 말

002 □□□

孑孑單身
혈혈단신

외로울 혈	외로울 혈	홀 단	몸 신

의지할 곳이 없는 외로운 홀몸

003 □□□

孤立無援
고립무원

외로울 고	설 립	없을 무	도울 원

고립되어 구원을 받을 데가 없음.

004 □□□

孤掌難鳴
고장난명

외로울 고	손바닥 장	어려울 난	울 명

1. 외손뼉만으로는 소리가 울리지 아니한다는 뜻으로, 혼자의 힘만으로 어떤 일을 이루기 어려움을 이르는 말
2. 맞서는 사람이 없으면 싸움이 일어나지 아니함을 이르는 말

005 □□□

甲男乙女
갑남을녀

갑옷 갑	사내 남	새 을	계집 녀

갑이란 남자와 을이란 여자라는 뜻으로, 평범한 사람들을 이르는 말

006 □□□

善男善女
선남선녀

착할 선	사내 남	착할 선	계집 녀

1. 성품이 착한 남자와 여자란 뜻으로, 착하고 어진 사람들을 이르는 말
2. 곱게 단장을 한 남자와 여자를 이르는 말
3. 불법(佛法)에 귀의한 남자와 여자를 이르는 말

007 好衣好食
호의호식

| 좋을 호 | 옷 의 | 좋을 호 | 밥 식 |

좋은 옷을 입고 좋은 음식을 먹음.

008 好事多魔
호사다마

| 좋을 호 | 일 사 | 많을 다 | 마귀 마 |

좋은 일에는 흔히 방해되는 일이 많음. 또는 그런 일이 많이 생김.

009 識字憂患
식자우환

| 알 식 | 글자 자 | 근심 우 | 근심 환 |

학식이 있는 것이 오히려 근심을 사게 됨.

010 安貧樂道
안빈낙도

| 편안할 안 | 가난할 빈 | 즐거울 낙(락) | 길 도 |

가난한 생활을 하면서도 편안한 마음으로 도를 즐겨 지킴.

011 居安思危
거안사위

| 살 거 | 편안할 안 | 생각 사 | 위태할 위 |

편안할 때에 어려움이 닥칠 것을 미리 대비하여야 함.

012 擧案齊眉
거안제미

| 들 거 | 책상 안 | 가지런할 제 | 눈썹 미 |

밥상을 눈썹과 가지런하도록 공손히 들어 남편 앞에 가지고 간다는 뜻으로, 남편을 깍듯이 공경함을 이르는 말

013 微吟緩步
미음완보

| 작을 미 | 읊을 음 | 느릴 완 | 걸음 보 |

작은 소리로 읊으며 천천히 거닒.

014 薄酒山菜
박주산채

| 엷을 박 | 술 주 | 산 산 | 나물 채 |

1. 맛이 변변하지 못한 술과 산나물
2. 자기가 내는 술과 안주를 겸손하게 이르는 말

015 骨肉相爭
골육상쟁

뼈 골	고기 육	서로 상	다툴 쟁

가까운 혈족끼리 서로 싸움.

016 犬免之爭
견토지쟁

개 견	토끼 토	갈 지	다툴 쟁

개와 토끼의 다툼이라는 뜻으로, 두 사람의 싸움에 제삼자가 이익을 봄을 이르는 말

017 蚌鷸之爭
방휼지쟁

방합 방	도요새 휼	갈 지	다툴 쟁

도요새가 조개와 다투다가 다 같이 어부에게 잡히고 말았다는 뜻으로, 대립하는 두 세력
이 다투다가 결국은 구경하는 다른 사람에게 득을 주는 싸움을 비유적으로 이르는 말

018 蝸角之爭
와각지쟁

달팽이 와	뿔 각	갈 지	다툴 쟁

1. 달팽이의 더듬이 위에서 싸운다는 뜻으로, 하찮은 일로 벌이는 싸움을 비유적으로 이르는 말
2. 작은 나라끼리의 싸움을 비유적으로 이르는 말

019 指鹿爲馬
지록위마

가리킬 지	사슴 록	할 위	말 마

1. 윗사람을 농락하여 권세를 마음대로 함을 이르는 말
   ※ 중국 진(秦)나라의 조고(趙高)가 자신의 권세를 시험하여 보고자 황제 호해(胡亥)에게 사슴을 가리키며 말
   이라고 한 데서 유래한다.
2. 모순된 것을 끝까지 우겨서 남을 속이려는 짓을 비유적으로 이르는 말

020 無所不爲
무소불위

없을 무	바 소	아닐 불	할 위

하지 못하는 일이 없음.

021 犬馬之勞
견마지로

개 견	말 마	갈 지	힘쓸 로

개나 말 정도의 하찮은 힘이라는 뜻으로, 윗사람에게 충성을 다하는 자신의 노력을 낮추
어 이르는 말

022 南船北馬
남선북마

남녘 남	배 선	북녘 북	말 마

중국의 남쪽은 강이 많아서 배를 이용하고 북쪽은 산과 사막이 많아서 말을 이용한다는
뜻으로, 늘 쉬지 않고 여기저기 여행을 하거나 돌아다님을 이르는 말

023 ☐☐☐

一石二鳥
일석이조

| 하나 일 | 돌 석 | 두 이 | 새 조 |

돌 한 개를 던져 새 두 마리를 잡는다는 뜻으로, 동시에 두 가지 이득을 봄을 이르는 말

024 ☐☐☐

如鳥數飛
여조삭비

| 같을 여 | 새 조 | 자주 삭 | 날 비 |

새가 하늘을 날기 위해 자주 날갯짓하는 것과 같다는 뜻으로, 배우기를 쉬지 않고 끊임없이 연습하고 익힘을 이르는 말

025 ☐☐☐

傷弓之鳥
상궁지조

| 다칠 상 | 활 궁 | 갈 지 | 새 조 |

한 번 화살에 맞은 새는 구부러진 나무만 보아도 놀란다는 뜻으로, 한 번 혼이 난 일로 늘 의심과 두려운 마음을 품는 것을 이르는 말

026 ☐☐☐

烏飛梨落
오비이락

| 까마귀 오 | 날 비 | 배나무 이(리) | 떨어질 락 |

까마귀 날자 배 떨어진다는 뜻으로, 아무 관계도 없이 한 일이 공교롭게도 때가 같아 억울하게 의심을 받거나 난처한 위치에 서게 됨을 이르는 말

027 ☐☐☐

烏合之卒
오합지졸

| 까마귀 오 | 합할 합 | 갈 지 | 군사 졸 |

까마귀가 모인 것처럼 질서가 없이 모인 병졸이라는 뜻으로, 임시로 모여들어서 규율이 없고 무질서한 병졸 또는 군중을 이르는 말

028 ☐☐☐

鷄鳴狗盜
계명구도

| 닭 계 | 울 명 | 개 구 | 도둑 도 |

비굴하게 남을 속이는 하찮은 재주 또는 그런 재주를 가진 사람을 이르는 말
※ 중국 제나라의 맹상군이 진(秦)나라 소왕(昭王)에게 죽게 되었을 때, 식객(食客) 가운데 개를 가장하여 남의 물건을 잘 훔치는 사람과 닭의 울음소리를 잘 흉내 내는 사람의 도움으로 위기에서 빠져나왔다는 데서 유래한다.

029 ☐☐☐

春雉自鳴
춘치자명

| 봄 춘 | 꿩 치 | 스스로 자 | 울 명 |

봄철의 꿩이 스스로 운다는 뜻으로, 제 허물을 제 스스로 드러냄으로써 남이 알게 된다는 말

030 ☐☐☐

瓜田不納履
과전불납리

| 오이 과 | 밭 전 | 아닐 불 | 들일 납 | 밟을 리 |

오이밭에서는 신을 고쳐 신지 말라는 뜻으로, 의심받기 쉬운 행동은 하지 말아야 함을 이르는 말

001 □□□

瓜年

오이 과 　 해 년

과년

결혼하기에 적당한 여자의 나이

• 딸이 자라 어느덧 瓜年에 이르렀다.

002 □□□

過年

지날 과 　 해 년

과년

주로 여자의 나이가 보통 혼인할 시기를 지난 상태에 있음.

• 過年한 처녀가 그렇게 경망스럽게 행동해서야 되겠느냐?

003 □□□

課年

매길 과 　 해 년

과년

해마다 빠짐없이 꼭꼭 함.

004 □□□

嗜好

즐길 기 　 좋을 호

기호

즐기고 좋아함.

• 사람들은 각자의 嗜好에 따라 물건을 선택한다.

005 □□□

記號

기록할 기 　 부를 호

기호

어떠한 뜻을 나타내기 위하여 쓰이는 부호, 문자, 표지 따위를 통틀어 이르는 말

• 記號를 사용하여 도표화하다.

006 □□□

好戰

좋을 호 　 싸움 전

호전

싸우기를 좋아함.

• 好戰적인 민족

007 □□□

好轉

좋을 호 　 구를 전

호전

1. 일의 형세가 좋은 쪽으로 바뀜.
2. 병의 증세가 나아짐.

• 오랜 병세가 好轉되다.

008 □□□

受容

받을 수 　 얼굴 용

수용

어떠한 것을 받아들임.

• 우리는 그들의 제안을 受容하기로 했다.

009 □□□

收容

거둘 수 　 얼굴 용

수용

범법자, 포로, 난민, 관객, 물품 따위를 일정한 장소나 시설에 모아 넣음.

• 이 많은 사람을 收容하려면 더 큰 방이 필요하다.

010 □□□

收用

거둘 수 　 쓸 용

수용

거두어들여 사용함.

• 정부는 농토를 공장 부지로 收用하여 공단을 조성하였다.

011 ☐☐☐

手用
수용

손 수　　쓸 용

동력을 쓰지 않고 손으로 직접 사용함.

012 ☐☐☐

採用
채용

캘 채　　쓸 용

1. 사람을 골라서 씀.
   • 신입 사원을 採用하다.
2. 어떤 의견, 방안 등을 고르거나 받아들여서 씀.

013 ☐☐☐

債用
채용

빚 채　　쓸 용

돈이나 물건 따위를 빌려서 씀.
• 친구에게서 거금을 債用하다.

014 ☐☐☐

共鳴
공명

함께 공　　울 명

남의 사상이나 감정, 행동 따위에 공감하여 자기도 그와 같이 따르려 함.
• 선생님의 생각에 깊이 共鳴하는 바입니다.

015 ☐☐☐

公明
공명

공평할 공　　밝을 명

사사로움이나 한쪽으로 치우침이 없이 공정하고 명백함.
• 선거를 公明하게 치르다.

016 ☐☐☐

功名
공명

공 공　　이름 명

공을 세워서 자기의 이름을 널리 드러냄. 또는 그 이름.
• 부귀와 功名을 누리다.

017 ☐☐☐

空名
공명

빌 공　　이름 명

1. 실제에 맞지 않는 부풀린 명성
   • 저 사람은 실속 없이 그저 空名뿐이더라.
2. 이름이나 명성의 덧없음.
   • 空名을 좇아 살아온 세월이 헛되도다.

018 ☐☐☐

悲鳴
비명

슬플 비　　울 명

1. 슬피 욺. 또는 그런 울음소리.
2. 일이 매우 위급하거나 몹시 두려움을 느낄 때 지르는 외마디 소리
   • 悲鳴을 지르다.

019 ☐☐☐

碑銘
비명

비석 비　　새길 명

비석에 새긴 글자
• 그의 행적을 기록한 碑銘이 유적으로 남아 있다.

020 ☐☐☐

非命
비명

아닐 비　　목숨 명

제명대로 다 살지 못하고 죽음.
• 그는 젊은 나이에 사고로 非命에 세상을 떠났다.

💬 다음 한자의 뜻과 음을 쓰시오.

01 烏 : (   )   02 受 : (   )

03 鳥 : (   )   04 授 : (   )

05 島 : (   )   06 採 : (   )

07 馬 : (   )   08 援 : (   )

💬 다음 한자성어의 독음을 쓰고, 적절한 뜻을 바르게 연결하시오.

09 居安思危
(   ) .

10 犬馬之勞
(   ) .

11 犬兔之爭
(   ) .

12 烏飛梨落
(   ) .

13 烏合之卒
(   ) .

14 亡子計齒
(   ) .

15 安貧樂道
(   ) .

16 好事多魔
(   ) .

• ⓐ 좋은 일에는 흔히 방해되는 일이 많음. 또는 그런 일이 많이 생김.

• ⓑ 두 사람의 싸움에 제삼자가 이익을 봄을 이르는 말

• ⓒ 윗사람에게 충성을 다하는 자신의 노력을 낮추어 이르는 말

• ⓓ 편안할 때에 어려움이 닥칠 것을 미리 대비하여야 함.

• ⓔ 아무 관계도 없이 한 일이 공교롭게도 때가 같아 억울하게 의심을 받거나 난처한 위치에 서게 됨을 이르는 말

• ⓕ 가난한 생활을 하면서도 편안한 마음으로 도를 즐겨 지킴.

• ⓖ 임시로 모여들어서 규율이 없고 무질서한 병졸 또는 군중을 이르는 말

• ⓗ 죽은 자식 나이 세기라는 뜻으로, 이미 그릇된 일은 생각하여도 아무 소용이 없음을 이르는 말

💬 〈보기〉의 설명을 참고하여 빈칸에 들어갈 한자를 쓰시오.

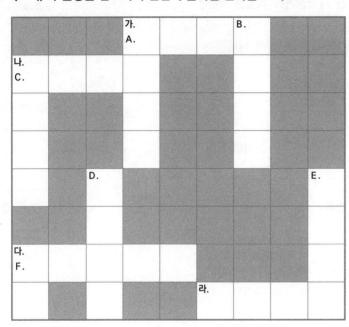

보기

[가로]
가. 달걀에도 뼈가 있다는 뜻으로, 운수가 나쁜 사람은 모처럼 좋은 기회를 만나도 역시 일이 잘 안됨을 이르는 말
나. 혼자의 힘만으로 어떤 일을 이루기 어려움을 이르는 말
다. 오이밭에서는 신을 고쳐 신지 말라는 뜻으로, 의심받기 쉬운 행동은 하지 말아야 함을 이르는 말
라. 윗사람을 농락하여 권세를 마음대로 함을 이르는 말

[세로]
A. 비굴하게 남을 속이는 하찮은 재주 또는 그런 재주를 가진 사람을 이르는 말
B. 가까운 혈족끼리 서로 싸움.
C. 고립되어 구원을 받을 데가 없음.
D. 하지 못하는 일이 없음.
E. 늘 쉬지 않고 여기저기 여행을 하거나 돌아다님을 이르는 말
F. 결혼하기에 적당한 여자의 나이

⊕ 정답

01. 까마귀 **오**
02. 받을 **수**
03. 새 **조**
04. 줄 **수**
05. 섬 **도**
06. 캘 **채**
07. 말 **마**
08. 도울 **원**

09. 거안사위 – ⓓ
10. 견마지로 – ⓒ
11. 견토지쟁 – ⓑ
12. 오비이락 – ⓔ
13. 오합지졸 – ⓖ
14. 망자계치 – ⓗ
15. 안빈낙도 – ⓕ
16. 호사다마 – ⓐ

01 다음 시조에 드러나는 주제 의식과 관련된 사자성어로 적절한 것은? `2019 소방직`

> 십년(十年)을 경영(經營)ᄒᆞ여 초려삼간(草廬三間) 지여 내니
> 나 ᄒᆞᆫ 간 ᄃᆞᆯ ᄒᆞᆫ 간에 청풍(淸風) ᄒᆞᆫ 간 맛뎌 두고
> 강산(江山)은 들일 듸 업스니 둘러 두고 보리라
>
> – 송순의 시조

① 教學相長   ② 安貧樂道   ③ 走馬看山   ④ 狐假虎威

02 밑줄 친 단어의 한자 표기가 모두 옳은 것은? `2017 지방직 7급`

> • 많은 고통을 ⊙감수한 결과 오늘의 결과를 이루었다.
> • 우리 사회에 ⓒ만연해 있는 불신감을 해소해야 한다.

	⊙	ⓒ		⊙	ⓒ
①	甘授	漫延	②	甘受	漫延
③	甘授	蔓延	④	甘受	蔓延

03 다음 중 밑줄 친 부분의 한자가 옳은 것은? `2016 서울시 9급`

① 溫<u>古</u>知新   ② 麥<u>秀</u>之嘆   ③ 識<u>者</u>憂患   ④ 左<u>考</u>右眄

04 〈보기〉의 한자어에 해당하는 예문으로 잘못 연결된 것은?

> ⊙ 收用   ⓒ 手用   ⓒ 收容   ⓔ 受容

① ⊙ 좁은 도로를 넓히기 위해서 도로변 땅을 <u>수용</u>하기로 했다.
② ⓒ 이 열차는 핸들을 <u>수용</u>하여 제동할 수 있다.
③ ⓒ 회사는 노동자들의 요구를 조건 없이 <u>수용</u>했다.
④ ⓔ 남의 말을 무비판적으로 <u>수용</u>하는 것은 위험한 일이다.

05 다음 글의 내용에 가장 어울리는 것은?

> 오징어는 상어 같은 큰 물고기가 다가올 때마다 자기 특유의 방어술인 먹물을 내뿜어 연막 작전을 폈다. 그러면 눈앞이 캄캄해진 큰 물고기는 오징어 추격을 포기했다. 큰 물고기가 다가올 때마다 오징어는 자기 주변에 먹물을 시커멓게 뿜어 놓았는데, 어느 때 하늘을 배회하던 솔개가 그 시커먼 먹물을 보고 잽싸게 내려와 오징어를 낚아채 갔다. 오징어는 먹물이 자신을 엄호한다는 것만 알았지 그것이 자신의 존재를 드러나게 하는 줄을 미처 몰랐던 것이다.
>
> – 소식, 〈이어설(二魚說)〉

① 好事多魔   ② 春雉自鳴   ③ 孤立無援   ④ 犬馬之勞

---

01 제시된 작품의 화자는 자연 속에서의 삶을 노래하고 있다. 따라서 작품에 드러난 주제 의식과 관련된 사자 성어는 '가난한 생활을 하면서도 편안한 마음으로 도를 즐겨 지킴'을 이르는 '安貧樂道(안빈낙도: 편안할 안, 가난할 빈, 즐거울 낙(락), 길 도)'이다.

오답정리
① 敎學相長(교학상장: 가르칠 교, 배울 학, 서로 상, 길 장): 가르치고 배우는 과정에서 스승과 제자가 함께 성장함.
③ 走馬看山(주마간산: 달릴 주, 말 마, 볼 간, 산 산): 말을 타고 달리며 산천을 구경한다는 뜻으로, 자세히 살피지 아니하고 대충대충 보고 지나감을 이르는 말
④ 狐假虎威(호가호위: 여우 호, 거짓 가, 범 호, 위엄 위): 남의 권세를 빌려 위세를 부림.

02 ㉠ '감수'는 '달게 받아들임'이란 의미다. 따라서 '甘受(감수: 달 감, 받을 수)'로 표기한다.
㉡ '만연'은 '널리 퍼짐'이란 의미다. 따라서 '蔓延(만연: 덩굴 만, 끌 연)'으로 표기한다.

오답정리 ㉠ 授(줄 수)
㉡ 漫(질펀할 만)

03 '맥수지탄(麥秀之嘆)'은 '기자'가 '은(殷)나라'가 망한 뒤에도 보리만은 잘 자라는 것(빼어난 것)을 보고 한탄하였다는 데서 유래한 말로, '고국의 멸망을 한탄함'을 이르는 말이다. 어원을 고려할 때, '秀(빼어날 수)'의 쓰임은 옳다.

오답정리 ① 溫古知新 → 溫故知新: '옛것을 익히고 그것을 미루어서 새것을 앎.'이란 의미의 '온고지신'의 '고'는 '古(옛 고)'가 아닌, '故(연고 고)'를 쓴다.
③ 識者憂患 → 識字憂患: '글자를 아는 것(학식이 있는 것)이 오히려 근심을 사게 됨'이라는 의미이므로, '者(사람 자)'가 아닌, '字(글자 자)'를 써야 한다.
④ 左考右昑 → 左顧右昑: '이쪽저쪽을 돌아보다'는 뜻으로, 앞뒤를 재고 망설임을 이르는 말인 '좌고우면'의 '고'는 '考(생각할 고)'가 아니라, '顧(돌아볼 고)'를 써야 한다.

04 ㉢ '收容(수용: 거둘 수, 얼굴 용)'은 '범법자, 포로, 난민, 관객, 물품 따위를 일정한 장소나 시설에 모아 넣음.'의 의미로, '요구를 받아들임.'과는 어울리지 않는다. 문맥상 '受容(수용: 받을 수, 얼굴 용)'으로 써야 한다.

오답정리 ㉠ 收用(수용: 거둘 수, 쓸 용): 거두어들여 사용함.
㉡ 手用(수용: 손 수, 쓸 용): 동력을 쓰지 않고 손으로 직접 사용함.
㉣ 受容(수용: 받을 수, 얼굴 용): 어떠한 것을 받아들임.

05 오징어는 위협을 피하기 위해 먹물을 내뿜어 자신의 모습을 숨겼지만, 오히려 그 먹물 때문에 솔개에게 잡아먹히고 말았다. 이는 '위기를 피하기 위해 공연히 자신의 무덤을 판' 오징어의 어리석음을 보여주고 있는 글이다. 이와 가장 어울리는 의미의 한자 성어는, '봄철의 꿩이 스스로 운다는 뜻으로, 제 허물을 제 스스로 드러냄으로써 남이 알게 된다는 말'인 '春雉自鳴(춘치자명: 봄 춘, 꿩 치, 스스로 자, 울 명)'이다.

오답정리 ① 好事多魔(호사다마: 좋을 호, 일 사, 많을 다, 마귀 마): 좋은 일에는 흔히 방해되는 일이 많음. 또는 그런 일이 많이 생김.
③ 孤立無援(고립무원: 외로울 고, 설 립, 없을 무, 도울 원): 고립되어 구원을 받을 데가 없음.
④ 犬馬之勞(견마지로: 개 견, 말 마, 갈 지, 힘쓸 로): 개나 말 정도의 하찮은 힘이라는 뜻으로, 윗사람에게 충성을 다하는 자신의 노력을 낮추어 이르는 말

정답 01 ② 02 ④ 03 ② 04 ③ 05 ②

1 한자

151 大 큰 대	152 太 클 태	153 天 하늘 천	154 夭 어릴 요	155 妖 예쁠 요	156 笑 웃을 소
157 呑 삼킬 탄	158 千 일천 천	159 舌 혀 설	160 活 살 활	161 話 이야기 화	162 舍 집 사
163 捨 버릴 사	164 余 나 여	165 餘 남을 여	166 除 덜 제	167 敍 펼 서	168 途 길 도
169 塗 진흙 도	170 夫 지아비 부	171 扶 도울 부	172 失 잃을 실	173 矢 화살 시	174 疾 병/빠를 질
175 嫉 시기할 질	176 知 알 지	177 智 지혜 지	178 短 짧을 단	179 豆 콩 두	180 頭 머리 두

2 한자성어

001 嚆矢	002 破天荒	003 大同小異	004 小貪大失	005 針小棒大

006 太平煙月	007 坐井觀天	008 驚天動地	009 天衣無縫	010 天壤之差

011 笑裏藏刀	012 甘吞苦吐	013 千載一遇	014 千慮一失	015 千慮一得

016 捨生取義	017 前途洋洋	018 前途遙遠	019 日暮途遠	020 道聽塗說

021 塗炭之苦	022 一敗塗地	023 煙霞痼疾	024 知彼知己	025 龍頭蛇尾

026 去頭截尾	027 徹頭徹尾	028 百尺竿頭	029 羊頭狗肉	030 盡人事待天命

3 한자어

001 天命	002 天明	003 闡明	004 擅名	005 通話

006 通貨	007 解除	008 解題	009 夫人	010 婦人

011 否認	012 扶養	013 浮揚	014 失期	015 失機

016 實技	017 實記	018 知覺	019 遲刻	020 地殼

한자

151

大 큰 대

★

大衆	大 큰 대　　　　衆 무리 중
	수많은 사람의 무리
擴大	擴 넓힐 확　　　　大 큰 대
	모양이나 규모 따위를 더 크게 함.
厖大	厖(厐) 삽살개 방　　　大 큰 대
	규모나 모양이 매우 크거나 많음.

152

太 클 태

★

太陽	太 클 태　　　　陽 볕 양
	1. 태양계의 중심이 되는 항성
	2. 매우 소중하거나 희망을 주는 존재를 비유적으로 이르는 말
太初	太 클 태　　　　初 처음 초
	하늘과 땅이 생겨난 맨 처음
太極旗	太 클 태　　　極 지극할 극　　　旗 기 기
	대한민국의 국기

153

天 하늘 천

★

天然	天 하늘 천　　　　然 그럴 연
	[명사] 1. 사람의 힘을 가하지 아니한 상태
	2. 사람의 힘으로 움직이거나 변화시킬 수 없는 상태
	[부사] 아주 비슷하게
天障	天 하늘 천　　　　障 막을 장
	지붕의 안쪽. 지붕 안쪽의 구조물을 가리키기도 하고 지붕 밑과 반자 사이의 빈 공간에서 바라본 반자를 가리키기도 한다. = 보꾹
樂天	樂 즐거울 낙(락)　　　天 하늘 천
	세상과 인생을 즐겁고 좋은 것으로 여김.

154 夭 어릴 요 ★ □□□

桃夭	桃 복숭아나무 도　　夭 어릴 요
	1. 복숭아꽃이 필 무렵이란 뜻으로, 혼인을 올리기 좋은 시절을 이르는 말 2. 처녀가 나이로 보아 시집가기에 알맞은 때
夭折	夭 어릴 요　　　　　　折 꺾을 절
	젊은 나이에 죽음.

155 妖 예쁠 요 ★ □□□

妖艶	妖 예쁠 요　　　　艶 고울 염
	사람을 호릴 만큼 매우 아리따움.
妖邪	妖 예쁠 요　　　　邪 간사할 사
	요망하고 간사함.
妖物	妖 예쁠 요　　　　物 물건 물
	1. 요망스러운 것　2. 간사하고 간악한 사람

156 笑 웃을 소 ★★ □□□

微笑	微 작을 미　　　　笑 웃을 소
	소리 없이 빙긋이 웃음. 또는 그런 웃음
苦笑	苦 쓸 고　　　　　笑 웃을 소
	어이가 없거나 마지못하여 짓는 웃음. = 쓴웃음
嘲笑	嘲 비웃을 조　　　笑 웃을 소
	흉을 보듯이 빈정거리거나 업신여기는 일. 또는 그렇게 웃는 웃음. = 비웃음

157 呑 삼킬 탄 ★ □□□

竝呑	竝(倂) 아우를 병　　呑 삼킬 탄
	남의 재물이나 다른 나라의 영토를 한데 아울러서 제 것으로 만듦.
甘呑苦吐	甘 달 감　　　呑 삼킬 탄　　　苦 쓸 고　　　吐 토할 토
	달면 삼키고 쓰면 뱉는다는 뜻으로, 자신의 비위에 따라서 사리의 옳고 그름을 판단함을 이르는 말
呑舟之魚	呑 삼킬 탄　　　舟 배 주　　　之 갈 지　　　魚 물고기 어
	배를 삼킬 만한 물고기라는 뜻으로, 큰 인물을 비유적으로 이르는 말

158

千 일천 천 ★

千態萬象	千 일천 천　　態 모습 태　　萬 일만 만　　象 코끼리 상
	천 가지 모습과 만 가지 형상이라는 뜻으로, 세상 사물이 한결같지 아니하고 각각 모습·모양이 다름을 이르는 말
千差萬別	千 일천 천　　差 다를 차　　萬 일만 만　　別 다를 별
	여러 가지 사물이 모두 차이가 있고 구별이 있음.
一瀉千里	一 하나 일　　瀉 쏟을 사　　千 일천 천　　里 마을 리
	강물이 빨리 흘러 천 리를 간다는 뜻으로, 어떤 일이 거침없이 빨리 진행됨을 이르는 말

159

舌 허 설 ★★

毒舌	毒 독 독　　舌 허 설
	남을 해치거나 비방하는 모질고 악독스러운 말을 함. 또는 그런 말
口舌數	口 입 구　　舌 허 설　　數 셀 수
	남과 시비하거나 남에게서 헐뜯는 말을 듣게 될 운수
長廣舌	長 길 장　　廣 넓을 광　　舌 허 설
	1. 길고도 세차게 잘하는 말솜씨 2. 쓸데없이 장황하게 늘어놓는 말

160

活 살 활 ★

生活	生 날 생　　活 살 활
	1. 사람이나 동물이 일정한 환경에서 활동하며 살아감. 2. 생계나 살림을 꾸려 나감. 3. 조직체에서 그 구성원으로 활동함. 4. 어떤 행위를 하며 살아감. 또는 그런 상태
活動	活 살 활　　動 움직일 동
	1. 몸을 움직여 행동함. 2. 어떤 일의 성과를 거두기 위하여 힘씀.
復活	復 다시 부　　活 살 활
	1. 죽었다가 다시 살아남. 2. 쇠퇴하거나 폐지한 것이 다시 성하게 됨. 또는 그렇게 함.

161

話 이야기 화 ★

對話	對 대할 대　　話 이야기 화
	마주 대하여 이야기를 주고받음. 또는 그 이야기
逸話	逸 달아날 일　　話 이야기 화
	세상에 널리 알려지지 아니한 흥미 있는 이야기
話題	話 이야기 화　　題 제목 제
	1. 이야기의 제목　2. 이야기할 만한 재료나 소재

162 舍 집 사 ★	廳舍	廳 관청 청　　　舍 집 사
		관청의 사무실로 쓰는 건물
	舍廊	舍 집 사　　　廊 복도 랑
		집의 안채와 떨어져 있는, 바깥주인이 거처하며 손님을 접대하는 곳
	寄宿舍	寄 부칠 기　　　宿 잘 숙　　　舍 집 사
		학교나 회사 따위에 딸려 있어 학생이나 사원에게 싼값으로 숙식을 제공하는 시설

163 捨 버릴 사 ★★	取捨	取 취할 취　　　捨 버릴 사
		쓸 것은 쓰고 버릴 것은 버림.
	喜捨	喜 기쁠 희　　　捨 버릴 사
		1. 어떤 목적을 위하여 기꺼이 돈이나 물건을 내놓음. 2. 신불(神佛)의 일로 돈이나 물건을 기부함.
	姑捨	姑 잠깐 고　　　捨 버릴 사
		어떤 일이나 그에 대한 능력, 경험, 지불 따위를 배제함. 앞에 오는 말의 내용이 불가능하여 뒤에 오는 말의 내용 역시 기대에 못 미침을 나타낸다.

164 余 나 여 ★	余等	余 나 여　　　等 무리 등
		'우리'를 문어적으로 이르는 말. = 오등(吾等)
	余輩	余 나 여　　　輩 무리 배
		'우리'를 문어적으로 이르는 말. = 오등(吾等)

165 餘 남을 여 ★★	餘裕	餘 남을 여　　　裕 넉넉할 유
		1. 물질적 · 공간적 · 시간적으로 넉넉하여 남음이 있는 상태 2. 느긋하고 차분하게 생각하거나 행동하는 마음의 상태. 또는 대범하고 너그럽게 일을 처리하는 마음의 상태
	餘地	餘 남을 여　　　地 땅 지
		1. 남은 땅 2. 어떤 일을 하거나 어떤 일이 일어날 가능성이나 희망
	餘暇	餘 남을 여　　　暇 겨를 가
		일이 없어 남는 시간

166 除 덜 제 ★★

除去	除 덜 제　　　　　去 갈 거
	없애 버림.
排除	排 밀칠 배　　　　　除 덜 제
	받아들이지 아니하고 물리쳐 제외함.
免除	免(免) 면할 면　　　　除 덜 제
	책임이나 의무 따위를 면하여 줌.

167 敍 펼 서 ★★

敍事	敍 펼 서　　　　　事 일 사
	사실을 있는 그대로 적음.
敍述	敍 펼 서　　　　　述 지을 술
	사건이나 생각 따위를 차례대로 말하거나 적음.
自敍傳	自 스스로 자　　　敍 펼 서　　　傳 전할 전
	작자 자신의 일생을 소재로 스스로 짓거나, 남에게 구술하여 쓰게 한 전기

168 途 길 도 ★★★

途中	途 길 도　　　　　中 가운데 중
	1. 길을 가는 중간　2. 일이 계속되고 있는 과정이나 일의 중간
用途	用 쓸 용　　　　　途 길 도
	쓰이는 길. 또는 쓰이는 곳
別途	別 다를 별　　　　途 길 도
	1. 원래의 것에 덧붙여서 추가한 것　2. 딴 방면

169 塗 진흙 도 ★★★

糊塗	糊 풀 호　　　　　塗 진흙 도
	풀을 바른다는 뜻으로, 명확하게 결말을 내지 않고 일시적으로 감추거나 흐지부지 덮어 버림을 비유적으로 이르는 말
塗裝	塗 진흙 도　　　　裝 꾸밀 장
	도료를 칠하거나 바름. 부식을 막고 모양을 내기 위하여 한다
塗色	塗 진흙 도　　　　色 빛 색
	색깔이 나게 칠을 함. 또는 그 칠

170 夫 지아비 부 ★

工夫	工 장인 공　　　夫 지아비 부
	학문이나 기술을 배우고 익힘.
大丈夫	大 큰 대　　　丈 어른 장　　　夫 지아비 부
	건장하고 씩씩한 사내
匹夫匹婦	匹 짝 필　　　夫 지아비 부　　　匹 짝 필　　　婦 며느리 부
	평범한 남녀

171 扶 도울 부 ★

扶助	扶 도울 부　　　助 도울 조
	1. 잔칫집이나 상가(喪家) 따위에 돈이나 물건을 보내어 도와줌. 또는 돈이나 물건
	2. 남을 거들어서 도와주는 일
扶桑	扶 도울 부　　　桑 뽕나무 상
	1. 해가 뜨는 동쪽 바다.
	2. 중국 전설에서, 해가 뜨는 동쪽 바닷속에 있다고 하는 상상의 나무. 또는 그 나무가 있다는 곳
相扶相助	相 서로 상　　　扶 도울 부　　　相 서로 상　　　助 도울 조
	서로서로 도움.

172 失 잃을 실 ★★

失手	失 잃을 실　　　手 손 수
	1. 조심하지 아니하여 잘못함. 또는 그런 행위
	2. 말이나 행동이 예의에 벗어남. 또는 그런 말이나 행동
過失	過 지날 과　　　失 잃을 실
	부주의나 태만 따위에서 비롯된 잘못이나 허물
損失	損 덜 손　　　失 잃을 실
	잃어버리거나 축나서 손해를 봄. 또는 그 손해

173 矢 화살 시 ★

弓矢	弓 활 궁　　　矢 화살 시
	활과 화살을 아울러 이르는 말
嚆矢	嚆 울릴 효　　　矢 화살 시
	1. 예전에, 전쟁 때에 쓰던 화살의 하나. 끝에 속이 빈 깍지를 달아 붙인 것으로, 쏘면 공기에 부딪혀 소리가 난다.
	2. 어떤 사물이나 현상이 시작되어 나온 맨 처음을 비유적으로 이르는 말.
	※ 《장자》의 〈재유편(在宥篇)〉에 나오는 말로, 전쟁을 시작할 때 우는살을 먼저 쏘았다는 데에서 유래한다.

疾 병/빠를 질
★★

疾病	疾 병 질　　　　病 병 병
	몸의 온갖 병
痼疾	痼 고질 고　　　　疾 병 질
	1. 오랫동안 앓고 있어 고치기 어려운 병
	2. 오래되어 바로잡기 어려운 나쁜 버릇
疾走	疾 빠를 질　　　　走 달릴 주
	빨리 달림.

嫉 시기할 질
★★★

嫉妬	嫉 시기할 질　　　　妬(妒) 시기할 투
	1. 부부 사이나 사랑하는 이성(異性) 사이에서 상대되는 이성이 다른 이성을 좋아할 경우에 지나치게 시기함.
	2. 다른 사람이 잘되거나 좋은 처지에 있는 것 따위를 공연히 미워하고 깎아내리려 함.
嫉視	嫉 시기할 질　　　　視 볼 시
	시기하여 봄.
嫉逐排斥	嫉 시기할 질　　逐 쫓을 축　　排 밀칠 배　　斥 물리칠 척
	시기하고 미워하여 물리침.

知 알 지
★★

知識	知 알 지　　　　識 알 식
	1. 어떤 대상에 대하여 배우거나 실천을 통하여 알게 된 명확한 인식이나 이해
	2. 알고 있는 내용이나 사물
知能	知 알 지　　　　能 능할 능
	1. 계산이나 문장 작성 따위의 지적 작업에서, 성취 정도에 따라 정하여지는 적응 능력. 지능 지수 따위로 수치화할 수 있다.
	2. 지혜와 재능을 통틀어 이르는 말
知天命	知 알 지　　　　天 하늘 천　　　　命 목숨 명
	1. 하늘의 뜻을 앎.
	2. 쉰 살을 달리 이르는 말.
	※ 《논어》 〈위정편(爲政篇)〉에서, 공자가 쉰 살에 하늘의 뜻을 알았다고 한 데서 나온 말이다.

177 **智** 지혜 지 ★

智慧	智(知) 지혜 지　　慧 슬기로울 혜
	사물의 이치를 빨리 깨닫고 사물을 정확하게 처리하는 정신적 능력
機智	機 틀 기　　智 지혜 지
	경우에 따라 재치 있게 대응하는 지혜
智略	智 지혜 지　　略 다스릴 략
	어떤 일이나 문제든지 명철하게 포착하고 분석·평가하며 해결 대책을 능숙하게 세우는 뛰어난 슬기와 계략

178 **短** 짧을 단 ★

長短	長 길 장　　短 짧을 단
	1. 길고 짧음. 2. 좋은 점과 나쁜 점
短期	短 짧을 단　　期 기약할 기
	짧은 기간
短點	短 짧을 단　　點 점 점
	잘못되고 모자라는 점

179 **豆** 콩 두 ★

豆乳	豆 콩 두　　乳 젖 유
	물에 불린 콩을 간 다음, 물을 붓고 끓여 걸러서 만든 우유 같은 액체
軟豆	軟 연할 연　　豆 콩 두
	1. 완두콩의 빛깔과 같이 연한 초록색 = 연두색 2. 완두콩 빛깔과 같이 연한 초록빛 = 연둣빛
種豆得豆	種 씨 종　　豆 콩 두　　得 얻을 득　　豆 콩 두
	콩을 심으면 반드시 콩이 나온다는 뜻으로, 원인에 따라 결과가 생김을 이르는 말

180 **頭** 머리 두 ★★

先頭	先 먼저 선　　頭 머리 두
	대열이나 행렬, 활동 따위에서 맨 앞
念頭	念 생각 염(념)　　頭 머리 두
	1. 생각의 시초　2. 마음의 속
冒頭	冒 무릅쓸 모　　頭 머리 두
	말이나 글의 첫머리

한자성어

001 □□□

嚆矢
효시

울릴 효   화살 시

1. 예전에, 전쟁 때에 쓰던 화살의 하나 = 우는살.
2. 어떤 사물이나 현상이 시작되어 나온 맨 처음을 비유적으로 이르는 말
※ ≪장자≫의 〈재유편(在宥篇)〉에 나오는 말로, 전쟁을 시작할 때 우는살을 먼저 쏘았다는 데에서 유래한다.

002 □□□

破天荒
파천황

깨뜨릴 파   하늘 천   거칠 황

1. 이전에 아무도 하지 못한 일을 처음으로 해냄을 이르는 말
※ ≪북몽쇄언(北夢瑣言)≫에 나오는 말로, 중국 당나라의 형주(荊州) 지방에서 과거의 합격자가 없어 천지가 아직 열리지 않은 혼돈한 상태라는 뜻으로 천황(天荒)이라고 불리었는데 유세(劉蛻)라는 사람이 처음으로 합격하여 천황을 깼다는 데서 유래한다.
2. 양반이 없는 시골이나 인구수가 적은 성씨에 인재가 나서 본래의 미천한 상태를 벗어남.

003 □□□

大同小異
대동소이

큰 대   같을 동   작을 소   다를 이

큰 차이 없이 거의 같음.

004 □□□

小貪大失
소탐대실

작을 소   탐할 탐   큰 대   잃을 실

작은 것을 탐하다가 큰 것을 잃음.

005 □□□

針小棒大
침소봉대

바늘 침   작을 소   몽둥이 봉   큰 대

작은 일을 크게 불리어 떠벌림.

006 □□□

太平煙月
태평연월

클 태   평평할 평   연기 연   달 월

근심이나 걱정이 없는 편안한 세월

007 □□□

坐井觀天
좌정관천

| 앉을 좌 | 우물 정 | 볼 관 | 하늘 천 |

우물 속에 앉아서 하늘을 본다는 뜻으로, 사람의 견문(見聞)이 매우 좁음을 이르는 말

008 □□□

驚天動地
경천동지

| 놀랄 경 | 하늘 천 | 움직일 동 | 땅 지 |

하늘을 놀라게 하고 땅을 뒤흔든다는 뜻으로, 세상을 몹시 놀라게 함을 비유적으로 이르는 말

009 □□□

天衣無縫
천의무봉

| 하늘 천 | 옷 의 | 없을 무 | 꿰맬 봉 |

1. 천사의 옷은 꿰맨 흔적이 없다는 뜻으로, 일부러 꾸민 데 없이 자연스럽고 아름다우면서 완전함을 이르는 말
2. 완전무결하여 흠이 없음을 이르는 말
3. 세상사에 물들지 아니한 어린이와 같은 순진함을 이르는 말

010 □□□

天壤之差
천양지차

| 하늘 천 | 흙 양 | 갈 지 | 다를 차 |

하늘과 땅 사이와 같이 엄청난 차이

011 □□□

笑裏藏刀
소리장도

| 웃을 소 | 속 리 | 감출 장 | 칼 도 |

웃는 마음속에 칼이 있다는 뜻으로, 겉으로는 웃고 있으나 마음속에는 해칠 마음을 품고 있음을 이르는 말 = 소중도(笑中刀)

012 □□□

甘吞苦吐
감탄고토

| 달 감 | 삼킬 탄 | 쓸 고 | 토할 토 |

달면 삼키고 쓰면 뱉는다는 뜻으로, 자신의 비위에 따라서 사리의 옳고 그름을 판단함을 이르는 말

013 □□□

千載一遇
천재일우

| 일천 천 | 실을 재 | 하나 일 | 만날 우 |

천 년 동안 단 한 번 만난다는 뜻으로, 좀처럼 만나기 어려운 좋은 기회를 이르는 말

014 □□□

千慮一失
천려일실

| 일천 천 | 생각 려 | 하나 일 | 잃을 실 |

천 번 생각에 한 번 실수라는 뜻으로, 슬기로운 사람이라도 여러 가지 생각 가운데에는 잘못되는 것이 있을 수 있음을 이르는 말

015 千慮一得
천려일득

일천 천   생각 려   하나 일   얻을 득

천 번을 생각하여 하나를 얻는다는 뜻으로, 어리석은 사람이라도 많은 생각을 하면 그 과정에서 한 가지쯤은 좋은 것이 나올 수 있음을 이르는 말

016 捨生取義
사생취의

버릴 사   날 생   취할 취   옳을 의

목숨을 버리고 의를 좇는다는 뜻으로, 목숨을 버릴지언정 옳은 일을 함을 이르는 말

017 前途洋洋
전도양양

앞 전   길 도   큰 바다 양   큰 바다 양

앞날이 희망차고 전망이 밝음.

018 前途遙遠
전도요원

앞 전   길 도   멀 요   멀 원

1. 가야 할 길이 아득히 멂.
2. 장래가 창창하게 멂.

019 日暮途遠
일모도원

날 일   저물 모   길 도   멀 원

날은 저물고 갈 길은 멀다는 뜻으로, 늙고 쇠약한데 앞으로 해야 할 일은 많음을 이르는 말

020 道聽塗說
도청도설

길 도   들을 청   진흙 도   말씀 설

길에서 듣고 길에서 말한다는 뜻으로, 길거리에 퍼져 돌아다니는 뜬소문을 이르는 말

021 塗炭之苦
도탄지고

진흙 도   숯 탄   갈 지   쓸 고

진구렁에 빠지고 숯불에 타는 괴로움을 이르는 말

022 一敗塗地
일패도지

하나 일   패할 패   진흙 도   땅 지

싸움에 한 번 패하여 간과 뇌가 땅바닥에 으깨어진다는 뜻으로, 여지없이 패하여 다시 일어날 수 없게 되는 지경에 이름을 이르는 말

023

煙霞痼疾
연하고질

| 연기 연 | 노을 하 | 고질 고 | 병 질 |

자연의 아름다운 경치를 몹시 사랑하고 즐기는 성벽(性癖) = 천석고황(泉石膏肓)

024

知彼知己
지피지기

| 알 지 | 저 피 | 알 지 | 몸 기 |

적의 사정과 나의 사정을 자세히 앎.

025

龍頭蛇尾
용두사미

| 용 용(룡) | 머리 두 | 뱀 사 | 꼬리 미 |

용의 머리와 뱀의 꼬리라는 뜻으로, 처음은 왕성하나 끝이 부진한 현상을 이르는 말

026

去頭截尾
거두절미

| 갈 거 | 머리 두 | 끊을 절 | 꼬리 미 |

1. 머리와 꼬리를 잘라 버림.
2. 어떤 일의 요점만 간단히 말함.

027

徹頭徹尾
철두철미

| 통할 철 | 머리 두 | 통할 철 | 꼬리 미 |

처음부터 끝까지 철저하게

028

百尺竿頭
백척간두

| 일백 백 | 자 척 | 장대 간 | 머리 두 |

백 자나 되는 높은 장대 위에 올라섰다는 뜻으로, 몹시 어렵고 위태로운 지경을 이르는 말

029

羊頭狗肉
양두구육

| 양 양 | 머리 두 | 개 구 | 고기 육 |

양의 머리를 걸어 놓고 개고기를 판다는 뜻으로, 겉보기만 그럴듯하게 보이고 속은 변변하지 아니함을 이르는 말

030

盡人事待天命
진인사대천명

| 다할 진 | 사람 인 | 일 사 | 기다릴 대 | 하늘 천 | 목숨 명 |

노력을 다한 후에 천명을 기다림.

06^강 한자어

001 天命 천명
하늘 천   목숨 명
1. 타고난 수명 · 天命을 다하다.
2. 타고난 운명
3. 하늘의 명령 · 天命을 거역하다.

002 天明 천명
하늘 천   밝을 명
날이 막 밝을 무렵
· 다른 사람들의 눈에 띌까 무서워 天明에 서둘러 길을 떠났다.

003 闡明 천명
열 천   밝을 명
진리나 사실, 입장 따위를 드러내어 밝힘.
· 개혁의 의지를 세계만방에 闡明하다.

004 擅名 천명
멋대로 할 천   이름 명
이름을 드날림.
· 역사에 擅名하다.

005 通話 통화
통할 통   이야기 화
전화로 말을 주고받음.
· 지금은 바쁘니 이따가 通話하자.

006 通貨 통화
통할 통   재물 화
유통 수단이나 지불 수단으로서 기능하는 화폐
· 通貨가 유통되다.

007 解除 해제
풀 해   덜 제
1. 설치하였거나 장비한 것 따위를 풀어 없앰.
2. 묶인 것이나 행동에 제약을 가하는 법령 따위를 풀어 자유롭게 함.
3. 책임을 벗어서 면하게 함.
· 직위 解除

008 解題 해제
풀 해   제목 제
1. 책의 저자 · 내용 · 체재 · 출판 연월일 따위에 대해 대략적으로 설명함. 또는 그런 설명
· 자료 해석 작업은 끝나고 解題와 색인 작업만 남았다.
2. 문제를 풂.

009 夫人 부인
지아비 부   사람 인
남의 아내를 높여 이르는 말
· 저분이 부장님 夫人이십니다.

010 婦人 부인
며느리 부   사람 인
결혼한 여자
· 한 젊은 婦人이 아이와 함께 공원에서 산책을 하고 있다.

011

否認
부인

아닐 부   알 인

어떤 내용이나 사실을 옳거나 그러하다고 인정하지 아니함.
• 피의자는 며칠 전에 한 말을 否認했다.

016

實技
실기

열매 실   재주 기

실제의 기능이나 기술
• 이론과 實技를 겸비하다.

012

扶養
부양

도울 부   기를 양

생활 능력이 없는 사람의 생활을 돌봄.
• 가족을 扶養하다.

017

實記
실기

열매 실   기록할 기

실제의 사실을 있는 그대로 적은 기록
• 조선 實記를 연구하다.

013

浮揚
부양

뜰 부   날릴 양

가라앉은 것이 떠오름. 또는 가라앉은 것을 떠오르게 함.
• 경기가 일시적으로 浮揚하다.

018

知覺
지각

알 지   깨달을 각

1. 알아서 깨달음. 또는 그런 능력
 • 너무 캄캄해서 방향을 知覺할 수 없었다.
2. 사물의 이치나 도리를 분별하는 능력

014

失期
실기

잃을 실   기약할 기

시기를 놓침.
• 과거 실패한 경제 정책은 대체로 失期에서 비롯되었다.

019

遲刻
지각

더딜 지   새길 각

정해진 시각보다 늦게 출근하거나 등교함.
• 수업에 遲刻하다.

015

失機
실기

잃을 실   틀 기

기회를 잃거나 놓침.
• 좋은 기회가 왔는데 작은 실수로 失機하다니 원통하다.

020

地殼
지각

땅 지   껍질 각

지구의 바깥쪽을 차지하는 부분. 대륙 지역에서는 평균 35km, 대양 지역에서는 5~10km의 두께이다.

💬 **다음 한자의 뜻과 음을 쓰시오.**

01   天 : (   )   02   矢 : (   )

03   夫 : (   )   04   知 : (   )

05   舌 : (   )   06   疾 : (   )

07   失 : (   )   08   短 : (   )

💬 **다음 한자성어의 독음을 쓰고, 적절한 뜻을 바르게 연결하시오.**

09   百尺竿頭   (   ) ·   · ⓐ 하늘과 땅 사이와 같이 엄청난 차이

10   千載一遇   (   ) ·   · ⓑ 백 자나 되는 높은 장대 위에 올라섰다는 뜻으로, 몹시 어렵고 위태로운 지경을 이르는 말

11   天壤之差   (   ) ·   · ⓒ 천 년 동안 단 한 번 만난다는 뜻으로, 좀처럼 만나기 어려운 좋은 기회를 이르는 말

12   小貪大失   (   ) ·   · ⓓ 작은 일을 크게 불리어 떠벌림.

13   針小棒大   (   ) ·   · ⓔ 작은 것을 탐하다가 큰 것을 잃음.

14   大同小異   (   ) ·   · ⓕ 용의 머리와 뱀의 꼬리라는 뜻으로, 처음은 왕성하나 끝이 부진한 현상을 이르는 말

15   徹頭徹尾   (   ) ·   · ⓖ 큰 차이 없이 거의 같음.

16   龍頭蛇尾   (   ) ·   · ⓗ 처음부터 끝까지 철저하게

💬 〈보기〉의 설명을 참고하여 빈칸에 들어갈 한자를 쓰시오.

보기

[가로]
가. 날이 막 밝을 무렵
나. 날은 저물고 갈 길은 멀다는 뜻으로, 늙고 쇠약한데 앞으로 해야 할 일은 많음을 이르는 말
다. 남의 아내를 높여 이르는 말
라. 진구렁에 빠지고 숯불에 타는 괴로움을 이르는 말
마. 하늘을 놀라게 하고 땅을 뒤흔든다는 뜻으로, 세상을 몹시 놀라게 함을 비유적으로 이르는 말

[세로]
A. 이전에 아무도 하지 못한 일을 처음으로 해냄을 이르는 말
B. 앞날이 희망차고 전망이 밝음.
C. 노력을 다한 후에 천명을 기다림.
D. 싸움에 한 번 패하여 간과 뇌가 땅바닥에 으깨어진다는 뜻으로, 여지없이 패하여 다시 일어날 수 없게 되는 지경에 이름을 이르는 말
E. 달면 삼키고 쓰면 뱉는다는 뜻으로, 자신의 비위에 따라서 사리의 옳고 그름을 판단함을 이르는 말

➕정답

01. 하늘 **천**
02. 화살 **시**
03. 지아비 **부**
04. 알 **지**
05. 혀 **설**
06. 병/빠를 **질**
07. 잃을 **실**
08. 짧을 **단**

09. 백척간두 – ⓑ
10. 천재일우 – ⓒ
11. 천양지차 – ⓐ
12. 소탐대실 – ⓔ
13. 침소봉대 – ⓓ
14. 대동소이 – ⓖ
15. 철두철미 – ⓗ
16. 용두사미 – ⓕ

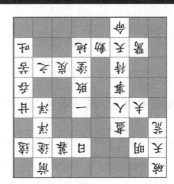

01 다음 ( ) 속에 들어갈 말로 가장 적절한 것은? 2019 지방직 9급

> 방랑시인 김삿갓의 시는 해학과 풍자로 가득 차 있는데, 무슨 시든 단숨에 써 내리는 一筆揮之인데다 가히 ( )의 상태라서 일부러 꾸미지 않았는데도 자연스럽고 아름답다.

① 花朝月夕　　　　② 韋編三絕　　　　③ 天衣無縫　　　　④ 莫無可奈

02 〈보기〉의 밑줄 친 부분과 가장 잘 어울리는 사자성어는? 2018 서울시 9급(3월)

> ─── 보기 ───
>
> 나모도 바히돌도 업슨 뫼헤 매게 쪼친 가토릐 안과,
> 대천(大川) 바다 한가온듸 일천(一千)석 시른 빅에 노도 일코 닷도 일코 뇽총도 근코 돗대도 것고 치도 싸지고 보람 부러 물결 치고 안개 뒤섯계 주자진 날에 갈 길은 천리만리 나믄듸 사면이 거머어득 져뭇 천지적막 가치노을 셧는듸 수적 만난 도사공의 안과,
> 엊그제 님 여흰 내 안히야 엇다가 フ을 호리오.

① 捲土重來　　　　② 緣木求魚　　　　③ 前虎後狼　　　　④ 天衣無縫

03 ㉠, ㉡에 들어갈 한자를 순서대로 바르게 나열한 것은? 2018 지방직 9급

> • 근무 여건이 개선(㉠)되자 업무 효율이 크게 올랐다.
> • 금융 당국은 새로운 통화(㉡) 정책을 제안하였다.

	㉠	㉡		㉠	㉡
①	改善	通貨	②	改選	通話
③	改善	通話	④	改選	通貨

04 밑줄 친 단어의 한자 표기로 적절한 것은?

> 대한 제국은 정치·외교 면에서는 청과의 종속 관계 청산과 개국 기년의 사용 등을 천명하였다.

① 天明　　　　② 天命　　　　③ 擅名　　　　④ 闡明

05 ㉠의 모습을 비판하기에 가장 적절한 한자 성어는?

> ㉠저 궁벽(窮僻)한 시골 마을에 사는 자가 오래 전에 서울에 왔다가, 처음으로 만들어서 아직 완전하지 못한 방법을 우연히 얻어듣고는, 기쁘게 돌아가서 시험해 본 다음, 속으로 자신만만하여 말하기를
> "천하에 이 방법보다 더 우수한 것이 없다."
> 하면서 아들과 손자들을 모아 놓고 경계하기를
> "서울에서 말하는 소위 기예라는 것을 내가 모두 배워 가지고 왔으니, 지금부터는 서울에서도 다시 더 배울 것이 없다."
> 한다. 이런 사람이 하는 짓이란 거칠고 나쁘지 않은 것이 없다.
> 우리나라에 있는 백공(百工)들의 기예는 모두 중국에서 배워 온 방식인데, 수백 년 이래 칼로 벤 것처럼 딱 잘라 다시는 중국에 가서 새로운 것을 배우려는 계획을 세우지 않았다. 중국에는 새로운 방식과 교묘한 제도가 나날이 증가하고 다달이 불어나서 수백 년 이전의 옛날 중국이 아니다. 그런데도 우리는 막연하게 서로 묻지도 않고 오직 옛날의 방식만을 편케 여기고 있으니 어찌 그리 게으르단 말인가.
>
> – 정약용, 〈기예론(技藝論)〉

① 감탄고토(甘呑苦吐)　　② 좌정관천(坐井觀天)　　③ 소탐대실(小貪大失)　　④ 사생취의(捨生取義)

---

01 '일부러 꾸미지 않았는데도 자연스럽고 아름답다.'라는 말을 보아, 괄호 속에는 일부러 꾸민 데 없이 자연스럽고 아름다우면서 완전함을 이르는 말인 '天衣無縫(천의무봉: 하늘 천, 옷 의, 없을 무, 꿰맬 봉)'이 어울린다.
※ 一筆揮之(일필휘지: 하나 일, 붓 필, 휘두를 휘, 갈 지): 글씨를 단숨에 죽 내리 씀.
> 오답정리 ① 花朝月夕(화조월석: 꽃 화, 아침 조, 달 월, 저녁 석): 꽃 피는 아침과 달 밝은 밤이라는 뜻으로, 경치가 좋은 시절을 이르는 말
> ② 韋編三絕(위편삼절: 가죽 위, 엮을 편, 석 삼, 끊을 절): 공자가 주역을 즐겨 읽어 책의 가죽끈이 세 번이나 끊어졌다는 뜻으로, 책을 열심히 읽음을 이르는 말
> ④ 莫無可奈(막무가내: 없을 막, 없을 무, 옳을 가, 어찌 내): 달리 어찌할 수 없음.

02 밑줄 친 부분에서는 사면초가의 위기에 직면한 도사공의 절박한 심정이 나타난다. 이와 가장 관련이 있는 사자성어는 앞문에서 호랑이를 막고 있으려니까 뒷문으로 이리가 들어온다는 뜻으로, 재앙이 끊일 사이 없이 닥침을 비유적으로 이르는 말인 ③ '前虎後狼(전호후랑: 앞 전, 범 호, 뒤 후, 이리 랑)'이다.
> 오답정리 ① 捲土重來(권토중래: 말 권, 흙 토, 거듭 중, 올 래): 땅을 말아 일으킬 것 같은 기세로 다시 온다는 뜻으로, 한 번 실패하였으나 힘을 회복하여 다시 쳐들어옴을 이르는 말 / 어떤 일에 실패한 뒤에 힘을 가다듬어 다시 그 일에 착수함을 비유하여 이르는 말
> ② 緣木求魚(연목구어: 인연 연, 나무 목, 구할 구, 물고기 어): 나무에 올라가서 물고기를 구한다는 뜻으로, 도저히 불가능한 일을 굳이 하려 함을 비유적으로 이르는 말
> ④ 天衣無縫(천의무봉: 하늘 천, 옷 의, 없을 무, 꿰맬 봉): 천사의 옷은 꿰맨 흔적이 없다는 뜻으로, 일부러 꾸민 데 없이 자연스럽고 아름다우면서 완전함을 이르는 말 / 완전무결하여 흠이 없음을 이르는 말

03 ㉠ 문맥상 '좋게 나아지다'라는 의미이므로 '改善(개선: 고칠 개, 착할 선)'이 들어가야 한다.
㉡ 문맥상 '화폐'라는 의미이므로 '通貨(통화: 통할 통, 재물 화)'가 들어가야 한다.
> 오답정리 ㉠ 改選(개선: 고칠 개, 가릴 선): 의원이나 임원 등이 사퇴하거나 그 임기가 다 되었을 때 새로 선출함.
> ㉡ 通話(통화: 통할 통, 이야기 화): 전화로 말을 주고받음.

04 '관계 청산'과 '연호 사용'의 입장을 '드러내어 밝힌' 것이므로, '闡明(천명: 열 천, 밝을 명)'으로 표기하는 것이 옳다.
> 오답정리 ① 天明(천명: 하늘 천, 밝을 명): 날이 막 밝을 무렵
> ② 天命(천명: 하늘 천, 목숨 명): 타고난 수명 / 타고난 운명 / 하늘의 명령
> ③ 擅名(천명: 멋대로 할 천, 이름 명): 이름을 드날림.

05 ㉠은 서울에 가서 완전하지 못한 방법을 우연히 얻어듣고 와서는 '더 배울 것이 없다'며 자만하고 있다. 이를 비판하기에 가장 적절한 한자 성어는 '우물 속에 앉아서 하늘을 본다는 뜻으로, 사람의 견문(見聞)이 매우 좁음을 이르는 말'인 '坐井觀天(좌정관천: 앉을 좌, 우물 정, 볼 관, 하늘 천)'이다.
> 오답정리 ① 甘呑苦吐(감탄고토: 달 감, 삼킬 탄, 쓸 고, 토할 토): 달면 삼키고 쓰면 뱉는다는 뜻으로, 자신의 비위에 따라서 사리의 옳고 그름을 판단함을 이르는 말
> ③ 小貪大失(소탐대실: 작을 소, 탐할 탐, 큰 대, 잃을 실): 작은 것을 탐하다가 큰 것을 잃음.
> ④ 捨生取義(사생취의: 버릴 사, 날 생, 취할 취, 옳을 의): 목숨을 버리고 의를 좇는다는 뜻으로, 목숨을 버릴지언정 옳은 일을 함을 이르는 말

➕ 정답　01 ③　02 ③　03 ①　04 ④　05 ②

07 강

20시간 초단기 완성
한자 1600선

1회독 _____월_____일
2회독 _____월_____일
3회독 _____월_____일

1 한자

181	182	183	184	185	186
寸	村	守	付	附	符
마디 촌	마을 촌	지킬 수	줄 부	붙을 부	부신 부
187	188	189	190	191	192
府	腐	討	對	射	謝
관청 부	썩을 부	칠 토	대할 대	쏠 사	사례할 사
193	194	195	196	197	198
車	軍	連	運	專	傳
수레 차/거	군사 군	이을 련	돌 운	오로지 전	전할 전
199	200	201	202	203	204
轉	團	寺	時	詩	待
구를 전	둥글 단	절 사	때 시	시 시	기다릴 대
205	206	207	208	209	210
持	特	等	得	碍	壽
가질 지	특별할 특	무리 등	얻을 득	거리낄 애	목숨 수

2 한자성어

001 寸鐵殺人	002 守株待兔	003 牽強附會	004 名實相符	005 切齒腐心
006 換腐作新	007 射石爲虎	008 射魚指天	009 車載斗量	010 前車可鑑
011 前車覆轍	012 覆車之戒	013 螳螂拒轍	014 獨不將軍	015 孤軍奮鬪
016 以心傳心	017 敎外別傳	018 不立文字	019 心心相印	020 拈華微笑
021 名不虛傳	022 轉禍爲福	023 心機一轉	024 時機尙早	025 晩時之歎
026 鶴首苦待	027 一擧兩得	028 自業自得	029 壽福康寧	030 萬壽無疆

3 한자어

001 保守	002 報酬	003 補修	004 對峙	005 對置
006 代置	007 感謝	008 監査	009 監事	010 鑑査
011 運命	012 殞命	013 專用	014 轉用	015 專貰
016 傳貰	017 戰勢	018 維持	019 有志	020 遺志

한자

○ 알고있음 △ 애매함 X 모름

181

寸 마디 촌

★

寸刻	寸 마디 촌　　　刻 새길 각	
	매우 짧은 동안의 시간	
方寸	方 모 방　　　　寸 마디 촌	
	1. 한 치 사방의 넓이. 2. 사람의 마음은 가슴속의 한 치 사방의 넓이에 깃들어 있다는 뜻으로, '마음'을 　달리 이르는 말	
一寸光陰	一 하나 일　　　寸 마디 촌　　　光 빛 광　　　陰 그늘 음	
	매우 짧은 동안의 시간	

182

村 마을 촌

★

鄕村	鄕 고향 향　　　村 마을 촌
	시골의 마을
僻村	僻 후미질 벽　　　村 마을 촌
	외따로 떨어져 있는 궁벽한 마을
村落	村 마을 촌　　　落 떨어질 락
	1, 주로 시골에서, 여러 집이 모여 사는 곳　2. 시골의 작은 마을

183

守 지킬 수

★★

守護	守 지킬 수　　　護 보호할 호
	지키고 보호함.
守備	守 지킬 수　　　備 갖출 비
	외부의 침략이나 공격을 막아 지킴.
墨守	墨 먹 묵　　　守 지킬 수
	제 의견이나 생각, 또는 옛날 습관 따위를 굳게 지킴을 이르는 말. ※ 중국 춘추 시대 송나라의 묵자(墨子)가 성을 잘 지켜 초나라의 공격을 아홉 번이나 물리쳤다는 데서 유래 　한다. = 묵적지수(墨翟之守)

184 付 줄 부 ★★

付託	付 줄 부	託 부탁할 탁
	어떤 일을 해 달라고 청하거나 맡김. 또는 그 일거리	
當付	當 마땅할 당	付 줄 부
	말로 단단히 부탁함. 또는 그런 부탁	
交付	交 사귈 교	付(附) 줄 부
	내어 줌.	

185 附 붙을 부 ★★★

附與	附 붙을 부	與 더불 여
	사람에게 권리·명예·임무 따위를 지니도록 해 주거나, 사물이나 일에 가치·의의 따위를 붙여 줌.	
附加	附 붙을 부	加 더할 가
	주된 것에 덧붙임.	
寄附	寄 부칠 기	附 붙을 부
	자선 사업이나 공공사업을 돕기 위하여 돈이나 물건 따위를 대가 없이 내놓음.	

186 符 부신 부 ★★

符節	符 부신 부	節 마디 절
	예전에, 돌이나 대나무·옥 따위로 만들어 신표로 삼던 물건. 주로 사신들이 가지고 다녔으며 둘로 갈라서 하나는 조정에 보관하고 하나는 본인이 가지고 다니면서 신분의 증거로 사용하였다.	
符合	符 부신 부	合 합할 합
	1. 대(對)가 되는 물건을 서로 맞출 수 있게 만든 표 2. 부신(符信)이 꼭 들어맞듯 사물이나 현상이 서로 꼭 들어맞음.	
符號	符 부신 부	號 부를 호
	일정한 뜻을 나타내기 위하여 따로 정하여 쓰는 기호	

187 府 관청 부 ★★

政府	政 정사 정	府 관청 부	
	입법, 사법, 행정의 삼권을 포함하는 통치 기구를 통틀어 이르는 말		
司法府	司 맡을 사	法 법 법	府 관청 부
	대법원 및 대법원이 관할하는 모든 기관을 통틀어 이르는 말		
椿府丈	椿(春) 참죽나무 춘	府 관청 부	丈 어른 장
	남의 아버지를 높여 이르는 말		

188

腐
썩을 부
★★★

□□□

腐敗	腐 썩을 부　　　　敗 패할 패 1. 정치, 사상, 의식 따위가 타락함. 2. 단백질이나 지방 따위의 유기물이 미생물의 작용에 의하여 분해되는 과정. 또는 그런 현상
陳腐	陳 베풀 진　　　　腐 썩을 부 사상, 표현, 행동 따위가 낡아서 새롭지 못함.
腐蝕	腐 썩을 부　　　　蝕 좀먹을 식 1. 썩어서 문드러짐. 2. 금속이 산화 따위의 화학 작용에 의하여 금속 화합물로 변화되는 일. 또는 그런 현상

189

討
칠 토
★★

□□□

討論	討 칠 토　　　　論 논할 론 어떤 문제에 대하여 여러 사람이 각각 의견을 말하며 논의함.
討議	討 칠 토　　　　議 의논할 의 어떤 문제에 대하여 검토하고 협의함.
檢討	檢 검사할 검　　　　討 칠 토 어떤 사실이나 내용을 분석하여 따짐.

190

對
대할 대
★★

□□□

對話	對 대할 대　　　　話 이야기 화 마주 대하여 이야기를 주고받음. 또는 그 이야기
對處	對 대할 대　　　　處 곳 처 어떤 정세나 사건에 대하여 알맞은 조치를 취함.
反對	反 돌이킬 반　　　　對 대할 대 1. 두 사물이 모양, 위치, 방향, 순서 따위에서 등지거나 서로 맞섬. 또는 그런 상태 2. 어떤 행동이나 견해, 제안 따위에 따르지 아니하고 맞서 거스름.

191

射
쏠 사
★★

□□□

反射	反 돌이킬 반　　　　射 쏠 사 일정한 방향으로 나아가던 파동이 다른 물체의 표면에 부딪쳐서 나아가던 방향을 반대로 바꾸는 현상
射擊	射 쏠 사　　　　擊 칠 격 총, 대포, 활 따위를 쏨.
放射能	放 놓을 방　　　　射 쏠 사　　　　能 능할 능 라듐, 우라늄, 토륨 따위 원소의 원자핵이 붕괴하면서 방사선을 방출하는 일. 또는 그런 성질

謝
사례할 사
★★

謝過	謝 사례할 사 過 지날 과
	자기의 잘못을 인정하고 용서를 빎.
謝禮	謝 사례할 사 禮 예도 례
	언행이나 선물 따위로 상대에게 고마운 뜻을 나타냄.
感謝	感 느낄 감 謝 사례할 사
	1. 고마움을 나타내는 인사 2. 고맙게 여김. 또는 그런 마음.

車
수레 차/거
★

車輛	車 수레 차 輛 수레 량
	1. 도로나 선로 위를 달리는 모든 차를 통틀어 이르는 말 2. 열차의 한 칸
自動車	自 스스로 자 動 움직일 동 車 수레 차
	원동기를 장치하여 그 동력으로 바퀴를 굴려서 철길이나 가설된 선에 의지 아니 하고 땅 위를 움직이도록 만든 차
自轉車	自 스스로 자 轉 구를 전 車 수레 거
	사람이 타고 앉아 두 다리의 힘으로 바퀴를 돌려서 가게 된 탈것

軍
군사 군
★

陸軍	陸 뭍 육(륙) 軍 군사 군
	주로 땅 위에서 공격과 방어의 임무를 수행하는 군대
軍隊	軍 군사 군 隊 무리 대
	일정한 규율과 질서를 가지고 조직된 군인의 집단
將軍	將 장수 장 軍 군사 군
	군의 우두머리로 군을 지휘하고 통솔하는 무관

連
이을 련
★★

連結	連 이을 연(련) 結 맺을 결
	사물과 사물을 서로 잇거나 현상과 현상이 관계를 맺게 함.
連帶	連 이을 연(련) 帶 띠 대
	1. 여럿이 함께 무슨 일을 하거나 함께 책임을 짐. 2. 한 덩어리로 서로 연결되어 있음.
連累	連 이을 연(련) 累 묶을 루
	남이 저지른 범죄에 연관됨.

<table>
<tr>
<td rowspan="3">196
運
돌 운
★★</td>
<td>運動</td>
<td>運 돌 운　　　動 움직일 동
1. 사람이 몸을 단련하거나 건강을 위하여 몸을 움직이는 일
2. 어떤 목적을 이루려고 힘쓰는 일. 또는 그런 활동
3. 일정한 규칙과 방법에 따라 신체의 기량이나 기술을 겨루는 일. 또는 그런 활동
4. 물체가 시간의 경과에 따라 그 공간적 위치를 바꾸는 일</td>
</tr>
<tr>
<td>運轉</td>
<td>運 돌 운　　　轉 구를 전
기계나 자동차 따위를 움직여 부림.</td>
</tr>
<tr>
<td>幸運</td>
<td>幸 다행 행　　　運 돌 운
좋은 운수. 또는 행복한 운수</td>
</tr>
</table>

<table>
<tr>
<td rowspan="3">197
專
오로지 전
★</td>
<td>專門</td>
<td>專 오로지 전　　　門 문 문
어떤 분야에 상당한 지식과 경험을 가지고 오직 그 분야만 연구하거나 맡음. 또는 그 분야</td>
</tr>
<tr>
<td>專攻</td>
<td>專 오로지 전　　　攻 칠 공
1. 어느 한 분야를 전문적으로 연구함. 또는 그 분야
2. 전문적으로 연구하는 과목</td>
</tr>
<tr>
<td>專擔</td>
<td>專 오로지 전　　　擔 멜 담
전문적으로 맡거나 혼자서 담당함.</td>
</tr>
</table>

<table>
<tr>
<td rowspan="3">198
傳
전할 전
★★</td>
<td>傳統</td>
<td>傳 전할 전　　　統 거느릴 통
어떤 집단이나 공동체에서, 지난 시대에 이미 이루어져 계통을 이루며 전하여 내려오는 사상·관습·행동 따위의 양식</td>
</tr>
<tr>
<td>傳染</td>
<td>傳 전할 전　　　染 물들 염
1. 병이 남에게 옮음.
2. 다른 사람의 습관, 분위기, 기분 따위에 영향을 받아 물이 듦.</td>
</tr>
<tr>
<td>傳貰房</td>
<td>傳 전할 전　　　貰 세낼 세　　　房 방 방
전세를 받고 빌려주는 방. 또는 전세를 주고 빌려 쓰는 방</td>
</tr>
</table>

<table>
<tr>
<td rowspan="3">199
轉
구를 전
★★</td>
<td>轉換</td>
<td>轉 구를 전　　　換 바꿀 환
다른 방향이나 상태로 바뀌거나 바꿈.</td>
</tr>
<tr>
<td>轉移</td>
<td>轉 구를 전　　　移 옮길 이
1. 자리나 위치 따위를 다른 곳으로 옮김.
2. 사물이 시간이 지남에 따라 변하고 바뀜.</td>
</tr>
<tr>
<td>逆轉</td>
<td>逆 거스를 역　　　轉 구를 전
형세가 뒤집힘. 또는 형세를 뒤집음.</td>
</tr>
</table>

□ □ □

200	 團 둥글 단 ★	集團	集 모일 집　　　團 둥글 단
			여럿이 모여 이룬 모임
		團束	團 둥글 단　　　束 묶을 속
			1. 주의를 기울여 다잡거나 보살핌.
			2. 규칙이나 법령, 명령 따위를 지키도록 통제함.
		團欒	團 둥글 단　　　欒 둥글 란
			1. 한 가족의 생활이 원만하고 즐거움.
			2. 여럿이 함께 즐겁고 화목함.

□ □ □

201	 寺 절 사 ★	寺刹	寺 절 사　　　刹 절 찰
			승려가 불상을 모시고 불도(佛道)를 닦으며 교법을 펴는 집 = 절
		寺院	寺 절 사　　　院 집 원
			1. 종교의 교당을 통틀어 이르는 말
			2. 승려가 불상을 모시고 불도(佛道)를 닦으며 교법을 펴는 집 = 절
		佛國寺	佛 부처 불　　　國 나라 국　　　寺 절 사
			경상북도 경주시 진현동의 토함산 기슭에 있는 절.
			석굴암과 더불어 1995년에 유네스코 세계 문화유산으로 지정되었다.

□ □ □

202	 時 때 시 ★	時刻	時 때 시　　　刻 새길 각
			1. 시간의 어느 한 시점　2. 짧은 시간
		時代	時 때 시　　　代 대신할 대
			1. 역사적으로 어떤 표준에 의하여 구분한 일정한 기간
			2. 지금 있는 그 시기. 또는 문제가 되고 있는 그 시기
		時調	時 때 시　　　調 고를 조
			고려 말기부터 발달하여 온 우리나라 고유의 정형시. 초장, 중장, 종장의 3장 6구
			4음보의 기본 형태를 가진 평시조와 파격의 엇시조, 사설시조로 나뉜다.

□ □ □

203	 詩 시 시 ★	詩人	詩 시 시　　　人 사람 인
			시를 전문적으로 짓는 사람
		詩歌	詩 시 시　　　歌 노래 가
			가사(歌辭)를 포함한 시 문학을 통틀어 이르는 말
		詩集	詩 시 시　　　集 모을 집
			여러 편의 시를 모아서 엮은 책

204 待 기다릴 대 ★★★	期待/企待	期/企 기약할 기/꾀할 기　　　　　　待 기다릴 대
		어떤 일이 원하는 대로 이루어지기를 바라면서 기다림.
	招待	招 부를 초　　　待 기다릴 대
		1. 어떤 모임에 참가해 줄 것을 청함.
		2. 사람을 불러 대접함.
	待遇	待 기다릴 대　　　遇 만날 우
		1. 어떤 사회적 관계나 태도로 대하는 일
		2. 직장에서의 지위나 급료 따위의 근로 조건
		3. 예의를 갖추어 대하는 일

205 持 가질 지 ★★★	支持	支 지탱할 지　　　持 가질 지
		1. 어떤 사람이나 단체 따위의 주의 · 정책 · 의견 따위에 찬동하여 이를 위하여 힘을 씀. 또는 그 원조
		2. 무거운 물건을 받치거나 버팀.
	所持	所 바 소　　　持 가질 지
		물건을 지니고 있는 일. 또는 그런 물건
	持參	持 가질 지　　　參 참여할 참
		무엇을 가지고서 모임 따위에 참여함.

206 特 특별할 특 ★★	特別	特 특별할 특　　　別 다를 별
		보통과 구별되게 다름.
	特徵	特 특별할 특　　　徵 부를 징
		다른 것에 비하여 특별히 눈에 뜨이는 점
	特殊	特 특별할 특　　　殊 다를 수
		특별히 다름.

207 等 무리 등 ★★	平等	平 평평할 평　　　等 무리 등
		권리, 의무, 자격 등이 차별 없이 고르고 한결같음.
	優等	優 넉넉할 우　　　等 무리 등
		1. 우수한 등급　2. 성적 따위가 우수한 것. 또는 그런 성적
	等級	等 무리 등　　　級 등급 급
		1. 높고 낮음이나 좋고 나쁨 따위의 차이를 여러 층으로 구분한 단계
		2. 여러 층으로 구분한 단계를 세는 단위

208 得 얻을 득 ★★

□□□

利得	利 이로울 이(리)　　　得 얻을 득
	이익을 얻음. 또는 그 이익
所得	所 바 소　　　　　　　得 얻을 득
	일한 결과로 얻은 정신적 · 물질적 이익
取得	取 취할 취　　　　　　得 얻을 득
	자기 것으로 만들어 가짐.

209 碍 거리낄 애 ★★

□□□

障碍	障 막을 장　　　　　　碍(礙) 거리낄 애
	1. 어떤 사물의 진행을 가로막아 거치적거리게 하거나 충분한 기능을 하지 못하게 함. 또는 그런 일
	2. 신체 기관이 본래의 제 기능을 하지 못하거나 정신 능력이 원활하지 못한 상태
拘碍	拘 잡을 구　　　　　　碍(礙) 거리낄 애
	거리끼거나 얽매임.
妨碍	妨 방해할 방　　　　　　碍(礙) 거리낄 애
	막거나 헤살을 놓아 순조로이 진행되지 못하게 함.

210 壽 목숨 수 ★★

□□□

壽命	壽 목숨 수　　　　　　命 목숨 명
	1. 생물이 살아 있는 연한
	2. 사물 따위가 사용에 견디는 기간
米壽	米 쌀 미　　　　　　　壽 목숨 수
	여든여덟 살을 달리 이르는 말
白壽	白 흰 백　　　　　　　壽 목숨 수
	아흔아홉 살. '百'에서 '一'을 빼면 99가 되고 '白' 자가 되는 데서 유래한다.

001 寸鐵殺人
촌철살인

□□□

| 마디 촌 | 쇠 철 | 죽일 살 | 사람 인 |

한 치의 쇠붙이로도 사람을 죽일 수 있다는 뜻으로, 간단한 말로도 남을 감동하게 하거나 남의 약점을 찌를 수 있음을 이르는 말

002 守株待兔
수주대토

□□□

| 지킬 수 | 그루 주 | 기다릴 대 | 토끼 토 |

한 가지 일에만 얽매여 발전을 모르는 어리석은 사람을 비유적으로 이르는 말

※ 중국 송나라의 한 농부가 우연히 나무 그루터기에 토끼가 부딪쳐 죽은 것을 잡은 후, 또 그와 같이 토끼를 잡을까 하여 일도 하지 않고 그루터기만 지키고 있었다는 데서 유래한다.

003 牽强附會
견강부회

□□□

| 끌 견 | 강할 강 | 붙을 부 | 모일 회 |

이치에 맞지 않는 말을 억지로 끌어 붙여 자기에게 유리하게 함.

004 名實相符
명실상부

□□□

| 이름 명 | 열매 실 | 서로 상 | 부신 부 |

이름과 실상이 서로 꼭 맞음.

005 切齒腐心
절치부심

□□□

| 끊을 절 | 이 치 | 썩을 부 | 마음 심 |

몹시 분하여 이를 갈며 속을 썩임.

006 換腐作新
환부작신

□□□

| 바꿀 환 | 썩을 부 | 지을 작 | 새 신 |

썩은 것을 싱싱한 것으로 바꿈.

007 □□□

射石爲虎
사석위호

쏠 사	돌 석	할 위	범 호

돌을 호랑이로 알고 쏘았더니 돌에 화살이 꽂혔다는 뜻으로, 어떤 일이든 최선을 다하면 이룰 수 있음을 이르는 말

008 □□□

射魚指天
사어지천

쏠 사	물고기 어	기리킬 지	하늘 천

고기를 잡으려고 하늘을 향해 쏜다는 뜻으로, 고기는 물에서 구해야 하는데 하늘에서 구함, 곧 불가능한 일을 하려 함을 이르는 말

009 □□□

車載斗量
거재두량

수레 거	실을 재	말 두	헤아릴 량

수레에 싣고 말로 된다는 뜻으로, 물건이나 인재 따위가 많아서 그다지 귀하지 않음을 이르는 말

010 □□□

前車可鑑
전거가감

앞 전	수레 거	옳을 가	거울 감

앞수레가 엎어진 것을 보고 뒷수레가 경계하여 넘어지지 않도록 한다는 말로, 전인의 실패를 보고 후인은 이를 경계로 삼아야 한다는 말

011 □□□

前車覆轍
전거복철

앞 전	수레 거	엎을 복	바큇자국 철

앞에 간 수레가 뒤집힌 바퀴 자국이라는 뜻으로, 앞의 실패를 본보기 삼아 주의함을 이르는 말

012 □□□

覆車之戒
복거지계

엎을 복	수레 거	갈 지	경계할 계

앞의 수레가 엎어지는 것을 보고 뒤의 수레는 미리 경계하여 엎어지지 않도록 한다는 뜻으로, 남의 실패를 거울삼아 자기를 경계함을 이르는 말

013 □□□

螳螂拒轍
당랑거철

사마귀 당	사마귀 랑	막을 거	바큇자국 철

제 역량을 생각하지 않고, 강한 상대나 되지 않을 일에 덤벼드는 무모한 행동거지를 비유적으로 이르는 말

※ 중국 제나라 장공(莊公)이 사냥을 나가는데 사마귀가 앞발을 들고 수레바퀴를 멈추려 했다는 데서 유래한다.

014 □□□

獨不將軍
독불장군

홀로 독	아닐 불	장수 장	군사 군

1. 무슨 일이든 자기 생각대로 혼자서 처리하는 사람
2. 다른 사람에게 따돌림을 받는 외로운 사람
3. 혼자서는 장군이 될 수 없다는 뜻으로, 남과 의논하고 협조하여야 함을 이르는 말

015 ☐☐☐

孤軍奮鬪
고군분투

외로울 고	군사 군	떨칠 분	싸움 투

1. 따로 떨어져 도움을 받지 못하게 된 군사가 많은 수의 적군과 용감하게 잘 싸움.
2. 남의 도움을 받지 아니하고 힘에 벅찬 일을 잘해 나가는 것을 비유적으로 이르는 말

016 ☐☐☐

以心傳心
이심전심

써 이	마음 심	전할 전	마음 심

마음과 마음으로 서로 뜻이 통함.

017 ☐☐☐

敎外別傳
교외별전

가르칠 교	바깥 외	다를 별	전할 전

선종에서, 부처의 가르침을 말이나 글에 의하지 않고 바로 마음에서 마음으로 전하여 진리를 깨닫게 하는 법

018 ☐☐☐

不立文字
불립문자

아닐 불	설 립	글월 문	글자 자

불도의 깨달음은 마음에서 마음으로 전하는 것이므로 말이나 글에 의지하지 않는다는 말

019 ☐☐☐

心心相印
심심상인

마음 심	마음 심	서로 상	도장 인

말없이 마음과 마음으로 뜻을 전함.

020 ☐☐☐

拈華微笑
염화미소

집을 염(념)	빛날 화	작을 미	웃을 소

말로 통하지 아니하고 마음에서 마음으로 전하는 일. = 염화시중(拈華示衆)
※ 석가모니가 영산회(靈山會)에서 연꽃 한 송이를 대중에게 보이자 마하가섭만이 그 뜻을 깨닫고 미소 지으므로 그에게 불교의 진리를 주었다고 하는 데서 유래한다.

021 ☐☐☐

名不虛傳
명불허전

이름 명	아닐 불	빌 허	전할 전

명성이나 명예가 헛되이 퍼진 것이 아니라는 뜻으로, 이름날 만한 까닭이 있음을 이르는 말

022 ☐☐☐

轉禍爲福
전화위복

구를 전	재앙 화	할 위	복 복

재앙과 근심, 걱정이 바뀌어 오히려 복이 됨.

023

心機一轉
심기일전

마음 심	틀 기	하나 일	구를 전

어떤 동기가 있어 이제까지 가졌던 마음가짐을 버리고 완전히 달라짐.

024

時機尚早
시기상조

때 시	틀 기	오히려 상	일찍 조

어떤 일을 하기에 아직 때가 이름.

025

晩時之歎
만시지탄

늦을 만	때 시	갈 지	탄식할 탄

시기에 늦어 기회를 놓쳤음을 안타까워하는 탄식

026

鶴首苦待
학수고대

학 학	머리 수	쓸 고	기다릴 대

학의 목처럼 목을 길게 빼고 간절히 기다림.

027

一擧兩得
일거양득

하나 일	들 거	두 양(량)	얻을 득

한 가지 일을 하여 두 가지 이익을 얻음.

028

自業自得
자업자득

스스로 자	일 업	스스로 자	얻을 득

자기가 저지른 일의 결과를 자기가 받음.

029

壽福康寧
수복강녕

목숨 수	복 복	편안할 강	편안할 녕

오래 살고 복을 누리며 건강하고 평안함.

030

萬壽無疆
만수무강

일만 만	목숨 수	없을 무	지경 강

아무런 탈 없이 아주 오래 삶.

07강 한자어

001 保守
보수
지킬 보　　지킬 수

1. 보전하여 지킴.
2. 새로운 것이나 변화를 적극적으로 받아들이기보다는 전통적인 것을 옹호하며 유지하려 함.
  • 이 신문의 논조는 매우 保守적이다.

002 報酬
보수
갚을 보　　갚을 수

1. 고맙게 해 준 데 대하여 보답을 함. 또는 그 보답
2. 일한 대가로 주는 돈이나 물품
  • 사원들은 성과에 따라 매달 다른 報酬를 받고 있다.

003 補修
보수
기울 보　　닦을 수

건물이나 시설 따위의 낡거나 부서진 것을 손보아 고침.
  • 홍수로 무너진 댐을 補修하였다.

004 對峙
대치
대할 대　　우뚝 솟을 치

서로 맞서서 버팀.
  • 바리케이드를 사이에 두고 양 진영이 對峙하고 있다.

005 對置
대치
대할 대　　둘 치

마주 놓음.

006 代置
대치
대신할 대　　둘 치

다른 것으로 바꾸어 놓음.
  • 사장은 부족한 노동력을 기계로 代置하였다.

007 感謝
감사
느낄 감　　사례할 사

1. 고마움을 나타내는 인사.
2. 고맙게 여김. 또는 그런 마음
  • 感謝의 뜻을 표하다.

008 監査
감사
볼 감　　조사할 사

감독하고 검사함.
  • 감사관은 회계 장부를 監査하고 있다.

009 監事
감사
볼 감　　일 사

단체의 서무를 맡아보는 직책. 또는 그 직책에 있는 사람
  • 그녀는 2년 전부터 우리 회사의 監事로 근무하고 있다.

010 鑑査
감사
거울 감　　조사할 사

주로 예술 작품의 우열이나 옳고 그름 따위를 감별하여 조사함.
  • 이 작품은 鑑査 결과 모조품임이 드러났다.

011 運命 □□□
돌 운   목숨 명
운명
인간을 포함한 모든 것을 지배하는 초
인간적인 힘. 또는 그것에 의하여 이미
정하여져 있는 목숨이나 처지
• 사람이 늙어서 죽는 것은 피할 수 없
  는 運命이다.

012 殞命 □□□
죽을 운   목숨 명
운명
사람의 목숨이 끊어짐.
• 할아버지께서는 80세를 일기로 殞命
  하셨습니다.

013 專用 □□□
오로지 전   쓸 용
전용
1. 남과 공동으로 쓰지 아니하고 혼자
   서만 씀.
2. 특정한 부류의 사람만이 씀.
3. 특정한 목적으로 일정한 부문에만
   한하여 씀.
   • 버스 專用 차선

014 轉用 □□□
구를 전   쓸 용
전용
예정되어 있는 곳에 쓰지 아니하고 다
른 데로 돌려서 씀.
• 공공 예산을 사적인 운영비로 轉用하다.

015 專貰 □□□
오로지 전   세낼 세
전세
계약에 의하여 일정 기간 동안 그 사람
에게만 빌려주어 다른 사람의 사용을
금하는 일
• 외교 사절단은 오늘 아침 專貰 비행
  기 편으로 출발했다.

016 傳貰 □□□
전할 전   세낼 세
전세
부동산의 소유자에게 일정한 금액을
맡기고 그 부동산을 일정 기간 동안 빌
려 쓰는 일
• 살던 집을 傳貰 놓고 아파트로 이사
  갔다.

017 戰勢 □□□
싸움 전   기세 세
전세
전쟁, 경기 따위의 형세나 형편
• 戰勢가 역전되다.

018 維持 □□□
벼리 유   가질 지
유지
어떤 상태나 상황을 그대로 보존하거
나 변함없이 계속하여 지탱함.
• 현재 상태를 維持하다.

019 有志 □□□
있을 유   뜻 지
유지
마을이나 지역에서 명망 있고 영향력
을 가진 사람
• 그 어른은 이곳에서 가장 영향력이
  큰 有志이다.

020 遺志 □□□
남길 유   뜻 지
유지
죽은 사람이 살아서 이루지 못하고 남
긴 뜻
• 고인의 遺志를 따르다.

💬 다음 한자의 뜻과 음을 쓰시오.

01 付 : (   )   02 特 : (   )

03 村 : (   )   04 持 : (   )

05 討 : (   )   06 待 : (   )

07 射 : (   )   08 得 : (   )

💬 다음 한자성어의 독음을 쓰고, 적절한 뜻을 바르게 연결하시오.

09 切齒腐心 ·
( )

· ⓐ 한 치의 쇠붙이로도 사람을 죽일 수 있다는 뜻으로, 간단한 말로 도 남을 감동하게 하거나 남의 약점을 찌를 수 있음을 이르는 말

10 牽強附會 ·
( )

· ⓑ 자기가 저지른 일의 결과를 자기가 받음.

11 名不虛傳 ·
( )

· ⓒ 이치에 맞지 않는 말을 억지로 끌어 붙여 자기에게 유리하게 함.

12 寸鐵殺人 ·
( )

· ⓓ 몹시 분하여 이를 갈며 속을 썩임.

13 螳螂拒轍 ·
( )

· ⓔ 썩은 것을 싱싱한 것으로 바꿈.

14 自業自得 ·
( )

· ⓕ 한 가지 일을 하여 두 가지 이익을 얻음.

15 一擧兩得 ·
( )

· ⓖ 명성이나 명예가 헛되이 퍼진 것이 아니라는 뜻으로, 이름날 만한 까닭이 있음을 이르는 말

16 換腐作新 ·
( )

· ⓗ 제 역량을 생각하지 않고, 강한 상대나 되지 않을 일에 덤벼드 는 무모한 행동거지를 비유적으로 이르는 말

💬 〈보기〉의 설명을 참고하여 빈칸에 들어갈 한자를 쓰시오.

[가로]

가. 앞수레가 엎어진 것을 보고 뒷수레가 경계하여 넘어지지 않도록 한다는 말로, 전인의 실패를 보고 후인은 이를 경계로 삼아야 한다는 말

나. 새로운 것이나 변화를 적극적으로 받아들이기보다는 전통적인 것을 옹호하며 유지하려 함.

다. 학의 목처럼 목을 길게 빼고 간절히 기다림.

라. 어떤 동기가 있어 이제까지 가졌던 마음가짐을 버리고 완전히 달라짐.

마. 돌을 호랑이로 알고 쏘았더니 돌에 화살이 꽂혔다는 뜻으로, 어떤 일이든 최선을 다하면 이룰 수 있음을 이르는 말

바. 말없이 마음과 마음으로 도장을 찍듯이 뜻을 전함.

[세로]

A. 수레에 싣고 말로 된다는 뜻으로, 물건이나 인재 따위가 많아서 그다지 귀하지 않음을 이르는 말

B. 주로 예술 작품의 우열이나 옳고 그름 따위를 감별하여 조사함.

C. 한 가지 일에만 얽매여 발전을 모르는 어리석은 사람을 비유적으로 이르는 말

D. 마음과 마음으로 서로 뜻이 통함.

E. 재앙과 근심, 걱정이 바뀌어 오히려 복이 됨.

정답

01. 줄 **부**
02. 특별할 **특**
03. 마을 **촌**
04. 가질 **지**
05. 칠 **토**
06. 기다릴 **대**
07. 쏠 **사**
08. 얻을 **득**

09. 절치부심 – ⓓ
10. 견강부회 – ⓒ
11. 명불허전 – ⓖ
12. 촌철살인 – ⓐ
13. 당랑거철 – ⓗ
14. 자업자득 – ⓑ
15. 일거양득 – ⓕ
16. 환부작신 – ⓔ

01 ㉠~㉣의 한자 표기가 모두 옳은 것은? 2019 지방직 7급

> 태어날 때 자기의 얼굴을 선택할 수 있는 사람은 없다. 얼굴은 부모님한테서 선물로 받은 것이기 때문이다. 얼굴은 재주나 체질과 마찬가지로 ㉠운명적으로 결정된 것이다. 누구나 맑고 아름다운 얼굴을 갖기를 원한다. 다른 사람에게 호감을 주지 못하는 얼굴을 바라는 사람은 아마 없을 것이다. 톨스토이의 ㉡자서전적 작품을 읽어 보면, 젊었을 때 자기의 코가 넓적하고 보기 흉한 것을 무척 비관해서 ㉢염세적이 되었다는 이야기가 나온다. 얼굴의 근본 바탕은 세상에 태어날 때 운명적으로 결정되지만, ㉣성실한 노력에 따라서는 내면을 드러내는 인상이 바뀔 수 있다.

	㉠	㉡	㉢	㉣
①	殞命	自書傳	厭世的	成實
②	運命	自書傳	鹽稅的	成實
③	殞命	自敍傳	鹽稅的	誠實
④	運命	自敍傳	厭世的	誠實

02 서로 의미가 유사한 속담과 한자 성어를 짝지은 것이다. 관련이 없는 것끼리 묶은 것은? 2019 서울시 9급(6월)

① 원님 덕에 나팔 분다. – 狐假虎威
② 소 잃고 외양간 고친다. – 晩時之歎
③ 언 발에 오줌 누기 – 雪上加霜
④ 낫 놓고 기역자도 모른다. – 目不識丁

03 ㉠~㉣의 밑줄 친 단어를 한자로 바르게 표기한 것은? 2019 경찰 1차

> 우리 사회에서는 전통적으로 물건의 낭비를 죄악으로 여겼다. 그리고 이러한 인식은 결국 부(富)도 죄악이라는 생각으로 이어졌다. 낭비는 여분의 재물이 있어야 가능한데, 여분의 재물이란 곧 잉여의 부이기 때문이다. 그래서 한국 사회는 부를 부정적인 것으로 생각해 왔다.
> 정약용은 《목민심서》에서 "의복의 사치는 뭇 사람들이 꺼리는 바이고 귀신도 미워하는 것이자 복을 깎아내리는 것이다."라고 말한 후 "여자가 방물장수를 널리 불러들여 진귀한 비단, 가는 모시 베, 고운 삼베, 용을 아로새긴 비녀, 나비 모양의 노리개 등을 사들여 치장하면 식자(識者)들은 벌써 그 남편이 바르지 못함을 알 것이다."라고 했다. 그러므로 공직자의 부인은 무릇 "나무 비녀에 베치마를 입어서 성장(盛裝)한 다른 부인들을 부끄럽게 만들어야 한다."라고 말했다.

여기서 부는 ㉠부패와 그대로 ㉡직결되는 것으로 여겨진다. 현대 사회에서도 ㉢사치와 낭비를 죄악으로 여기고 합리적인 지출과 검소를 중시하는 금욕적 도덕주의가 완강하게 자리 잡고 있다. 간간이 언론에서 ㉣낭비를 마치 큰 범죄나 되는 듯이 비판하는 것을 보면, 소비에 대한 경직된 사고가 우리의 의식 속에 여전히 남아 있는 것을 알 수 있다.

그러나 실제로 이 세상에서 낭비가 사라지는 것을 바라는 것은 환상이다. 낭비는 생존하는 데 필요한 최소한의 양을 넘어선 모든 생산과 소비를 가리킨다. 그러므로 모든 사치품, 모든 유행, 모든 음식 쓰레기가 낭비이며, 공장의 과잉 설비 역시 낭비이다. 그러나 우리의 삶은 꼭 필요한 생필품만으로 유지되는 것이 아니다. 우리가 먹고사는 데 꼭 필요한 물품 이외에 더 이상을 생산하지 않고 소비하지도 않는다면 그것은 동물의 생존 방식이지, 인간의 생활 방식이 아니다. 그리고 그러한 삶에는 더 이상 문화라는 것도 존재하지 않을 것이다.

① ㉠ 膚敗   ② ㉡ 直決

③ ㉢ 奢移   ④ ㉣ 浪費

---

01 ㉠ '이미 정하여져 있는 목숨이나 처지'의 의미이므로 '運命(운명: 돌 운, 목숨 명)'을 써야 한다.
㉡ '작자 자신의 일생을 소재로 스스로 짓거나, 남에게 구술하여 쓰게 한 전기'의 의미인 '자서전'은 '自敍傳(자서전: 스스로 자, 펼 서, 전할 전)'으로 표기한다.
㉢ '세상을 싫어하고 모든 일을 어둡고 부정적인 것으로 보는 것'의 의미인 '염세적'은 '厭世的(염세적: 싫어할 염, 세상 세, 과녁 적)'으로 표기한다.
㉣ '정성스럽고 참됨.'의 의미인 '성실'은 '誠實(성실: 정성 성, 열매 실)'로 표기한다.

> **오답정리** ㉠ 殞命(운명: 죽을 운, 목숨 명): 사람의 목숨이 끊어짐.
㉡ 自書(자서: 스스로 자, 글 서): 자기가 직접 글씨를 씀. 또는 그 글씨
㉢ 鹽稅(염세: 소금 염, 세금 세): 예전에, 소금을 만들어 파는 사람들에게 부과하던 세금
㉣ 成實(성실: 이룰 성, 열매 실): 곡식 따위가 다 자라서 열매를 맺음.

02 '언 발에 오줌 누기'는 언 발을 녹이려고 오줌을 누어 봤자 효력이 별로 없다는 뜻으로, 임시변통은 될지 모르나 그 효력이 오래가지 못할 뿐만 아니라 결국에는 사태가 더 나빠짐을 비유적으로 이르는 말이고, '설상가상(雪上加霜: 눈 설, 위 상, 더할 가, 서리 상)'은 눈 위에 서리가 덮인다는 뜻으로, 난처한 일이나 불행한 일이 잇따라 일어남을 이르는 말이다. 따라서 두 말은 의미가 유사하지 않다. '언 발에 오줌 누기'는 한자 성어 '동족방뇨(凍足放尿: 얼 동, 발 족, 놓을 방, 오줌 뇨)'와 의미가 통하고, '설상가상(雪上加霜)'은 속담 '엎친 데 덮치다'와 의미가 통한다.

> **오답정리** ① '원님 덕에 나팔 분다'와 '호가호위(狐假虎威: 여우 호, 거짓 가, 범 호, 위엄 위)'는 모두 남의 위세 덕에 자기까지 덩달아 호강하게 됨을 비유적으로 이르는 말이다.
② '소 잃고 외양간 고친다'와 '만시지탄(晚時之歎: 늦을 만, 때 시, 갈 지, 탄식할 탄)'은 모두 때 늦어 한탄함을 이르는 말이다.
④ '낫 놓고 기역자도 모른다'와 '목불식정(目不識丁: 눈 목, 아닐 불, 알 식, 고무래 정)'은 모두 몹시 무식한 사람을 이르는 말이다.

03 ④ '헛되이 헤프게 씀.'의 의미인 '浪費(물결 낭(랑), 쓸 비)'의 표기는 바르다.

> **오답정리** ① '부패'는 '타락'이라는 의미로 쓰였기 때문에 '腐敗(썩을 부, 패할 패)'로 표기해야 한다.
※ 膚(살갗 부)
② '직결'은 '직접 연결됨.'이라는 의미로 쓰였기 때문에 '直結(곧을 직, 맺을 결)'로 표기해야 한다.
※ 決(결정할 결)
③ '사치'는 '분수에 지나친 생활을 함'이라는 의미로 쓰였기 때문에 '奢侈(사치할 사, 사치할 치)'로 표기해야 한다.
※ 移(옮길 이)

정답 01 ④   02 ③   03 ④

04 다음 고사와 관련된 한자 성어로 적절하지 않은 것은?

> 환공이 당상에 앉아 글을 읽노라니 정하에서 수레를 짜던 늙은 목수가 톱질을 멈추고, "읽으시는 책이 무슨 책이오니까?" 물었다.
>
> 환공 대답하기를, "옛 성인의 책이라." 하니, "그럼 대감께서 읽으시는 책도 역시 옛날 어른들의 찌꺼기올시다그려." 한다. 공인의 말투로 너무 무엄하여 환공이 노기를 띠고, "그게 무슨 말인가? 성인의 책을 찌꺼기라 하니 찌꺼기 된 연유를 들어야지, 그렇지 못하면 살려 두지 않으리라." 하였다. 늙은 목수 자약하여 아래와 같이 아뢰었다 한다.
>
> "저는 목수라 치목하는 예를 들어 아뢰오리다. 톱질을 해보더라도 느리게 당기면 엇먹고 급하게 당기면 톱이 박혀 내려가질 않습니다. 그래 너무 느리지도, 너무 급하지도 않게 당기는 데 묘리가 있습니다만, 그건 손이 익고 마음에 통해서 저만 알고 그렇게 할 뿐이지 말로 형용해 남에게 그대로 시킬 수는 없습니다. 아마 옛적 어른들께서도 정말 전해 주고 싶은 것은 모두 이러해서 품은 채 죽은 줄 아옵니다. 그렇다면 지금 대감께서 읽으시는 책도 옛사람의 찌꺼기쯤으로 불러 과언이 아닐까 하옵니다."
>
> 환공이 물론 턱을 끄덕였으리라 믿거니와 설화나 문장이나 그것들이 한 묘(妙)의 경지의 것을 발표하는 기구로는 너무 무능한 것임을 요새 와 점점 절실하게 느끼는 바다.

① 以心傳心　　　　　　　　　② 遼東之豕

③ 不立文字　　　　　　　　　④ 敎外別傳

05 밑줄 친 한자어의 표기로 적절한 것은?

> ㉠ 본격적인 장마철을 앞두고 마을 제방의 둑을 보수했다.
> ㉡ 정부 정책에 대한 보수 세력의 강력한 반발이 있었다.
> ㉢ 그 회사는 일하는 것에 비해 보수가 적어서 직원들의 불만이 높다.

	㉠	㉡	㉢
①	補修	報酬	保守
②	補修	保守	報酬
③	報酬	保守	補修
④	保守	補修	報酬

04 제시된 글의 주제는 '마음에 통해서 저만 알고 그렇게 할 뿐이지 말로 형용해 남에게 그대로 시킬 수는 없습니다.'에 담겨 있다. 즉 '말'이나 '글'로써는 이치를 전달할 수 없다는 것이다. 그런데 ②의 '遼東之豕(요동지시: 멀 요(료), 동녘 동, 갈 지, 돼지 시)'는 남이 보기에는 대단찮은 물건을 대단히 귀한 것으로 생각하는 어리석은 태도를 말한다. 따라서 제시된 고사와는 관련이 없다.

오답정리 ① 以心傳心(이심전심: 써 이, 마음 심, 전할 전, 마음 심): 마음과 마음으로 서로 뜻이 통함.
③ 不立文字(불립문자: 아닐 불, 설 립, 글월 문, 글자 자): 불도의 깨달음은 마음에서 마음으로 전하는 것이므로 말이나 글에 의지하지 않는다는 말
④ 敎外別傳(교외별전: 가르칠 교, 바깥 외, 다를 별, 전할 전): 선종에서, 부처의 가르침을 말이나 글에 의지하지 않고 바로 마음에서 마음으로 전하여 진리를 깨닫게 하는 법

05 ㉠ '건물이나 시설을 손보아 고침.'의 의미이므로 '補修(보수: 기울 보, 닦을 수)'를 쓴다.
㉡ '새로운 것이나 변화를 적극적으로 받아들이기보다는 전통적인 것을 옹호하며 유지하려 함.'의 의미이므로 '保守(보수: 지킬 보, 지킬 수)'를 쓴다.
㉢ '일한 대가로 주는 돈이나 물품'의 의미이므로 '報酬(보수: 갚을 보, 갚을 수)'를 쓴다.

정답 04 ② 05 ②

08강

20시간 초단기 완성
한자 1600선

1회독 ___월 ___일
2회독 ___월 ___일
3회독 ___월 ___일

1 한자

211 生 날 생	212 性 성품 성	213 姓 성 성	214 星 별 성	215 靑 푸를 청	216 淸 맑을 청
217 晴 갤 청	218 請 청할 청	219 情 뜻 정	220 精 정밀할 정	221 靜 고요할 정	222 貝 조개 패
223 敗 패할 패	224 財 재물 재	225 貯 쌓을 저	226 責 맡을 책	227 債 빚 채	228 積 쌓을 적
229 績 실 낳을 적	230 買 살 매	231 賣 팔 매	232 讀 읽을 독	233 續 이을 속	234 貴 귀할 귀
235 遺 남길 유	236 遣 보낼 견	237 貫 꿸 관	238 實 열매 실	239 貿 무역할 무	240 質 바탕 질

2 한자성어

001 九死一生	002 各自圖生	003 焉敢生心	004 後生可畏	005 後生角高
006 生寄死歸	007 醉生夢死	008 草露人生	009 乾木水生	010 靑出於藍
011 靑天霹靂	012 靑山流水	013 萬古常靑	014 博而不精	015 風樹之嘆
016 積小成大	017 水滴穿石	018 晝耕夜讀	019 狗尾續貂	020 貴鵠賤鷄
021 道不拾遺	022 養虎遺患	023 遺臭萬年	024 流芳百世	025 初志一貫
026 始終一貫	027 一以貫之	028 有名無實	029 以實直告	030 水淸無大魚

3 한자어

001 感情	002 憾情	003 鑑定	004 安定	005 安靜
006 眞正	007 眞情	008 陳情	009 鎭靜	010 連敗
011 連霸	012 解讀	013 解毒	014 害毒	015 存續
016 尊屬	017 實名	018 失名	019 失命	020 失明

211

生 날 생

★

生存	生 날 생　　　　存 있을 존
	살아 있음. 또는 살아남음.
生活	生 날 생　　　　活 살 활
	1. 사람이나 동물이 일정한 환경에서 활동하며 살아감.
	2. 생계나 살림을 꾸려 나감.
	3. 조직체에서 그 구성원으로 활동함.
	4. 어떤 행위를 하며 살아감. 또는 그런 상태
學生	學 배울 학　　　　生 날 생
	1. 학예를 배우는 사람 2. 학교에 다니면서 공부하는 사람

212

性 성품 성

★★

性格	性 성품 성　　　　格 격식 격
	1. 개인이 가지고 있는 고유의 성질이나 품성
	2. 어떤 사물이나 현상의 본질이나 본성
性別	性 성품 성　　　　別 다를 별
	남녀나 암수의 구별
特性	特 특별할 특　　　　性 성품 성
	일정한 사물에만 있는 특수한 성질

213

姓 성 성

★

姓氏	姓 성 성　　　　氏 성씨 씨
	'성(姓)'을 높여 이르는 말
姓名	姓 성 성　　　　名 이름 명
	성(姓)과 이름을 아울러 이르는 말
百姓	百 일백 백　　　　姓 성 성
	나라의 근본을 이루는 일반 국민을 예스럽게 이르는 말

星 별 성
★★

行星	行 다닐 행　　　星 별 성
	중심 별의 강한 인력의 영향으로 타원 궤도를 그리며 중심 별의 주위를 도는 천체
衛星	衛 지킬 위　　　星 별 성
	행성의 인력에 의하여 그 둘레를 도는 천체
綺羅星	綺 비단 기　　　羅 그물 라　　　星 별 성
	밤하늘에 반짝이는 무수한 별이라는 뜻으로, 신분이 높거나 권력이나 명예 따위를 가지고 있는 사람이 모여 있는 것을 비유적으로 이르는 말

215

青 푸를 청
★★

青春	青 푸를 청　　　春 봄 춘
	새싹이 파랗게 돋아나는 봄철이라는 뜻으로, 십 대 후반에서 이십 대에 걸치는 인생의 젊은 나이 또는 그런 시절을 이르는 말
青少年	青 푸를 청　　　少 적을 소　　　年 해 년
	청년과 소년을 아울러 이르는 말
青眼視	青 푸를 청　　　眼 눈 안　　　視 볼 시
	남을 달갑게 여겨 좋은 마음으로 봄. ※ 진나라 때 죽림칠현의 한 사람인 완적(阮籍)이 반갑지 않은 손님은 백안(白眼)으로 대하고, 반가운 손님은 청안(青眼)으로 대한 데서 유래한다.

216

清 맑을 청
★★

清潔	清 맑을 청　　　潔 깨끗할 결
	맑고 깨끗함.
清掃	清 맑을 청　　　掃 쓸 소
	더럽거나 어지러운 것을 쓸고 닦아서 깨끗하게 함.
清算	清 맑을 청　　　算 셈 산
	1. 서로 간에 채무·채권 관계를 셈하여 깨끗이 해결함. 2. 과거의 부정적 요소를 깨끗이 씻어 버림.

217

晴 갤 청
★

晴天	晴 갤 청　　　天 하늘 천
	맑게 갠 하늘
快晴	快 쾌할 쾌　　　晴 갤 청
	구름 한 점 없이 상쾌하도록 날씨가 맑음.
晴嵐	晴 갤 청　　　嵐 남기 람
	1. 화창한 날에 아른거리는 아지랑이 2. 화창하게 갠 날씨

218 請 청할 청 ★★

申請	**申** 거듭 신 **請** 청할 청
	단체나 기관에 어떠한 일이나 물건을 알려 청구함.
請求	**請** 청할 청 **求** 구할 구
	남에게 돈이나 물건 따위를 달라고 요구함.
請願	**請** 청할 청 **願** 원할 원
	일이 이루어지도록 청하고 원함.

219 情 뜻 정 ★★

感情	**感** 느낄 감 **情** 뜻 정
	어떤 현상이나 일에 대하여 일어나는 마음이나 느끼는 기분
事情	**事** 일 사 **情** 뜻 정
	1. 일의 형편이나 까닭 2. 어떤 일의 형편이나 까닭을 남에게 말하고 무엇을 간청함.
情報	**情** 뜻 정 **報** 알릴 보
	관찰이나 측정을 통하여 수집한 자료를 실제 문제에 도움이 될 수 있도록 정리한 지식. 또는 그 자료

220 精 정밀할 정 ★★

精神	**精** 정밀할 정 **神** 귀신 신
	1. 육체나 물질에 대립되는 영혼이나 마음 2. 사물을 느끼고 생각하며 판단하는 능력. 또는 그런 작용 3. 마음의 자세나 태도 4. 사물의 근본적인 의의나 목적 또는 이념이나 사상
精誠	**精** 정밀할 정 **誠** 정성 성
	온갖 힘을 다하려는 참되고 성실한 마음
精密	**精** 정밀할 정 **密** 빽빽할 밀
	아주 정교하고 치밀하여 빈틈이 없고 자세함.

221 靜 고요할 정 ★★★

安靜	**安** 편안할 안 **靜** 고요할 정
	1. 육체적 또는 정신적으로 편안하고 고요함. 2. 병을 치료하기 위하여 몸과 마음을 편안하고 고요하게 함.
靜肅	**靜** 고요할 정 **肅** 엄숙할 숙
	조용하고 엄숙함.
靜寂	**靜** 고요할 정 **寂** 고요할 적
	고요하여 괴괴함.

222

貝
조개 패
★

貝殼	貝 조개 패　　殼 껍질 각
	연체동물의 외투막에서 분비된 석회질이 단단하게 굳어서 된 겉껍데기
貝塚	貝 조개 패　　塚 무덤 총
	원시인이 먹고 버린 조개껍데기가 쌓여 이루어진 무더기
魚貝類	魚 물고기 어　　貝 조개 패　　類 무리 류
	어류(魚類)와 조개류를 아울러 이르는 말

223

敗
패할 패
★

勝敗	勝 이길 승　　敗 패할 패
	승리와 패배를 아울러 이르는 말
失敗	失 잃을 실　　敗 패할 패
	일을 잘못하여 뜻한 대로 되지 아니하거나 그르침.
敗北	敗 패할 패　　北 달아날 배
	1. 겨루어서 짐. 2. 싸움에 져서 달아남.

224

財
재물 재
★★

財産	財 재물 재　　産 낳을 산
	재화와 자산을 통틀어 이르는 말. 개인, 단체, 국가가 소유하는 토지, 가옥, 가구, 금전, 귀금속 따위의 금전적 가치가 있는 것을 이른다.
財務	財 재물 재　　務 힘쓸 무
	돈이나 재산에 관한 일
財貨	財 재물 재　　貨 재물 화
	사람이 바라는 바를 충족시켜 주는 모든 물건

225

貯
쌓을 저
★★

貯蓄	貯 쌓을 저　　蓄 쌓을 축
	1. 절약하여 모아 둠. 2. 소득 중에서 소비로 지출되지 않는 부분
貯藏	貯 쌓을 저　　藏 감출 장
	물건이나 재화 따위를 모아서 간수함.
貯水池	貯 쌓을 저　　水 물 수　　池 못 지
	물을 모아 두기 위하여 하천이나 골짜기를 막아 만든 큰 못

責
맡을 책
★★

責任	責 맡을 책　　　任 맡길 임
	1. 맡아서 해야 할 임무나 의무
	2. 어떤 일에 관련되어 그 결과에 대하여 지는 의무나 부담. 또는 그 결과로 받는 제재(制裁)
職責	職 벼슬 직　　　責 맡을 책
	직무상의 책임.
叱責	叱 꾸짖을 질　　　責 맡을 책
	꾸짖어 나무람.

債
빚 채
★★

負債	負 질 부　　　債 빚 채
	남에게 빚을 짐. 또는 그 빚
債務	債 빚 채　　　務 힘쓸 무
	재산권의 하나. 특정인이 다른 특정인에게 어떤 행위를 하여야 할 의무를 이른다.
債券	債 빚 채　　　券 문서 권
	1. 남에게 빌린 돈의 금액을 적는 장부
	2. 국가, 지방 자치 단체, 은행, 회사 따위가 사업에 필요한 자금을 차입하기 위하여 발행하는 유가 증권

積
쌓을 적
★★

面積	面 낯 면　　　積 쌓을 적
	면이 이차원의 공간을 차지하는 넓이의 크기
累積	累 여러 누(루)　　　積 쌓을 적
	포개어 여러 번 쌓음. 또는 포개져 여러 번 쌓임.
積極的	積 쌓을 적　　極 지극할 극　　的 과녁 적
	[명사] 대상에 대한 태도가 긍정적이고 능동적인 것
	[관형사] 대상에 대한 태도가 긍정적이고 능동적인

績
실 낳을 적
★★

成績	成 이룰 성　　　績 실 낳을 적
	1. 하여 온 일의 결과로 얻은 실적
	2. 학생들이 배운 지식, 기능, 태도 따위를 평가한 결과
實績	實 열매 실　　　績 실 낳을 적
	실제로 이룬 업적이나 공적
紡績	紡 길쌈 방　　　績 실 낳을 적
	1. 동식물의 섬유나 화학 섬유를 가공하여 실을 뽑는 일
	2. 섬유 원료로 실을 뽑아 피륙을 짜 내기까지의 모든 일

230 買 살 매 ★★

買入	買 살 매　　　　入 들 입
	물건 따위를 사들임.
購買	購 살 구　　　　買 살 매
	물건 따위를 사들임.
買收	買 살 매　　　　收 거둘 수
	1. 물건을 사들임.
	2. 금품이나 그 밖의 수단으로 남의 마음을 사서 자기편으로 만드는 일

231 賣 팔 매 ★★

賣買	賣 팔 매　　　　買 살 매
	물건을 팔고 사는 일
販賣	販 팔 판　　　　賣 팔 매
	상품 따위를 팖.
買占賣惜	買 살 매　　　占 차지할 점　　　賣 팔 매.　　　惜 아낄 석
	물건값이 오를 것을 예상하여 한꺼번에 샀다가 팔기를 꺼려 쌓아 둠.

232 讀 읽을 독 ★★

讀書	讀 읽을 독　　　　書 글 서
	책을 읽음.
讀解	讀 읽을 독　　　　解 풀 해
	글을 읽어서 뜻을 이해함.
購讀	購 살 구　　　　讀 읽을 독
	책이나 신문, 잡지 따위를 구입하여 읽음.

233 續 이을 속 ★★★

連續	連 이을 연(련)　　　續 이을 속
	끊이지 아니하고 죽 이어지거나 지속함.
繼續	繼 이을 계　　　　續 이을 속
	[명사] 1. 끊이지 않고 이어 나감.
	2. 끊어졌던 행위나 상태를 다시 이어 나감.
	[부사] 끊이지 않고 잇따라
相續	相 서로 상　　　　續 이을 속
	1. 뒤를 이음.
	2. 일정한 친족 관계가 있는 사람 사이에서, 한 사람이 사망한 후에 다른 사람에게 재산에 관한 권리와 의무의 일체를 이어 주거나, 다른 사람이 사망한 사람으로부터 그 권리와 의무의 일체를 이어받는 일

234
貴 귀할 귀
★

富貴	富 넉넉할 부　　貴 귀할 귀
	재산이 많고 지위가 높음.
稀貴	稀 드물 희　　貴 귀할 귀
	드물어서 특이하거나 매우 귀함.
貴賤	貴 귀할 귀　　賤 천할 천
	1. 부귀(富貴)와 빈천(貧賤)을 아울러 이르는 말 2. 신분이나 일 따위의 귀함과 천함.

235
遺 남길 유
★★★

遺産	遺 남길 유　　産 낳을 산
	1. 죽은 사람이 남겨 놓은 재산 2. 앞 세대가 물려준 사물 또는 문화
遺傳	遺 남길 유　　傳 전할 전
	1. 물려받아 내려옴. 또는 그렇게 전해짐. 2. 어버이의 성격, 체질, 형상 따위의 형질이 자손에게 전해짐. 또는 그런 현상
遺棄	遺 남길 유　　棄 버릴 기
	내다 버림.

236
遣 보낼 견
★

派遣	派 물갈래 파　　遣 보낼 견
	일정한 임무를 주어 사람을 보냄.
消遣	消 꺼질 소　　遣 보낼 견
	어떠한 것에 재미를 붙여 심심하지 아니하게 세월을 보냄.

237
貫 꿸 관
★

貫通	貫 꿸 관　　通 통할 통
	꿰뚫어서 통함.
貫徹	貫 꿸 관　　徹 통할 철
	어려움을 뚫고 나아가 목적을 기어이 이룸.
一貫	一 하나 일　　貫 꿸 관
	하나의 방법이나 태도로서 처음부터 끝까지 한결같음.

238 實 열매 실 ★★★		
	眞實	眞 참 진　　　實 열매 실 1. 거짓이 없는 사실 2. 마음에 거짓이 없이 순수하고 바름.
	實際	實 열매 실　　　際 사이 제 [명사] 사실의 경우나 형편 [부사] 거짓이나 상상이 아니고 현실적으로
	實踐	實 열매 실　　　踐 밟을 천 생각한 바를 실제로 행함.

239 貿 무역할 무 ★		
	貿易	貿 무역할 무　　　易 바꿀 역 1. 지방과 지방 사이에 서로 물건을 사고팔거나 교환하는 일 2. 나라와 나라 사이에 서로 물품을 매매하는 일
	貿穀	貿 무역할 무　　　穀 곡식 곡 1. 이익을 보려고 곡식을 몰아서 사들임. 또는 그 곡식 2. 장사를 하려고 쌀을 많이 사들임.

240 質 바탕 질 ★★		
	物質	物 물건 물　　　質 바탕 질 1. 물체의 본바탕 2. '재물'을 달리 이르는 말
	資質	資 재물 자　　　質 바탕 질 1. 타고난 성품이나 소질 2. 어떤 분야의 일에 대한 능력이나 실력의 정도 3. 타고난 체질
	質問	質 바탕 질　　　問 물을 문 알고자 하는 바를 얻기 위해 물음.

한자성어

001 □□□

九死一生
구사일생

| 아홉 구 | 죽을 사 | 하나 일 | 날 생 |

아홉 번 죽을 뻔하다 한 번 살아난다는 뜻으로, 죽을 고비를 여러 차례 넘기고 겨우 살아남을 이르는 말

002 □□□

各自圖生
각자도생

| 각각 각 | 스스로 자 | 그림 도 | 날 생 |

제각기 살아 나갈 방법을 꾀함.

003 □□□

焉敢生心
언감생심

| 어찌 언 | 감히 감 | 날 생 | 마음 심 |

어찌 감히 그런 마음을 품을 수 있겠냐는 뜻으로, 전혀 그런 마음이 없었음을 이르는 말

004 □□□

後生可畏
후생가외

| 뒤 후 | 날 생 | 옳을 가 | 두려워할 외 |

젊은 후학들을 두려워할 만하다는 뜻으로, 후진들이 선배들보다 젊고 기력이 좋아, 학문을 닦음에 따라 큰 인물이 될 수 있으므로 가히 두렵다는 말

005 □□□

後生角高
후생각고

| 뒤 후 | 날 생 | 뿔 각 | 높을 고 |

뒤에 난 뿔이 우뚝하다는 뜻으로, 제자나 후배가 스승이나 선배보다 뛰어날 때 이르는 말

006 □□□

生寄死歸
생기사귀

| 날 생 | 부칠 기 | 죽을 사 | 돌아갈 귀 |

사람이 이 세상에 사는 것은 잠시 머무는 것일 뿐이며 죽는 것은 원래 자기가 있던 본집으로 돌아가는 것임을 이르는 말

007 □□□

醉生夢死
취생몽사

| 취할 취 | 날 생 | 꿈 몽 | 죽을 사 |

술에 취하여 자는 동안에 꾸는 꿈 속에 살고 죽는다는 뜻으로, 한평생을 아무 하는 일 없이 흐리멍덩하게 살아감을 비유적으로 이르는 말

008 □□□

草露人生
초로인생

| 풀 초 | 이슬 로 | 사람 인 | 날 생 |

풀잎에 맺힌 이슬과 같은 인생이라는 뜻으로, 허무하고 덧없는 인생을 비유적으로 이르는 말

009 □□□

乾木水生
건목수생

| 마를 건 | 나무 목 | 물 수 | 날 생 |

마른나무에서 물이 난다는 뜻으로, 아무것도 없는 사람에게 무리하게 무엇을 내라고 요구함을 이르는 말

010 □□□

青出於藍
청출어람

| 푸를 청 | 날 출 | 어조사 어 | 쪽 람 |

쪽에서 뽑아낸 푸른 물감이 쪽보다 더 푸르다는 뜻으로, 제자나 후배가 스승이나 선배보다 나음을 비유적으로 이르는 말

011 □□□

青天霹靂
청천벽력

| 푸를 청 | 하늘 천 | 벼락 벽 | 벼락 력 |

맑게 갠 하늘에서 치는 날벼락이라는 뜻으로, 뜻밖에 일어난 큰 변고나 사건을 비유적으로 이르는 말

012 □□□

青山流水
청산유수

| 푸를 청 | 산 산 | 흐를 유(류) | 물 수 |

푸른 산에 흐르는 맑은 물이라는 뜻으로, 막힘없이 썩 잘하는 말을 비유적으로 이르는 말

013 □□□

萬古常青
만고상청

| 일만 만 | 옛 고 | 항상 상 | 푸를 청 |

아주 오랜 세월 동안 변함없이 언제나 푸름.

014 □□□

博而不精
박이부정

| 넓을 박 | 말 이을 이 | 아닐 부(불) | 정밀할 정 |

널리 알지만 정밀하지는 못함.

015	風樹之嘆 풍수지탄	바람 풍	나무 수	갈 지	탄식할 탄	☐☐☐

효도를 다하지 못한 채 어버이를 여읜 자식의 슬픔을 이르는 말

016	積小成大 적소성대	쌓을 적	작을 소	이룰 성	큰 대	☐☐☐

작거나 적은 것도 쌓이면 크게 되거나 많아짐.

017	水滴穿石 수적천석	물 수	물방울 적	뚫을 천	돌 석	☐☐☐

물방울이 바위를 뚫는다는 뜻으로, 작은 노력이라도 끈기 있게 계속하면 큰 일을 이룰 수 있음을 이르는 말

018	晝耕夜讀 주경야독	낮 주	밭 갈 경	밤 야	읽을 독	☐☐☐

낮에는 농사짓고, 밤에는 글을 읽는다는 뜻으로, 어려운 여건 속에서도 꿋꿋이 공부함을 이르는 말

019	狗尾續貂 구미속초	개 구	꼬리 미	이을 속	담비 초	☐☐☐

1. 담비 꼬리가 모자라 개의 꼬리로 잇는다는 뜻으로, 벼슬을 함부로 줌을 비유적으로 이르는 말
2. 훌륭한 것 뒤에 보잘것없는 것이 뒤따름을 비유적으로 이르는 말

020	貴鵠賤鷄 귀곡천계	귀할 귀	고니 곡	천할 천	닭 계	☐☐☐

고니를 귀하게 여기고 닭을 천하게 여긴다는 뜻으로, 드문 것은 귀하게, 흔한 것은 천하게 여김을 이르는 말

021	道不拾遺 도불습유	길 도	아닐 불	주울 습	남길 유	☐☐☐

길에 떨어진 물건을 주워 가지지 않는다는 뜻으로, 형벌이 준엄하여 백성이 법을 범하지 아니하거나 민심이 순후함을 비유하여 이르는 말

022	養虎遺患 양호유환	기를 양	범 호	남길 유	근심 환	☐☐☐

범을 길러서 화근을 남긴다는 뜻으로, 화근이 될 것을 길러서 후환을 당하게 됨을 이르는 말

023

遺臭萬年
유취만년

남길 유	냄새 취	일만 만	해 년

더러운 이름을 후세에 오래도록 남김.

024

流芳百世
유방백세

흐를 유(류)	꽃다울 방	일백 백	해 세

꽃다운 이름이 후세에 길이 전함.

025

初志一貫
초지일관

처음 초	뜻 지	하나 일	꿸 관

처음에 세운 뜻을 끝까지 밀고 나감.

026

始終一貫
시종일관

처음 시	마칠 종	하나 일	꿸 관

일 따위를 처음부터 끝까지 한결같이 함.

027

一以貫之
일이관지

하나 일	써 이	꿸 관	갈 지

1. 하나의 방법이나 태도로써 처음부터 끝까지 한결같음.
2. 모든 것을 하나의 원리로 꿰뚫어 이야기함.

028

有名無實
유명무실

있을 유	이름 명	없을 무	열매 실

이름만 그럴듯하고 실속은 없음.

029

以實直告
이실직고

써 이	열매 실	곧을 직	알릴 고

사실 그대로 고함.

030

水淸無大魚
수청무대어

물 수	맑을 청	없을 무	큰 대	물고기 어

물이 너무 맑으면 큰 고기가 없다는 뜻으로, 사람이 지나치게 똑똑하거나 엄하면 남이 가까이하기 어려움을 이르는 말

한자어

001 感情

感情
감정

느낄 감　　뜻 정

어떤 현상이나 일에 대하여 일어나는 마음이나 느끼는 기분
• 음악은 사람의 感情을 순화한다.

002 憾情

憾情
감정

섭섭할 감　　뜻 정

원망하거나 성내는 마음
• 그는 그녀에게 憾情이 있다.

003 鑑定

鑑定
감정

거울 감　　정할 정

사물의 특성이나 참과 거짓, 좋고 나쁨을 분별하여 판정함.
• 보석을 鑑定하다.

004 安定

安定
안정

편안할 안　　정할 정

바뀌어 달라지지 아니하고 일정한 상태를 유지함.
• 물가가 安定되다.

005 安靜

安靜
안정

편안할 안　　고요할 정

1. 육체적 또는 정신적으로 편안하고 고요함.
2. 병을 치료하기 위하여 몸과 마음을 편안하고 고요하게 함.
• 安靜을 취하다.

006 眞正

眞正
진정

참 진　　바를 정

거짓이 없이 참으로
• 이렇게 와 주셔서 眞正 감사합니다.

007 眞情

眞情
진정

참 진　　뜻 정

1. 참되고 애틋한 정이나 마음
• 저의 眞情을 몰라주시니 아쉬울 따름입니다.
2. 참된 사정.

008 陳情

陳情
진정

베풀 진　　뜻 정

실정이나 사정을 진술함.
• 주민들은 관할 구청에 골프장 설치 반대에 대한 陳情을 냈다.

009 鎭靜

鎭靜
진정

진압할 진　　고요할 정

1. 몹시 소란스럽고 어지러운 일을 가라앉힘.
2. 격앙된 감정이나 아픔 따위를 가라앉힘.
• 그녀는 두근거리는 가슴을 鎭靜하려고 애썼다.

010 連敗

連敗
연패

이을 연(련)　　패할 패

싸움이나 경기에서 계속하여 짐.
• 우리 팀은 세 경기에서 내리 連敗했다.

011 連霸 □□□

連霸

연패

이을 연(련) 으뜸 패

운동 경기 따위에서 연달아 우승함.

•작년에 이어 올해도 우승함으로써 2년 連霸를 기록했다.

016 尊屬 □□□

尊屬

존속

높을 존 무리 속

부모 또는 그와 같은 항렬 이상에 속하는 친족

•자신의 부모, 조부모, 증조부모를 '직계 尊屬'이라 한다.

012 解讀 □□□

解讀

해독

풀 해 읽을 독

1. 어려운 문구 따위를 읽어 이해하거나 해석함.
•고대 문자를 解讀하다.
2. 잘 알 수 없는 암호나 기호 따위를 읽어서 풂.

017 實名 □□□

實名

실명

열매 실 이름 명

실제의 이름

•은행 거래를 할 때는 반드시 實名으로 해야 한다.

013 解毒 □□□

解毒

해독

풀 해 독 독

몸 안에 들어간 독성 물질의 작용을 없앰.

•간은 우리 몸에 들어온 유해 물질을 解毒하는 작용을 한다.

018 失名 □□□

失名

실명

잃을 실 이름 명

이름이 전하지 아니하여 알 길이 없게 됨.

•작자 失名의 책

014 害毒 □□□

害毒

해독

해칠 해 독 독

좋고 바른 것을 망치거나 손해를 끼침. 또는 그 손해

•술과 담배가 유발하는 만성적인 害毒에 대해서는 이미 잘 알려져 있다.

019 失命 □□□

失命

실명

잃을 실 목숨 명

목숨을 잃음.

•그는 태풍이 몰아치는 바다에서 失命하였다.

015 存續 □□□

存續

존속

있을 존 이을 속

어떤 대상이 그대로 있거나 어떤 현상이 계속됨.

•사형 제도 存續 여부에 대하여 열띤 토론을 벌였다.

020 失明 □□□

失明

실명

잃을 실 밝을 명

시력을 잃어 앞을 못 보게 됨.

•교통사고로 크게 다쳐 눈이 失明되었다.

💬 다음 한자의 뜻과 음을 쓰시오.

01 賣 : (   )　　02 淸 : (   )

03 續 : (   )　　04 情 : (   )

05 遺 : (   )　　06 請 : (   )

07 遣 : (   )　　08 精 : (   )

💬 다음 한자성어의 독음을 쓰고, 적절한 뜻을 바르게 연결하시오.

09 道不拾遺
(   )

　• ⓐ 효도를 다하지 못한 채 어버이를 여읜 자식의 슬픔을 이르는 말

10 風樹之嘆
(   )

　• ⓑ 어찌 감히 그런 마음을 품을 수 있겠냐는 뜻으로, 전혀 그런 마음이 없었음을 이르는 말

11 水滴穿石
(   )

　• ⓒ 길에 떨어진 물건을 주워 가지지 않는다는 뜻으로, 형벌이 준 엄하여 백성이 법을 범하지 아니하거나 민심이 순후함을 비유하여 이르는 말

12 後生可畏
(   )

　• ⓓ 젊은 후학들을 두려워할 만하다는 뜻으로, 후진들이 선배들보 다 젊고 기력이 좋아, 학문을 닦음에 따라 큰 인물이 될 수 있 으므로 가히 두렵다는 말

13 焉敢生心
(   )

　• ⓔ 사실 그대로 고함.

14 養虎遺患
(   )

　• ⓕ 널리 알지만 정밀하지는 못함.

15 以實直告
(   )

　• ⓖ 범을 길러서 화근을 남긴다는 뜻으로, 화근이 될 것을 길러서 후환을 당하게 됨을 이르는 말

16 博而不精
(   )

　• ⓗ 물방울이 바위를 뚫는다는 뜻으로, 작은 노력이라도 끈기 있 게 계속하면 큰 일을 이룰 수 있음을 이르는 말

💬 <보기>의 설명을 참고하여 빈칸에 들어갈 한자를 쓰시오.

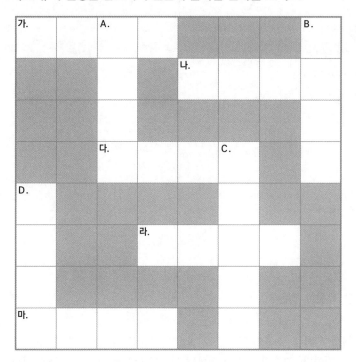

[가로]
가. 더러운 이름을 후세에 오래도록 남김.
나. 죽을 고비를 여러 차례 넘기고 겨우 살아남을 이르는 말
다. 푸른 산에 흐르는 맑은 물이라는 뜻으로, 막힘 없이 썩 잘하는 말을 비유적으로 이르는 말
라. 이름만 그럴듯하고 실속은 없음.
마. 사람이 이 세상에 사는 것은 잠시 머무는 것일 뿐이며 죽는 것은 원래 자기가 있던 본집으로 돌아가는 것임을 이르는 말

[세로]
A. 아주 오랜 세월 동안 변함없이 언제나 푸름.
B. 한평생을 아무 하는 일 없이 흐리멍덩하게 살아 감을 비유적으로 이르는 말
C. 사람이 지나치게 똑똑하거나 엄하면 남이 가까이하기 어려움을 이르는 말
D. 아무것도 없는 사람에게 무리하게 무엇을 내라고 요구함을 이르는 말

⊕ 정답

01. 팔 매
02. 맑을 청
03. 이을 속
04. 뜻 정
05. 남길 유
06. 청할 청
07. 보낼 견
08. 정밀할 정

09. 도불습유 - ©
10. 풍수지탄 - ⓐ
11. 수적천석 - ⓗ
12. 후생가외 - ⓓ
13. 언감생심 - ⓑ
14. 양호유환 - ⑨
15. 이실직고 - ⓔ
16. 박이부정 - ⓕ

08강 실전 연습문제

01 한자 표기가 옳은 것은?

2021 국가직 9급

① 그분은 냉혹한 현실(現室)을 잘 견뎌 냈다.

② 첫 손님을 야박(野薄)하게 대해서는 안 된다.

③ 그에게서 타고난 승부 근성(謹性)이 느껴진다.

④ 그는 평소 희망했던 기관에 채용(債用)되었다.

02 다음 글과 관련이 있는 고사 성어로 가장 적절한 것은?

2019 경찰 1차

> 좋은 독서 습관을 만들기 위해서는 짬짬이 아주 조금씩 독서를 시작한다. 독서는 책상에 앉아 책상 등을 켜고 해야만 한다고 생각하는 사람은 드물 것이다. 그래서 그런지 지하철을 타면 독서를 하는 사람들을 심심치 않게 볼 수 있다. 그러나 지하철에서도 시간적 여유와 앉을 자리 등의 여건이 갖추어져야 독서를 할 수 있다고 생각하는 경우가 많다. 이런 기준으로 따진다면 하루에 독서할 수 있는 시간이 얼마나 될까? 나는 '짬짬이 독서'를 추천한다. 항상 책을 가방에 넣고 다니며 버스나 지하철을 기다리면서 5~10분간 2~3장 읽고, 친구나 음식을 기다리면서 5~10분을 읽는다. 분량에 얽매이지 않고 계속 읽어 가다 보면 생각보다 많은 양을 읽을 수 있다. 두꺼운 책을 한 번에 다 읽으려 하지 말고 짬짬이 지속적으로 읽는 습관을 만드는 것이 중요하다.

① 矯枉過直   ② 深思熟考

③ 尸位素餐   ④ 水滴穿石

03 다음 글의 등장인물의 삶의 태도로 가장 적절한 것은?

> 박생은 눈을 떠서 주위를 바라보았다. 책은 책상 위에 던져져 있고, 등잔의 불꽃은 가물거리고 있다. 박생은 한참동안 감격하기도 하고 의아해 하기도 하였다. 그러다가 스스로 생각하기를, 이제 곧 죽으려나보다 하였다. 그래서 그는 날마다 집안일을 정리하는 데 몰두하였다. 몇 달 뒤에 박생은 병을 얻었다. 그는 스스로, 필경 다시는 일어나지 못하리라는 것을 알았다. 박생은 의사와 무당을 사절하고 세상을 떠났다. 박생이 세상을 떠나려 하던 날 저녁이었다. 근처 이웃 사람들의 꿈에 신인이 나타나서는 이렇게 알렸다. "너의 이웃집 아무개씨는 장차 염라왕이 될 것이다."

① 안빈낙도(安貧樂道)   ② 방약무인(傍若無人)

③ 살신성인(殺身成仁)   ④ 생기사귀(生寄死歸)

⑤ 조이불망(釣而不網)

---

01 ② 문맥상 '야멸치고 인정이 없음'의 의미이므로, '野薄(야박: 들 야, 엷을 박)'의 표기는 옳다.

> **오답정리** ① '현재 실제로 존재하는 사실이나 상태'의 의미이므로 '現實(현실: 나타날 현, 열매 실)'로 쓴다.
>
> ※ '現室(현실: 나타날 현, 집 실)'이란 말은 없다.
>
> ③ '뿌리가 깊게 박힌 성질'의 의미이므로 '根性(근성: 뿌리 근, 성품 성)'으로 쓴다.
>
> ※ '謹性(근성: 삼갈 근, 성품 성)'이란 말은 없다.
>
> ④ '사람을 골라서 씀.'의 의미이므로 '採用(채용: 캘 채, 쓸 용)'으로 쓴다.
>
> ※ 債用(채용: 빚 채, 쓸 용): 돈이나 물건 따위를 빌려서 씀.

02 제시된 글에서 짬짬이 책을 읽다 보면, 두꺼운 책을 어느새 다 읽을 수 있다고 했다. 따라서 제시된 글과 관련이 있는 말은 물방울이 바위를 뚫는다는 뜻으로, 작은 노력이라도 끈기 있게 계속하면 큰일을 이룰 수 있음을 이르는 '水滴穿石(수적천석: 물 수, 물방울 적, 뚫을 천, 돌 석)'이다.

> **오답정리** ① 矯枉過直(교왕과직: 바로잡을 교, 굽을 왕, 지날 과, 곧을 직): 굽은 것을 바로잡으려다가 정도에 지나치게 곧게 한다는 뜻으로, 잘못된 것을 바로잡으려다가 너무 지나쳐서 오히려 나쁘게 됨을 이르는 말
>
> ② 深思熟考(심사숙고: 깊을 심, 생각 사, 익을 숙, 생각할 고): 깊이 잘 생각함.
>
> ③ 尸位素餐(시위소찬: 주검 시, 자리 위, 흴 소, 먹을 찬): 재덕이나 공로가 없어 직책을 다하지 못하면서 자리만 차지하고 녹(祿)을 받아먹음을 비유적으로 이르는 말

03 병을 얻었지만 의사와 무당을 사절하고 세상을 떠난 것을 보아, 박생이 가진 삶의 태도에 어울리는 말은 사람이 이 세상에 사는 것은 잠시 머무는 것일 뿐이며 죽는 것은 원래 자기가 있던 본집으로 돌아가는 것임을 이르는 말인 '生寄死歸(생기사귀: 날 생, 부칠 기, 죽을 사, 돌아갈 귀)'이다.

> **오답정리** ① 安貧樂道(안빈낙도: 편안할 안, 가난할 빈, 즐거울 낙(락), 길 도): 가난한 생활을 하면서도 편안한 마음으로 도를 즐겨 지킴.
>
> ② 傍若無人(방약무인: 곁 방, 같을 약, 없을 무, 사람 인): 곁에 사람이 없는 것처럼 아무 거리낌 없이 함부로 말하고 행동하는 태도가 있음.
>
> ③ 殺身成仁(살신성인: 죽일 살, 몸 신, 이룰 성, 어질 인): 자기의 몸을 희생하여 인(仁)을 이룸.
>
> ⑤ 釣而不網(조이불망: 낚시 조, 말 이을 이, 아닐 불, 그물 망): 낚시질은 해도 그물질은 하지 않는다는 뜻으로, 무슨 일에나 정도를 넘지 않는 훌륭한 인물의 태도를 이르는 말

정답 01 ② 02 ④ 03 ④

04 밑줄 친 단어의 한자 표기로 옳은 것은?

> • 작품의 진위를 알아보기 위해 ㉠감정을 의뢰했다.
> • 그는 일렁거리는 분노를 ㉡진정시키느라 애를 썼다.

	㉠	㉡			㉠	㉡
①	感情	陳情		②	感情	鎭靜
③	鑑定	陳情		④	鑑定	鎭靜

05 다음 글에 어울리는 한자 성어로 가장 적절한 것은?

> 반중(盤中) 조홍(早紅) 감이 고와도 보이나다
> 유자(柚子)가 아니라도 품음직도 하다마는
> 품어 가 반길 이 없을새 글로 설워하나이다
>
> – 박인로

① 麥秀之嘆　　　　　　　　② 風樹之嘆

③ 晩時之嘆　　　　　　　　④ 望洋之嘆

---

04 ㉠ '사물의 특성을 분별하여 판정함.'의 의미이므로, '鑑定(감정: 거울 감, 정할 정)'을 쓰는 것이 적절하다.
㉡ '격앙된 감정을 가라앉힘.'의 의미이므로, '鎭靜(진정: 진압할 진, 고요할 정)'을 쓰는 것이 적절하다.

오답정리 ㉠ 感情(감정: 느낄 감, 뜻 정): 어떤 현상이나 일에 대하여 일어나는 마음이나 느끼는 기분
㉡ 陳情(진정: 베풀 진, 뜻 정): 실정이나 사정을 진술함.

05 제시된 작품은 부모님에 대한 그리움을 노래한 시조로, 소반 가운데 있는 조홍 감이 고와 보여서, 회귤의 고사처럼[중국 후한(後漢)의 육적이 6세 때 원술의 집에 갔다가 귤을 대접 받았는데, 귤 세 개를 몰래 품에 품었다가 하직 인사를 할 때 그만 귤이 굴러 떨어져 들키고 말았다. 원술이 그 까닭을 물은즉 육적은 어머니께 가져다드리려 했다고 대답해서 모두 그 효심에 감동하였다고 한다.] 품어가고 싶지만 부모님이 돌아가셔 반겨줄 이가 없다는 내용이다. 이와 가장 어울리는 한자 성어는, '효도를 다하지 못한 채 어버이를 여읜 자식의 슬픔을 이르는 말'인 '風樹之嘆(풍수지탄: 바람 풍, 나무 수, 갈 지, 탄식할 탄)'이다.

오답정리 ① 麥秀之嘆(맥수지탄: 보리 맥, 빼어날 수, 갈 지, 탄식할 탄): 고국의 멸망을 한탄함을 이르는 말. 기자(箕子)가 은(殷)나라가 망한 뒤에도 보리만은 잘 자라는 것을 보고 한탄하였다는 데서 유래한다.
③ 晩時之嘆(만시지탄: 늦을 만, 때 시, 갈 지, 탄식할 탄): 시기에 늦어 기회를 놓쳤음을 안타까워하는 탄식
④ 望洋之嘆(망양지탄: 바랄 망, 큰 바다 양, 갈 지, 탄식할 탄): 큰 바다를 바라보며 하는 한탄이란 뜻으로, 어떤 일에 자기 자신의 힘이 미치지 못할 때에 하는 탄식을 이르는 말.

정답 ▶ 04 ④　05 ②

09^강

20시간 초단기 완성
한자 1600선

1회독 ____월 ____일
2회독 ____월 ____일
3회독 ____월 ____일

1 한자

241	242	243	244	245	246
立	位	音	意	竟	境
설 립	자리 위	소리 음	뜻 의	마칠 경	지경 경
247	248	249	250	251	252
鏡	産	章	障	童	里
거울 경	낳을 산	글 장	막을 장	아이 동	마을 리
253	254	255	256	257	258
埋	理	裏	重	動	種
묻을 매	다스릴 리	속 리	무거울/거듭 중	움직일 동	씨 종
259	260	261	262	263	264
衝	辛	辨	辯	幸	報
부딪칠 충	매울 신	분별할 변	말 잘할 변	다행 행	갚을/알릴 보
265	266	267	268	269	270
服	腹	複	復	覆	履
옷 복	배 복	겹칠 복	회복할 복 다시 부	엎을 복	밟을 리

2 한자성어

001 立身揚名	002 尸位素餐	003 得意滿面	004 意氣揚揚	005 意氣銷沈
006 漸入佳境	007 明鏡止水	008 鏡花水月	009 樵童汲婦	010 張三李四
011 匹夫匹婦	012 五里霧中	013 鵬程萬里	014 一瀉千里	015 表裏不同
016 輕擧妄動	017 千辛萬苦	018 魚魯不辨	019 菽麥不辨	020 懸河之辯
021 結草報恩	022 因果應報	023 陰德陽報	024 盡忠報國	025 面從腹背
026 口蜜腹劍	027 鼓腹擊壤	028 口腹之累	029 重言復言	030 覆水不返盆

3 한자어

001 意志	002 依支	003 童謠	004 動搖	005 童話
006 動畫	007 同化	008 埋藏	009 埋葬	010 賣場
011 管理	012 官吏	013 動機	014 同氣	015 同期
016 冬期	017 復讐	018 複數	019 履行	020 移行

한자

○ 알고있음 △ 애매함 X 모름

241

立
설 립
★

獨立	獨 홀로 독　　　立 설 립 1. 다른 것에 예속하거나 의존하지 아니하는 상태로 됨. 2. 독자적으로 존재함.
樹立	樹 나무 수　　　立 설 립 국가나 정부, 제도, 계획 따위를 이룩하여 세움.
立春	立 설 입(립)　　　春 봄 춘 이십사절기의 하나. 대한(大寒)과 우수(雨水) 사이에 들며, 이때부터 봄이 시작된다 고 한다. 양력으로는 2월 4일경이다.

242

位
자리 위
★

位置	位 자리 위　　　置 둘 치 1. 일정한 곳에 자리를 차지함. 또는 그 자리 2. 사회적으로 담당하고 있는 지위나 역할
地位	地 땅 지　　　位 자리 위 1. 개인의 사회적 신분에 따르는 위치나 자리 2. 어떤 사물이 차지하는 자리나 위치
順位	順 순할 순　　　位 자리 위 차례나 순서를 나타내는 위치나 지위

243

音
소리 음
★

音樂	音 소리 음　　　樂 풍류 악 박자, 가락, 음성 따위를 갖가지 형식으로 조화하고 결합하여, 목소리나 악기를 통 하여 사상 또는 감정을 나타내는 예술
音韻	音 소리 음　　　韻 운 운 말의 뜻을 구별하여 주는 소리의 가장 작은 단위
知音	知 알 지　　　音 소리 음 1. 음악의 곡조를 잘 앎. 2. 새나 짐승의 울음을 가려 잘 알아들음. 3. 마음이 서로 통하는 친한 벗을 비유적으로 이르는 말 ※ 거문고의 명인 백아가 자기의 소리를 잘 이해해 준 벗 종자기가 죽자 자신의 거문고 소리를 아는 　자가 없다고 하여 거문고 줄을 끊었다는 데서 유래한다.

---

244 意 뜻 의 ★		□□□
	意識	意 뜻 의　　　　識 알 식 1. 깨어 있는 상태에서 자기 자신이나 사물에 대하여 인식하는 작용 2. 사회적·역사적으로 형성되는 사물이나 일에 대한 개인적·집단적 감정이나 견해나 사상
	意義	意 뜻 의　　　　義 옳을 의 1. 말이나 글의 속뜻　2. 어떤 사실이나 행위 따위가 갖는 중요성이나 가치
	意志	意 뜻 의　　　　志 뜻 지 어떠한 일을 이루고자 하는 마음

245 竟 마칠 경 ★		□□□
	畢竟	畢 마칠 필　　　　竟 마칠 경 끝장에 가서는
	有志竟成	有 있을 유　　　志 뜻 지　　　竟 마칠 경　　　成 이룰 성 뜻이 있어 마침내 이룬다는 뜻으로, 이루고자 하는 뜻이 있는 사람은 반드시 성공한다는 것을 비유하는 말

246 境 지경 경 ★★		□□□
	地境	地 땅 지　　　　境 지경 경 1. 나라나 지역 따위의 구간을 가르는 경계　2. 일정한 테두리 안의 땅 3. '경우'나 '형편', '정도'의 뜻을 나타내는 말
	環境	環 고리 환　　　　境 지경 경 1. 생물에게 직접·간접으로 영향을 주는 자연적 조건이나 사회적 상황 2. 생활하는 주위의 상태
	境遇	境 지경 경　　　　遇 만날 우 1. 사리나 도리　2. 놓여 있는 조건이나 놓이게 된 형편이나 사정

247 鏡 거울 경 ★★		□□□
	眼鏡	眼 눈 안　　　　鏡 거울 경 시력이 나쁜 눈을 잘 보이게 하기 위하여나 바람, 먼지, 강한 햇빛 따위를 막기 위하여 눈에 쓰는 물건
	破鏡	破 깨뜨릴 파　　　　鏡 거울 경 1. 깨어진 거울　2. 이지러진 달을 비유적으로 이르는 말 3. 부부가 헤어지는 것을 비유적으로 이르는 말
	瑤池鏡	瑤 아름다운 옥 요　　　池 못 지　　　鏡 거울 경 1. 확대경을 장치하여 놓고 그 속의 여러 가지 재미있는 그림을 돌리면서 구경하는 장치나 장난감 2. 알쏭달쏭하고 묘한 세상일을 비유적으로 이르는 말

248 產 낳을 산 ★★		
	出産	出 날 출　　　産 낳을 산
		1. 아이를 낳음　2. 만들어 내거나 생겨남. 또는 그 물건
	財産	財 재물 재　　　産 낳을 산
		1. 재화와 자산을 통틀어 이르는 말　2. 소중한 것을 비유적으로 이르는 말
	産業	産 낳을 산　　　業 일 업
		인간의 생활을 경제적으로 풍요롭게 하기 위하여 재화나 서비스를 생산하는 사업

☐☐☐

249 章 글 장 ★		
	文章	文 글월 문　　　章 글 장
		1. 글을 뛰어나게 잘 짓는 사람. = 문장가 2. 한 나라의 문명을 이룬 예악(禮樂)과 제도. 또는 그것을 적어 놓은 글 3. 생각이나 감정을 말과 글로 표현할 때 완결된 내용을 나타내는 최소의 단위
	印章	印 도장 인　　　章 글 장
		일정한 표적으로 삼기 위하여 개인, 단체, 관직 따위의 이름을 나무, 뼈, 뿔, 수정, 돌, 금 따위에 새겨 문서에 찍도록 만든 물건. = 도장
	勳章	勳 공 훈　　　章 글 장
		나라와 사회에 크게 공헌한 사람에게 국가 원수가 수여하는 휘장

☐☐☐

250 障 막을 장 ★★		
	天障	天 하늘 천　　　障 막을 장
		1. 지붕의 안쪽. = 보꾹　2. 반자의 겉면
	故障	故 연고 고　　　障 막을 장
		1. 기구나 기계가 제대로 움직이지 못하게 되는 기능상의 장애 2. 사람의 몸에 생긴 탈을 속되게 이르는 말
	保障	保 지킬 보　　　障 막을 장
		어떤 일이 어려움 없이 이루어지도록 조건을 마련하여 보증하거나 보호함.

☐☐☐

251 童 아이 동 ★★		
	兒童	兒 아이 아　　　童 아이 동
		나이가 적은 아이. 대개 유치원에 다니는 나이로부터 사춘기 전의 아이를 이른다.
	童話	童 아이 동　　　話 이야기 화
		어린이를 위하여 동심(童心)을 바탕으로 지은 이야기. 또는 그런 문예 작품
	童謠	童 아이 동　　　謠 노래 요
		1. 문학 장르의 하나로, 어린이들의 생활 감정이나 심리를 표현한 정형시 2. 어린이를 위하여 동심(童心)을 바탕으로 지은 노래

252 里 마을 리 ★

洞里	洞 마을 동　　里 마을 리
	1. 주로 시골에서, 여러 집이 모여 사는 곳. = 마을
	2. 지방 행정 구역의 최소 구획인 동(洞)과 이(里)를 아울러 이르는 말
里程標	里 마을 이(리)　　程 한도 정　　標 표할 표
	1. 주로 도로상에서 어느 곳까지의 거리 및 방향을 알려 주는 표지
	2. 어떤 일이나 목적의 기준
異域萬里	異 다를 이　　域 지경 역　　萬 일만 만　　里 마을 리
	다른 나라의 아주 먼 곳

253 埋 묻을 매 ★★★

埋藏	埋 묻을 매　　藏 감출 장
	1. 묻어서 감춤.
	2. 지하자원 따위가 땅속에 묻히어 있음.
埋立	埋 묻을 매　　立 설 립
	우묵한 땅이나 하천, 바다 등을 돌이나 흙 따위로 채움.
埋沒	埋 묻을 매　　沒 빠질 몰
	보이지 아니하게 파묻히거나 파묻음.

254 理 다스릴 리 ★★

論理	論 논할 논(론)　　理 다스릴 리
	1. 말이나 글에서 사고나 추리 따위를 이치에 맞게 이끌어 가는 과정이나 원리
	2. 사물 속에 있는 이치. 또는 사물끼리의 법칙적인 연관
管理	管 대롱 관　　理 다스릴 리
	1. 어떤 일의 사무를 맡아 처리함.
	2. 시설이나 물건의 유지, 개량 따위의 일을 맡아 함.
	3. 사람을 통제하고 지휘하며 감독함.
	4. 사람의 몸이나 동식물 따위를 보살펴 돌봄.
不條理	不 아닐 부(불)　　條 가지 조　　理 다스릴 리
	1. 이치에 맞지 아니하거나 도리에 어긋남. 또는 그런 일
	2. '부정행위'를 완곡하게 이르는 말

255 裏 속 리 ★★

表裏	表 겉 표　　裏 속 리
	1. 물체의 겉과 속 또는 안과 밖을 통틀어 이르는 말
	2. 겉으로 드러나는 언행과 속으로 가지는 생각을 통틀어 이르는 말
腦裏	腦 뇌 뇌　　裏 속 리
	사람의 의식이나 기억, 생각 따위가 들어 있는 영역
裏面	裏 속 이(리)　　面 낯 면
	1. 물체의 뒤쪽 면. = 뒷면
	2. 겉으로 나타나거나 눈에 보이지 않는 부분

256
重 무거울/거듭 중
★★★

□□□

重要	重 무거울 중　　　要 요긴할 요
	귀중하고 요긴함.
尊重	尊 높을 존　　　重 무거울 중
	높이어 귀중하게 대함.
重複	重 거듭 중　　　複 겹칠 복
	거듭하거나 겹침.

257
動 움직일 동
★★

□□□

行動	行 다닐 행　　　動 움직일 동
	몸을 움직여 동작을 하거나 어떤 일을 함.
勞動	勞 힘쓸 노(로)　　　動 움직일 동
	1. 몸을 움직여 일을 함. 2. 사람이 생활에 필요한 물자를 얻기 위하여 육체적 노력이나 정신적 노력을 들이는 행위
不動産	不 아닐 부(불)　　　動 움직일 동　　　産 낳을 산
	움직여 옮길 수 없는 재산. 토지나 건물, 수목 따위이다.

258
種 씨 종
★

□□□

種類	種 씨 종　　　類 무리 류
	1. 사물의 부문을 나누는 갈래 2. 갈래의 수를 세는 단위
人種	人 사람 인　　　種 씨 종
	1. 사람의 씨 2. 인류를 지역과 신체적 특성에 따라 구분한 종류. 백인종, 황인종, 흑인종이 대표적이다.
品種	品 물건 품　　　種 씨 종
	1. 물품의 종류 2. 농작물, 가축 따위를 분류하는 최종 단계의 이름. 외부적으로 형질 또는 특성이 같고, 유전 형질의 조성이 같은 개체의 집단이다.

259
衝 부딪칠 충
★★

□□□

衝擊	衝 부딪칠 충　　　擊 칠 격
	1. 물체에 급격히 가하여지는 힘 2. 슬픈 일이나 뜻밖의 사건 따위로 마음에 받은 심한 자극이나 영향
衝突	衝 부딪칠 충　　　突 부딪칠 돌
	서로 맞부딪치거나 맞섬.
要衝地	要 요긴할 요　　　衝 부딪칠 충　　　地 땅 지
	지세(地勢)가 군사적으로 아주 중요한 곳

260 辛 매울 신 ★

辛辣	辛 매울 신　　　辣 매울 랄 1. 맛이 아주 쓰고 매움. 2. 사물의 분석이나 비평 따위가 매우 날카롭고 예리함.
辛酸	辛 매울 신　　　酸 실 산 1. 맛이 맵고 심. 2. 세상살이가 힘들고 고생스러움을 비유적으로 이르는 말
香辛料	香 향기 향　　　辛 매울 신　　　料 헤아릴 료 음식에 맵거나 향기로운 맛을 더하는 조미료

261 辨 분별할 변 ★★★

辨明	辨 분별할 변　　　明 밝을 명 1. 어떤 잘못이나 실수에 대하여 구실을 대며 그 까닭을 말함. 2. 옳고 그름을 가려 사리를 밝힘.
辨濟	辨 분별할 변　　　濟 건널 제 남에게 진 빚을 갚음. = 변상(辨償)
思辨	思 생각 사　　　辨 분별할 변 1. 생각으로 사물의 옳고 그름을 가려냄. 2. 경험에 의하지 않고 순수한 논리적 사고만으로 현실 또는 사물을 인식하려는 일

262 辯 말 잘할 변 ★★★

答辯	答 대답할 답　　　辯 말 잘할 변 물음에 대하여 밝혀 대답함. 또는 그런 대답
詭辯	詭 속일 궤　　　辯 말 잘할 변 상대편을 이론으로 이기기 위하여 상대편의 사고(思考)를 혼란시키거나 감정을 격앙시켜 거짓을 참인 것처럼 꾸며 대는 논법
辯護士	辯 말 잘할 변　　　護 보호할 호　　　士 선비 사 법률에 규정된 자격을 가지고 소송 당사자나 관계인의 의뢰 또는 법원의 명령에 따라 피고나 원고를 변론하며 그 밖의 법률에 관한 업무에 종사하는 사람

263 幸 다행 행 ★

幸福	幸 다행 행　　　福 복 복 1. 복된 좋은 운수 2. 생활에서 충분한 만족과 기쁨을 느끼어 흐뭇함. 또는 그러한 상태
幸運	幸 다행 행　　　運 돌 운 좋은 운수. 또는 행복한 운수
多幸	多 많을 다　　　幸 다행 행 뜻밖에 일이 잘되어 운이 좋음.

264

報 갚을/알릴 보

★★★

報告	報 알릴 보　　　告 알릴 고
	일에 관한 내용이나 결과를 말이나 글로 알림.
弘報	弘 넓을 홍　　　報 알릴 보
	널리 알림. 또는 그 소식이나 보도
報答	報 갚을 보　　　答 대답할 답
	남의 호의나 은혜를 갚음.

265

服 옷 복

★★★

衣服	衣 옷 의　　　服 옷 복
	몸을 싸서 가리거나 보호하기 위하여 피륙 따위로 만들어 입는 물건. = 옷
服用	服 옷 복　　　用 쓸 용
	1. 약을 먹음.　2. 옷으로 입음.
服從	服 옷 복　　　從 따를 종
	남의 명령이나 의사를 그대로 따라서 좇음.

266

腹 배 복

★★

心腹	心 마음 심　　　腹 배 복
	1. 배와 가슴을 아울러 이르는 말 2. 마음속 깊은 곳. 또는 그곳에 품고 있는 심정 3. 썩 긴하여 없어서는 안 될 사물 4. 마음 놓고 부리거나 일을 맡길 수 있는 사람
腹案	腹 배 복　　　案 책상 안
	겉으로 드러내지 아니하고 마음속으로만 생각함. 또는 그런 생각
腹痛	腹 배 복　　　痛 아플 통
	1. 복부에 일어나는 통증을 통틀어 이르는 말 2. 몹시 원통하고 답답하게 여김. 또는 그런 마음

267

複 겹칠 복

★★

複合	複 겹칠 복　　　合 합할 합
	두 가지 이상이 하나로 합침. 또는 두 가지 이상을 하나로 합침.
複製	複 겹칠 복　　　製 지을 제
	본디의 것과 똑같은 것을 만듦. 또는 그렇게 만든 것
複雜	複 겹칠 복　　　雜 섞일 잡
	1. 일이나 감정 따위가 갈피를 잡기 어려울 만큼 여러 가지가 얽혀 있음. 2. 복작거리어 혼잡스러움.

268

復
회복할 복
다시 부

★★★

回復	回 돌 회　　　　復 회복할 복	
	원래의 상태로 돌이키거나 원래의 상태를 되찾음.	
復舊	復 회복할 복　　　　舊 옛 구	
	손실 이전의 상태로 회복함.	
復活	復 다시 부　　　　活 살 활	
	1. 죽었다가 다시 살아남.	
	2. 쇠퇴하거나 폐지한 것이 다시 성하게 됨. 또는 그렇게 함.	

269

覆
엎을 복

★★

覆蓋	覆 엎을 복　　　　蓋 덮을 개
	1. 덮거나 씌우는 것
	2. 하천에 덮개 구조물을 씌워 겉으로 보이지 않도록 함. 또는 그 덮개 구조물
顚覆	顚 엎드러질 전　　　　覆 엎을 복
	1. 차나 배 따위가 뒤집힘.　2. 사회 체제가 무너지거나 정권 따위를 뒤집어엎음.
飜覆	飜(翻) 번역할 번　　　　覆 엎을 복
	1. 이리저리 뒤집힘.　2. 이리저리 뒤쳐 고침.

270

履
밟을 리

★★★

履行	履 밟을 이(리)　　　　行 다닐 행
	실제로 행함.
履修	履 밟을 이(리)　　　　修 닦을 수
	해당 학과를 순서대로 공부하여 마침.
履歷	履 밟을 이(리)　　　　歷 지날 력
	1. 지금까지 거쳐 온 학업, 직업, 경험 등의 내력
	2. 많이 겪어 보아서 얻게 된 슬기

001	立身揚名	설 입(립)	몸 신	날릴 양	이름 명
	입신양명	출세하여 이름을 세상에 떨침.			

002	尸位素餐	주검 시	자리 위	흴 소	먹을 찬
	시위소찬	재덕이나 공로가 없어 직책을 다하지 못하면서 자리만 차지하고 녹(祿)을 받아먹음을 비유적으로 이르는 말			

003	得意滿面	얻을 득	뜻 의	가득 찰 만	낯 면
	득의만면	일이 뜻대로 이루어져 기쁜 표정이 얼굴에 가득함.			

004	意氣揚揚	뜻 의	기운 기	날릴 양	날릴 양
	의기양양	뜻한 바를 이루어 만족한 마음이 얼굴에 나타난 모양			

005	意氣銷沈	뜻 의	기운 기	녹일 소	잠길 침
	의기소침	기운이 없어지고 풀이 죽음.			

006	漸入佳境	점점 점	들 입	아름다울 가	지경 경
	점입가경	1. 들어갈수록 점점 재미가 있음. 2. 시간이 지날수록 하는 짓이나 몰골이 더욱 꼴불견임을 비유적으로 이르는 말			

007 明鏡止水
명경지수

| 밝을 명 | 거울 경 | 그칠 지 | 물 수 |

1. 맑은 거울과 고요한 물
2. 잡념과 가식과 헛된 욕심 없이 맑고 깨끗한 마음

008 鏡花水月
경화수월

| 거울 경 | 꽃 화 | 물 수 | 달 월 |

거울에 비친 꽃과 물에 비친 달이라는 뜻으로, 눈으로 볼 수 있으나 잡을 수는 없음을 비유적으로 이르는 말. 시문에서 느껴지기는 하나 표현할 수 없는 미묘한 정취를 이른다.

009 樵童汲婦
초동급부

| 나무할 초 | 아이 동 | 물 길을 급 | 며느리 부 |

땔나무를 하는 아이와 물을 긷는 아낙네라는 뜻으로, 평범한 사람을 이르는 말

010 張三李四
장삼이사

| 베풀 장 | 석 삼 | 자두 이(리) | 넉 사 |

장씨(張氏)의 셋째 아들과 이씨(李氏)의 넷째 아들이라는 뜻으로, 이름이나 신분이 특별하지 아니한 평범한 사람들을 이르는 말

011 匹夫匹婦
필부필부

| 짝 필 | 지아비 부 | 짝 필 | 며느리 부 |

평범한 남녀

012 五里霧中
오리무중

| 다섯 오 | 마을 리 | 안개 무 | 가운데 중 |

오 리나 되는 짙은 안개 속에 있다는 뜻으로, 무슨 일에 대하여 방향이나 갈피를 잡을 수 없음을 이르는 말

013 鵬程萬里
붕정만리

| 붕새 붕 | 한도 정 | 일만 만 | 마을 리 |

1. 산을 넘고 내를 건너 아주 멂.
2. 아주 양양한 장래를 비유적으로 이르는 말

014 一瀉千里
일사천리

| 하나 일 | 쏟을 사 | 일천 천 | 마을 리 |

강물이 빨리 흘러 천 리를 간다는 뜻으로, 어떤 일이 거침없이 빨리 진행됨을 이르는 말

015

☐ ☐ ☐

表裏不同
표리부동

| 겉 표 | 속 리 | 아닐 부(불) | 같을 동 |

겉으로 드러나는 언행과 속으로 가지는 생각이 다름.

016

☐ ☐ ☐

輕擧妄動
경거망동

| 가벼울 경 | 들 거 | 망령될 망 | 움직일 동 |

경솔하여 생각 없이 망령되게 행동함. 또는 그런 행동

017

☐ ☐ ☐

千辛萬苦
천신만고

| 일천 천 | 매울 신 | 일만 만 | 쓸 고 |

천 가지 매운 것과 만 가지 쓴 것이라는 뜻으로, 온갖 어려운 고비를 다 겪으며 심하게 고생함을 이르는 말

018

☐ ☐ ☐

魚魯不辨
어로불변

| 물고기 어 | 노나라 로 | 아닐 불 | 분별할 변 |

어(魚) 자와 노(魯) 자를 구별하지 못한다는 뜻으로, 아주 무식함을 비유적으로 이르는 말

019

☐ ☐ ☐

菽麥不辨
숙맥불변

| 콩 숙 | 보리 맥 | 아닐 불 | 분별할 변 |

콩인지 보리인지를 구별하지 못한다는 뜻으로, 사리 분별을 못 하고 세상 물정을 잘 모름을 이르는 말

020

☐ ☐ ☐

懸河之辯
현하지변

| 매달 현 | 물 하 | 갈 지 | 말 잘할 변 |

물이 거침없이 흐르듯 잘하는 말

021

☐ ☐ ☐

結草報恩
결초보은

| 맺을 결 | 풀 초 | 갚을 보 | 은혜 은 |

죽은 뒤에라도 은혜를 잊지 않고 갚음을 이르는 말

※ 중국 춘추 시대에, 진나라의 위과(魏顆)가 아버지가 세상을 떠난 후에 서모를 개가시켜 순사(殉死)하지 않게 하였더니, 그 뒤 싸움터에서 그 서모 아버지의 혼이 적군의 앞길에 풀을 묶어 적을 넘어뜨려 위과가 공을 세울 수 있도록 하였다는 고사에서 유래한다

022

☐ ☐ ☐

因果應報
인과응보

| 인할 인 | 열매 과 | 응할 응 | 갚을 보 |

전생에 지은 선악에 따라 현재의 행과 불행이 있고, 현세에서의 선악의 결과에 따라 내세에서 행과 불행이 있는 일

023 □□□

陰德陽報
음덕양보

그늘 음   덕 덕   볕 양   갚을 보

남이 모르게 덕행을 쌓은 사람은 뒤에 그 보답을 받게 됨을 이르는 말

024 □□□

盡忠報國
진충보국

다할 진   충성 충   갚을 보   나라 국

충성을 다하여서 나라의 은혜를 갚음.

025 □□□

面從腹背
면종복배

낯 면   좇을 종   배 복   등 배

겉으로는 복종하는 체하면서 내심으로는 배반함.

026 □□□

口蜜腹劍
구밀복검

입 구   꿀 밀   배 복   칼 검

입에는 꿀이 있고 배 속에는 칼이 있다는 뜻으로, 말로는 친한 듯하나 속으로는 해칠 생각이 있음을 이르는 말

027 □□□

鼓腹擊壤
고복격양

북 고   배 복   칠 격   흙 양

태평한 세월을 즐김을 이르는 말.

※ 중국 요임금 때 한 노인이 배를 두드리고 땅을 치면서 요임금의 덕을 찬양하고 태평성대를 즐겼다는 데서 유래한다.

028 □□□

口腹之累
구복지루

입 구   배 복   갈 지   묶을 루

먹고살 걱정

029 □□□

重言復言
중언부언

거듭 중   말씀 언   다시 부   말씀 언

이미 한 말을 자꾸 되풀이함. 또는 그런 말

030 □□□

覆水不返盆
복수불반분

엎을 복   물 수   아닐 불   돌아올 반   동이 분

엎지른 물은 다시 담을 수 없다는 뜻으로, 일단 저지른 일은 다시 되돌릴 수 없다는 말

001 意志

뜻 의　　　뜻 지

의지

어떠한 일을 이루고자 하는 마음.
• 그는 이번 일을 성사시키려는 意志를
　보였다.

002 依支

의지할 의　　　지탱할 지

의지

1. 다른 것에 몸을 기댐. 또는 그렇게
　하는 대상
2. 다른 것에 마음을 기대어 도움을 받
　음. 또는 그렇게 하는 대상
• 그는 세상에 依支할 곳 없는 가엾
　은 존재이다.

003 童謠

아이 동　　　노래 요

동요

어린이를 위하여 동심(童心)을 바탕으
로 지은 노래
• 아이들이 童謠를 흥얼거리고 있다.

004 動搖

움직일 동　　　흔들 요

동요

1. 물체 따위가 흔들리고 움직임.
2. 어떤 체제나 상황 따위가 혼란스럽
　고 술렁임.
• 신분제의 動搖로 양반 중심 사회
　는 커다란 위기에 처했다.

005 童話

아이 동　　　이야기 화

동화

어린이를 위하여 동심(童心)을 바탕으
로 지은 이야기. 또는 그런 문예 작품
• 엄마가 아이에게 童話를 읽어 주었다.

006 動畫

움직일 동　　　그림 화

동화

만화 영화에서, 한 장면 한 장면의 그
림을 이르는 말

007 同化

같을 동　　　될 화

동화

성질, 양식(樣式), 사상 따위가 다르던
것이 서로 같게 됨.
• 원만한 사회생활을 위해선 주변
　사람들과의 同化가 필요하다.

008 埋藏

묻을 매　　　감출 장

매장

1. 묻어서 감춤.
2. 지하자원 따위가 땅속에 묻히어
　있음.
• 이곳에는 많은 양의 원유와 천연
　가스가 埋藏돼 있다.

009 埋葬

묻을 매　　　장사 지낼 장

매장

시체나 유골 따위를 땅속에 묻음.
• 시신을 선산에 埋葬하다.

010 賣場

팔 매　　　마당 장

매장

물건을 파는 장소
• 백화점 의류 賣場

011 管理 대롱 관　다스릴 리

관리

1. 어떤 일의 사무를 맡아 처리함.
2. 시설이나 물건의 유지, 개량 따위의 일을 맡아 함.
　• 군인은 항상 무기를 잘 管理해야 한다.

012 官吏 벼슬 관　벼슬아치 리

관리

관직에 있는 사람
　• 유능한 사람을 官吏로 등용하다.

013 動機 움직일 동　틀 기

동기

어떤 일이나 행동을 일으키게 하는 계기
　• 그 사건은 처음에는 아주 단순한 動機에서 시작되었다.

014 同氣 같을 동　기운 기

동기

형제와 자매, 남매를 통틀어 이르는 말
　• 同氣로 세 몸 되어 한 몸 같이 지내다가 두 아우는 어딜 가고 돌아올 줄 모르는고.

015 同期 같을 동　기약할 기

동기

1. 같은 시기. 또는 같은 기간.
2. 학교나 훈련소 따위에서의 같은 기(期)
　• 이 친구하고 저하고는 대학교 同期입니다.

016 冬期 겨울 동　기약할 기

동기

겨울의 시기
　• 冬期 훈련

017 復讐 회복할 복　원수 수

복수

원수를 갚음.
　• 악인의 횡포에 復讐하다.

018 複數 겹칠 복　셈할 수

복수

둘 이상의 수
　• 複數 전공으로 경영학을 선택하였다.

019 履行 밟을 이(리)　다닐 행

이행

실제로 행함.
　• 권리를 주장하기 전에 의무를 충실히 履行해야 한다.

020 移行 옮길 이　다닐 행

이행

다른 상태로 옮아감.
　• 과학 기술의 발달로 새로운 사회로 移行하고 있다.

💬 다음 한자의 뜻과 음을 쓰시오.

01 意 : (   )   02 辯 : (   )

03 童 : (   )   04 辨 : (   )

05 産 : (   )   06 腹 : (   )

07 重 : (   )   08 復 : (   )

💬 다음 한자성어의 독음을 쓰고, 적절한 뜻을 바르게 연결하시오.

09 五里霧中
    (   )
· · ⓐ 겉으로 드러나는 언행과 속으로 가지는 생각이 다름.

10 張三李四
    (   )
· · ⓑ 뜻한 바를 이루어 만족한 마음이 얼굴에 나타난 모양

11 表裏不同
    (   )
· · ⓒ 출세하여 이름을 세상에 떨침.

12 懸河之辯
    (   )
· · ⓓ 오 리나 되는 짙은 안개 속에 있다는 뜻으로, 무슨 일에 대하여 방향이나 갈피를 잡을 수 없음을 이르는 말

13 魚魯不辨
    (   )
· · ⓔ 물이 거침없이 흐르듯 잘하는 말

14 意氣銷沈
    (   )
· · ⓕ 이름이나 신분이 특별하지 아니한 평범한 사람들을 이르는 말

15 意氣揚揚
    (   )
· · ⓖ 아주 무식함을 비유적으로 이르는 말

16 立身揚名
    (   )
· · ⓗ 기운이 없어지고 풀이 죽음.

💬 〈보기〉의 설명을 참고하여 빈칸에 들어갈 한자를 쓰시오.

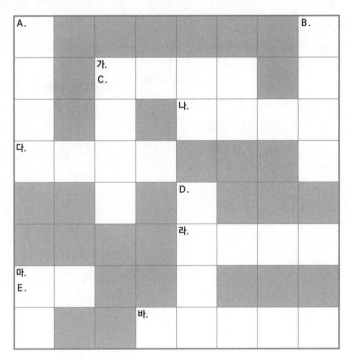

[가로]
가. 먹고살 걱정
나. 전생에 지은 선악에 따라 현재의 행과 불행이 있고, 현세에서의 선악의 결과에 따라 내세에서 행과 불행이 있는 일
다. 겉으로는 복종하는 체하면서 내심으로는 배반함.
라. 거울에 비친 꽃과 물에 비친 달이라는 뜻으로, 눈으로 볼 수 있으나 잡을 수는 없음을 비유적으로 이르는 말
마. 어떤 체제나 상황 따위가 혼란스럽고 술렁임.
바. 엎지른 물은 다시 담을 수 없다는 뜻으로, 일단 저지른 일은 다시 되돌릴 수 없다는 말

[세로]
A. 일이 뜻대로 이루어져 기쁜 표정이 얼굴에 가득함.
B. 죽은 뒤에라도 은혜를 잊지 않고 갚음을 이르는 말
C. 입에는 꿀이 있고 배 속에는 칼이 있다는 뜻으로, 말로는 친한 듯하나 속으로는 해칠 생각이 있음을 이르는 말
D. 맑은 거울과 고요한 물
E. 어떤 일이나 행동을 일으키게 하는 계기

➕ 정답

01. 뜻 **의**
02. 말 잘할 **변**
03. 아이 **동**
04. 분별할 **변**
05. 낳을 **산**
06. 배 **복**
07. 무거울/거듭 **중**
08. 회복할 **복**/다시 **부**

09. 오리무중 – ⓓ
10. 장삼이사 – ⓕ
11. 표리부동 – ⓐ
12. 현하지변 – ⓔ
13. 어로불변 – ⓖ
14. 의기소침 – ⓗ
15. 의기양양 – ⓑ
16. 입신양명 – ⓒ

실전 연습문제

01 다음 시의 주된 정조를 가장 잘 나타내는 것은? 2021 군무원 9급

> 神策究天文 妙算窮地理
> 戰勝功旣高 知足願云止
>
> — 乙支文德, 〈與隋將于仲文〉

① 悠悠自適

② 戀戀不忘

③ 得意滿面

④ 山紫水明

02 〈보기〉의 밑줄 친 단어의 한자어로 가장 옳지 않은 것은? 2018 서울시 7급(6월)

— 보기 —

　　설화적 상상 속에서는 경험적 현실에서 생각도 못할 모든 일들이 다 가능하다. 사람이 단숨에 수천 리를 가고 하늘을 훨훨 날아오르며 눈앞에서 감쪽같이 사라질 수 있다. 거지가 하루아침에 왕이 되고 왕자가 한순간에 개구리가 되며 한 사람이 열 명, 백 명으로 나뉠 수 있다. 이와 같은 상상적 <u>형상</u>을 말하고 듣는 과정에서 인간의 인지는 힘찬 운동을 하게 된다. 사고의 <u>반경</u>이 부쩍 넓어지고 <u>사유</u>의 역동성이 살아난다. 그로부터 인간 삶의 새로운 <u>지경</u>이 열려 나간다. 인류 역사의 발전은 이런 인지적 운동을 통해 실현된다고 해도 좋다. 틀을 깨는 자유와 역동의 상상적 인지를 통해서 말이다.

① 형상(形象)

② 반경(半徑)

③ 사유(思惟)

④ 지경(至境)

03 밑줄 친 말을 한자로 바르게 표기한 것은?

- 지루한 ⊙장광설로 인해 관중들은 하나씩 자리를 뜨기 시작했다.
- 정보화 사회일수록 ⓒ유언비어가 떠돌 수 있는 가능성도 높다.
- 잘못을 저질렀다면 궁색한 ⓒ변명보다 정직한 시인이 현명한 대응이다.

	⊙	ⓒ	ⓒ
①	長廣舌	流言蜚語	辨明
②	長廣舌	流言非語	辯明
③	長廣說	流言蜚語	辯明
④	長廣說	流言非語	辯明

---

01 제시된 작품은 을지문덕이 수나라 적장 우중문에게 보낸 한시로, 적장에 대한 거짓 찬양과 조롱을 통해 고구려 장수의 기개를 보여 주고 있다. 따라서 이 시의 정조를 표현하기에 가장 어울리는 것은, '일이 뜻대로 이루어져 기쁜 표정이 얼굴에 가득함'의 의미인 ③ '得意滿面(득의만면: 얻을 득, 뜻 의, 가득 찰 만, 낯 면)'이다.

> **오답정리** ① 悠悠自適(유유자적: 멀 유, 멀 유, 스스로 자, 갈 적): 속세를 떠나 아무 속박 없이 조용하고 편안하게 삶
> ② 戀戀不忘(연연불망: 사모할 련(연), 사모할 련(연), 아닐 불, 잊을 망): 그리워서 잊지 못함.
> ④ 山紫水明(산자수명: 산 산, 자줏빛 자, 물 수, 밝을 명): 산은 자줏빛이고 물은 맑다는 뜻으로, 경치가 아름다움을 이르는 말

[작품] 을지문덕, 〈여수장우중문시〉

神策究天文(신책구천문)	그대의 신기한 책략은 하늘의 이치를 다했고
妙算窮地理(묘산궁지리)	오묘한 계산은 땅의 이치를 꿰뚫었도다.
戰勝功旣高(전승공기고)	그대 전쟁에 이겨 이미 공이 높으니
知足願云止(지족원운지)	만족함을 알고 그만두기를 바라노라.

- *성격: 풍자적
- *형식: 오언 고시
- *표현: 대구법, 억양법, 반어법
- *주제: 적장 우중문에 대한 조롱과 적장의 오판 유도
- *의의: 현존하는 우리나라 최고(最古)의 한시

02 ④ 至境 → 地境: 문맥상 '경계'라는 의미이므로, '地境(지경: 땅 지, 지경 경)'이 적절한 표기이다.
※ '至境(지경: 이를 지, 지경 경)'이란 말은 없다.

> **오답정리** ① 形象(형상: 모양 형, 코끼리 상): 사물의 생긴 모양이나 상태
> ② 半徑(반경: 반 반, 지름길 경): 반지름
> ③ 思惟(사유: 생각 사, 생각할 유): 대상을 두루 생각하는 일

03 ⊙ '길고도 세차게 잘하는 말솜씨' 또는 '쓸데없이 장황하게 늘어놓는 말'을 이르는 '장광설'은 '說(말씀 설)'이 아니라 '舌(혀 설)'을 써 '長廣舌(장광설: 길 장, 넓을 광, 혀 설)'로 표기한다.
ⓒ '아무 근거 없이 널리 퍼진 소문'을 이르는 '유언비어'는 '非(아닐 비)'가 아니라 '蜚(바퀴 비)'를 써 '流言蜚語(유언비어: 흐를 유(류), 말씀 언, 바퀴 비, 말씀 어)'로 표기한다.
ⓒ '핑계나 해명'의 뜻을 가진 '변명'은 '辯(말 잘할 변)'이 아니라 '辨(분별할 변)'을 써서 '辨明(변명: 분별할 변, 밝을 명)'으로 표기한다.

정답 01 ③ 02 ④ 03 ①

04 다음 글의 밑줄 친 ⊙의 한자 표기로 옳은 것은?

> 1776년 6월 3일, 폭우가 쏟아지며 캄캄해졌다. 전날 저녁부터 아침까지 온 식구가 모두 밥을 굶었다. 네가 이를 알고는 기쁘지 않아 상을 찡그리더니, 이 때문에 병이 더 극심해졌다. 아이를 집에 돌려보내자 갑자기 네가 숨을 거두었다. 늙은 아버지는 흐느껴 울며 부자와 형제가 이에 세 번 곡하였다. 천하에 지극히 애통한 소리다. 너는 이제 영원히 잠들었으니 이를 듣는가 듣지 못하는가? …… 평시에는 남들과 말할 적에 형제가 몇이냐고 물으면 아무개와 아무개 넷이 ⊙ 동기라고 하였더니, 이제부터는 남들이 물으면 넷이라 할 수가 없겠구나.

① 同起 ② 同氣

③ 同期 ④ 童氣

⑤ 童期

05 밑줄 친 한자 성어의 쓰임이 어색한 것은?

① 그들이 서로 삿대질하며 싸우는 광경은 漸入佳境이었다.

② 범인이 증거를 남기지 않아 사건이 여전히 五里霧中 상태이다.

③ 그는 지난번 실패를 거울삼아 表裏不同의 각오를 새롭게 하였다.

④ 확실히 알지 못하는 일에 그렇게 輕擧妄動하지 마라.

---

04 '형제가 몇이냐'는 물음에 '넷이 동기'라고 대답했다는 것을 볼 때, ⊙의 '동기'는 '형제자매'란 뜻을 가진 '同氣(같을 동, 기운 기)'로 표기해야 한다.

오답정리 ① 起(일어날 기)

③ 同期(같을 동, 기약할 기): 1. 같은 시기. 또는 같은 기간. 2. 학교나 훈련소 따위에서의 같은 기(期). 3. 같은 시기에 같은 곳에서 교육이나 강습을 함께 받은 사람

④, ⑤ 童(아이 동)

※ 同起(같을 동, 일어날 기), 童氣(아이 동, 기운 기), 童期(아이 동, 기약할 기)는 선택지를 위해 만든 말이다.

05 ③ 表裏不同(표리부동: 겉 표, 속 리 아닐 부(불), 같을 동)은 '겉으로 드러나는 언행과 속으로 가지는 생각이 다름.'의 뜻인데, 문맥상 '한 번 실패한 뒤 각오를 다시 함.'의 어휘가 쓰여야 하므로 자연스럽지 않다. '어떤 일에 실패한 뒤에 힘을 가다듬어 다시 그 일에 착수함.'을 비유하여 이르는 말인 '捲土重來(권토중래: 말 권, 흙 토, 거듭 중, 올 래)'로 고쳐 쓰는 것이 적절하다.

오답정리 ① 漸入佳境(점입가경: 점점 점, 들 입, 아름다울 가, 지경 경): 1. 들어갈수록 점점 재미가 있음. 2. 시간이 지날수록 하는 짓이나 몰골이 더욱 꼴불견임을 비유적으로 이르는 말

② 五里霧中(오리무중: 다섯 오, 마을 리, 안개 무, 가운데 중): 오 리나 되는 짙은 안개 속에 있다는 뜻으로, 무슨 일에 대하여 방향이나 갈피를 잡을 수 없음을 이르는 말

④ 輕擧妄動(경거망동: 가벼울 경, 들 거, 망령될 망, 움직일 동): 경솔하여 생각 없이 망령되게 행동함. 또는 그런 행동

정답 04 ② 05 ③

1 한자

| 271 田 밭 전 | 272 因 인할 인 | 273 男 사내 남 | 274 思 생각 사 | 275 恩 은혜 은 | 276 共 함께 공 |

| 277 洪 넓을 홍 | 278 供 이바지할 공 | 279 恭 공손할 공 | 280 異 다를 이 | 281 由 말미암을 유 | 282 油 기름 유 |

| 283 抽 뽑을 추 | 284 推 밀 추/퇴 | 285 唯 오직 유 | 286 惟 생각할 유 | 287 維 벼리 유 | 288 進 나아갈 진 |

| 289 集 모을 집 | 290 離 떠날 리 | 291 曲 굽을 곡 | 292 豊 풍년 풍 | 293 禮 예도 례 | 294 體 몸 체 |

| 295 辰 별 진/신 | 296 晨 새벽 신 | 297 農 농사 농 | 298 脣 입술 순 | 299 無 없을 무 | 300 舞 춤출 무 |

2 한자성어

001 我田引水	002 田夫之功	003 桑田碧海	004 滄海桑田	005 滄桑世界
006 滄海一粟	007 男負女戴	008 易地思之	009 背恩忘德	010 天人共怒
011 不共戴天	012 兄友弟恭	013 敬而遠之	014 由我之歎	015 與世推移
016 唯我獨尊	017 進退維谷	018 進退兩難	019 曲學阿世	020 九曲肝腸
021 不問曲直	022 盤溪曲徑	023 迂餘曲折	024 物我一體	025 絶體絶命
026 昏定晨省	027 丹脣皓齒	028 脣亡齒寒	029 前無後無	030 一切唯心造

3 한자어

001 意思	002 義士	003 醫師	004 異常	005 異狀
006 理想	007 以上	008 異性	009 理性	010 邁進
011 賣盡	012 婉曲	013 緩曲	014 失禮	015 實例
016 無故	017 無告	018 無辜	019 誣告	020 舞鼓

○ 알고있음　△ 애매함　X 모름

271

田
밭 전
★

□□□

田畓	田 밭 전　　　畓 논 답
	논과 밭을 아울러 이르는 말
田園	田 밭 전　　　園 동산 원
	논과 밭이라는 뜻으로, 도시에서 떨어진 시골이나 교외(郊外)를 이르는 말
泥田鬪狗	泥 진흙 이(니)　　田 밭 전　　　鬪 싸움 투　　　狗 개 구
	1. 진흙탕에서 싸우는 개라는 뜻으로, 강인한 성격의 함경도 사람을 이르는 말 2. 자기의 이익을 위하여 비열하게 다툼을 비유적으로 이르는 말

272

因
인할 인
★★

□□□

原因	原 근원 원　　　因 인할 인
	어떤 사물이나 상태를 변화시키거나 일으키게 하는 근본이 된 일이나 사건
要因	要 요긴할 요　　因 인할 인
	사물이나 사건이 성립되는 까닭. 또는 조건이 되는 요소
因果	因 인할 인　　　果 열매 과
	원인과 결과를 아울러 이르는 말

273

男
사내 남
★

□□□

男妹	男 사내 남　　　妹 누이 매
	1. 오빠와 누이를 아울러 이르는 말 2. 한 부모가 낳은 남녀 동기
男便	男 사내 남　　　便 편할 편
	혼인하여 여자의 짝이 된 남자
男女老少	男 사내 남　　女 계집 녀　　老 늙을 노(로)　　少 적을 소
	남자와 여자, 늙은이와 젊은이란 뜻으로, 모든 사람을 이르는 말

274

思
생각 사
★★

□□□

思考	思 생각 사　　　考 생각할 고
	생각하고 궁리함.
意思	意 뜻 의　　　思 생각 사
	무엇을 하고자 하는 생각
思索	思 생각 사　　　索 찾을 색
	어떤 것에 대하여 깊이 생각하고 이치를 따짐.

275

恩 은혜 은
★★

恩惠	恩 은혜 은　　　惠 은혜 혜
	1. 고맙게 베풀어 주는 신세나 혜택
	2. 하느님, 하나님 또는 부처님의 은총
報恩	報 갚을 보　　　恩 은혜 은
	은혜를 갚음.
謝恩	謝 사례할 사　　　恩 은혜 은
	받은 은혜에 대하여 감사히 여겨 사례함.

276

共 함께 공
★★

公共	公 공평할 공　　　共 함께 공
	국가나 사회의 구성원에게 두루 관계되는 것
共通	共 함께 공　　　通 통할 통
	둘 또는 그 이상의 여럿 사이에 두루 통하고 관계됨.
共感	共 함께 공　　　感 느낄 감
	남의 감정, 의견, 주장 따위에 대하여 자기도 그렇다고 느낌. 또는 그렇게 느끼는 기분

277

洪 넓을 홍
★

洪水	洪 넓을 홍　　　水 물 수
	1. 비가 많이 와서 강이나 개천에 갑자기 크게 불은 물. =큰물
	2. 사람이나 사물이 많이 쏟아져 나옴을 비유적으로 이르는 말
洪範	洪 넓을 홍　　　範 법 범
	모범이 되는 큰 규범
宇宙洪荒	宇 집 우　　　宙 집 주　　　洪 넓을 홍　　　荒 거칠 황
	하늘과 땅 사이는 넓고 커서 끝이 없음.

278

供 이바지할 공
★★

供給	供 이바지할 공　　　給 줄 급
	1. 요구나 필요에 따라 물품 따위를 제공함.
	2. 교환하거나 판매하기 위하여 시장에 재화나 용역을 제공하는 일. 또는 그 제공된 상품의 양
提供	提 끌 제　　　供 이바지할 공
	무엇을 내주거나 갖다 바침.
供託	供 이바지할 공　　　託 부탁할 탁
	돈이나 물건을 제공하고 그 보관을 위탁함.

279 恭 공손할 공 ★	恭遜	恭 공손할 공　　　遜 겸손할 손
		말이나 행동이 겸손하고 예의 바름.
	恭敬	恭 공손할 공　　　敬 공경할 경
		공손히 받들어 모심.
	恭待	恭 공손할 공　　　待 기다릴 대
		1. 공손하게 잘 대접함.
		2. 상대에게 높임말을 함.

280 異 다를 이 ★★	特異	特 특별할 특　　　異 다를 이
		1. 보통 것이나 보통 상태에 비하여 두드러지게 다름.
		2. 보통보다 훨씬 뛰어남.
	差異	差 다를 차　　　異 다를 이
		서로 같지 아니하고 다름. 또는 그런 정도나 상태
	驚異	驚 놀랄 경　　　異 다를 이
		놀랍고 신기하게 여김. 또는 그럴 만한 일

281 由 말미암을 유 ★	自由	自 스스로 자　　　由 말미암을 유
		외부적인 구속이나 무엇에 얽매이지 아니하고 자기 마음대로 할 수 있는 상태
	理由	理 다스릴 이(리)　　　由 말미암을 유
		1. 어떠한 결론이나 결과에 이른 까닭이나 근거
		2. 구실이나 변명
	由來	由 말미암을 유　　　來 올 래
		사물이나 일이 생겨남. 또는 그 사물이나 일이 생겨난 바

282 油 기름 유 ★	石油	石 돌 석　　　油 기름 유
		땅속에서 천연으로 나는, 탄화수소를 주성분으로 하는 가연성 기름
	油田	油 기름 유　　　田 밭 전
		석유가 나는 곳
	油價	油 기름 유　　　價 값 가
		석유의 판매 가격

283 抽 뽑을 추 ★★

抽象	抽 뽑을 추　　　象 코끼리 상
	여러 가지 사물이나 개념에서 공통되는 특성이나 속성 따위를 추출하여 파악하는 작용
抽出	抽 뽑을 추　　　出 날 출
	전체 속에서 어떤 물건, 생각, 요소 따위를 뽑아냄.
抽籤	抽 뽑을 추　　　籤 제비 첨
	제비를 뽑음.

284 推 밀 추/퇴 ★★★

推測	推 밀 추　　　測 헤아릴 측
	미루어 생각하여 헤아림.
推薦	推 밀 추　　　薦 천거할 천
	어떤 조건에 적합한 대상을 책임지고 소개함.
推敲	推 밀 퇴　　　敲 두드릴 고
	글을 지을 때 여러 번 생각하여 고치고 다듬음. 또는 그런 일.
	※ 당나라의 시인 가도(賈島)가 '僧推月下門(승퇴월하문)'이란 시구를 지을 때 '推(퇴)'를 '敲(고)'로 바꿀까 말까 망설이다가 한유(韓愈)를 만나 그의 조언으로 '敲(고)'로 결정하였다는 데에서 유래한다.

285 唯 오직 유 ★

唯一	唯(惟) 오직 유　　　一 하나 일
	오직 하나밖에 없음.
唯獨	唯(惟) 오직 유　　　獨 홀로 독
	많은 것 가운데 홀로 두드러지게
唯美主義	唯 오직 유　　美 아름다울 미　　主 주인 주　　義 옳을 의
	아름다움을 최고의 가치로 여겨 이를 추구하는 문예 사조. 19세기 후반 영국을 비롯한 유럽에서 나타났으며, 페이터, 보들레르, 와일드 등이 대표적 인물이다.

286 惟 생각할 유 ★

思惟	思 생각 사　　　惟 생각할 유
	대상을 두루 생각하는 일
人惟求舊	人 사람 인　　惟 생각할 유　　求 구할 구　　舊 옛 구
	사람은 옛 사람을 찾게 된다는 뜻으로, 벼슬아치를 임명할 때에는 오래 일하여 사무에 통달한 사람이 좋음을 이르는 말

287

維
버리 유
★★

維持	維 버리 유　　　　持 가질 지	
	어떤 상태나 상황을 그대로 보존하거나 변함없이 계속하여 지탱함.	
維新	維 버리 유　　　　新 새 신	
	낡은 제도를 고쳐 새롭게 함.	
纖維	纖 가늘 섬　　　　維 버리 유	
	생물체의 몸을 이루는, 가늘고 긴 실 모양의 물질. 또는 그것으로 만든 직물	

288

進
나아갈 진
★★

進行	進 나아갈 진　　　　行 다닐 행
	1. 앞으로 향하여 나아감.
	2. 일 따위를 처리하여 나감.
推進	推 밀 추　　　　進 나아갈 진
	1. 물체를 밀어 앞으로 내보냄.
	2. 목표를 향하여 밀고 나아감.
促進	促 재촉할 촉　　　　進 나아갈 진
	다그쳐 빨리 나아가게 함.

289

集
모을 집
★★

集中	集 모을 집　　　　中 가운데 중
	한곳을 중심으로 하여 모임. 또는 그렇게 모음.
	한 가지 일에 모든 힘을 쏟아부음.
集合	集 모을 집　　　　合 합할 합
	사람들이 한곳으로 모임.
募集	募 모을 모　　　　集 모을 집
	사람이나 작품, 물품 따위를 일정한 조건 아래 널리 알려 뽑아 모음.

290

離
떠날 리
★★★

離別	離 떠날 이(리)　　　別 다를 별
	서로 갈리어 떨어짐.
分離	分 나눌 분　　　　離 떠날 리
	서로 나뉘어 떨어짐. 또는 그렇게 되게 함.
隔離	隔 사이 뜰 격　　　離 떠날 리
	1. 다른 것과 통하지 못하게 사이를 막거나 떼어 놓음.
	2. 전염병 환자나 면역성이 없는 환자를 다른 곳으로 떼어 놓음.

291 曲 굽을 곡 ★	曲線	曲 굽을 곡　　線 줄 선
		모나지 아니하고 부드럽게 굽은 선
	作曲	作 지을 작　　曲 굽을 곡
		음악 작품을 창작하는 일. 또는 시(詩)나 가사에 가락을 붙이는 일
	戲曲	戲(戱) 놀이 희　　曲 굽을 곡
		1. 공연을 목적으로 하는 연극의 대본
		2. 등장인물들의 행동이나 대화를 기본 수단으로 하여 표현하는 예술 작품 ≒ 드라마

292 豊 풍년 풍 ★	豊年	豊(豐) 풍년 풍　　年 해 년
		1. 곡식이 잘 자라고 잘 여물어 평년보다 수확이 많은 해
		2. 어떤 선물이 매우 많거나 사물의 소득이 매우 많은 경우를 비유적으로 이르는 말
	豊足	豊(豐) 풍년 풍　　足 만족 족
		매우 넉넉하여 부족함이 없음.
	豊饒	豊(豐) 풍년 풍　　饒 넉넉할 요
		흠뻑 많아서 넉넉함.

293 禮 예도 례 ★★	禮儀	禮 예도 예(례)　　儀 거동 의
		존경의 뜻을 표하기 위하여 예로써 나타내는 말투나 몸가짐
	禮節	禮 예도 예(례)　　節 마디 절
		예의에 관한 모든 절차나 질서
	婚禮	婚 혼인할 혼　　禮 예도 례
		1. 부부 관계를 맺는 서약을 하는 의식　2. 혼인의 예절

294 體 몸 체 ★★	身體	身 몸 신　　體 몸 체
		1. 사람의 몸　2. 갓 죽은 송장을 이르는 말
	體系	體 몸 체　　系 이을 계
		일정한 원리에 따라서 낱낱의 부분이 짜임새 있게 조직되어 통일된 전체
	具體	具 갖출 구　　體 몸 체
		1. 사물이 직접 경험하거나 지각할 수 있도록 일정한 형태와 성질을 갖춤.
		2. 전체를 구비함.

295 辰 별 진/신 ★★

壬辰倭亂	壬 북방 임 　　辰 별 진 　　倭 왜나라 왜 　　亂 어지러울 란
	조선 선조 25년(1592)에 일본이 침입한 전쟁. 선조 31년(1598)까지 7년 동안 두 차례에 걸쳐 침입하였으며, 1597년에 재침략한 것을 정유재란으로 달리 부르기도 한다.
生辰	生 날 생 　　辰 별 신
	'생일'을 높여 이르는 말
誕辰	誕 낳을 탄 　　辰 별 신
	임금이나 성인이 태어난 날

296 晨 새벽 신 ★

早晨	早 일찍 조 　　晨 새벽 신
	이른 새벽
晨星	晨 새벽 신 　　星 별 성
	'금성'을 일상적으로 이르는 말.= 샛별
昏定晨省	昏 어두울 혼 　　定 정할 정 　　晨 새벽 신 　　省 살필 성
	밤에는 부모의 잠자리를 보아 드리고 이른 아침에는 부모의 밤새 안부를 묻는다는 뜻으로, 부모를 잘 섬기고 효성을 다함을 이르는 말

297 農 농사 농 ★

農業	農 농사 농 　　業 일 업
	땅을 이용하여 인간 생활에 필요한 식물을 가꾸거나, 유용한 동물을 기르거나 하는 산업. 또는 그런 직업
農耕	農 농사 농 　　耕 밭 갈 경
	논밭을 갈아 농사를 지음.
歸農	歸 돌아갈 귀 　　農 농사 농
	다른 일을 하던 사람이 그 일을 그만두고 농사를 지으려고 농촌으로 돌아감.

298 脣 입술 순 ★★★

口脣	口 입 구 　　脣 입술 순
	1. 입과 입술을 아울러 이르는 말 2. 포유류의 입 가장자리 위아래에 도도록이 붙어 있는 얇고 부드러운 살. = 입술
脣音	脣 입술 순 　　音 소리 음
	두 입술 사이에서 나는 소리. 국어의 'ㅂ', 'ㅃ', 'ㅍ', 'ㅁ'이 여기에 해당한다.
脣齒	脣 입술 순 　　齒 이 치
	1. 입술과 이를 아울러 이르는 말 2. 입술과 이처럼 이해관계가 밀접한 둘 사이를 비유적으로 이르는 말

299

無
없을 무
★★

無料	無 없을 무　　　料 헤아릴 료
	1. 요금이 없음.　2. 급료가 없음.
無視	無 없을 무　　　視 볼 시
	1. 사물의 존재 의의나 가치를 알아주지 아니함. 2. 사람을 깔보거나 업신여김.
無酌定	無 없을 무　　　酌 술 따를 작　　　定 정할 정
	[명사] 1. 얼마라든지 혹은 어떻게 하리라고 미리 정한 것이 없음. 　　　 2. 좋고 나쁨을 가림이 없음. [부사] 얼마라든지 혹은 어떻게 하리라고 미리 정한 것이 없이

300

舞
춤출 무
★★

舞臺	舞 춤출 무　　　臺 대 대
	1. 노래, 춤, 연극 따위를 하기 위하여 객석 정면에 만들어 놓은 단 2. 주로 활동하는 공간을 비유적으로 이르는 말 3. 이야기의 배경이 되는 곳을 비유적으로 이르는 말
舞踊	舞 춤출 무　　　踊 뛸 용
	음악에 맞추어 율동적인 동작으로 감정과 의지를 표현함. 또는 그런 예술
鼓舞	鼓 북 고　　　舞 춤출 무
	1. 북을 치고 춤을 춤. 2. 힘을 내도록 격려하여 용기를 북돋움.

10강 한자성어

---

001 我田引水
아전인수

나 아	밭 전	끌 인	물 수

자기 논에 물 대기라는 뜻으로, 자기에게만 이롭게 되도록 생각하거나 행동함을 이르는 말

---

002 田夫之功
전부지공

밭 전	지아비 부	갈 지	공 공

양자의 다툼에 엉뚱한 제삼자가 이득을 보는 것을 비유적으로 이르는 말.

※ 예전 중국에 한자로(韓子盧)라는 매우 빠른 개가 동곽준(東郭逡)이라는 재빠른 토끼를 뒤쫓았다가 마침내 둘 다 지쳐서 죽고 말았는데, 때마침 이를 발견한 전부(田夫)가 힘들이지 않고 둘 다 얻었다는 고사에서 유래한다.

---

003 桑田碧海
상전벽해

뽕나무 상	밭 전	푸를 벽	바다 해

뽕나무밭이 변하여 푸른 바다가 된다는 뜻으로, 세상일의 변천이 심함을 비유적으로 이르는 말

---

004 滄海桑田
창해상전

큰 바다 창	바다 해	뽕나무 상	밭 전

뽕나무밭이 변하여 푸른 바다가 된다는 뜻으로, 세상일의 변천이 심함을 비유적으로 이르는 말

---

005 滄桑世界
창상세계

큰 바다 창	뽕나무 상	세상 세	지경 계

급격히 바뀌어 변모하는 세상

---

006 滄海一粟
창해일속

큰 바다 창	바다 해	하나 일	조 속

넓고 큰 바닷속의 좁쌀 한 알이라는 뜻으로, 아주 많거나 넓은 것 가운데 있는 매우 하찮고 작은 것을 이르는 말

007 ☐☐☐

男負女戴
남부여대

사내 남	질 부	계집 여(녀)	일 대

남자는 지고 여자는 인다는 뜻으로, 가난한 사람들이 살 곳을 찾아 이리저리 떠돌아다님을 비유적으로 이르는 말

008 ☐☐☐

易地思之
역지사지

바꿀 역	땅 지	생각 사	갈 지

처지를 바꾸어서 생각하여 봄.

009 ☐☐☐

背恩忘德
배은망덕

등 배	은혜 은	잊을 망	덕 덕

남에게 입은 은덕을 저버리고 배신하는 태도가 있음.

010 ☐☐☐

天人共怒
천인공노

하늘 천	사람 인	함께 공	성낼 노

하늘과 사람이 함께 노한다는 뜻으로, 누구나 분노할 만큼 증오스럽거나 도저히 용납할 수 없음을 이르는 말

011 ☐☐☐

不共戴天
불공대천

아닐 불	함께 공	일 대	하늘 천

하늘을 함께 이지 못한다는 뜻으로, 이 세상에서 같이 살 수 없을 만큼 큰 원한을 가짐을 비유적으로 이르는 말. ≒ 불구대천(不俱戴天)

012 ☐☐☐

兄友弟恭
형우제공

형 형	벗 우	아우 제	공손할 공

형은 아우를 사랑하고 동생은 형을 공경한다는 뜻으로, 형제간에 서로 우애 깊게 지냄을 이르는 말

013 ☐☐☐

敬而遠之
경이원지

공경할 경	말 이을 이	멀 원	갈 지

1. 공경하되 가까이하지는 않음. = 경원(敬遠)
2. 겉으로는 공경하는 체하면서 실제로는 꺼리어 멀리함.

014 ☐☐☐

由我之歎
유아지탄

말미암을 유	나 아	갈 지	탄식할 탄

나로 말미암아 남에게 해가 미치게 된 것을 뉘우치는 탄식

015 □□□

與世推移
여세추이

더불 여   세상 세   밀 추   옮길 이

세상이 변하는 대로 따라 변함. ≒ 여세부침(與世浮沈)

---

016 □□□

唯我獨尊
유아독존

오직 유   나 아   홀로 독   높을 존

1. 세상에서 자기 혼자 잘났다고 뽐내는 태도
2. 우주 가운데 자기보다 더 존귀한 이는 없음.

---

017 □□□

進退維谷
진퇴유곡

나아갈 진   물러날 퇴   벼리 유   골 곡

이러지도 저러지도 못하고 꼼짝할 수 없는 궁지

---

018 □□□

進退兩難
진퇴양난

나아갈 진   물러날 퇴   두 양(량)   어려울 난

이러지도 저러지도 못하는 어려운 처지. ≒ 진퇴무로(進退無路)

---

019 □□□

曲學阿世
곡학아세

굽을 곡   배울 학   아첨할 아   세상 세

바른길에서 벗어난 학문으로 세상 사람에게 아첨함.

---

020 □□□

九曲肝腸
구곡간장

아홉 구   굽을 곡   간 간   창자 장

굽이굽이 서린 창자라는 뜻으로, 깊은 마음속 또는 시름이 쌓인 마음속을 비유적으로 이르는 말

---

021 □□□

不問曲直
불문곡직

아닐 불   물을 문   굽을 곡   곧을 직

옳고 그름을 따지지 아니함.

---

022 □□□

盤溪曲徑
반계곡경

소반 반   시내 계   굽을 곡   지름길 경

서려 있는 계곡과 구불구불한 길이라는 뜻으로, 일을 순서대로 정당하게 하지 아니하고 그릇된 수단을 써서 억지로 함을 이르는 말. ≒ 방기곡경(旁岐曲徑)

023 迂餘曲折
우여곡절

| 에돌 우 | 남을 여 | 굽을 곡 | 꺾을 절 |

뒤얽혀 복잡하여진 사정

024 物我一體
물아일체

| 물건 물 | 나 아 | 하나 일 | 몸 체 |

외물(外物)과 자아, 객관과 주관, 또는 물질계와 정신계가 어울려 하나가 됨.

025 絶體絶命
절체절명

| 끊을 절 | 몸 체 | 끊을 절 | 목숨 명 |

몸도 목숨도 다 되었다는 뜻으로, 어찌할 수 없는 절박한 경우를 비유적으로 이르는 말

026 昏定晨省
혼정신성

| 어두울 혼 | 정할 정 | 새벽 신 | 살필 성 |

밤에는 부모의 잠자리를 보아 드리고 이른 아침에는 부모의 밤새 안부를 묻는다는 뜻으로, 부모를 잘 섬기고 효성을 다함을 이르는 말

027 丹脣皓齒
단순호치

| 붉을 단 | 입술 순 | 흴 호 | 이 치 |

붉은 입술과 하얀 치아라는 뜻으로, 아름다운 여자를 이르는 말

028 脣亡齒寒
순망치한

| 입술 순 | 망할 망 | 이 치 | 찰 한 |

입술이 없으면 이가 시리다는 뜻으로, 서로 이해관계가 밀접한 사이에 어느 한쪽이 망하면 다른 한쪽도 그 영향을 받아 온전하기 어려움을 이르는 말

029 前無後無
전무후무

| 앞 전 | 없을 무 | 뒤 후 | 없을 무 |

이전에도 없었고 앞으로도 없음.

030 一切唯心造
일체유심조

| 하나 일 | 모두 체 | 오직 유 | 마음 심 | 지을 조 |

모든 것은 오직 마음이 지어낸다는 뜻으로, 모든 일에 마음가짐이 중요함을 이르는 말

001 意思
뜻 의　　　생각 사
의사
무엇을 하고자 하는 생각
• 경기에 불참의 意思를 밝히다.

006 理想
다스릴 이(리)　생각 상
이상
생각할 수 있는 범위 안에서 가장 완전
하다고 여겨지는 상태
• 理想을 실현하다.

002 義士
옳을 의　　　선비 사
의사
의로운 지사(志士)
• 윤봉길 義士

007 以上
써 이　　　위 상
이상
수량이나 정도가 일정한 기준보다 더
많거나 나음.
• 십 년 以上 근무하다.

003 醫師
의원 의　　　스승 사
의사
일정한 자격을 가지고 병을 고치는 것
을 직업으로 하는 사람
• 醫師의 진찰을 받다.

008 異性
다를 이　　　성품 성
이성
1. 성질이 다름. 또는 다른 성질
2. 성(性)이 다른 것
• 異性 교제는 언제나 청소년들의
고민거리이다.

004 異常
다를 이　　　항상 상
이상
정상적인 상태와 다름.
• 기계에 異常이 생기다.

009 理性
다스릴 이(리)　성품 성
이성
개념적으로 사유하는 능력을 감각적
능력에 상대하여 이르는 말
• 그는 감성보다는 理性이 발달한 냉철
한 인간이다.

005 異狀
다를 이　　　형상 상
이상
평소와는 다른 상태
• "근무 중 異狀 무!"

010 邁進
갈 매　　　나아갈 진
매진
어떤 일을 전심전력을 다하여 해 나감.
• 선생님은 오로지 후학들을 가르치는
일에만 邁進해 왔습니다.

011 ☐☐☐

賣盡
매진

팔 매   다할 진

하나도 남지 아니하고 모두 다 팔려 동이 남.
- 열차표는 토요일 오전이면 거의 다 賣盡된다.

012 ☐☐☐

婉曲
완곡

아름다울 완   굽을 곡

말하는 투가, 듣는 사람의 감정이 상하지 않도록 모나지 않고 부드러움.
- 그는 상대에 대한 비판을 婉曲한 표현으로 순화시켰다.

013 ☐☐☐

緩曲
완곡

느릴 완   굽을 곡

느릿느릿하면서도 정성스러움.
- 결국 緩曲하고 끈기 있는 자존심이 본능적인 식욕을 서서히 제압하기 시작했다.

014 ☐☐☐

失禮
실례

잃을 실   예도 례

말이나 행동이 예의에 벗어남. 또는 그런 말이나 행동
- 초면에 여러 가지로 失禮가 많습니다.

015 ☐☐☐

實例
실례

열매 실   법식 례

구체적인 실제의 보기
- 어떤 내용을 설명할 때는 구체적인 實例를 들어서 말하는 것이 좋다.

016 ☐☐☐

無故
무고

없을 무   연고 고

1. 아무런 까닭이 없음.
   - 오늘 행사에 無故로 참석하지 못한 사람은 한 명도 없습니다.
2. 사고 없이 평안함.
   - 가족의 無故를 기원하다.

017 ☐☐☐

無告
무고

없을 무   알릴 고

괴로운 처지를 하소연할 곳이 없음. 또는 그런 사람

018 ☐☐☐

無辜
무고

없을 무   허물 고

아무런 잘못이나 허물이 없다.
- 피의자는 끝까지 자신은 無辜하다고 주장했다.

019 ☐☐☐

誣告
무고

속일 무   알릴 고

사실이 아닌 일을 거짓으로 꾸미어 해당 기관에 고소하거나 고발하는 일
- 誣告 혐의로 조사를 받다.

020 ☐☐☐

舞鼓
무고

춤출 무   북 고

1. 궁중 정재(모才) 때에 쓰던 북의 하나
2. 북을 메고 추는 고전 무용

10^강 연습 문제

💬 다음 한자의 뜻과 음을 쓰시오.

01 維 : (   ) 02 恩 : (   )

03 進 : (   ) 04 思 : (   )

05 推 : (   ) 06 昏 : (   )

07 離 : (   ) 08 晨 : (   )

💬 다음 한자성어의 독음을 쓰고, 적절한 뜻을 바르게 연결하시오.

09 不問曲直
(   ) ・
・ⓐ 밤에는 부모의 잠자리를 보아 드리고 이른 아침에는 부모의 밤새 안부를 묻는다는 뜻으로, 부모를 잘 섬기고 효성을 다함을 이르는 말

10 昏定晨省
(   ) ・
・ⓑ 나로 말미암아 남에게 해가 미치게 된 것을 뉘우치는 탄식

11 進退兩難
(   ) ・
・ⓒ 처지를 바꾸어서 생각하여 봄.

12 敬而遠之
(   ) ・
・ⓓ 옳고 그름을 따지지 아니함.

13 易地思之
(   ) ・
・ⓔ 세상이 변하는 대로 따라 변함.

14 由我之歎
(   ) ・
・ⓕ 1. 공경하되 가까이하지는 않음.
2. 겉으로는 공경하는 체하면서 실제로는 꺼리어 멀리함.

15 我田引水
(   ) ・
・ⓖ 자기 논에 물 대기라는 뜻으로, 자기에게만 이롭게 되도록 생각하거나 행동함을 이르는 말

16 與世推移
(   ) ・
・ⓗ 이러지도 저러지도 못하는 어려운 처지

💬 **〈보기〉의 설명을 참고하여 빈칸에 들어갈 한자를 쓰시오.**

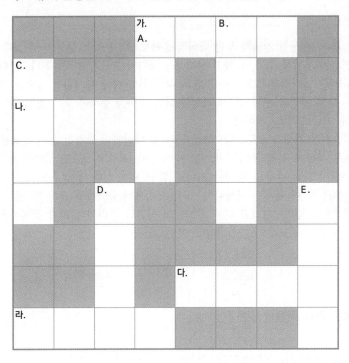

[가로]

가. 아주 많거나 넓은 것 가운데 있는 매우 하찮고 작은 것을 이르는 말

나. 바른길에서 벗어난 학문으로 세상 사람에게 아첨함.

다. 가난한 사람들이 살 곳을 찾아 이리저리 떠돌아다님을 비유적으로 이르는 말

라. 서로 이해관계가 밀접한 사이에 어느 한쪽이 망하면 다른 한쪽도 그 영향을 받아 온전하기 어려움을 이르는 말

[세로]

A. 급격히 바뀌어 변모하는 세상

B. 모든 것은 오직 마음이 지어낸다는 뜻으로, 모든 일에 마음가짐이 중요함을 이르는 말

C. 굽이굽이 서린 창자라는 뜻으로, 깊은 마음속 또는 시름이 쌓인 마음속을 비유적으로 이르는 말

D. 붉은 입술과 하얀 치아라는 뜻으로, 아름다운 여자를 이르는 말

E. 이 세상에서 같이 살 수 없을 만큼 큰 원한을 가짐을 비유적으로 이르는 말

➕ 정답

01. 벼리 **유**
02. 은혜 **은**
03. 나아갈 **진**
04. 생각 **사**
05. 밀 **추/퇴**
06. 입술 **순**
07. 떠날 **리**
08. 새벽 **신**

09. 불문곡직 – ⓓ
10. 혼정신성 – ⓐ
11. 진퇴양난 – ⓗ
12. 경이원지 – ⓕ
13. 역지사지 – ⓒ
14. 유아지탄 – ⓑ
15. 아전인수 – ⓖ
16. 여세추이 – ⓔ

10강 실전 연습문제

01 ⊙에 들어갈 고사성어로 가장 적절한 것은?

우리는 우리 선조들이 오랜 세월 동안 겪어 온 생활 경험과 생활 방식의 총체로서의 문화적 전통 속에 있다. 그리고 그 문화적 전통은 '우리'라는 동질성을 부여해 주고, 문화적 정체성을 확립하는 근거로 작용한다. 문화적 정체성은 다른 문화와 구별되는 '우리'라는 울타리를 치는 것이지만 동시에 일상 속에 융해되어 흡수된 외래문화도 포함한다. 즉, 문화적 정체성은 다른 문화와 구별되는 독자성과 다른 문화를 통하여 우리 것의 넓이와 깊이를 풍부하게 하는 상호성을 함께 지니고 있는 것이다.

여기에는 다른 문화와 사람에 대한 개방적인 자세가 요구된다. 다른 문화 및 사람과의 교류는 우리 문화를 만드는 밑거름이 되며 다른 문화의 수용을 통하여 우리 문화가 발전할 수 있음을 열린 마음으로 받아들여야 한다. 그러기 위해서는 ⊙_____과(와) 창조적 수용의 자세를 지녀야 할 필요가 있다. 다문화와 화목을 추구하면서 서로의 차이를 이해하고 인정하는 것이 전자의 자세이며, 다문화 속에서 받아들일 것은 받아들여 우리 것으로 만드는 것은 후자의 자세라 할 수 있다. 그리고 다른 문화와의 공존과 우리의 문화적 정체성을 만들어 나가는 것은 같은 공동체에 속한 너와 나 모두의 과업이라고 할 수 있다.

① 法古創新　　② 物我一體　　③ 滄桑世界　　④ 和而不同

02 '효녀 지은'의 행위를 나타내는 사자 성어로 가장 적절한 것은?

효녀 지은은 어려서 아버지를 잃고 홀로 어머니를 봉양하였다. 아침과 저녁으로 문안드리며 곁을 떠나지 않았다.

– 《삼국사기》 열전 〈효녀 지은〉 –

① 肝膽相照　　② 磨斧爲針　　③ 昏定晨省　　④ 孤掌難鳴

03 사자성어 중 뜻이 나머지와 가장 다른 하나는?

① 지란지교(芝蘭之交)　② 금란지계(金蘭之契)　③ 문경지교(刎頸之交)　④ 단순호치(丹脣皓齒)

04 다음 중 괄호 안의 한자가 옳은 것은?

① 정직함이 유능함보다 중요(仲要)하다.
② 대중(對衆) 앞에서 연설하는 것은 쉬운 일이 아니다.
③ 부동산 중개사(重介士) 시험을 보는 사람들이 점점 늘어나고 있다.
④ 집중력(集中力)이 떨어지지 않도록 숙면을 취해야 한다.

216　한자(漢字) 20시간 초단기 완성

05 다음 글의 교훈으로 가장 어울리는 한자 성어는?

> 큰 물건을 등에 지고 길을 나섰던 두 장사꾼이 높고 험난한 고개를 만나게 되었다. 때는 여름이고 해는 중천에 떠 있어서 가만히 있어도 땀이 비 오듯 흐르는 무더운 날씨였다. 그중 한 사람은 그 큰 고개를 불만 가득한 시선으로 바라다보면서 중얼거렸다. "재수 없는 날이군, 어느 세월에 이 고개를 넘는단 말인가."
>
> 그런데 다른 한 장사꾼은 희망찬 시선으로 높은 고개를 바라보면서 얼굴에 미소를 띄우고 말했다. "오늘은 재수 좋은 날이군, 이렇게 험한 고개가 있으니 고개 너머 저쪽엔 장사꾼이 자주 올 수 없었을 거야. 그러니 이 고개를 넘어 가기만하면 물건은 쉽게 팔 수 있을 거야."

① 易地思之　　　② 脣亡齒寒　　　③ 曲學阿世　　　④ 一切唯心造

---

01 ㉠에는 바로 다음 문장의 "다문화와 화목을 추구하면서 서로의 차이를 이해하고 인정하는 것이 전자의 자세이며"와 연결되는 내용이 들어가야 한다. 따라서 '남과 사이좋게 지내기는 하나 무턱대고 어울리지는 아니함.'을 의미하는 '和而不同(화이부동: 화목할 화, 말 이을 이, 아닐 부(불), 같을 동)'이 들어가는 것이 적절하다.

　오답정리　① 法古創新(법고창신: 법 법, 옛 고, 비롯할 창, 새 신): 옛것을 본받아 새로운 것을 창조한다는 뜻으로, 옛것에 토대를 두되 그것을 변화시킬 줄 알고 새것을 만들어 가되 근본을 잃지 않아야 함을 이르는 말
② 物我一體(물아일체: 물건 물, 나 아, 하나 일, 몸 체): 외물(外物)과 자아, 객관과 주관, 또는 물질계와 정신계가 어울려 하나가 됨.
③ 滄桑世界(창상세계: 큰 바다 창, 뽕나무 상, 세상 세, 지경 계): 급격히 바뀌어 변모하는 세상

02 '효녀 지은'이 아침저녁으로 어머니를 정성스럽게 섬기고 효성을 다했다는 내용이므로, '밤에는 부모의 잠자리를 보아 드리고 이른 아침에는 부모의 밤새 안부를 묻는다는 뜻으로, 부모를 잘 섬기고 효성을 다함을 이르는 말'의 의미인 '昏定晨省(혼정신성: 어두울 혼, 정할 정, 새벽 신, 살필 성)'이 적절하다.

　오답정리　① 肝膽相照(간담상조: 간 간, 쓸개 담, 서로 상, 비출 조): 서로 속마음을 털어놓고 친하게 사귐.
② 磨斧爲針(마부위침: 갈 마, 도끼 부, 할 위, 바늘 침): 도끼를 갈아서 바늘을 만든다는 뜻으로, 아무리 어려운 일이라도 끊임없이 노력하면 반드시 이룰 수 있음을 이르는 말
④ 孤掌難鳴(고장난명: 외로울 고, 손바닥 장, 어려울 난, 울 명): 1. 외손뼉만으로는 소리가 울리지 아니한다는 뜻으로, 혼자의 힘만으로 어떤 일을 이루기 어려움을 이르는 말.　2. 맞서는 사람이 없으면 싸움이 일어나지 아니함을 이르는 말

03 ④ '丹脣皓齒(단순호치: 붉을 단, 입술 순, 흴 호, 이 치)'는 아름다운 여자를 이르는 말이고 나머지는 모두 '두터운 우정'을 이르는 말이다.

　오답정리　① 芝蘭之交(지란지교: 지초 지, 난초 란, 갈 지, 사귈 교): 지초(芝草)와 난초(蘭草)의 교제라는 뜻으로, 벗 사이의 맑고도 고귀한 사귐을 이르는 말.
② 金蘭之契(금란지계: 쇠 금, 난초 란, 갈 지, 맺을 계): 친구 사이의 매우 두터운 정을 이르는 말
③ 刎頸之交(문경지교: 목 벨 문, 목 경, 갈 지, 사귈 교): 서로를 위해서라면 목이 잘린다 해도 후회하지 않을 정도의 사이라는 뜻으로, 생사를 같이할 수 있는 아주 가까운 사이, 또는 그런 친구를 이르는 말

04 ④ '집중력'은 '집중+력'이 합쳐진 말로, '집중하는 능력'이란 의미이다. 따라서 '集中力(모을 집, 가운데 중, 힘 력)'의 표기는 옳다.

　오답정리　① 仲要 → 重要: '귀중하고 요긴하다'란 의미이므로, '仲(버금 중)'이 아닌, '重(무거울 중)'을 쓴 '重要(중요: 무거울 중, 요긴할 요)'로 표기해야 한다.
② 對衆 → 大衆: '많은 사람'이란 의미이므로, '對(대할 대)'가 아닌 '大(큰 대)'를 쓴 '大衆(대중: 큰 대, 무리 중)'의 표기가 옳다.
③ 重介士 → 仲介士: '중개+사'가 합쳐진 말로, '중개하는 사람'이란 의미다. 따라서 '重(무거울 중)'이 아닌, '仲(버금 중)'을 쓴 '仲介士(중개사: 버금 중, 끼일 개, 선비 사)'의 표기가 옳다.

05 제시된 글은 두 장사꾼이 같은 고개를 보고 각기 다르게 마음을 먹고 있다는 내용이다. 이 글의 말하고자 하는 바는 '모든 일은 마음가짐이 중요하다.'는 것이다. 따라서 이에 가장 부합하는 것은 '모든 것은 오직 마음이 지어낸다는 뜻으로, 모든 일에 마음가짐이 중요함을 이르는 말'인 ④ '一切唯心造(일체유심조: 하나 일, 모두 체, 오직 유, 마음 심, 지을 조)'이다.

　오답정리　① 易地思之(역지사지: 바꿀 역, 땅 지, 생각 사, 갈지): 처지를 바꾸어서 생각하여 봄.
② 脣亡齒寒(순망치한: 입술 순, 망할 망, 이 치, 찰 한): 입술이 없으면 이가 시리다는 뜻으로, 서로 이해관계가 밀접한 사이에 어느 한쪽이 망하면 다른 한쪽도 그 영향을 받아 온전하기 어려움을 이르는 말
③ 曲學阿世(곡학아세: 굽을 곡, 배울 학, 아첨할 아, 세상 세): 바른길에서 벗어난 학문으로 세상 사람에게 아첨함.

⊕ 정답 01 ④　02 ③　03 ④　04 ④　05 ④

11^강

20시간 초단기 완성
한자 1600선

1회독 _____월 _____일
2회독 _____월 _____일
3회독 _____월 _____일

1 한자

301 古 옛 고	**302** 故 연고 고	**303** 做 지을 주
304 苦 쓸 고	**305** 固 굳을 고	**306** 士 선비 사

307 志 뜻 지	**308** 吉 길할 길	**309** 結 맺을 결
310 喜 기쁠 희	**311** 事 일 사	**312** 筆 붓 필

313 律 법 률	**314** 書 글 서	**315** 晝 낮 주
316 盡 다할 진	**317** 畫 그림 화	**318** 劃 그을 획

319 中 가운데 중	**320** 忠 충성 충	**321** 患 근심 환
322 央 가운데 앙	**323** 映 비출 영	**324** 英 꽃부리 영

325 決 결정할 결	**326** 缺 이지러질 결	**327** 漢 한나라/놈 한
328 難 어려울 난	**329** 嘆 탄식할 탄	**330** 歎 탄식할 탄

2 한자성어

001 今古一般	002 法古創新	003 溫故知新	004 萬古風霜	005 艱難辛苦

006 同苦同樂	007 一喜一悲	008 事半功倍	009 食少事煩	010 多事多難

011 一筆揮之	012 二律背反	013 晝夜長川	014 不撤晝夜	015 晝思夜度

016 一網打盡	017 吐盡肝膽	018 畵中之餠	019 自中之亂	020 囊中取物

021 囊中之錐	022 鐵中錚錚	023 群鷄一鶴	024 暗中摸索	025 釜中生魚

026 杯中蛇影	027 忠言逆耳	028 難兄難弟	029 莫上莫下	030 能書不擇筆

3 한자어

001 最古	002 最高	003 催告	004 故事	005 考査

006 告祀	007 枯死	008 固辭	009 姑捨	010 行事

011 行使	012 檢事	013 檢査	014 劍士	015 忠實

016 充實	017 映畵	018 榮華	019 決定	020 結晶

○ 알고있음 △ 애매함 X 모름

301

古 옛 고

★

古代	古 옛 고　　　代 대신할 대
	1. 옛 시대
	2. 역사 시대 구분의 하나로, 원시 시대와 중세 사이의 시대
古典	古 옛 고　　　典 법 전
	1. 옛날의 의식(儀式)이나 법식(法式)
	2. 오랫동안 많은 사람에게 널리 읽히고 모범이 될 만한 문학이나 예술 작품
古稀	古 옛 고　　　稀 드물 희
	고래(古來)로 드문 나이란 뜻으로, 일흔 살을 이르는 말

302

故 연고 고

★★

緣故	緣 인연 연　　　故 연고 고
	1. 일의 까닭. = 사유
	2. 혈통, 정분, 법률 따위로 맺어진 관계
	3. 사람들 사이에 맺어지는 관계. = 인연
故鄕	故 연고 고　　　鄕 고향 향
	1. 자기가 태어나서 자란 곳
	2. 조상 대대로 살아온 곳
故意	故 연고 고　　　意 뜻 의
	일부러 하는 생각이나 태도

303

做 지을 주

★★★

看做	看 볼 간　　　做 지을 주
	상태, 모양, 성질 따위가 그와 같다고 봄. 또는 그렇다고 여김.
做錯	做 지을 주　　　錯 어긋날 착
	잘못인 줄 알면서 저지른 과실

304 苦 쓸 고 ★★

苦痛	苦 쓸 고　　　　　痛 아플 통
	몸이나 마음의 괴로움과 아픔
苦悶	苦 쓸 고　　　　　悶 번민할 민
	마음속으로 괴로워하고 애를 태움.
苦衷	苦 쓸 고　　　　　衷 속마음 충
	괴로운 심정이나 사정

305 固 굳을 고 ★★

固有	固 굳을 고　　　　　有 있을 유
	본래부터 가지고 있는 특유한 것
固着	固 굳을 고　　　　　着 붙을 착
	1. 물건 같은 것이 굳게 들러붙어 있음.
	2. 어떤 상황이나 현상이 굳어져 변하지 않음.
固執	固 굳을 고　　　　　執 잡을 집
	자기의 의견을 바꾸거나 고치지 않고 굳게 버팀. 또는 그렇게 버티는 성미

306 士 선비 사 ★

技士	技 재주 기　　　　　士 선비 사
	1. '운전사'를 높여 이르는 말
	2. 국가 기술 자격 등급의 하나. 공학적 기술 이론 지식을 가지고 기술 업무를 수행할 수 있는 사람으로서 법에 의거한 기술 자격 검정 시험에 합격하여야 한다.
布衣寒士	布 베 포　　　衣 옷 의　　　寒 찰 한　　　士 선비 사
	베옷을 입은 가난한 선비라는 뜻으로, 벼슬이 없는 가난한 선비를 이르는 말
士農工商	士 선비 사　　　農 농사 농　　　工 장인 공　　　商 장사 상
	예전에, 백성을 나누던 네 가지 계급. 선비, 농부, 공장(工匠), 상인을 이르던 말이다.

307 志 뜻 지 ★★

志士	志 뜻 지　　　　　士 선비 사
	나라와 민족을 위하여 제 몸을 바쳐 일하려는 뜻을 가진 사람
志操	志 뜻 지　　　　　操 잡을 조
	원칙과 신념을 굽히지 아니하고 끝까지 지켜 나가는 꿋꿋한 의지. 또는 그런 기개
志學	志 뜻 지　　　　　學 배울 학
	1. 학문에 뜻을 둠.
	2. 열다섯 살을 달리 이르는 말.
	※ 《논어》 〈위정편(爲政篇)〉에서, 공자가 열다섯 살에 학문에 뜻을 두었다고 한 데서 나온 말이다.

308 吉 길할 길 ★

□□□

吉兆	吉 길할 길　　　兆 조짐 조
	좋은 일이 있을 조짐
吉夢	吉 길할 길　　　夢 꿈 몽
	좋은 징조의 꿈
吉凶禍福	吉 길할 길　　凶 흉할 흉　　禍 재앙 화　　福 복 복
	길흉과 화복을 아울러 이르는 말

309 結 맺을 결 ★★

□□□

結婚	結 맺을 결　　　婚 혼인할 혼
	남녀가 정식으로 부부 관계를 맺음.
結果	結 맺을 결　　　果 열매 과
	1. 열매를 맺음. 또는 그 열매 2. 어떤 원인으로 결말이 생김. 또는 그런 결말의 상태
團結	團 둥글 단　　　結 맺을 결
	많은 사람이 마음과 힘을 한데 뭉침.

310 喜 기쁠 희 ★★

□□□

喜悅	喜 기쁠 희　　　悅 기쁠 열
	기쁨과 즐거움. 또는 기뻐하고 즐거워함.
喜壽	喜 기쁠 희　　　壽 목숨 수
	나이 일흔일곱 살을 달리 이르는 말
喜怒哀樂	喜 기쁠 희　　怒 성낼 로(노)　　哀 슬플 애　　樂 즐거울 락
	기쁨과 노여움과 슬픔과 즐거움을 아울러 이르는 말

311 事 일 사 ★

□□□

事件	事 일 사　　　件 물건 건
	사회적으로 문제를 일으키거나 주목을 받을 만한 뜻밖의 일
行事	行 다닐 행　　　事 일 사
	어떤 일을 시행함. 또는 그 일
檢事	檢 검사할 검　　　事 일 사
	검찰권을 행사하는 사법관. 범죄를 수사하고 공소를 제기하며 재판을 집행한다.

312 筆 붓 필

★

筆記	筆 붓 필　　　記 기록할 기
	1. 글씨를 씀. 2. 강의, 강연, 연설 따위의 내용을 받아 적음.
隨筆	隨 따를 수　　　筆 붓 필
	일정한 형식을 따르지 않고 인생이나 자연 또는 일상생활에서의 느낌이나 체험을 생각나는 대로 쓴 산문 형식의 글
大書特筆	大 큰 대　　　書 글 서　　　特 특별할 특　　　筆 붓 필
	특별히 두드러지게 보이도록 글자를 크게 쓴다는 뜻으로, 신문 따위의 출판물에서 어떤 기사에 큰 비중을 두어 다룸을 이르는 말

313 律 법률

★★

法律	法 법 법　　　律 법률
	국가의 강제력을 수반하는 사회 규범. 국가 및 공공 기관이 제정한 법률, 명령, 규칙, 조례 따위이다.
規律	規 법 규　　　律 법 율(률)
	1. 질서나 제도를 유지하기 위하여 정하여 놓은, 행동의 준칙이 되는 본보기 2. 질서나 제도를 좇아 다스림. 3. 일정한 질서나 차례
不文律	不 아닐 불　　　文 글월 문　　　律 법 율(률)
	문서의 형식을 갖추지 않은 법. 관습법이나 판례법 따위이다.

314 書 글 서

★★

文書	文 글월 문　　　書 글 서
	글이나 기호 따위로 일정한 의사나 관념 또는 사상을 나타낸 것
書類	書 글 서　　　類 무리 류
	글자로 기록한 문서를 통틀어 이르는 말
圖書館	圖 그림 도　　　書 글 서　　　館 집 관
	온갖 종류의 도서, 문서, 기록, 출판물 따위의 자료를 모아 두고 일반이 볼 수 있도록 한 시설

315 晝 낮 주

★★

白晝	白 흰 백　　　晝 낮 주
	환히 밝은 낮. = 대낮
晝夜	晝 낮 주　　　夜 밤 야
	1. 밤과 낮을 아울러 이르는 말. = 밤낮 2. 쉬지 아니하고 계속함.
晝耕夜讀	晝 낮 주　　　耕 밭 갈 경　　　夜 밤 야　　　讀 읽을 독
	낮에는 농사짓고, 밤에는 글을 읽는다는 뜻으로, 어려운 여건 속에서도 꿋꿋이 공부함을 이르는 말

316 盡 다할 진 ★★★	消盡	消 꺼질 소　　　　盡 다할 진
		점점 줄어들어 다 없어짐. 또는 다 써서 없앰.
	未盡	未 아닐 미　　　　盡 다할 진
		아직 다하지 못함.
	氣盡脈盡	氣 기운 기　　　盡 다할 진　　　脈 맥 맥　　　盡 다할 진
		기운이 다하고 맥이 다 빠져 스스로 가누지 못할 지경이 됨.

317 畫 그림 화 ★★	畫面	畫(畵) 그림 화　　　面 낯 면
		1. 그림 따위를 그린 면
		2. 텔레비전이나 컴퓨터 따위에서 그림이나 영상이 나타나는 면
	漫畫	漫 질펀할 만　　　畫(畵) 그림 화
		1. 이야기 따위를 여러 장면으로 그린 그림. 대화를 삽입하여 나타낸다.
		2. 사물이나 현상의 특징을 과장하여 인생이나 사회를 풍자·비판하는 그림
	肖像畫	肖 닮을 초　　　像 모양 상　　　畫(畵) 그림 화
		사람의 얼굴을 중심으로 그린 그림

318 劃 그을 획 ★★	計劃	計 셈할 계　　　劃(畫) 그을 획
		앞으로 할 일의 절차, 방법, 규모 따위를 미리 헤아려 작정함. 또는 그 내용
	區劃	區 지경 구　　　劃(畫) 그을 획
		토지 따위를 경계를 지어 가름. 또는 그런 구역
	劃策	劃(畫) 그을 획　　　策 꾀 책
		어떤 일을 꾸미거나 꾀함. 또는 그런 꾀

319 中 가운데 중 ★	中心	中 가운데 중　　　心 마음 심
		1. 사물의 한가운데
		2. 사물이나 행동에서 매우 중요하고 기본이 되는 부분
		3. 확고한 주관이나 줏대
	中立	中 가운데 중　　　立 설 립
		어느 편에도 치우치지 않고 중간적인 입장에 섬. 또는 그런 입장
		국가 사이의 분쟁이나 전쟁에 관여하지 아니하고 중간 입장을 지킴.
	中樞	中 가운데 중　　　樞 지도리 추
		사물의 중심이 되는 중요한 부분

320

忠 충성 충
★★

忠誠	忠 충성 충　　　誠 정성 성
	진정에서 우러나오는 정성. 특히, 임금이나 국가에 대한 것을 이른다.
忠告	忠 충성 충　　　告 알릴 고
	남의 결함이나 잘못을 진심으로 타이름. 또는 그런 말
忠實	忠 충성 충　　　實 열매 실
	충직하고 성실함.

321

患 근심 환
★★

憂患	憂 근심 우　　　患 근심 환
	1. 집안에 복잡한 일이나 환자가 생겨서 나는 걱정이나 근심
	2. 몸의 온갖 병. = 질병
疾患	疾 병 질　　　患 근심 환
	몸의 온갖 병.= 질병
患者	患 근심 환　　　者 놈 자
	병들거나 다쳐서 치료를 받아야 할 사람

322

央 가운데 앙
★

中央	中 가운데 중　　　央 가운데 앙
	1. 사방의 중심이 되는 한가운데
	2. 양쪽 끝에서 같은 거리에 있는 지점
	3. 중심이 되는 중요한 곳
震央	震 우레 진　　　央 가운데 앙
	지진의 진원(震源) 바로 위에 있는 지점

323

映 비출 영
★

映畫	映 비출 영　　　畫(畵) 그림 화
	일정한 의미를 갖고 움직이는 대상을 촬영하여 영사기로 영사막에 재현하는 종합 예술
上映	上 위 상　　　映 비출 영
	극장 따위에서 영화를 영사(映寫)하여 공개하는 일
反映	反 돌이킬 반　　　映 비출 영
	1. 빛이 반사하여 비침.
	2. 다른 것에 영향을 받아 어떤 현상이 나타남. 또는 어떤 현상을 나타냄.

324 英 꽃부리 영
★

英雄	英 꽃부리 영　　　雄 수컷 웅	
	지혜와 재능이 뛰어나고 용맹하여 보통 사람이 하기 어려운 일을 해내는 사람	
英特	英 꽃부리 영　　　特 특별할 특	
	남달리 뛰어나고 훌륭함.	
英國	英 꽃부리 영　　　國 나라 국	
	유럽 서부 대서양 가운데 있는 입헌 군주국	

325 決 결정할 결
★★★

決定	決 결정할 결　　　定 정할 정
	행동이나 태도를 분명하게 정함. 또는 그렇게 정해진 내용
決濟	決 결정할 결　　　濟 건널 제
	1. 일을 처리하여 끝을 냄.
	2. 증권 또는 대금을 주고받아 매매 당사자 사이의 거래 관계를 끝맺는 일
決裁	決 결정할 결　　　裁 마름질할 재
	결정할 권한이 있는 상관이 부하가 제출한 안건을 검토하여 허가하거나 승인함.

326 缺 이지러질 결
★

欠缺	欠 하품 흠　　　缺 이지러질 결
	일정한 수효에서 부족함이 생김. 또는 그런 부족
缺乏	缺 이지러질 결　　　乏 모자랄 핍
	1. 있어야 할 것이 없어지거나 모자람.
	2. 다 써 없어짐.
缺席	缺 이지러질 결　　　席 자리 석
	나가야 할 자리에 나가지 않음.

327 漢 한나라/놈 한
★★

漢字	漢 한나라 한　　　字 글자 자	
	고대 중국에서 만들어져 오늘날에도 쓰이고 있는 표의 문자	
漢陽	漢 한나라 한　　　陽 볕 양	
	'서울'의 옛 이름	
門外漢	門 문 문　　　外 바깥 외　　　漢 놈 한	
	1. 어떤 일에 직접 관계가 없는 사람	
	2. 어떤 일에 전문적인 지식이 없는 사람	

328 難 어려울 난 ★★★	苦難	苦 쓸 고 　　　　難 어려울 난
		괴로움과 어려움을 아울러 이르는 말
	非難	非 아닐 비 　　　　難 어려울 난
		남의 잘못이나 결점을 책잡아서 나쁘게 말함.
	難易度	難 어려울 난 　　　　易 쉬울 이 　　　　度 법도 도
		어려움과 쉬움의 정도

329 嘆 탄식할 탄 ★★★	悲嘆	悲 슬플 비 　　　　嘆(歎) 탄식할 탄
		몹시 슬퍼하면서 탄식함. 또는 그 탄식
	詠嘆	詠 읊을 영 　　　　嘆(歎) 탄식할 탄
		1. 목소리를 길게 뽑아 깊은 정회(情懷)를 읊음.
		2. 마음속 깊이 느끼어 탄복함. = 감탄(感歎/感嘆)
	慨嘆	慨 분개할 개 　　　　嘆(歎) 탄식할 탄
		분하거나 못마땅하게 여겨 한탄함.

330 歎 탄식할 탄 ★★★	歎息	歎(嘆) 탄식할 탄 　　　　息 쉴 식
		한탄하여 한숨을 쉼. 또는 그 한숨
	晩時之歎	晩 늦을 만 　　時 때 시 　　之 갈 지 　　歎(嘆) 탄식할 탄
		시기에 늦어 기회를 놓쳤음을 안타까워하는 탄식
	風樹之歎	風 바람 풍 　　樹 나무 수 　　之 갈 지 　　歎(嘆) 탄식할 탄
		효도를 다하지 못한 채 어버이를 여읜 자식의 슬픔을 이르는 말

001 今古一般
금고일반

| 이제 금 | 옛 고 | 하나 일 | 일반 반 |

지금이나 옛날이나 같음.

002 法古創新
법고창신

| 법 법 | 옛 고 | 비롯할 창 | 새 신 |

옛것을 본받아 새로운 것을 창조한다는 뜻으로, 옛것에 토대를 두되 그것을 변화시킬 줄 알고 새것을 만들어 가되 근본을 잃지 않아야 함을 이르는 말

003 溫故知新
온고지신

| 따뜻할 온 | 연고 고 | 알 지 | 새 신 |

옛것을 익히고 그것을 미루어서 새것을 앎.

004 萬古風霜
만고풍상

| 일만 만 | 옛 고 | 바람 풍 | 서리 상 |

아주 오랜 세월 동안 겪어 온 많은 고생

005 艱難辛苦
간난신고

| 어려울 간 | 어려울 난 | 매울 신 | 쓸 고 |

몹시 힘들고 어려우며 고생스러움.

006 同苦同樂
동고동락

| 같을 동 | 쓸 고 | 같을 동 | 즐거울 락 |

괴로움도 즐거움도 함께함.

007 ☐☐☐

一喜一悲
일희일비

하나 일   기쁠 희   하나 일   슬플 비

1. 한편으로는 기뻐하고 한편으로는 슬퍼함. 또는 기쁨과 슬픔이 번갈아 일어남.
2. 한편으로는 기쁘고 한편으로는 슬픔.

008 ☐☐☐

事半功倍
사반공배

일 사   반 반   공 공   곱 배

들인 노력은 적고 얻은 성과는 큼.

009 ☐☐☐

食少事煩
식소사번

먹을 식   적을 소   일 사   번거로울 번

먹을 것은 적은데 할 일은 많음.
※ 중국 삼국 시대 위나라의 사마의가 제갈량을 두고 한 말에서 유래한다.

010 ☐☐☐

多事多難
다사다난

많을 다   일 사   많을 다   어려울 난

여러 가지 일도 많고 어려움이나 탈도 많음.

011 ☐☐☐

一筆揮之
일필휘지

하나 일   붓 필   휘두를 휘   갈 지

글씨를 단숨에 죽 내리 씀.

012 ☐☐☐

二律背反
이율배반

두 이   법 율(률)   등 배   돌이킬 반

서로 모순되어 양립할 수 없는 두 개의 명제

013 ☐☐☐

晝夜長川
주야장천

낮 주   밤 야   길 장   내 천

밤낮으로 쉬지 아니하고 연달아

014 ☐☐☐

不撤晝夜
불철주야

아닐 불   거둘 철   낮 주   밤 야

어떤 일에 몰두하여 조금도 쉴 사이 없이 밤낮을 가리지 아니함.

015

晝思夜度
주사야탁

| 낮 주 | 생각 사 | 밤 야 | 헤아릴 탁 |

밤낮으로 깊이 생각하고 헤아림.

016

一網打盡
일망타진

| 하나 일 | 그물 망 | 칠 타 | 다할 진 |

한 번 그물을 쳐서 고기를 다 잡는다는 뜻으로, 어떤 무리를 한꺼번에 모조리 다 잡음을 이르는 말

017

吐盡肝膽
토진간담

| 토할 토 | 다할 진 | 간 간 | 쓸개 담 |

간과 쓸개를 다 토한다는 뜻으로, 실정(實情)을 숨김없이 다 털어놓고 말함을 이르는 말

018

畫中之餠
화중지병

| 그림 화 | 가운데 중 | 갈 지 | 떡 병 |

그림의 떡 늑화병(畫餠)

019

自中之亂
자중지란

| 스스로 자 | 가운데 중 | 갈 지 | 어지러울 란 |

같은 편끼리 하는 싸움

020

囊中取物
낭중취물

| 주머니 낭 | 가운데 중 | 취할 취 | 물건 물 |

주머니 속에서 물건을 꺼내듯이 아주 손쉽게 얻을 수 있음을 이르는 말.
늑 탐낭취물(探囊取物)

021

囊中之錐
낭중지추

| 주머니 낭 | 가운데 중 | 갈 지 | 송곳 추 |

주머니 속의 송곳이라는 뜻으로, 재능이 뛰어난 사람은 숨어 있어도 저절로 사람들에게 알려짐을 이르는 말

022

鐵中錚錚
철중쟁쟁

| 쇠 철 | 가운데 중 | 쇳소리 쟁 | 쇳소리 쟁 |

여러 쇠붙이 가운데서도 유난히 맑게 쟁그랑거리는 소리가 난다는 뜻으로, 같은 무리 가운데서도 가장 뛰어남. 또는 그런 사람을 이르는 말

023 群鷄一鶴
군계일학

□□□

| 무리 군 | 닭 계 | 하나 일 | 학 학 |

닭의 무리 가운데에서 한 마리의 학이란 뜻으로, 많은 사람 가운데서 뛰어난 인물을 이르는 말

024 暗中摸索
암중모색

□□□

| 어두울 암 | 가운데 중 | 찾을 모 | 찾을 색 |

1. 물건 따위를 어둠 속에서 더듬어 찾음.
2. 어림으로 무엇을 알아내거나 찾아내려 함.
3. 은밀한 가운데 일의 실마리나 해결책을 찾아내려 함.

025 釜中生魚
부중생어

□□□

| 가마 부 | 가운데 중 | 날 생 | 물고기 어 |

솥 안에 물고기가 생긴다는 뜻으로, 매우 가난하여 오랫동안 밥을 짓지 못함을 이르는 말

026 杯中蛇影
배중사영

□□□

| 잔 배 | 가운데 중 | 뱀 사 | 그림자 영 |

1. 술잔 속의 뱀 그림자라는 뜻으로, 자기 스스로 의혹된 마음이 생겨 고민하는 일을 이르는 말
2. 아무 것도 아닌 일에 의심을 품고 지나치게 근심을 함을 이르는 말

027 忠言逆耳
충언역이

□□□

| 충성 충 | 말씀 언 | 거스를 역 | 귀 이 |

충직한 말은 귀에 거슬림.

028 難兄難弟
난형난제

□□□

| 어려울 난 | 형 형 | 어려울 난 | 아우 제 |

누구를 형이라 하고 누구를 아우라 하기 어렵다는 뜻으로, 두 사물이 비슷하여 낫고 못함을 정하기 어려움을 이르는 말

029 莫上莫下
막상막하

□□□

| 없을 막 | 위 상 | 없을 막 | 아래 하 |

더 낫고 더 못함의 차이가 거의 없음.

030 能書不擇筆
능서불택필

□□□

| 능할 능 | 글 서 | 아닐 불 | 가릴 택 | 붓 필 |

글씨를 잘 쓰는 이는 붓을 가리지 않는다는 뜻으로, 경지에 오른 사람은 도구나 재료에 구애받지 않고도 자기 실력을 충분히 발휘할 수 있음을 이르는 말

11^강 한자어

001 □□□

最古
최고

가장 최   옛 고

가장 오래됨.
• 세계 最古의 금속 활자

002 □□□

最高
최고

가장 최   높을 고

1. 가장 높음.
2. 으뜸인 것. 또는 으뜸이 될 만한 것
  • 피곤을 푸는 데는 휴식과 수면이
    最高의 방법이다.

003 □□□

催告
최고

재촉할 최   알릴 고

1. 재촉하는 뜻을 알림.
2. 상대편에게 일정한 행위를 하도록
   독촉하는 통지를 하는 일

004 □□□

故事
고사

연고 고   일 사

1. 유래가 있는 옛날의 일. 또는 그런
   일을 표현한 어구
  • 새옹지마라는 故事를 아나?
2. 옛날부터 전해 오는 규칙이나 정례
   (定例)

005 □□□

考査
고사

생각할 고   조사할 사

1. 자세히 생각하고 조사함.
2. 학생들의 학업 성적을 평가하는 시험
  • 학기마다 두 번씩 考査를 치른다.

006 □□□

告祀
고사

알릴 고   제사 사

액운은 없어지고 풍요와 행운이 오도
록 집안에서 섬기는 신(神)에게 음식을
차려 놓고 비는 제사
• 告祀를 지내다.

007 □□□

枯死
고사

마를 고   죽을 사

나무나 풀 따위가 말라 죽음
• 폭염에 초목들이 견뎌 내지 못하고
  枯死하고 말았다.

008 □□□

固辭
고사

굳을 고   말씀 사

제의나 권유 따위를 굳이 사양함.
• 출마하라는 주위의 권유를 끝내 固辭
  하다.

009 □□□

姑捨
고사

잠깐 고   버릴 사

어떤 일이나 그에 대한 능력, 경험, 지
불 따위를 배제하다. 앞에 오는 말의
내용이 불가능하여 뒤에 오는 말의 내
용 역시 기대에 못 미침을 나타낸다.
• 1등은 姑捨하고 중간도 못 가는 성적
  이다.

010 □□□

行事
행사

다닐 행   일 사

어떤 일을 시행함. 또는 그 일
• 학교 行事 때 합창단이 축가를 불렀다.

011

行使
행사

다닐 행   부릴 사

부려서 씀.
• 권한을 行使하다.

016

充實
충실

채울 충   열매 실

내용이 알차고 단단함.
• 이 책은 최신 정보를 充實하게 담고
있다.

012

檢事
검사

검사할 검   일 사

검찰권을 행사하는 사법관. 범죄를 수
사하고 공소를 제기하며 재판을 집행
한다.
• 檢事는 피고에게 징역 10년을 구형했다.

017

映畫
영화

비출 영   그림 화

일정한 의미를 갖고 움직이는 대상을
촬영하여 영사기로 영사막에 재현하는
종합 예술
• 映畫를 보러 가다.

013

檢查
검사

검사할 검   조사할 사

사실이나 일의 상태 또는 물질의 구성
성분 따위를 조사하여 옳고 그름과 낫
고 못함을 판단하는 일
• 제품의 품질을 檢查하다.

018

榮華
영화

영화 영   빛날 화

몸이 귀하게 되어 이름이 세상에 빛남.
• 부귀와 榮華를 누리다.

014

劍士
검사

칼 검   선비 사

칼 쓰기 기술에 능한 사람
• 그는 동북 지방 산간을 누비며 칼을
휘두른 뛰어난 劍士이다.

019

決定
결정

결정할 결   정할 정

행동이나 태도를 분명하게 정함. 또는
그렇게 정해진 내용
• 그 문제에 대해서 아직도 決定을 못
했습니다.

015

忠實
충실

충성 충   열매 실

충직하고 성실함.
• 상관의 말에 忠實히 복종하다.

020

結晶
결정

맺을 결   맑을 정

1. 어떤 물질이 공간적으로 일정한 대
칭적, 주기적인 배열을 가진 다면체
의 고체
2. 애써 노력하여 보람 있는 결과를 이
루는 것이나 그 결과를 비유적으로
이르는 말
• 이 작품은 화가의 오랜 노력의 結
晶이다.

💬 다음 한자의 뜻과 음을 쓰시오.

01 事 : (   )   02 忠 : (   )

03 畫 : (   )   04 英 : (   )

05 晝 : (   )   06 決 : (   )

07 盡 : (   )   08 嘆 : (   )

💬 다음 한자성어의 독음을 쓰고, 적절한 뜻을 바르게 연결하시오.

09 囊中之錐
(   ) .

    • ⓐ 솥 안에 물고기가 생긴다는 뜻으로, 매우 가난하여 오랫동안 밥을 짓지 못함을 이르는 말

10 囊中取物
(   ) .

    • ⓑ 옛것을 익히고 그것을 미루어서 새것을 앎.

11 釜中生魚
(   ) .

    • ⓒ 주머니 속에서 물건을 꺼내듯이 아주 손쉽게 얻을 수 있음을 이르는 말

12 不撤晝夜
(   ) .

    • ⓓ 괴로움도 즐거움도 함께함.

13 溫故知新
(   ) .

    • ⓔ 주머니 속의 송곳이라는 뜻으로, 재능이 뛰어난 사람은 숨어 있어도 저절로 사람들에게 알려짐을 이르는 말

14 忠言逆耳
(   ) .

    • ⓕ 어떤 일에 몰두하여 조금도 쉴 사이 없이 밤낮을 가리지 아니함.

15 萬古風霜
(   ) .

    • ⓖ 충직한 말은 귀에 거슬림.

16 同苦同樂
(   ) .

    • ⓗ 아주 오랜 세월 동안 겪어 온 많은 고생

💬 〈보기〉의 설명을 참고하여 빈칸에 들어갈 한자를 쓰시오.

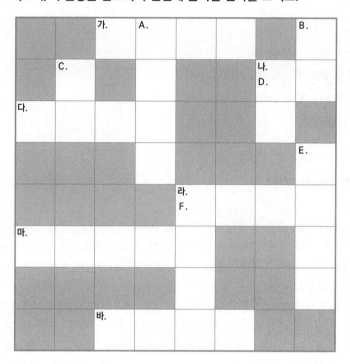

보기

[가로]

가. 몹시 힘들고 어려우며 고생스러움.

나. 검찰권을 행사하는 사법관

다. 여러 가지 일도 많고 어려움이나 탈도 많음.

라. 어떤 무리를 한꺼번에 모조리 다 잡음을 이르는 말

마. 경지에 오른 사람은 도구나 재료에 구애받지 않고도 자기 실력을 충분히 발휘할 수 있음을 이르는 말

바. 같은 편끼리 하는 싸움

[세로]

A. 두 사물이 비슷하여 낫고 못함을 정하기 어려움을 이르는 말

B. 어떤 일을 시행함. 또는 그 일

C. 유래가 있는 옛날의 일. 또는 그런 일을 표현한 어구

D. 사실이나 일의 상태 또는 물질의 구성 성분 따위를 조사하여 옳고 그름과 낫고 못함을 판단하는 일

E. 간과 쓸개를 다 토한다는 뜻으로, 실정(實情)을 숨김없이 다 털어놓고 말함을 이르는 말

F. 글씨를 단숨에 죽 내리 씀.

⊕ 정답

01. 일 **사**

02. 충성 **충**

03. 그림 **화**

04. 꽃부리 **영**

05. 낮 **주**

06. 결정할 **결**

07. 다할 **진**

08. 탄식할 **탄**

09. 낭중지추 – ⓔ

10. 낭중취물 – ⓒ

11. 부중생어 – ⓐ

12. 불철주야 – ⓕ

13. 온고지신 – ⓑ

14. 충언역이 – ⓖ

15. 만고풍상 – ⓗ

16. 동고동락 – ⓓ

실전 연습문제

01 다음 밑줄 친 어휘의 사용이 가장 적절한 것은?　　　　　　　　　　2019 경찰 2차

① 이것은 사장님의 <u>결제(決濟)</u>를 받아야 하는 서류입니다.

② 이 선수가 앞으로 한국 신기록을 <u>경신(更新)</u>할 것으로 기대됩니다.

③ 무명의 신인이 강력한 우승 후보로 <u>부상(負傷)</u>했습니다.

④ 저 사람이 헌법 <u>소원(所願)</u>을 낸 사람입니다.

02 밑줄 친 부분과 관련된 사자 성어로 가장 적절한 것은?　　　　　　　　2017 국가직 9급

> 전국 시대 말, 진나라의 공격을 받은 조나라 혜문왕은 동생인 평원군을 초나라에 보내어 구원군을 청하기로 했다. 이십 명의 수행원이 필요한 평원군은 그의 삼천여 식객 중에서 십구 명은 쉽게 뽑았으나, 나머지 한 명을 뽑지 못한 채 고심했다. 이때에 모수라는 식객이 나섰다. 평원군은 어이없어하며 자신의 집에 언제부터 있었는지 물었다. 모수가 삼 년이 되었다고 대답하자 평원군은 재능이 뛰어난 사람은 숨어 있어도 저절로 사람들에게 알려지게 되는 법인데, 모수의 이름을 들어본 적이 없다고 답했다. 그러자 모수는 "<u>나리께서 이제까지 저를 단 한 번도 주머니 속에 넣어 주시지 않았기 때문입니다. 하지만 이번에 주머니 속에 넣어 주신다면 끝뿐이 아니라 자루까지 드러날 것입니다.</u>" 하고 재치 있는 답변을 했다. 만족한 평원군은 모수를 수행원으로 뽑았고, 초나라에 도착한 평원군은 모수가 활약한 덕분에 국빈으로 환대받고, 구원군도 얻을 수 있었다.

① 吳越同舟　　　　　　　　　　② 囊中之錐

③ 馬耳東風　　　　　　　　　　④ 近墨者黑

03 다음 중 밑줄 친 부분이 한자로 바르게 연결된 것은?　　　　　　　　　2016 서울시 7급

> <u>중독</u>을 떨쳐버리지 않는 게 과연 합리적인 <u>결정</u>일까? 좀 더 일반적인 중독에 대해서 생각해 본다면 이 질문에 대한 답을 쉽게 찾을 수 있을 것이다. 나는 갓 볶아낸 원두를 갈아서 향이 좋은 커피 한 잔을 만들어 마시는 일로 하루 일과를 시작한다. 그런데 가끔 원두가 떨어진 걸 깜빡할 때도 있다. 그래서 커피를 마시지 못하면 두통이 생기고, 화가 나고, <u>집중</u>도 못한다. 커피를 마시지 못하면 <u>금단</u> 현상을 느끼는 커피 중독자인 것이다.

① 中毒 – 決定 – 集中 – 禁斷　　　　② 重毒 – 決定 – 執中 – 錦端

③ 中毒 – 結定 – 集中 – 禁斷　　　　④ 重毒 – 結定 – 執中 – 錦端

04 밑줄 친 부분의 한자어를 바르게 쓴 것은?

① 요즘 그 사람은 <u>기부</u> 천사라고 불리고 있다. - 寄附
② 신문에 보도된 사실에 대해 당사자는 <u>부정</u>했다. - 不定
③ 카드 요금 <u>결제</u>하는 날을 확인해야 한다. - 決裁
④ 광복절에 무기수를 포함한 천여 명이 <u>사면</u>되었다. - 辭免

---

01 ② '기록경기 따위에서, 종전의 기록을 깨뜨림.'의 의미로 쓰였으므로, '更新(경신: 고칠 경, 새 신)'의 쓰임은 옳다.

　오답정리 ① 決濟 → 決裁: 문맥상 '상관이 부하가 제출한 안건을 검토하여 허가하거나 승인함.'의 의미로 쓰였다. 따라서 '決裁(결재: 결정할 결, 마름질할 재)'로 수정해야 한다.
　※ 決濟(결제: 결정할 결, 건널 제): 일을 처리하여 끝을 냄. / 증권 또는 대금을 주고 받아 거래 관계를 끝냄.
　③ 負傷 → 浮上: 문맥상 '어떤 현상이 관심의 대상이 됨.'의 의미로 쓰였다. 따라서 '浮上(부상: 뜰 부, 위 상)'으로 수정해야 한다.
　※ 負傷(부상: 질 부, 다칠 상): 몸에 상처를 입음.
　④ 所願 → 訴願: 문맥상 '처분의 취소 또는 변경을 청구하는 일'의 의미로 쓰였다. 따라서 '訴願(소원: 하소연할 소, 원할 원)'으로 수정해야 한다.
　※ 所願(소원: 바 소, 원할 원): 어떤 일이 이루어지기를 바람. 또는 그런 일.

02 주머니 속에 넣으면 드러날 것이라는 말을 볼 때, 밑줄 친 부분은 '주머니 속의 송곳이라는 뜻으로, 재능이 뛰어난 사람은 숨어 있어도 저절로 사람들에게 알려짐.'을 이르는 말인 '囊中之錐(낭중지추: 주머니 낭, 가운데 중, 갈 지, 송곳 추)'와 관련이 있다.

　오답정리 ① 吳越同舟(오월동주: 오나라 오, 월나라 월, 같을 동, 배 주): 서로 적의를 품은 사람들이 한자리에 있게 된 경우나 서로 협력하여야 하는 상황을 비유적으로 이르는 말
　③ 馬耳東風(마이동풍: 말 마, 귀 이, 동녘 동, 바람 풍): 동풍이 말의 귀를 스쳐 간다는 뜻으로, 남의 말을 귀담아듣지 아니하고 지나쳐 흘려버림을 이르는 말
　④ 近墨者黑(근묵자흑: 가까울 근, 먹 묵, 놈 자, 검을 흑): 먹을 가까이하는 사람은 검어진다는 뜻으로, 나쁜 사람과 가까이 지내면 나쁜 버릇에 물들기 쉬움을 비유적으로 이르는 말

03 • 중독(中毒): 지나치게 복용한 결과, 그것 없이는 견디지 못하는 병적 상태를 이르는 '중독'은 '中毒(중독: 가운데 중, 독 독)'을 쓴다.
　• 결정(決定): 문맥상 '선택'이란 의미이므로, '決定(결정: 결정할 결, 정할 정)'을 써야 한다.
　• 집중(集中): 문맥상 '한 곳에 힘을 쏟아 붓지 못하다'란 의미이다. 따라서 '集中(집중: 모일 집, 가운데 중)'으로 표기해야 한다.
　• 금단(禁斷): '금하여 못하게 하다'란 뜻을 가진 '금단'은 '禁斷(금단: 금할 금, 끊을 단)'을 쓴다.

　오답정리 • 重(무거울 중), 結(맺을 결)
　• 執中(집중: 잡을 집, 가운데 중): 지나치거나 모자람이 없이 또는 한쪽으로 치우침이 없이 마땅하고 떳떳한 도리를 취함.
　• 錦端(금단: 비단 금, 끝 단): 기둥머리에 그린 단청의 가장자리를 비단 자락 모양으로 돌린 무늬

04 ① '돈이나 물건 따위를 대가 없이 내놓음.'의 의미로 쓰였으므로, '寄附(기부: 부칠 기, 붙을 부)'의 쓰임은 옳다.

　오답정리 ② 不定 → 否定: 문맥상 '그렇지 아니하다고 단정하다'를 의미하므로 '否定(부정: 아닐 부, 정할 정)'으로 수정해야 한다.
　※ 不定(부정 : 아닐 부(불), 정할 정): 일정하지 아니함.
　③ 決裁 → 決濟: 문맥상 '돈을 지불함.'의 의미이므로, '決濟(결제: 결정할 결, 건널 제)'로 수정해야 한다.
　※ 決裁(결재: 결정할 결, 마름질할 재): 결정할 권한이 있는 상관이 부하가 제출한 안건을 검토하여 허가하거나 승인함.
　④ 辭免 → 赦免: 문맥상 '형벌이 면제됨.'의 의미로 쓰였으므로, '赦免(사면: 용서할 사, 면할 면)'으로 수정해야 한다.
　※ 辭免(사면: 말씀 사, 면할 면): 맡아보던 일자리를 그만두고 물러남.

정답 01 ② 02 ② 03 ① 04 ①

05 다음 글의 내용에 가장 어울리는 한자 성어는?

> 어떻게 하면 살 수 있을까? …… 이러한 생각은 이때 내 머리를 몹시 때렸다. 이때 나에게는 '부지런한 자에게 복이 온다' 하는 말이 거짓말로 생각되었다. 그 말을 지상의 격언으로 굳게 믿어 온 나는 그 말에 도리어 일종의 의심을 품게 되었고 나중은 부인까지 하게 되었다.
>
> 부지런하다면 이때 우리처럼 부지런함이 어디 있으며 정직하다면 이때 우리 식구같이 정직함이 어디 있으랴? 그러나 빈곤은 날로 심하였다. 이틀 사흘 굶은 적도 한두 번이 아니었다.
>
> 한번은 이틀이나 굶고 일자리를 찾다가 집으로 들어가니 부엌 앞에서 아내가(아내는 이때 아이를 배어서 배가 남산만 하였다) 무엇을 먹다가 깜짝 놀란다. 그리고 손에 쥐었던 것을 얼른 아궁이에 집어넣는다. 이때 불쾌한 감정이 내 가슴에 떠올랐다.
>
> '…… 무얼 먹을까? 어디서 무엇을 얻었을까? 무엇이길래 어머니와 나 몰래 먹누? 아! 여편네란 그런 것이로구나! 아니 그러나 설마…… 그래도 무엇을 먹던데…….'
>
> 나는 이렇게 아내를 의심도 하고 원망도 하고 밉게도 생각하였다. 아내는 아무 말 없이 어색하게 머리를 숙이고 앉아서 씩씩 하다가 밖으로 나간다. 그 얼굴은 좀 붉었다.
>
> 아내가 나간 뒤에 나는 아내가 먹다가 던진 것을 찾으려고 아궁이를 뒤졌다. 싸늘하게 식은 재를 막대기에 뒤져내니 벌건 것이 눈에 띄었다. 나는 그것을 집었다. 그것은 귤껍질[橘皮]이다. 거기엔 베어 먹은 잇자국이 났다. 귤껍질을 쥔 나의 손은 떨리고 잇자국을 보는 내 눈에는 눈물이 괴었다.

① 暗中摸索　　　　② 囊中之錐　　　　③ 釜中生魚　　　　④ 自中之亂

---

05 제시문은 최서해의 〈탈출기〉의 일부이다. 생활고를 벗어나기 위해 간도로 떠났으나 가난은 면치 못했고, 극한의 생활고를 겪으며 가난에 대한 분노를 느껴 현실에 저항하기 위해 사회 참여 집단에 가입을 하게 된다는 내용으로, '빈궁 문학'의 대표적인 작품이다. 제시된 부분은 먹을 것이 없어 귤껍질을 먹다 들킨 아내를 꾸짖었다가 사실을 알고는 비통해 하는 장면이다. 이에 가장 어울리는 한자 성어는 '솥 안에 물고기가 생긴다는 뜻으로, 매우 가난하여 오랫동안 밥을 짓지 못함을 이르는 말'인 '釜中生魚(부중생어: 가마 부, 가운데 중, 날 생, 물고기 어)'이다.

오답정리
① 暗中摸索(암중모색: 어두울 암, 가운데 중, 찾을 모, 찾을 색): 1. 물건 따위를 어둠 속에서 더듬어 찾음. 2. 어림으로 무엇을 알아내거나 찾아내려 함. 3. 은밀한 가운데 일의 실마리나 해결책을 찾아내려 함.
② 囊中之錐(낭중지추: 주머니 낭, 가운데 중, 갈 지, 송곳 추): 주머니 속의 송곳이라는 뜻으로, 재능이 뛰어난 사람은 숨어 있어도 저절로 사람들에게 알려짐을 이르는 말
④ 自中之亂(자중지란: 스스로 자, 가운데 중, 갈 지, 어지러울 란): 같은 편끼리 하는 싸움

정답 05 ③

1 한자

331 七 일곱 칠	332 刀 칼 도	333 切 끊을 절 / 모두 체	334 色 빛 색	335 絶 끊을 절	336 免 면할 면
337 晚 늦을 만	338 勉 힘쓸 면	339 兔 토끼 토	340 逸 달아날 일	341 八 여덟 팔	342 公 공평할 공
343 分 나눌 분	344 貧 가난할 빈	345 寡 적을 과	346 谷 골 곡	347 俗 풍속 속	348 欲 하고자 할 욕
349 慾 욕심 욕	350 容 얼굴 용	351 益 더할 익	352 溢 넘칠 일	353 羊 양 양	354 洋 큰 바다 양
355 詳 자세할 상	356 美 아름다울 미	357 善 착할 선	358 差 다를 차	359 着 붙을 착	360 養 기를 양

2 한자성어

001 七顚八起	002 七顚八倒	003 七縱七擒	004 快刀亂麻	005 切磋琢磨
006 草綠同色	007 傾國之色	008 刻苦勉勵	009 兔死狗烹	010 兔營三窟
011 兔死狐悲	012 無事安逸	013 八方美人	014 內富外貧	015 貧而無怨
016 衆寡不敵	017 兩寡分悲	018 同聲異俗	019 花容月態	020 雪膚花容
021 益者三友	022 徒勞無益	023 多岐亡羊	024 亡羊補牢	025 亡羊之歎
026 望洋之歎	027 美人薄命	028 勸善懲惡	029 自家撞着	030 氷炭不相容

3 한자어

001 切望	002 絶望	003 辭免	004 赦免	005 公布
006 空砲	007 恐怖	008 風俗	009 風速	010 寬容
011 慣用	012 官用	013 詳述	014 上述	015 商術
016 先行	017 善行	018 善戰	019 宣戰	020 宣傳

○ 알고있음 △ 애매함 ✕ 모름

331

七
일곱 칠
★

七夕	七 일곱 칠　　　　夕 저녁 석
	1. 음력으로 칠월 초이렛날의 밤　2. 음력 7월 7일을 이르는 말
望七	望 바랄 망　　　　七 일곱 칠
	일흔을 바라본다는 뜻으로, 나이 예순한 살을 이르는 말
七步才	七 일곱 칠　　　步 걸음 보　　　才 재주 재
	일곱 걸음을 걸을 동안에 시를 지을 만한 재주라는 뜻으로, 아주 뛰어난 글재주를 이르는 말. ※ 중국 위나라의 시인 조식(曹植)이 형 조비(曹丕)의 명에 따라 일곱 걸음을 걸을 동안에 시를 지었다는 데서 유래한다.

332

刀
칼 도
★

面刀	面 낯 면　　　　刀 칼 도
	1. 얼굴이나 몸에 난 수염이나 잔털을 깎음. 2. 면도하는 데에 쓰는 칼. = 면도칼
笑中刀	笑 웃을 소　　　中 가운데 중　　　刀 칼 도
	웃는 마음속에 칼이 있다는 뜻으로, 겉으로는 웃고 있으나 마음속에는 해칠 마음을 품고 있음을 이르는 말

333

切
끊을 절
모두 체
★★★

一切	一 하나 일　　　　切 끊을 절
	아주, 전혀, 절대로의 뜻으로, 흔히 행위를 그치게 하거나 어떤 일을 하지 않을 때에 쓰는 말 ※ 일절+금지, 부정, 끊다.
	一 하나 일　　　　切 모두 체
	1. 모든 것 2. '전부' 또는 '완전히'의 뜻을 나타내는 말 ※ 일체+긍정
親切	親 친할 친　　　　切 끊을 절
	대하는 태도가 매우 정겹고 고분고분함. 또는 그런 태도
適切	適 맞을 적　　　　切 끊을 절
	꼭 알맞음.

334 色 빛 색 ★

色彩	色 빛 색　　　彩 채색 채
	1. 물체가 빛을 받을 때 빛의 파장에 따라 그 거죽에 나타나는 특유한 빛
	2. 사물을 표현하거나 그것을 대하는 태도 따위에서 드러나는 일정한 경향이나 성질
氣色	氣 기운 기　　　色 빛 색
	1. 마음의 작용으로 얼굴에 드러나는 빛
	2. 어떠한 행동이나 현상 따위가 일어나는 것을 짐작할 수 있게 하여 주는 눈치나 낌새

335 絶 끊을 절 ★★

拒絶	拒 막을 거　　　絶 끊을 절
	상대편의 요구, 제안, 선물, 부탁 따위를 받아들이지 않고 물리침.
根絶	根 뿌리 근　　　絶 끊을 절
	다시 살아날 수 없도록 아주 뿌리째 없애 버림.
絶對	絶 끊을 절　　　對 대할 대
	[명사] 1. 아무런 조건이나 제약이 붙지 아니함.　2. 비교되거나 맞설 만한 것이 없음. [부사] 어떠한 경우에도 반드시

336 免 면할 면 ★★

免除	免(免) 면할 면　　　除 덜 제
	책임이나 의무 따위를 면하여 줌.
免許	免(免) 면할 면　　　許 허락할 허
	1. 일반인에게는 허가되지 않는 특수한 행위를 특정한 사람에게만 허가하는 행정 처분
	2. 특정한 일을 할 수 있는 공식적인 자격을 행정 기관이 허가함. 또는 그런 일
罷免	罷 마칠 파　　　免(免) 면할 면
	1. 잘못을 저지른 사람에게 직무나 직업을 그만두게 함.
	2. 징계 절차를 거쳐 임면권자의 일방적 의사에 의하여 공무원 관계를 소멸시키거나 관직을 박탈하는 행정 처분

337 晩 늦을 만 ★★

晩餐	晩 늦을 만　　　餐 먹을 찬
	1. 저녁 식사로 먹기 위하여 차린 음식
	2. 손님을 초대하여 함께 먹는 저녁 식사
早晩間	早 일찍 조　　　晩 늦을 만　　　間 사이 간
	앞으로 곧
晩時之歎	晩 늦을 만　　時 때 시　　之 갈 지　　歎(嘆) 탄식할 탄
	시기에 늦어 기회를 놓쳤음을 안타까워하는 탄식

勉 힘쓸 면
★★

勤勉	勤 부지런할 근　　勉 힘쓸 면
	부지런히 일하며 힘씀.
勸勉	勸 권할 권　　勉 힘쓸 면
	알아듣도록 권하고 격려하여 힘쓰게 함.
勉學	勉 힘쓸 면　　學 배울 학
	학문에 힘씀.

兔 토끼 토
★★

金烏玉兔	金 쇠 금　　烏 까마귀 오　　玉 구슬 옥　　兔(兎) 토끼 토
	해와 달을 아울러 이르는 말
	※ 해 속에 까마귀가 있고 달 속에 옥토끼가 있다는 전설에서 유래한다.
守株待兔	守 지킬 수　　株 그루 주　　待 기다릴 대　　兔(兎) 토끼 토
	한 가지 일에만 얽매여 발전을 모르는 어리석은 사람을 비유적으로 이르는 말.
	※ 중국 송나라의 한 농부가 우연히 나무 그루터기에 토끼가 부딪쳐 죽은 것을 잡은 후, 또 그와 같이 토끼를 잡을까 하여 일도 하지 않고 그루터기만 지키고 있었다는 데서 유래한다.

逸 달아날 일
★★

逸脫	逸 달아날 일　　脫 벗을 탈
	정하여진 영역 또는 본디의 목적이나 길, 사상, 규범, 조직 따위로부터 빠져 벗어남.
安逸	安 편안할 안　　逸 달아날 일
	편안하고 한가로움. 또는 편안함만을 누리려는 태도
逸走	逸 달아날 일　　走 달릴 주
	도망쳐 달아남.

八 여덟 팔
★

八不出	八 여덟 팔　　不 아닐 불　　出 날 출
	몹시 어리석은 사람을 이르는 말
十中八九	十 열 십　　中 가운데 중　　八 여덟 팔　　九 아홉 구
	열 가운데 여덟이나 아홉 정도로 거의 대부분이거나 거의 틀림없음.
四通八達	四 넉 사　　通 통할 통　　八 여덟 팔　　達 통달할 달
	도로나 교통망, 통신망 따위가 이리저리 사방으로 통함.

342

公
공평할 공
★

公開	公 공평할 공　　開 열 개
	어떤 사실이나 사물, 내용 따위를 여러 사람에게 널리 터놓음.
公演	公 공평할 공　　演 펼 연
	음악, 무용, 연극 따위를 많은 사람 앞에서 보이는 일
公告	公 공평할 공　　告 알릴 고
	1. 세상에 널리 알림.
	2. 국가 기관이나 공공 단체에서 일정한 사항을 일반 대중에게 광고, 게시, 또는 다른 공개적 방법으로 널리 알림.

343

分
나눌 분
★

氣分	氣 기운 기　　分 나눌 분
	1. 대상·환경 따위에 따라 마음에 절로 생기며 한동안 지속되는, 유쾌함이나 불쾌함 따위의 감정
	2. 주위를 둘러싸고 있는 상황이나 분위기
處分	處 곳 처　　分 나눌 분
	1. 처리하여 치움.
	2. 일정한 대상을 어떻게 처리할 것인가에 대하여 지시하거나 결정함. 또는 그런 지시나 결정
分析	分 나눌 분　　析 쪼갤 석
	얽혀 있거나 복잡한 것을 풀어서 개별적인 요소나 성질로 나눔.

344

貧
가난할 빈
★★

貧富	貧 가난할 빈　　富 넉넉할 부
	가난함과 부유함을 아울러 이르는 말
貧困	貧 가난할 빈　　困 괴로울 곤
	1. 가난하여 살기가 어려움.
	2. 내용 따위가 충실하지 못하거나 모자라서 텅 빔.
淸貧	淸 맑을 청　　貧 가난할 빈
	성품이 깨끗하고 재물에 대한 욕심이 없어 가난함.

345

寡
적을 과
★★

寡占	寡 적을 과　　占 차지할 점
	몇몇 기업이 어떤 상품 시장의 대부분을 지배하는 상태
寡婦	寡 적을 과　　婦 며느리 부
	남편을 잃고 혼자 사는 여자
鰥寡孤獨	鰥 홀아비 환　　寡 적을 과　　孤 외로울 고　　獨 홀로 독
	1. 늙어서 아내 없는 사람, 늙어서 남편 없는 사람, 어려서 어버이 없는 사람, 늙어서 자식 없는 사람을 아울러 이르는 말
	2. 외롭고 의지할 데 없는 처지

346 谷 골 곡 ★

溪谷	溪 시내 계　　　谷 골 곡
	물이 흐르는 골짜기
峽谷	峽 골짜기 협　　　谷 골 곡
	험하고 좁은 골짜기
深山幽谷	深 깊을 심　　　山 산 산　　　幽 그윽할 유　　　谷 골 곡
	깊은 산속의 으슥한 골짜기

347 俗 풍속 속 ★

民俗	民 백성 민　　　俗 풍속 속
	민간 생활과 결부된 신앙, 습관, 풍속, 전설, 기술, 전승 문화 따위를 통틀어 이르는 말
風俗	風 바람 풍　　　俗 풍속 속
	1. 옛날부터 그 사회에 전해 오는 생활 전반에 걸친 습관 따위를 이르는 말
	2. 그 시대의 유행과 습관 따위를 이르는 말
俗世	俗 풍속 속　　　世 세상 세
	불가에서 일반 사회를 이르는 말. ≒ 세속(世俗)

348 欲 하고자 할 욕 ★★

欲心	欲(慾) 하고자 할 욕　心 마음 심
	분수에 넘치게 무엇을 탐내거나 누리고자 하는 마음
欲望	欲(慾) 하고자 할 욕　望 바랄 망
	부족을 느껴 무엇을 가지거나 누리고자 탐함. 또는 그런 마음
意欲	意 뜻 의　　　欲 하고자 할 욕
	무엇을 하고자 하는 적극적인 마음이나 욕망

349 慾 욕심 욕 ★★

貪慾	貪 탐할 탐　　　慾 욕심 욕
	지나치게 탐하는 욕심
過慾	過 지날 과　　　慾 욕심 욕
	욕심이 지나침. 또는 그 욕심
私利私慾	私 사사로울 사　　利 이로울 리　　私 사사로울 사　　慾 욕심 욕
	사사로운 이익과 욕심

350 容 얼굴 용 ★★ □□□

容貌	容 얼굴 용 　　　 貌 모양 모
	사람의 얼굴 모양
容恕	容 얼굴 용 　　　 恕 용서할 서
	지은 죄나 잘못한 일에 대하여 꾸짖거나 벌하지 아니하고 덮어 줌.
許容	許 허락할 허 　　　 容 얼굴 용
	허락하여 너그럽게 받아들임.

351 益 더할 익 ★★ □□□

利益	利 이로울 이(리) 　　　 益 더할 익
	물질적으로나 정신적으로 보탬이 되는 것
收益	收 거둘 수 　　　 益 더할 익
	1. 이익을 거두어들임. 또는 그 이익
	2. 기업이 경제 활동의 대가로서 얻은 경제 가치
損益	損 덜 손 　　　 益 더할 익
	손해와 이익을 아울러 이르는 말

352 溢 넘칠 일 ★★ □□□

海溢	海 바다 해 　　　 溢 넘칠 일
	해저의 지각 변동이나 해상의 기상 변화에 의하여 갑자기 바닷물이 크게 일어서 육지로 넘쳐 들어오는 것. 또는 그런 현상
充溢	充 채울 충 　　　 溢 넘칠 일
	가득 차서 넘침.
漲溢	漲 넘칠 창 　　　 溢 넘칠 일
	1. 물이 불어 넘침.
	2. 의욕 따위가 왕성하게 일어남.

353 羊 양 양 ★ □□□

羊毛	羊 양 양 　　　 毛 털 모
	양의 털
犧牲羊	犧 희생 희 　　　 牲 희생 생 　　　 羊 양 양
	1. 희생이 되어 제물로 바쳐지는 양
	2. 다른 사람의 이익이나 어떤 목적을 위하여 목숨, 재산, 명예, 이익 따위를 빼앗긴 사람을 비유적으로 이르는 말
羊頭狗肉	羊 양 양 　　 頭 머리 두 　　 狗 개 구 　　 肉 고기 육
	양의 머리를 걸어 놓고 개고기를 판다는 뜻으로, 겉보기만 그럴듯하게 보이고 속은 변변하지 아니함을 이르는 말

354 洋 큰 바다 양 ★★	海洋	海 바다 해　　　　洋 큰 바다 양
		넓고 큰 바다
	洋服	洋 큰 바다 양　　　　服 옷 복
		1. 서양식의 의복
		2. 남성의 서양식 정장
	洋襪	洋 큰 바다 양　　　　襪(韈) 버선 말
		맨발에 신도록 실이나 섬유로 짠 것

355 詳 자세할 상 ★★	詳細	詳 자세할 상　　　　細 가늘 세
		낱낱이 자세함.
	詳述	詳 자세할 상　　　　述 지을 술
		자세하게 설명하여 말함.
	未詳	未 아닐 미　　　　詳 자세할 상
		확실하거나 분명하지 않음.

356 美 아름다울 미 ★	美術	美 아름다울 미　　　　術 재주 술
		공간 및 시각의 미를 표현하는 예술
	美容	美 아름다울 미　　　　容 얼굴 용
		1. 아름다운 얼굴
		2. 얼굴이나 머리를 아름답게 매만짐.
	美辭麗句	美 아름다울 미　　辭 말씀 사　　麗 고울 여(려)　　句 글귀 구
		아름다운 말로 듣기 좋게 꾸민 글귀

357 善 착할 선 ★	善行	善 착할 선　　　　行 다닐 행
		착하고 어진 행실
	善惡	善 착할 선　　　　惡 악할 악
		착한 것과 악한 것을 아울러 이르는 말
	僞善	僞 거짓 위　　　　善 착할 선
		겉으로만 착한 체함. 또는 그런 짓이나 일

358 差 다를 차 ★★★	隔差	隔 사이 뜰 격　　　差 다를 차
		빈부, 임금, 기술 수준 따위가 서로 벌어져 다른 정도
	誤差	誤 그르칠 오　　　差 다를 차
		1. 실지로 셈하거나 측정한 값과 이론적으로 정확한 값과의 차이
		2. 실수 또는 잘못
	差別	差 다를 차　　　別 다를 별
		둘 이상의 대상을 각각 등급이나 수준 따위의 차이를 두어서 구별함.

359 着 붙을 착 ★★	着用	着 붙을 착　　　用 쓸 용
		의복, 모자, 신발, 액세서리 따위를 입거나, 쓰거나, 신거나 차거나 함.
	執着	執 잡을 집　　　着 붙을 착
		어떤 것에 늘 마음이 쏠려 잊지 못하고 매달림.
	癒着	癒 병 나을 유　　　着 붙을 착
		사물들이 서로 깊은 관계를 가지고 결합하여 있음.

360 養 기를 양 ★★	培養	培 북돋울 배　　　養 기를 양
		1. 식물을 북돋아 기름.
		2. 인격, 역량, 사상 따위가 발전하도록 가르치고 키움.
	營養	營 경영할 영　　　養 기를 양
		생물이 살아가는 데 필요한 에너지와 몸을 구성하는 성분을 외부에서 섭취하여 소화, 흡수, 순환, 호흡, 배설을 하는 과정. 또는 그것을 위하여 필요한 성분
	養成	養 기를 양　　　成 이룰 성
		1. 가르쳐서 유능한 사람을 길러 냄.
		2. 실력이나 역량 따위를 길러서 발전시킴.

한자성어

---

001 ☐☐☐

七顚八起
칠전팔기

| 일곱 칠 | 엎드러질 전 | 여덟 팔 | 일어날 기 |

일곱 번 넘어지고 여덟 번 일어난다는 뜻으로, 여러 번 실패하여도 굴하지 아니하고 꾸준히 노력함을 이르는 말

---

002 ☐☐☐

七顚八倒
칠전팔도

| 일곱 칠 | 엎드러질 전 | 여덟 팔 | 넘어질 도 |

일곱 번 구르고 여덟 번 거꾸러진다는 뜻으로, 수없이 실패를 거듭하거나 매우 심하게 고생함을 이르는 말

---

003 ☐☐☐

七縱七擒
칠종칠금

| 일곱 칠 | 늘어질 종 | 일곱 칠 | 사로잡을 금 |

마음대로 잡았다 놓아주었다 함을 이르는 말.
※ 중국 촉나라의 제갈량이 맹획(孟獲)을 일곱 번이나 사로잡았다가 일곱 번 놓아주었다는 데서 유래한다.

---

004 ☐☐☐

快刀亂麻
쾌도난마

| 쾌할 쾌 | 칼 도 | 어지러울 난(란) | 삼 마 |

잘 드는 칼로 마구 헝클어진 삼 가닥을 자른다는 뜻으로, 어지럽게 뒤얽힌 사물을 강력한 힘으로 명쾌하게 처리함을 이르는 말

---

005 ☐☐☐

切磋琢磨
절차탁마

| 끊을 절 | 갈 차 | 쫄 탁 | 갈 마 |

옥이나 돌 따위를 갈고 닦아서 빛을 낸다는 뜻으로, 부지런히 학문과 덕행을 닦음을 이르는 말

---

006 ☐☐☐

草綠同色
초록동색

| 풀 초 | 푸를 록 | 같을 동 | 빛 색 |

1. 풀색과 녹색은 같은 색이라는 뜻으로, 처지가 같은 사람들끼리 한패가 되는 경우를 비유적으로 이르는 말
2. 명칭은 다르나 따져 보면 한가지임을 비유적으로 이르는 말

---

007 □□□

傾國之色
경국지색

| 기울 경 | 나라 국 | 갈 지 | 빛 색 |

임금이 혹하여 나라가 기울어져도 모를 정도의 미인이라는 뜻으로, 뛰어나게 아름다운 미인을 이르는 말

008 □□□

刻苦勉勵
각고면려

| 새길 각 | 쓸 고 | 힘쓸 면 | 힘쓸 려 |

어떤 일에 고생을 무릅쓰고 몸과 마음을 다하여, 무척 애를 쓰면서 부지런히 노력함.

009 □□□

兎死狗烹
토사구팽

| 토끼 토 | 죽을 사 | 개 구 | 삶을 팽 |

토끼가 죽으면 토끼를 잡던 사냥개도 필요 없게 되어 주인에게 삶아 먹히게 된다는 뜻으로, 필요할 때는 쓰고 필요 없을 때는 야박하게 버리는 경우를 이르는 말

010 □□□

兎營三窟
토영삼굴

| 토끼 토 | 경영할 영 | 석 삼 | 굴 굴 |

토끼가 위기에서 벗어나기 위하여 세 개의 굴을 파 놓아둔다는 뜻으로, 자신의 안전을 위하여 미리 몇 가지 대비책을 짜 놓음을 이르는 말

011 □□□

兎死狐悲
토사호비

| 토끼 토 | 죽을 사 | 여우 호 | 슬플 비 |

토끼가 죽으니 여우가 슬퍼한다는 뜻으로, 같은 무리의 불행을 슬퍼함을 이르는 말

012 □□□

無事安逸
무사안일

| 없을 무 | 일 사 | 편안할 안 | 달아날 일 |

큰 탈이 없이 편안하고 한가로움. 또는 그런 상태만을 유지하려는 태도

013 □□□

八方美人
팔방미인

| 여덟 팔 | 모 방 | 아름다울 미 | 사람 인 |

1. 어느 모로 보나 아름다운 사람
2. 여러 방면에 능통한 사람을 비유적으로 이르는 말
3. 한 가지 일에 정통하지 못하고 온갖 일에 조금씩 손대는 사람을 놀림조로 이르는 말
4. 주관이 없이 누구에게나 잘 보이도록 처세하는 사람을 낮잡아 이르는 말

014 □□□

內富外貧
내부외빈

| 안 내 | 넉넉할 부 | 바깥 외 | 가난할 빈 |

겉으로 보기에는 가난한 듯하나 속은 부유함을 이르는 말

015 貧而無怨
빈이무원

☐☐☐

가난할 빈	말 이을 이	없을 무	원망할 원

가난하지만 남을 원망하지 않음.

---

016 衆寡不敵
중과부적

☐☐☐

무리 중	적을 과	아닐 부(불)	원수 적

적은 수효로 많은 수효를 대적하지 못함.

---

017 兩寡分悲
양과분비

☐☐☐

두 양(량)	적을 과	나눌 분	슬플 비

두 과부가 슬픔을 서로 나눈다는 뜻으로, 같은 처지에 있는 사람끼리 서로 동정함을 이르는 말

---

018 同聲異俗
동성이속

☐☐☐

같을 동	소리 성	다를 이	풍속 속

사람이 날 때는 다 같은 소리를 가지고 있으나, 자라면서 그 나라의 풍속으로 인해 서로 달라짐을 이르는 말

---

019 花容月態
화용월태

☐☐☐

꽃 화	얼굴 용	달 월	모양 태

아름다운 여인의 얼굴과 맵시를 이르는 말 = 월태화용(月態花容)

---

020 雪膚花容
설부화용

☐☐☐

눈 설	살갗 부	꽃 화	얼굴 용

눈처럼 흰 살갗과 꽃처럼 고운 얼굴이라는 뜻으로, 미인의 용모를 이르는 말

---

021 益者三友
익자삼우

☐☐☐

더할 익	놈 자	석 삼	벗 우

사귀어서 자기에게 도움이 되는 세 가지의 벗. 심성이 곧은 사람과 믿음직한 사람, 문견이 많은 사람을 이른다.

---

022 徒勞無益
도로무익

☐☐☐

무리 도	힘쓸 로	없을 무	더할 익

헛되이 애만 쓰고 아무런 이로움이 없음.

---

023 □□□

多岐亡羊
다기망양

많을 다   갈림길 기   망할 망   양 양

1. 갈림길이 많아 잃어버린 양을 찾지 못한다는 뜻으로, 두루 섭렵하기만 하고 전공하는 바가 없어 끝내 성취하지 못함을 이르는 말
2. 방침이 많아서 도리어 갈 바를 모름.

024 □□□

亡羊補牢
망양보뢰

망할 망   양 양   기울 보   우리 뢰

양을 잃고 우리를 고친다는 뜻으로, 이미 어떤 일을 실패한 뒤에 뉘우쳐도 아무 소용이 없음을 이르는 말

025 □□□

亡羊之歎
망양지탄

망할 망   양 양   갈 지   탄식할 탄

갈림길이 매우 많아 잃어버린 양을 찾을 길이 없음을 탄식한다는 뜻으로, 학문의 길이 여러 갈래여서 한 갈래의 진리도 얻기 어려움을 이르는 말

026 □□□

望洋之歎
망양지탄

바랄 망   큰 바다 양   갈 지   탄식할 탄

큰 바다를 바라보며 하는 한탄이란 뜻으로, 어떤 일에 자기 자신의 힘이 미치지 못할 때에 하는 탄식을 이르는 말

027 □□□

美人薄命
미인박명

아름다울 미   사람 인   엷을 박   목숨 명

미인은 불행하거나 병약하여 요절하는 일이 많음. = 가인박명(佳人薄命)

028 □□□

勸善懲惡
권선징악

권할 권   착할 선   징계할 징   악할 악

착한 일을 권장하고 악한 일을 징계함.

029 □□□

自家撞着
자가당착

스스로 자   집 가   칠 당   붙을 착

같은 사람의 말이나 행동이 앞뒤가 서로 맞지 아니하고 모순됨.

030 □□□

氷炭不相容
빙탄불상용

얼음 빙   숯 탄   아닐 불   서로 상   얼굴 용

얼음과 숯의 성질이 정반대이어서 서로 용납하지 못한다는 뜻으로, 사물이 서로 화합하기 어려움을 이르는 말

001 切望
끊을 절　　바랄 망

절망

간절히 바람.

002 絕望
끊을 절　　바랄 망

절망

바라볼 것이 없게 되어 모든 희망을 끊어 버림. 또는 그런 상태
• 絕望을 딛고 일어서다.

003 辭免
말씀 사　　면할 면

사면

맡아보던 일자리를 그만두고 물러남.
• 그는 돌연 이사직을 辭免하고 고향으로 내려갔다.

004 赦免
용서할 사　　면할 면

사면

죄를 용서하여 형벌을 면제함.
• 대통령은 국민 화합 차원에서 많은 정치범을 赦免하였다.

005 公布
공평할 공　　베 포

공포

일반 대중에게 널리 알림.
• 그 법률은 公布와 더불어 곧 시행되었다.

006 空砲
빌 공　　대포 포

공포

실탄을 넣지 않고 소리만 나게 하는 총질
• 무장 군인들은 미친 듯이 空砲를 쏘아 댔다.

007 恐怖
두려울 공　　두려워할 포

공포

두렵고 무서움.
• 恐怖로 온몸을 파들파들 떨다.

008 風俗
바람 풍　　풍속 속

풍속

옛날부터 그 사회에 전해 오는 생활 전반에 걸친 습관 따위를 이르는 말
• 이웃끼리 서로 돕는 것은 우리 민족의 아름다운 風俗이다.

009 風速
바람 풍　　빠를 속

풍속

바람의 속도
• 오늘 순간 최대 風速이 초당 7미터나 되었다.

010 寬容
너그러울 관　　얼굴 용

관용

남의 잘못 따위를 너그럽게 받아들이거나 용서함. 또는 그런 용서
• 寬容을 베풀다.

011 慣用
관용

버릇 관　　쓸 용

1. 습관적으로 늘 씀. 또는 그렇게 쓰는 것
2. 오랫동안 써서 굳어진 대로 늘 씀. 또는 그렇게 쓰는 것
 • 공부할 때는 慣用 표현을 익히는 것이 참 어렵다.

012 官用
관용

버슬 관　　쓸 용

정부 기관이나 국립 공공 기관에서 사용함.
 • 官用 차량

013 詳述
상술

자세할 상　　지을 술

자세하게 설명하여 말함.
 • 상부에 사건의 경위를 詳述하다.

014 上述
상술

위 상　　지을 술

윗부분이나 앞부분에서 말하거나 적음.
 • 여행 일정은 上述한 바와 같다.

015 商術
상술

장사 상　　재주 술

장사하는 재주나 꾀
 • 돈을 벌기 위한 비인간적인 商術이 판을 치고 있다.

016 先行
선행

먼저 선　　다닐 행

1. 어떠한 것보다 앞서가거나 앞에 있음.
2. 딴 일에 앞서 행함. 또는 그런 행위
 • 무엇보다 수재민 구호 사업을 先行하기로 결정했다.

017 善行
선행

착할 선　　다닐 행

착하고 어진 행실
 • 善行을 베풀다.

018 善戰
선전

착할 선　　싸움 전

있는 힘을 다하여 잘 싸움.
 • 선수들의 善戰하는 모습은 정말 감동적이었다.

019 宣戰
선전

베풀 선　　싸움 전

한 나라가 다른 나라에 대하여 전쟁을 시작한다는 의사 표시를 하는 일
 • 宣戰 포고

020 宣傳
선전

베풀 선　　전할 전

주의나 주장, 사물의 존재, 효능 따위를 많은 사람이 알고 이해하도록 잘 설명하여 널리 알리는 일
 • 새로 나온 세탁기를 宣傳하다.

12^강 연습 문제

💬 다음 한자의 뜻과 음을 쓰시오.

01 冤 : (   ) 02 欲 : (   )

03 免 : (   ) 04 益 : (   )

05 逸 : (   ) 06 善 : (   )

07 絶 : (   ) 08 着 : (   )

💬 다음 한자성어의 독음을 쓰고, 적절한 뜻을 바르게 연결하시오.

09 望洋之歎
(   ) ·

· ⓐ 이미 어떤 일을 실패한 뒤에 뉘우쳐도 아무 소용이 없음을 이르는 말

10 亡羊之歎
(   ) ·

· ⓑ 학문의 길이 여러 갈래여서 한 갈래의 진리도 얻기 어려움을 이르는 말

11 亡羊補牢
(   ) ·

· ⓒ 일곱 번 넘어지고 여덟 번 일어난다는 뜻으로, 여러 번 실패하여도 굴하지 아니하고 꾸준히 노력함을 이르는 말

12 衆寡不敵
(   ) ·

· ⓓ 어떤 일에 자기 자신의 힘이 미치지 못할 때에 하는 탄식을 이르는 말

13 七顚八起
(   ) ·

· ⓔ 마음대로 잡았다 놓아주었다 함을 이르는 말

14 七縱七擒
(   ) ·

· ⓕ 어지럽게 뒤얽힌 사물을 강력한 힘으로 명쾌하게 처리함을 이르는 말

15 貧而無怨
(   ) ·

· ⓖ 적은 수효로 많은 수효를 대적하지 못함.

16 快刀亂麻
(   ) ·

· ⓗ 가난하지만 남을 원망하지 않음.

💬 〈보기〉의 설명을 참고하여 빈칸에 들어갈 한자를 쓰시오.

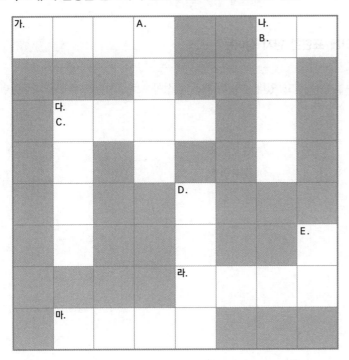

[가로]

가. 헛되이 애만 쓰고 아무런 이로움이 없음.

나. 간절히 바람.

다. 자신의 안전을 위하여 미리 몇 가지 대비책을 짜 놓음을 이르는 말

라. 사람이 날 때는 다 같은 소리를 가지고 있으나, 자라면서 그 나라의 풍속으로 인해 서로 달라짐을 이르는 말

마. 임금이 혹하여 나라가 기울어져도 모를 정도의 미인이라는 뜻으로, 뛰어나게 아름다운 미인을 이르는 말

[세로]

A. 사귀어서 자기에게 도움이 되는 세 가지의 벗. 심성이 곧은 사람과 믿음직한 사람, 문견이 많은 사람을 이른다.

B. 옥이나 돌 따위를 갈고 닦아서 빛을 낸다는 뜻으로, 부지런히 학문과 덕행을 닦음을 이르는 말

C. 필요할 때는 쓰고 필요 없을 때는 야박하게 버리는 경우를 이르는 말

D. 처지가 같은 사람들끼리 한패가 되는 경우를 비유적으로 이르는 말

E. 옛날부터 그 사회에 전해 오는 생활 전반에 걸친 습관 따위를 이르는 말

⊕ 정답

01. 토끼 **토**
02. 하고자 할 **욕**
03. 면할 **면**
04. 더할 **익**
05. 달아날 **일**
06. 착할 **선**
07. 끊을 **절**
08. 붙을 **착**

09. 망양지탄 – ⓓ
10. 망양지탄 – ⓑ
11. 망양보뢰 – ⓐ
12. 중과부적 – ⓖ
13. 칠전팔기 – ⓒ
14. 칠종칠금 – ⓔ
15. 빈이무원 – ⓗ
16. 쾌도난마 – ⓕ

01 다음에 서술된 A사의 상황을 가장 적절하게 표현한 한자 성어는?

2020 지방직 9급

> 최근 출시된 A사의 신제품이 뜨거운 호응을 얻고 있다. 이번 제품의 성공으로 A사는 B사에게 내주었던 업계 1위 자리를 탈환했다.

① 兔死狗烹　　　　　　　　② 捲土重來

③ 手不釋卷　　　　　　　　④ 我田引水

02 〈보기〉의 글쓴이가 보이는 삶의 태도로 가장 적절하지 않은 것은?

2018 서울시 7급(3월)

> 방의 넓이는 10홀, 남으로 외짝문 두 개 열렸다. 한낮의 해 쬐어, 밝고도 따사로워라. 집은 겨우 벽만 세웠지만, 온갖 책 갖추었다. 쇠코잠방이로 넉넉하니, 탁문군(卓文君)의 짝일세. 차 반 사발 따르고, 향 한 대 피운다. 한가롭게 숨어 살며, 천지와 고금을 살핀다. 사람들은 누추한 방이라 말하면서, 누추하여 거처할 수 없다 하네. 내가 보기엔, 신선이 사는 곳이라, 마음 안온하고 몸 편안하니, 누추하다 뉘 말하는가. 내가 누추하게 여기는 건, 몸과 명예 모두 썩는 것, 집이야 쑥대로 엮은 거지만, 도연명도 좁은 방에서 살았지. 군자가 산다면, 누추한 게 무슨 대수랴.

① 安分知足　　　　　　　　② 艱難辛苦

③ 貧而無怨　　　　　　　　④ 簞食瓢飲

03 밑줄 친 한자 성어의 쓰임이 적절하지 않은 것은?

① 그는 이번 실패에 굴하지 않고 <u>捲土重來</u>를 꿈꾸고 있다.

② 그는 <u>魚魯不辨</u>으로 부당 이득을 취한 혐의를 받고 있다.

③ 그는 이번 사건에 <u>吾不關焉</u>하면서 책임을 회피하고 있다.

④ 그의 말이 <u>羊頭狗肉</u>으로 평가받는 것은 겉만 그럴듯해서이다.

---

01 "이번 신제품의 성공으로 A사는 B사에게 내주었던 업계 1위 자리를 탈환했다."라는 내용을 볼 때, 땅을 말아 일으킬 것 같은 기세로 다시 온다는 뜻으로, 한 번 실패하였으나 힘을 회복하여 다시 쳐들어옴을 이르는 말인 '捲土重來(권토중래: 말 권, 흙 토, 거듭 중, 올 래)'가 어울린다.

오답정리 》 ① 토사구팽(兎死狗烹: 토끼 토, 죽을 사, 개 구, 삶을 팽): 토끼가 죽으면 토끼를 잡던 사냥개도 필요 없게 되어 주인에게 삶아 먹히게 된다는 뜻으로, 필요할 때는 쓰고 필요 없을 때는 야박하게 버리는 경우를 이르는 말

③ 수불석권(手不釋卷: 손 수, 아닐 불, 풀 석, 책 권): 손에서 책을 놓지 아니하고 늘 글을 읽음.

④ 아전인수(我田引水: 나 아, 밭 전, 끌 인, 물 수): 자기 논에 물 대기라는 뜻으로, 자기에게만 이롭게 되도록 생각하거나 행동함을 이르는 말

02 제시된 작품의 화자는 누추함에 개의치 않고 기품 있게 살아가려는, 당당한 자세를 가지고 있다. 따라서 '몹시 힘들고 어려우며 고생스러움.'이라는 뜻을 가진 ② '艱難辛苦(간난신고: 어려울 간, 어려울 난, 매울 신, 쓸 고)'는 필자의 태도로 적절하지 않다.

오답정리 》 ① 安分知足(안분지족: 편안할 안, 나눌 분, 알 지, 만족 족): 편안한 마음으로 제 분수를 지키며 만족할 줄을 앎.

③ 貧而無怨(빈이무원: 가난할 빈, 말 이을 이, 없을 무, 원망할 원): 가난해도 세상에 대한 원망이 없음.

④ 簞食瓢飮(단사표음: 소쿠리 단, 밥 사, 바가지 표, 마실 음): 대나무로 만든 밥그릇에 담은 밥과 표주박에 든 물이라는 뜻으로, 청빈하고 소박한 생활을 이르는 말.

03 '魚魯不辨(어로불변: 물고기 어, 노나라 로, 아닐 불, 분별할 변)'은 어(魚) 자와 노(魯) 자를 구별하지 못한다는 뜻으로, 아주 무식함을 비유적으로 이르는 말이다. 따라서 부당 이득을 취한 혐의를 받고 있는 사람에게는 어울리지 않는 표현이다.

오답정리 》 ① 捲土重來(권토중래: 말 권, 흙 토, 거듭 중, 올 래): 어떤 일에 실패한 뒤에 힘을 가다듬어 다시 그 일에 착수함을 비유하여 이르는 말

③ 吾不關焉(오불관언: 나 오, 아닐 불, 관계할 관, 어찌 언): 나는 그 일에 상관하지 아니함.

④ 羊頭狗肉(양두구육: 양 양, 머리 두, 개 구, 고기 육): 양의 머리를 걸어 놓고 개고기를 판다는 뜻으로, 겉보기만 그럴듯하게 보이고 속은 변변하지 아니함을 이르는 말.

정답 01 ② 02 ② 03 ②

논증은 여러 가지 논거를 들어 자신이 주장하는 명제가 참이라는 것을 증명하는 것이다. 논증의 목적은 상대방을 효과적으로 설득하는 것이다. 논증이 설득력을 가지려면 주장을 뒷받침할 수 있는 충분하고 객관적인 논거의 제시가 중요한데, 이러한 논거로는 이미 입증된 일반적 원리, 여러 객관적 사례, 권위 있는 전문가의 견해 등이 있다.

논증의 특성은 기술, 인과적 설명 등과 비교해 보면 분명히 드러난다. ③기술은 설명 대상이 되는 사물이나 ⓒ현상 또는 사건을 객관적인 입장에서 있는 그대로 서술하는 것으로, 개인의 주관적 평가나 가치관의 개입이 배제된다. 인과적 설명은 결과에 대한 원인을 제시함으로써 그것의 발생 이유나 ⓒ정황을 설명하는 것으로, 논거를 통하여 주장이 참임을 밝히는 논증과 차이가 있다.

논증 방법에는 연역법, 귀납법, 유추가 있다. 연역법은 일반적인 사실이나 원리를 전제로 하여 구체적인 사실을 결론으로 이끌어 내는 방법이다. 이 방법은 전제가 반드시 참이어야 하며 전제에 오류가 있으면 성립하지 않는다. 귀납법은 구체적인 사실로부터 일반적인 사실을 결론으로 이끌어 내는 방법이다. 가능한 한 많은 사례를 통해 결론을 도출하는 것이 중요하지만 예외가 있을 때는 주장을 완벽하게 증명하기 어렵다. 유추는 두 대상의 유사한 속성을 근거로 하여 주장을 이끌어 내는 방법이다. 어떤 두 대상에 비슷한 ②속성이 있기 때문에 하나의 대상에서 발견되는 현상이 다른 대상에서도 발견될 것이라고 주장하는 것이다. 하지만 두 대상의 속성이 비슷하다고 해서 반드시 다른 대상에 같은 현상이 일어나는 것은 아니므로 주장을 완벽하게 증명하기 어려울 수 있다.

① ③ 기술: 記述
② ⓒ 현상: 現象
③ ⓒ 정황: 情況
④ ② 속성: 俗性

05 밑줄 친 ③~ⓒ의 한자가 바르게 표기된 것은?

이 책은 인간이 가진 병에 대한 불안과 ③공포, 삶에 대한 ⓒ절망과 좌절에 대해서 ⓒ상술하고 있다.

	③	ⓒ	ⓒ
①	恐怖	切望	上述
②	公布	切望	詳述
③	恐怖	絕望	詳述
④	公布	絕望	上述

04 ④ 俗性 → 屬性: '사물의 특징이나 성질'이란 의미로 쓰고 있기 때문에 '屬性(속성: 무리 속, 성품 성)'을 써야 한다.
　 ※ 俗性(속성: 풍속 속, 성품 성): 속된 성질
　 오답정리 ① 記述(기술: 기록할 기, 지을 술): 대상이나 과정의 내용과 특징을 있는 그대로 열거하거나 기록하여 서술함. 또는 그런 기록
　 ② 現象(현상: 나타날 현, 코끼리 상): 1. 인간이 지각할 수 있는, 사물의 모양과 상태 2. 본질이나 객체의 외면에 나타나는 상
　 ③ 情況(정황: 뜻 정, 하물며 황): 1. 일의 사정과 상황 2. 인정상 딱한 처지에 있는 상황

05 ㉠ 문맥상 '두렵고 무서움.'의 의미이므로, '恐怖(공포: 두려울 공, 두려워할 포)'를 써야 한다.
　 ㉡ 문맥상 '바라볼 것이 없게 되어 모든 희망을 끊어 버린 상태'의 의미이므로, '絕望(절망: 끊을 절, 바랄 망)'을 써야 한다.
　 ㉢ 문맥상 '자세하게 설명하여 말함.'의 의미이므로, '詳述(상술: 자세할 상, 지을 술)'을 써야 한다.
　 오답정리 ㉠ 公布(공포: 공평할 공, 베 포): 일반 대중에게 널리 알림.
　 ㉡ 切望(절망: 끊을 절, 바랄 망): 간절히 바람.
　 ㉢ 上述(상술: 위 상, 지을 술): 윗부분이나 앞부분에서 말하거나 적음.

　 ⊕ 정답 04 ④　05 ③

13^강

20시간 초단기 완성
한자 1600선

1회독 ____월 ____일
2회독 ____월 ____일
3회독 ____월 ____일

1 한자

361 工 장인 공	362 江 강 강	363 紅 붉을 홍	364 功 공 공	365 攻 칠 공	366 空 빌 공
367 恐 두려울 공	368 貢 바칠 공	369 項 목 항	370 經 지날/글 경	371 輕 가벼울 경	372 徑 지름길 경
373 式 법 식	374 試 시험할 시	375 識 알 식 기록할 지	376 職 벼슬 직	377 織 짤 직	378 代 대신할 대
379 伐 칠 벌	380 我 나 아	381 義 옳을 의	382 儀 거동 의	383 議 의논할 의	384 成 이룰 성
385 城 성 성	386 誠 정성 성	387 盛 성할 성	388 咸 다 함	389 減 덜 감	390 感 느낄 감

2 한자성어

001 漢江投石	002 千紫萬紅	003 紅爐點雪	004 空理空論	005 卓上空論
006 赤手空拳	007 猫項懸鈴	008 經國濟世	009 一字無識	010 博學多識
011 寡聞淺識	012 老馬識途	013 十伐之木	014 吾不關焉	015 大義名分
016 大義滅親	017 干名犯義	018 大器晚成	019 殺身成仁	020 弄假成眞
021 因人成事	022 孤城落日	023 干城之材	024 崩城之痛	025 至誠感天
026 咸興差使	027 隔世之感	028 今昔之感	029 感慨無量	030 家和萬事成

3 한자어

001 加工	002 架空	003 可恐	004 經緯	005 涇渭
006 警衛	007 樣式	008 洋式	009 洋食	010 糧食
011 養殖	012 意識	013 儀式	014 衣食	015 正義
016 定義	017 情誼	018 會議	019 會意	020 懷疑

361

工
장인 공

★

人工	人 사람 인　　　工 장인 공	
	1. 사람이 하는 일　2. 사람의 힘으로 자연에 대하여 가공하거나 작용을 하는 일	
加工	加 더할 가　　　工 장인 공	
	원자재나 반제품을 인공적으로 처리하여 새로운 제품을 만들거나 제품의 질을 높임.	
工場	工 장인 공　　　場 마당 장	
	원료나 재료를 가공하여 물건을 만들어 내는 설비를 갖춘 곳	

362

江
강 강

★

江邊	江 강 강　　　邊 가 변	
	강의 가장자리에 잇닿아 있는 땅. 또는 그 부근. = 강가	
錦繡江山	錦 비단 금　　繡 수놓을 수　　江 강 강　　山 산 산	
	비단에 수를 놓은 것처럼 아름다운 산천이라는 뜻으로, 우리나라의 산천을 비유적으로 이르는 말	
江湖歌道	江 강 강　　湖 호수 호　　歌 노래 가　　道 길 도	
	조선 시대에, 은자(隱者)나 시인(詩人), 묵객(墨客) 들이 현실을 도피하여 자연을 벗 삼아 지내면서 일으킨 시가 창작의 한 경향	

363

紅
붉을 홍

★

粉紅	粉 가루 분　　　紅 붉을 홍	
	하얀빛을 띤 엷은 붉은색	
紅一點	紅 붉을 홍　　　一 하나 일　　　點 점 점	
	1. 푸른 잎 가운데 피어 있는 한 송이의 붉은 꽃 2. 여럿 속에서 오직 하나 이채(異彩)를 띠는 것을 비유적으로 이르는 말 3. 많은 남자 사이에 끼어 있는 한 사람의 여자를 비유적으로 이르는 말	
綠衣紅裳	綠 푸를 녹(록)　　衣 옷 의　　　紅 붉을 홍　　裳 치마 상	
	1. 연두저고리와 다홍치마　2. 곱게 차려입은 젊은 여자의 옷차림을 이르는 말	

364

功 공 공
★★

成功	成 이룰 성　　　　功 공 공
	목적하는 바를 이룸.
功勞	功 공 공　　　　勞 힘쓸 로
	일을 마치거나 목적을 이루는 데 들인 노력과 수고. 또는 일을 마치거나 그 목적을 이룬 결과로서의 공적
功績	功 공 공　　　　績 실 낳을 적
	노력과 수고를 들여 이루어 낸 일의 결과

365

攻 칠 공
★★

攻擊	攻 칠 공　　　　擊 칠 격
	1. 나아가 적을 침.　2. 남을 비난하거나 반대하여 나섬.
侵攻	侵 침노할 침　　　攻 칠 공
	다른 나라를 침범하여 공격함.
專攻	專 오로지 전　　　攻 칠 공
	1. 어느 한 분야를 전문적으로 연구함. 또는 그 분야　2. 전문적으로 연구하는 과목

366

空 빌 공
★★

空氣	空 빌 공　　　　氣 기운 기
	1. 지구를 둘러싼 대기의 하층부를 구성하는 무색, 무취의 투명한 기체
	2. 그 자리에 감도는 기분이나 분위기
空港	空 빌 공　　　　港 항구 항
	항공 수송을 위하여 사용하는 공공용 비행장
航空	航 배 항　　　　空 빌 공
	비행기로 공중을 날아다님.

367

恐 두려울 공
★★★

恐怖	恐 두려울 공　　　怖 두려워할 포
	두렵고 무서움.
恐慌	恐 두려울 공　　　慌 어렴풋할 황
	두려움이나 공포로 갑자기 생기는 심리적 불안 상태
恐龍	恐 두려울 공　　　龍 용 룡
	중생대 쥐라기와 백악기에 걸쳐 번성하였던 거대한 파충류를 통틀어 이르는 말

368 貢 바칠 공 ★ □□□

朝貢	朝 아침 조　　　貢 바칠 공
	종속국이 종주국에 때를 맞추어 예물을 바치던 일. 또는 그 예물
貢納	貢 바칠 공　　　納 들일 납
	백성이 그 지방에서 나는 특산물을 조정에 바치던 일. 또는 그 세제(稅制)
貢獻	貢 바칠 공　　　獻 바칠 헌
	힘을 써 이바지함.

369 項 목 항 ★★ □□□

項目	項 목 항　　　目 눈 목
	법률이나 규정 따위의 낱낱의 조나 항. = 조목(條目)
條項	條 가지 조　　　項 목 항
	법률이나 규정 따위의 조목이나 항목
事項	事 일 사　　　項 목 항
	일의 항목이나 내용

370 經 지날/글 경 ★★ □□□

經濟	經 지날 경　　　濟 건널 제
	인간의 생활에 필요한 재화나 용역을 생산·분배·소비하는 모든 활동. 또는 그것을 통하여 이루어지는 사회적 관계
神經	神 귀신 신　　　經 지날 경
	1. 신경 세포의 돌기가 모여 결합 조직으로 된 막에 싸여 끈처럼 된 구조 2. 어떤 일에 대한 느낌이나 생각
經典	經 글 경　　　典 법 전
	1. 변하지 않는 법식(法式)과 도리 2. 성현이 지은, 또는 성현의 말이나 행실을 적은 책 3. 종교의 교리를 적은 책

371 輕 가벼울 경 ★★ □□□

輕減	輕 가벼울 경　　　減 덜 감
	부담이나 고통 따위를 덜어서 가볍게 함.
輕量	輕 가벼울 경　　　量 헤아릴 량
	가벼운 무게
輕蔑	輕 가벼울 경　　　蔑 업신여길 멸
	깔보아 업신여김.

372 徑 지름길 경 ★★

捷徑	捷 빠를 첩　　　徑 지름길 경
	1. 멀리 돌지 않고 가깝게 질러 통하는 길 2. 가장 쉽고 빠른 방법을 비유적으로 이르는 말
直徑	直 곧을 직　　　徑 지름길 경
	원이나 구 따위에서, 중심을 지나는 직선으로 그 둘레 위의 두 점을 이은 선분. 또는 그 선분의 길이. = 지름
半徑	半 반 반　　　徑 지름길 경
	원이나 구의 중심에서 그 원둘레 또는 구면상(球面上)의 한 점에 이르는 선분. 또는 그 선분의 길이. = 반지름

373 式 법 식 ★★

公式	公 공평할 공　　　式 법 식
	1. 국가적이나 사회적으로 인정된 공적인 방식 2. 틀에 박힌 형식이나 방식 3. 계산의 법칙 따위를 문자와 기호로 나타낸 식
樣式	樣 모양 양　　　式 법 식
	1. 일정한 모양이나 형식 2. 오랜 시간이 지나면서 자연히 정하여진 방식
株式	株 그루 주　　　式 법 식
	1. 주식회사의 자본을 구성하는 단위 2. 주주의 출자에 대하여 교부하는 유가 증권

374 試 시험할 시 ★★

入試	入 들 입　　　試 시험할 시
	입학생을 선발하기 위하여 입학 지원자들에게 치르도록 하는 시험
試合	試 시험할 시　　　合 합할 합
	운동이나 그 밖의 경기 따위에서 서로 재주를 부려 승부를 겨루는 일
試驗	試 시험할 시　　　驗 시험 험
	재능이나 실력 따위를 일정한 절차에 따라 검사하고 평가하는 일

375 識 알 식 / 기록할 지 ★★★

認識	認 알 인　　　識 알 식
	사물을 분별하고 판단하여 앎.
常識	常 항상 상　　　識 알 식
	사람들이 보통 알고 있거나 알아야 하는 지식
標識	標 표할 표　　　識 기록할 지
	표시나 특징으로 어떤 사물을 다른 것과 구별하게 함. 또는 그 표시나 특징

職
버슬 직
★★

職業	職 버슬 직　　　　業 일 업
	생계를 유지하기 위하여 자신의 적성과 능력에 따라 일정한 기간 동안 계속하여 종사하는 일
職務	職 버슬 직　　　　務 힘쓸 무
	직책이나 직업상에서 책임을 지고 담당하여 맡은 사무
就職	就 나아갈 취　　　　職 버슬 직
	일정한 직업을 잡아 직장에 나감.

織
짤 직
★★

組織	組 짤 조　　　　織 짤 직
	1. 짜서 이루거나 얽어서 만듦.
	2. 특정한 목적을 달성하기 위하여 여러 개체나 요소를 모아서 체계 있는 집단을 이룸. 또는 그 집단
紡織	紡 길쌈 방　　　　織 짤 직
	실을 뽑아서 천을 짬.
織物	織 짤 직　　　　物 물건 물
	씨실과 날실을 직기에 걸어 짠 물건을 통틀어 이르는 말

代
대신할 대
★

現代	現 나타날 현　　　　代 대신할 대
	1. 지금의 시대
	2. 역사학의 시대 구분 가운데 사상(思想)이나 그 밖의 것이 현재와 같다고 생각되는 때부터 지금까지의 시기
代表	代 대신할 대　　　　表 겉 표
	전체의 상태나 성질을 어느 하나로 잘 나타냄. 또는 그런 것
代案	代 대신할 대　　　　案 책상 안
	어떤 안(案)을 대신하는 안

伐
칠 벌
★

伐木	伐 칠 벌　　　　木 나무 목
	멧갓이나 숲의 나무를 벰.
伐採	伐 칠 벌　　　　採 캘 채
	나무를 베어 내거나 섶을 깎아 냄.
討伐	討 칠 토　　　　伐 칠 벌
	무력으로 쳐 없앰.

380 我 나 아 ★	自我	自 스스로 자　　我 나 아
		자기 자신에 대한 의식이나 관념
	我執	我 나 아　　執 잡을 집
		자기중심의 좁은 생각에 집착하여 다른 사람의 의견이나 입장을 고려하지 아니하고 자기만을 내세우는 것
	我田引水	我 나 아　　田 밭 전　　引 끌 인　　水 물 수
		자기 논에 물 대기라는 뜻으로, 자기에게만 이롭게 되도록 생각하거나 행동함을 이르는 말

381 義 옳을 의 ★★★	正義	正 바를 정　　義 옳을 의
		진리에 맞는 올바른 도리
	義務	義 옳을 의　　務 힘쓸 무
		1. 사람으로서 마땅히 하여야 할 일. 곧 맡은 직분
		2. 규범에 의하여 부과되는 부담이나 구속
	講義	講 익힐 강　　義 옳을 의
		학문이나 기술의 일정한 내용을 체계적으로 설명하여 가르침.

382 儀 거동 의 ★★	禮儀	禮 예도 예(례)　　儀 거동 의
		존경의 뜻을 표하기 위하여 예로써 나타내는 말투나 몸가짐.
	儀式	儀 거동 의　　式 법 식
		행사를 치르는 일정한 법식. 또는 정하여진 방식에 따라 치르는 행사
	賻儀	賻 부의 부　　儀 거동 의
		상가(喪家)에 부조로 보내는 돈이나 물품. 또는 그런 일

383 議 의논할 의 ★★	會議	會 모일 회　　議 의논할 의
		여럿이 모여 의논함. 또는 그런 모임.
	審議	審 살필 심　　議 의논할 의
		심사하고 토의함.
	協議	協 화합할 협　　議 의논할 의
		둘 이상의 사람이 서로 협력하여 의논함.

384 成 이룰 성 ★ □□□

成長	成 이룰 성　　長 길 장
	1. 사람이나 동식물 따위가 자라서 점점 커짐.
	2. 사물의 규모나 세력 따위가 점점 커짐.
構成	構 얽을 구　　成 이룰 성
	몇 가지 부분이나 요소들을 모아서 일정한 전체를 짜 이룸. 또는 그 이룬 결과
完成	完 완전할 완　　成 이룰 성
	완전히 다 이룸.

385 城 성 성 ★ □□□

都城	都 도읍 도　　城 성 성
	임금이나 황제가 있던 도읍지가 성으로 이루어져 있었다는 데서, '서울'을 이르던 말
籠城	籠 대그릇 농(롱)　　城 성 성
	1. 적에게 둘러싸여 성문을 굳게 닫고 성을 지킴.
	2. 어떤 목적을 이루기 위하여 한자리를 떠나지 않고 시위함.
鐵甕城	鐵 쇠 철　　甕 독 옹　　成 성 성
	쇠로 만든 독처럼 튼튼하게 둘러쌓은 산성이라는 뜻으로, 방비나 단결 따위가 견고한 사물이나 상태를 이르는 말

386 誠 정성 성 ★★ □□□

精誠	精 정밀할 정　　誠 정성 성
	온갖 힘을 다하려는 참되고 성실한 마음.
忠誠	忠 충성 충　　誠 정성 성
	진정에서 우러나오는 정성
誠實	誠 정성 성　　實 열매 실
	정성스럽고 참됨.

387 盛 성할 성 ★★ □□□

盛行	盛 성할 성　　行 다닐 행
	매우 성하게 유행함.
旺盛	旺 왕성할 왕　　盛 성할 성
	한창 성함.
興亡盛衰	興 일 흥　　亡 망할 망　　盛 성할 성　　衰 쇠할 쇠
	흥하고 망함과 성하고 쇠함.

388

咸
다 함
★★★

□□□

咸池	咸 다 함　　　　池 못 지
	해가 진다고 하는 서쪽의 큰 못
咸氏	咸 다 함　　　　氏 성씨 씨
	상대편의 조카를 높여 이르는 말 = 조카님.
咸興差使	咸 다 함　　　興 일 흥　　　差 다를 차　　　使 부릴 사
	심부름을 가서 오지 아니하거나 늦게 온 사람을 이르는 말.
	※ 조선 태조 이성계가 왕위를 물려주고 함흥에 있을 때에, 태종이 보낸 차사를 혹은 죽이고 혹은 잡아 가두어 돌려보내지 아니하였던 데서 유래한다.

389

減
덜 감
★★★

□□□

減少	減 덜 감　　　　少 적을 소
	양이나 수치가 줆. 또는 양이나 수치를 줄임.
削減	削 깎을 삭　　　減 덜 감
	깎아서 줄임.
減縮	減 덜 감　　　　縮 줄일 축
	덜어서 줄임.

390

感
느낄 감
★★

□□□

感情	感 느낄 감　　　情 뜻 정
	어떤 현상이나 일에 대하여 일어나는 마음이나 느끼는 기분
感染	感 느낄 감　　　染 물들 염
	1. 나쁜 버릇이나 풍습, 사상 따위가 영향을 주어 물이 들게 함.
	2. 병원체인 미생물이 동물이나 식물의 몸 안에 들어가 증식하는 일
感覺	感 느낄 감　　　覺 깨달을 각
	1. 눈, 코, 귀, 혀, 살갗을 통하여 바깥의 어떤 자극을 알아차림.
	2. 사물에서 받는 인상이나 느낌

13강 한자성어

001 漢江投石
한강투석

한나라 한	강 강	던질 투	돌 석

한강에 돌 던지기라는 뜻으로, 지나치게 미미하여 아무런 효과를 미치지 못함을 이르는 말

002 千紫萬紅
천자만홍

일천 천	자줏빛 자	일만 만	붉을 홍

울긋불긋한 여러 가지 꽃의 빛깔. 또는 그런 빛깔의 꽃

003 紅爐點雪
홍로점설

붉을 홍	화로 로	점 점	눈 설

1. 빨갛게 달아오른 화로 위에 한 송이의 눈을 뿌리면 순식간에 녹아 없어지는 데에서, 도를 깨달아 의혹이 일시에 없어짐을 비유적으로 이르는 말
2. 사욕(私慾)이나 의혹(疑惑)이 일시에 꺼져 없어짐을 비유적으로 이르는 말

004 空理空論
공리공론

빌 공	다스릴 리	빌 공	논할 론

실천이 따르지 아니하는, 헛된 이론이나 논의

005 卓上空論
탁상공론

높을 탁	위 상	빌 공	논할 론

현실성이 없는 허황한 이론이나 논의

006 赤手空拳
적수공권

붉을 적	손 수	빌 공	주먹 권

맨손과 맨주먹이라는 뜻으로, 아무것도 가진 것이 없음을 이르는 말

007 □□□

猫項懸鈴
묘항현령

| 고양이 묘 | 목 항 | 매달 현 | 방울 령 |

쥐가 고양이 목에 방울을 단다는 뜻으로, 실행할 수 없는 헛된 논의를 이르는 말. = 묘두
현령(猫頭懸鈴)

※ 쥐가 고양이의 습격을 미리 막기 위한 수단으로 고양이의 목에 방울을 다는 일을 의논하였으나, 실행 불가능으
로 끝났다는 우화에서 유래한다.

008 □□□

經國濟世
경국제세

| 지날 경 | 나라 국 | 건널 제 | 세상 세 |

나라를 잘 다스려 세상을 구제함.

009 □□□

一字無識
일자무식

| 하나 일 | 글자 자 | 없을 무 | 알 식 |

1. 글자를 한 자도 모를 정도로 무식함. 또는 그런 사람
2. 어떤 분야에 대하여 아는 바가 하나도 없음을 비유적으로 이르는 말

010 □□□

博學多識
박학다식

| 넓을 박 | 배울 학 | 많을 다 | 알 식 |

학식이 넓고 아는 것이 많음.

011 □□□

寡聞淺識
과문천식

| 적을 과 | 들을 문 | 얕을 천 | 알 식 |

보고 들은 것이 적고 배움이 얕음.

012 □□□

老馬識途
노마식도

| 늙을 노(로) | 말 마 | 알 식 | 길 도 |

늙은 말이 길을 안다는 뜻으로, 경험이 많은 사람이 지혜를 갖추고 있음을 이르는 말

013 □□□

十伐之木
십벌지목

| 열 십 | 칠 벌 | 갈 지 | 나무 목 |

열 번 찍어 베는 나무라는 뜻으로, 열 번 찍어 안 넘어가는 나무가 없음을 이르는 말

014 □□□

吾不關焉
오불관언

| 나 오 | 아닐 불 | 관계할 관 | 어찌 언 |

나는 그 일에 상관하지 아니함.

015

大義名分
대의명분

| 큰 대 | 옳을 의 | 이름 명 | 나눌 분 |

1. 사람으로서 마땅히 지키고 행하여야 할 도리나 본분
2. 어떤 일을 꾀하는 데 내세우는 합당한 구실이나 이유

016

大義滅親
대의멸친

| 큰 대 | 옳을 의 | 멸할 멸 | 친할 친 |

큰 도리를 지키기 위하여 부모나 형제도 돌아보지 않음.

017

干名犯義
간명범의

| 방패 간 | 이름 명 | 범할 범 | 옳을 의 |

명분을 거스르고 의리를 어기는 행위

018

大器晩成
대기만성

| 큰 대 | 그릇 기 | 늦을 만 | 이룰 성 |

큰 그릇을 만드는 데는 시간이 오래 걸린다는 뜻으로, 크게 될 사람은 늦게 이루어짐을 이르는 말

019

殺身成仁
살신성인

| 죽일 살 | 몸 신 | 이룰 성 | 어질 인 |

자기의 몸을 희생하여 인(仁)을 이룸.

020

弄假成眞
농가성진

| 희롱할 농(롱) | 거짓 가 | 이룰 성 | 참 진 |

장난삼아 한 것이 진심으로 한 것같이 됨.

021

因人成事
인인성사

| 인할 인 | 사람 인 | 이룰 성 | 일 사 |

어떤 일을 자기 혼자의 힘으로 이루지 못하고 남의 힘을 얻어 이룸.

022

孤城落日
고성낙일

| 외로울 고 | 성 성 | 떨어질 낙(락) | 날 일 |

외딴 성과 서산에 지는 해라는 뜻으로, 세력이 다하고 남의 도움이 없는 매우 외로운 처지를 이르는 말

023 干城之材
간성지재

방패 간　　　성 성　　　갈 지　　　재목 재

나라를 지키는 믿음직한 인재

024 崩城之痛
붕성지통

무너질 붕　　　성 성　　　갈 지　　　아플 통

성이 무너질 만큼 큰 슬픔이라는 뜻으로, 남편이 죽은 슬픔을 이르는 말

025 至誠感天
지성감천

이를 지　　　정성 성　　　느낄 감　　　하늘 천

정성이 지극하면 하늘도 감동하게 된다는 뜻으로, 무슨 일에든 정성을 다하면 아주 어려운 일도 순조롭게 풀리어 좋은 결과를 맺는다는 말

026 咸興差使
함흥차사

다 함　　　일 흥　　　다를 차　　　부릴 사

심부름을 가서 오지 아니하거나 늦게 온 사람을 이르는 말

※ 조선 태조 이성계가 왕위를 물려주고 함흥에 있을 때에, 태종이 보낸 차사를 혹은 죽이고 혹은 잡아 가두어 돌려보내지 아니하였던 데서 유래한다.

027 隔世之感
격세지감

사이 뜰 격　　　세상 세　　　갈 지　　　느낄 감

오래지 않은 동안에 몰라보게 변하여 아주 다른 세상이 된 것 같은 느낌

028 今昔之感
금석지감

이제 금　　　옛 석　　　갈 지　　　느낄 감

지금과 옛날의 차이가 너무 심하여 생기는 느낌

029 感慨無量
감개무량

느낄 감　　　분개할 개　　　없을 무　　　헤아릴 량

마음속에서 느끼는 감동이나 느낌이 끝이 없음. 또는 그 감동이나 느낌

030 家和萬事成
가화만사성

집 가　　　화목할 화　　　일만 만　　　일 사　　　이룰 성

집안이 화목하면 모든 일이 잘 이루어짐.

13^강 한자어

001 加工

가공

더할 가　　　장인 공

원자재나 반제품을 인공적으로 처리하여 새로운 제품을 만들거나 제품의 질을 높임.
• 복숭아를 加工해서 통조림으로 만들었다.

002 架空

가공

시렁 가　　　빌 공

1. 어떤 시설물을 공중에 가설함.
2. 이유나 근거가 없이 꾸며 냄. 또는 사실이 아니고 거짓이나 상상으로 꾸며 냄.
　• 해태는 架空의 동물이다.

003 可恐

가공

옳을 가　　　두려울 공

두려워하거나 놀랄 만하다.
• 새로운 무기는 可恐할 만한 위력을 지녔다.

004 經緯

경위

지날 경　　　씨 위

1. 직물(織物)의 날과 씨를 아울러 이르는 말
2. 일이 진행되어 온 과정
　• 사건의 經緯를 밝히다.
3. 경도와 위도를 아울러 이르는 말

005 涇渭

경위

통할 경　　　물 이름 위

사리의 옳고 그름이나 이러하고 저러함에 대한 분별
• 그녀는 涇渭가 밝은 사람이기 때문에 항상 예의 바르게 행동한다.

006 警衛

경위

경계할 경　　　지킬 위

1. 경계하여 호위함. 또는 그렇게 하는 사람
2. 경찰 공무원 계급의 하나. 경감의 아래, 경사의 위이다.

007 樣式

양식

모양 양　　　법 식

1. 일정한 모양이나 형식
　• 주어진 樣式에 따라 보고서를 제출하시오.
2. 오랜 시간이 지나면서 자연히 정하여진 방식

008 洋式

양식

큰 바다 양　　　법 식

서양의 양식이나 격식
• 그는 멋들어진 洋式 옷을 지어 입고 집안으로 들어섰다.

009 洋食

양식

큰 바다 양　　　먹을 식

서양식 음식이나 식사
• 우리 어머니는 洋食보다는 한식을 좋아하신다.

010 糧食

양식

양식 양(량)　　　먹을 식

1. 생존을 위하여 필요한 사람의 먹을거리
　• 먹을 糧食이 다 떨어졌다.
2. 지식이나 물질, 사상 따위의 원천이 되는 것을 비유적으로 이르는 말

011 □□□

養殖
양식

기를 양　　불릴 식

물고기나 해조, 버섯 따위를 인공적으
로 길러서 번식하게 함.
• 남해안 지방에서는 굴 養殖을 많이
　한다.

012 □□□

意識
의식

뜻 의　　알 식

깨어 있는 상태에서 자기 자신이나 사
물에 대하여 인식하는 작용
• 意識을 잃다.

013 □□□

儀式
의식

거동 의　　법 식

행사를 치르는 일정한 법식. 또는 정하
여진 방식에 따라 치르는 행사
• 성대한 儀式을 거행하다.

014 □□□

衣食
의식

옷 의　　먹을 식

의복과 음식을 아울러 이르는 말
• 변변찮은 衣食조차 챙겨 갖추기 어려
　울 만큼 가난했다.

015 □□□

正義
정의

바를 정　　옳을 의

진리에 맞는 올바른 도리
• 正義를 위하여 싸우다.

016 □□□

定義
정의

정할 정　　옳을 의

어떤 말이나 사물의 뜻을 명백히 밝혀
규정함. 또는 그 뜻
• 문화에 대한 定義는 시대마다 조금씩
　변화한다.

017 □□□

情誼
정의

뜻 정　　정 의

서로 사귀어 친하여진 정
• 그와 나는 情誼가 두터운 사이이다.

018 □□□

會議
회의

모일 회　　의논할 의

여럿이 모여 의논함. 또는 그런 모임
• 우리는 다음주 월요일 오전에 會議를
　열기로 했다.

019 □□□

會意
회의

모일 회　　뜻 의

1. 뜻을 알아챔. 2. 마음에 맞음.
3. 한자 육서(六書)의 하나. 둘 이상의
　한자를 합하고 그 뜻도 합성하여 글
　자를 만드는 방법이다.
※ '日'과 '月' 합하여 '明' 자를 만들어 '밝
　다'는 뜻을 나타내는 것 따위이다.

020 □□□

懷疑
회의

품을 회　　의심할 의

의심을 품음. 또는 마음속에 품고 있는
의심
• 인생에 懷疑를 느끼다.

💬 **다음 한자의 뜻과 음을 쓰시오.**

01	識 : ( )	02	功 : ( )
03	職 : ( )	04	攻 : ( )
05	議 : ( )	06	紅 : ( )
07	誠 : ( )	08	江 : ( )

💬 **다음 한자성어의 독음을 쓰고, 적절한 뜻을 바르게 연결하시오.**

09 十伐之木 ( ) .

ⓐ 한강에 돌 던지기라는 뜻으로, 지나치게 미미하여 아무런 효과를 미치지 못함을 이르는 말

10 弄假成眞 ( ) .

ⓑ 1. 글자를 한 자도 모를 정도로 무식함. 또는 그런 사람
2. 어떤 분야에 대하여 아는 바가 하나도 없음을 비유적으로 이르는 말

11 博學多識 ( ) .

ⓒ 열 번 찍어 베는 나무라는 뜻으로, 열 번 찍어 안 넘어가는 나무가 없음을 이르는 말

12 一字無識 ( ) .

ⓓ 장난삼아 한 것이 진심으로 한 것같이 됨.

13 猫項懸鈴 ( ) .

ⓔ 심부름을 가서 오지 아니하거나 늦게 온 사람을 이르는 말

14 漢江投石 ( ) .

ⓕ 학식이 넓고 아는 것이 많음.

15 隔世之感 ( ) .

ⓖ 쥐가 고양이 목에 방울을 단다는 뜻으로, 실행할 수 없는 헛된 논의를 이르는 말

16 咸興差使 ( ) .

ⓗ 오래지 않은 동안에 몰라보게 변하여 아주 다른 세상이 된 것 같은 느낌

💬 〈보기〉의 설명을 참고하여 빈칸에 들어갈 한자를 쓰시오.

[가로]

가. 명분을 거스르고 의리를 어기는 행위
나. 실천이 따르지 아니하는, 헛된 이론이나 논의
다. 사람으로서 마땅히 지키고 행하여야 할 도리나 본분
라. 일정한 모양이나 형식
마. 자기의 몸을 희생하여 인(仁)을 이룸.
바. 서양식 음식이나 식사

[세로]

A. 맨손과 맨주먹이라는 뜻으로, 아무것도 가진 것이 없음을 이르는 말
B. 큰 도리를 지키기 위하여 부모나 형제도 돌아보지 않음.
C. 어떤 시설물을 공중에 가설함.
D. 어떤 말이나 사물의 뜻을 명백히 밝혀 규정함. 또는 그 뜻
E. 행사를 치르는 일정한 법식. 또는 정하여진 방식에 따라 치르는 행사
F. 큰 그릇을 만드는 데는 시간이 오래 걸린다는 뜻으로, 크게 될 사람은 늦게 이루어짐을 이르는 말
G. 의복과 음식을 아울러 이르는 말

🔍 정답

01. 알 **식**/기록할 **지**
02. 공 **공**
03. 벼슬 **직**
04. 칠 **공**
05. 의논할 **의**
06. 붉을 **홍**
07. 정성 **성**
08. 강 **강**
09. 십벌지목 – ⓒ
10. 농가성진 – ⓓ
11. 박학다식 – ⓕ
12. 일자무식 – ⓑ
13. 묘항현령 – ⓖ
14. 한강투석 – ⓐ
15. 격세지감 – ⓗ
16. 함흥차사 – ⓔ

01 다음 시 (가)와 수필 (나)에서 공통으로 연상할 수 있는 사자성어로 가장 옳은 것은? 2020 해양경찰 3차

> (가) 푸른 하늘에 닿을 듯이
> 　　세월에 불타고 우뚝 남아서서
> 　　차라리 봄도 꽃피진 말아라
>
> 　　　　　　　　　　　　　　　　　　　　　　　　　　　　　– 이육사, 〈교목〉
>
> (나) 내가 들개에게 길을 비켜줄 수 있는 겸양(謙讓)을 보는 사람이 없다고 해도 정면으로 달려드는 표범을 겁내서는 한 발자욱이라도 물러서지 않으려는 내 길을 사랑할 뿐이오. 그렇소이다. 내 길을 사랑하는 마음, 그것은 내 자신에 희생을 요구하는 노력이오.
>
> 　　　　　　　　　　　　　　　　　　　　　　　　　　　　　– 이육사, 〈계절의 오행〉

① 謙讓之辭　　　　　　　　　　② 見利思義
③ 捨生取義　　　　　　　　　　④ 百尺竿頭

02 다음 글과 관련된 한자 성어로 적절하지 않은 것은? 2015 교육행정직 7급

> 　해마다 이때가 되면 우리의 기억에 되살아나는 사람이 있다. 고(故) 이수현. 그는 2001년 일본 유학 당시 도쿄 지하철역에서 선로에 떨어진 일본인 남성을 구했는데, 자신은 선로에서 미처 빠져나오지 못하고 목숨을 잃었다. 이후 그의 고귀한 정신을 기려야 한다는 목소리가 높았다. 이에 한일 양국에서는 그를 추모하는 행사를 지속적으로 열어 왔으며, 그의 이름을 새긴 추모비도 건립했다. 이수현은 갔지만 우리는 결코 그를 떠나보내지 않았다. (하략)

① 殺身成仁　　　　　　　　　　② 螢雪之功
③ 流芳百世　　　　　　　　　　④ 捨生取義

03 밑줄 친 한자어의 쓰임이 옳지 않은 것은?

① 환경부의 안건이 국무 <u>회의(懷疑)</u>에 상정되었다.

② 이 먼 곳까지 오게 된 <u>경위(經緯)</u>를 말해 보시오.

③ <u>가공(加工)</u>된 농산물이 원산지에 재수출되었다.

④ 우리 모두 힘을 합쳐 <u>정의(正義)</u>가 구현되는 사회를 만듭시다.

---

01 (가)에는 힘겨운 일제 치하의 현실 속에서도 끊임없이 조국의 독립과 광복을 위해 투쟁하는 지사(志士)의 모습이 드러나고 있다. (나)에는 표범을 겁내지 않고 한 발짝이라도 물러서지 않으면서 자신의 길을 사랑하겠다는 의지가 나타난다. 이를 정리해 보면 공통으로 연상되는 사자성어는, '목숨을 버리고 의로움을 따른다는 뜻으로, 목숨을 버릴지언정 옳은 일을 함을 이르는 말'인 '捨生取義(사생취의: 버릴 사, 날 생, 취할 취, 옳을 의)'이다.

<u>오답정리</u> ① 謙讓之辭(겸양지사: 겸손할 겸, 사양할 양, 갈 지, 말씀 사): 겸손한 태도로 남에게 양보하거나 사양하는 말

② 見利思義(견리사의: 볼 견, 이로울 리, 생각 사, 옳을 의): 눈앞의 이익을 보면 의리를 먼저 생각함.

④ 百尺竿頭(백척간두: 일백 백, 자 척, 장대 간, 머리 두): 백 자나 되는 높은 장대 위에 올라섰다는 뜻으로, 몹시 어렵고 위태로운 지경을 이르는 말

02 ② '螢雪之功(형설지공: 반딧불 형, 눈 설, 갈 지, 공 공)'은 고생을 하면서 부지런하고 꾸준하게 공부하는 자세를 이르는 말인데, 의로운 행동을 하다가 안타깝게 목숨을 잃은 이수현 씨에 대한 추모의 내용을 담은 제시문의 내용과는 무관하다.

<u>오답정리</u> ① 殺身成仁(살신성인: 죽일 살, 몸 신, 이룰 성, 어질 인): 자기의 몸을 희생하여 인을 이룸.

③ 流芳百世(유방백세: 흐를 유(류), 꽃다울 방, 일백 백, 세상 세): 꽃다운 이름이 후세에 길이 전함.

④ 捨生取義(사생취의: 버릴 사, 날 생, 취할 취, 옳을 의): 목숨을 버리고 의를 좇는다는 뜻으로, 목숨을 버릴지언정 옳은 일을 함을 이르는 말

03 ① 懷疑 → 會議: '懷疑(회의: 품을 회, 의심할 의)'는 '의심을 품음. 또는 마음속에 품고 있는 의심'이란 뜻이다. 그런데 문맥상 '여럿이 모여 의논함.'이란 의미이므로, '會議(회의: 모일 회, 의논할 의)'를 써야 한다.

<u>오답정리</u> ② 經緯(경위: 지날 경, 씨 위): 직물(織物)의 날과 씨를 아울러 이르는 말 / 일이 진행되어 온 과정

③ 加工(가공: 더할 가, 장인 공): 원자재나 반제품을 인공적으로 처리하여 새로운 제품을 만들거나 제품의 질을 높임.

④ 正義(정의: 바를 정, 옳을 의): 진리에 맞는 올바른 도리

⊕ **정답** 01 ③ 02 ② 03 ①

04 밑줄 친 부분에 내포된 의미와 가장 가까운 것은?

> "라떼는 말이야…." 줄여 '라떼'라고 하고, 영어로는 'Latte is horse'라고 한다. "나 때는 말이야…."라며 일장 훈시하는 기성세대를 비꼬는 말이다. '꼰대'도 비슷한 말이다. 표준국어대사전에는 '꼰대'를 '늙은이'와 '선생님'을 이르는 은어로 나와 있다. 권위를 행사하는 어른이나 선생님을 비하하는 뜻이다. '말 안 통하는 꼰대'와 '노력은 하지 않고 불만만 많은 젊은이' 간의 서로를 향한 비난이 가정과 직장 여기저기서 이어지고 있다.
>
> "요즘 애들은 버릇이 없다."는 말을 종종 한다. 요즘 애들이 버릇이 없는 것이 아니라 어느 시절이나 젊은이들은 다 그랬다. 기원전 1,700년 무렵 수메르 시대에 쓰인 점토판 문자를 해독했더니 "요즘 젊은것들은 버릇이 없다."라는 내용이었다고 한다. 그러나 역사는 꾸준히 발전해 왔다. 젊은이의 행동을 두고 '옳다' '그르다'로 판단하지 않아야 한다. 기다려 주며 상대방의 입장이 되어 그럴 수밖에 없었던 이유가 무엇인지 이해하려는 노력이 필요하지 않을까 싶다.
>
> 바야흐로 '공감의 시대'다. 상대를 가르치려 하면 '노인네'이고, 상대의 이야기를 끝까지 경청하고 이해하려고 노력하면 '어르신'이라고 한다. 젊은 층을 이해하고 수용하려면 소통의 능력을 키워나가야 한다. 바르지 못한 젊은이들의 태도에 무조건 핀잔을 주기보다는 긍정적으로 그들의 처지에서 이해하고 수용하려는 공감의 자세가 절실하다.

① 大器晚成 ② 感慨無量
③ 隔世之感 ④ 孤城落日

---

04 1문단의 '나 때는 말이야…'와 2문단의 밑줄 친 '요즘 애들은 버릇이 없다.'는, 기성세대가 느끼기에 요새 젊은이들의 생각이나 행동이 자신의 젊을 때와 차이가 나는 것을 비판하기 위해 이용하는 말이다. 선택지 중에서 이것과 가장 거리가 가까운 것은, '오래지 않은 동안에 몰라보게 변하여 아주 다른 세상이 된 것 같은 느낌'을 의미하는 ③ '隔世之感(격세지감: 사이 뜰 격, 세상 세, 갈 지, 느낄 감)'이다.

오답정리 ① 大器晚成(대기만성: 큰 대, 그릇 기, 늦을 만, 이룰 성): 큰 그릇을 만드는 데는 시간이 오래 걸린다는 뜻으로, 크게 될 사람은 늦게 이루어짐을 이르는 말
② 感慨無量(감개무량: 느낄 감, 분개할 개, 없을 무, 헤아릴 량): 마음속에서 느끼는 감동이나 느낌이 끝이 없음. 또는 그 감동이나 느낌
④ 孤城落日(고성낙일: 외로울 고, 성 성, 떨어질 낙(락), 날 일): 외딴 성과 서산에 지는 해라는 뜻으로, 세력이 다하고 남의 도움이 없는 매우 외로운 처지를 이르는 말

정답 04 ③

1 한자

391 日 날 일	392 月 달 월	393 朋 벗 붕	394 明 밝을 명	395 盟 맹세할 맹	396 早 일찍 조
397 卓 높을 탁	398 草 풀 초	399 朝 아침 조	400 潮 밀물 조	401 嘲 비웃을 조	402 直 곧을 직
403 値 값 치	404 置 둘 치	405 植 심을 식	406 骨 뼈 골	407 滑 미끄러울 활	408 過 지날 과
409 禍 재앙 화	410 向 향할 향	411 尙 오히려 상	412 常 항상 상	413 堂 집 당	414 當 마땅할 당
415 黨 무리 당	416 掌 손바닥 장	417 裳 치마 상	418 賞 상 줄 상	419 償 갚을 상	420 商 장사 상

2 한자성어

001 日就月將	002 十日之菊	003 風月主人	004 康衢煙月	005 燈下不明
006 喪明之痛	007 三顧草廬	008 草根木皮	009 綠楊芳草	010 朝變夕改
011 朝令暮改	012 朝三暮四	013 朝名市利	014 命在朝夕	015 命在頃刻
016 刻骨難忘	017 白骨難忘	018 換骨奪胎	019 粉骨碎身	020 髀肉之嘆
021 改過遷善	022 改過不吝	023 招搖過市	024 遠禍召福	025 黨同伐異
026 同價紅裳	027 堂狗風月	028 論功行賞	029 信賞必罰	030 嘗糞之徒

3 한자어

001 日程	002 一定	003 朝廷	004 措定	005 調整
006 調停	007 朝會	008 照會	009 災禍	010 才華
011 財貨	012 載貨	013 志向	014 指向	015 非常
016 飛上	017 飛翔	018 感想	019 感傷	020 鑑賞

○ 알고있음 △ 애매함 X 모름

391 日 날 일 ★

日記	日 날 일　　　記 기록할 기
	날마다 그날그날 겪은 일이나 생각, 느낌 따위를 적는 개인의 기록
日常	日 날 일　　　常 항상 상
	날마다 반복되는 생활
每日	每 매양 매　　　日 날 일
	[명사] 각각의 개별적인 나날 [부사] 하루하루마다

392 月 달 월 ★

歲月	歲 해 세　　　月 달 월
	1. 흘러가는 시간　2. 지내는 형편이나 사정. 또는 그런 재미
月給	月 달 월　　　給 줄 급
	한 달을 단위로 하여 지급하는 급료. 또는 그런 방식
月貰	月 달 월　　　貰 세낼 세
	집이나 방을 다달이 빌려 쓰는 일. 또는 그 돈

393 朋 벗 붕 ★

朋友	朋 벗 붕　　　友 벗 우
	비슷한 또래로서 서로 친하게 사귀는 사람. = 벗
朋黨	朋 벗 붕　　　黨 무리 당
	조선 시대에, 이념과 이해에 따라 이루어진 사림의 집단을 이르던 말
朋友有信	朋 벗 붕　　　友 벗 우　　　有 있을 유　　　信 믿을 신
	오륜(五倫)의 하나. 벗과 벗 사이의 도리는 믿음에 있음을 이른다.

394

明
밝을 명
★★

明白	明 밝을 명　　　　白 흰 백
	의심할 바 없이 아주 뚜렷함.
糾明	糾 꼴 규　　　　明 밝을 명
	어떤 사실을 자세히 따져서 바로 밝힘.
表明	表 겉 표　　　　明 밝을 명
	의사나 태도를 분명하게 드러냄.

395

盟
맹세할 맹
★★★

盟誓	盟 맹세할 맹　　　　誓 맹세할 세(서)
	일정한 약속이나 목표를 꼭 실천하겠다고 다짐함.
同盟	同 같을 동　　　　盟 맹세할 맹
	둘 이상의 개인이나 단체, 또는 국가가 서로의 이익이나 목적을 위하여 동일하게 행동하기로 맹세하여 맺는 약속이나 조직체. 또는 그런 관계를 맺음.
聯盟	聯 잇닿을 연(련)　　　　盟 맹세할 맹
	공동의 목적을 가진 단체나 국가가 서로 돕고 행동을 함께 할 것을 약속함. 또는 그런 조직체

396

早
일찍 조
★

早期	早 일찍 조　　　　期 기약할 기
	이른 시기
早退	早 일찍 조　　　　退 물러날 퇴
	정하여진 시간 이전에 물러남.
時機尚早	時 때 시　　　機 틀 기　　　尙 오히려 상　　　早 일찍 조
	어떤 일을 하기에 아직 때가 이름.

397

卓
높을 탁
★

卓子	卓 높을 탁　　　　子 아들 자
	물건을 올려놓기 위하여 책상 모양으로 만든 가구를 통틀어 이르는 말
卓越	卓 높을 탁　　　　越 넘을 월
	남보다 두드러지게 뛰어남.
卓犖	卓 높을 탁　　　　犖 뛰어날 락
	남보다 두드러지게 뛰어남.

398 草 풀 초 ★★	花草	花 꽃 화　　　　草 풀 초
		꽃이 피는 풀과 나무 또는 꽃이 없더라도 관상용이 되는 모든 식물을 통틀어 이르는 말
	草案	草 풀 초　　　　案 책상 안
		1. 초를 잡아 적음. 또는 그런 글발
		2. 애벌로 안(案)을 잡음. 또는 그 안
	草創期	草 풀 초　　　創 비롯할 창　　　期 기약할 기
		어떤 사업을 일으켜 처음으로 시작하는 시기

399 朝 아침 조 ★★	早朝	早 일찍 조　　　　朝 아침 조
		이른 아침
	朝廷	朝 아침 조　　　　廷 조정 정
		임금이 나라의 정치를 신하들과 의논하거나 집행하는 곳. 또는 그런 기구
	朝會	朝 아침 조　　　　會 모일 회
		학교나 관청 따위에서 아침에 모든 구성원이 한자리에 모이는 일. 또는 그런 모임

400 潮 밀물 조 ★★	潮流	潮 밀물 조　　　　流 흐를 류
		1. 밀물과 썰물 때문에 일어나는 바닷물의 흐름
		2. 시대 흐름의 경향이나 동향
	思潮	思 생각 사　　　　潮 밀물 조
		한 시대의 일반적인 사상의 흐름
	退潮	退 물러날 퇴　　　　潮 밀물 조
		1. 기운, 세력 따위가 줄어듦.
		2. 조수의 간만으로 해면이 하강하는 현상. 또는 그 바닷물. = 썰물

401 嘲 비웃을 조 ★★	嘲弄	嘲 비웃을 조　　　　弄 희롱할 롱
		비웃거나 깔보면서 놀림.
	嘲笑	嘲 비웃을 조　　　　笑 웃을 소
		흠을 보듯이 빈정거리거나 업신여기는 일. 또는 그렇게 웃는 웃음. = 비웃음
	自嘲	自 스스로 자　　　　嘲 비웃을 조
		자기를 비웃음.

402

直 곧을 직 ★

正直	正 바를 정　　　直 곧을 직
	마음에 거짓이나 꾸밈이 없이 바르고 곧음.
直接	直 곧을 직　　　接 이을 접
	중간에 제삼자나 매개물이 없이 바로 연결되는 관계
垂直	垂 드리울 수　　　直 곧을 직
	똑바로 드리우는 상태

403

値 값 치 ★★

價値	價 값 가　　　値 값 치
	사물이 지니고 있는 쓸모
數値	數 셀 수　　　値 값 치
	계산하여 얻은 값

404

置 둘 치 ★★

位置	位 자리 위　　　置 둘 치
	1. 일정한 곳에 자리를 차지함. 또는 그 자리 2. 사회적으로 담당하고 있는 지위나 역할
裝置	裝 꾸밀 장　　　置 둘 치
	1. 어떤 목적에 따라 기능하도록 기계, 도구 따위를 그 장소에 장착함. 또는 그 기계, 도구, 설비 2. 어떤 일을 원만하게 수행하기 위하여 설정한 조직 구조나 규칙 따위를 비유적으로 이르는 말
措置	措 둘 조　　　置 둘 치
	벌어지는 사태를 잘 살펴서 필요한 대책을 세워 행함. 또는 그 대책

405

植 심을 식 ★★

植樹	植 심을 식　　　樹 나무 수
	나무를 심음. 또는 심은 나무
移植	移 옮길 이　　　植 심을 식
	1. 식물 따위를 옮겨 심음. 2. 살아 있는 조직이나 장기를 생체로부터 떼어 내어, 같은 개체의 다른 부분 또는 다른 개체에 옮겨 붙이는 일
植民地	植 심을 식　　　民 백성 민　　　地 땅 지
	정치적·경제적으로 다른 나라에 예속되어 국가로서의 주권을 상실한 나라

406 骨 뼈 골 ★★	骨格	骨 뼈 골　　　　格 격식 격
		1. 동물의 체형(體型)을 이루고 몸을 지탱하는 뼈
		2. 어떤 사물이나 일에서 계획의 기본이 되는 틀이나 줄거리
	遺骨	遺 남길 유　　　　骨 뼈 골
		주검을 태우고 남은 뼈. 또는 무덤 속에서 나온 뼈
	骨董品	骨 뼈 골　　　　董 감독할 동　　　　品 물건 품
		오래되었거나 희귀한 옛 물품

407 滑 미끄러울 활 ★★	圓滑	圓 둥글 원　　　　滑 미끄러울 활
		1. 모난 데가 없고 원만함.
		2. 거침이 없이 잘되어 나감.
	潤滑	潤 윤택할 윤　　　　滑 미끄러울 활
		기름기나 물기가 있어 뻑뻑하지 아니하고 매끄러움.
	滑走路	滑 미끄러울 활　　　　走 달릴 주　　　　路 길 로
		비행장에서 비행기가 뜨거나 내릴 때에 달리는 길

408 過 지날 과 ★★★	過去	過 지날 과　　　　去 갈 거
		1. 이미 지나간 때
		2. 지나간 일이나 생활
	過失	過 지날 과　　　　失 잃을 실
		부주의나 태만 따위에서 비롯된 잘못이나 허물
	通過	通 통할 통　　　　過 지날 과
		1. 어떤 곳이나 때를 거쳐서 지나감.
		2. 멈추었다가 가도록 예정된 곳을 그냥 지나침.
		3. 검사, 시험, 심의 따위에서 해당 기준이나 조건에 맞아 인정되거나 합격함.

409 禍 재앙 화 ★★	災禍	災 재앙 재　　　　禍 재앙 화
		재앙(災殃)과 화난(禍難)을 아울러 이르는 말
	禍福	禍 재앙 화　　　　福 복 복
		재화(災禍)와 복록(福祿)을 아울러 이르는 말
	轉禍爲福	轉 구를 전　　　禍 재앙 화　　　爲 할 위　　　福 복 복
		재앙과 근심, 걱정이 바뀌어 오히려 복이 됨.

410 向 향할 향 ★

方向	方 모 방　　　　向 향할 향
	1. 어떤 방위(方位)를 향한 쪽
	2. 어떤 뜻이나 현상이 일정한 목표를 향하여 나아가는 쪽
趣向	趣 달릴 취　　　　向 향할 향
	하고 싶은 마음이 생기는 방향. 또는 그런 경향
轉向	轉 구를 전　　　　向 향할 향
	1. 방향을 바꿈.
	2. 종래의 사상이나 이념을 바꾸어서 그와 배치되는 사상이나 이념으로 돌림.

411 尚 오히려 상 ★

崇尙	崇 높을 숭　　　　尙 오히려 상
	높여 소중히 여김.
他尙何說	他 다를 타　　　　尙 오히려 상　　　　何 어찌 하　　　　說 말씀 설
	다른 무엇을 말할 필요가 있겠느냐는 뜻으로, 한 가지를 보면 다른 것은 보지 않아도 헤아릴 수 있음을 이르는 말
口尙乳臭	口 입 구　　　　尙 오히려 상　　　　乳 젖 유　　　　臭 냄새 취
	입에서 아직 젖내가 난다는 뜻으로, 말이나 행동이 유치함을 이르는 말

412 常 항상 상 ★★

恒常	恒 항상 항　　　　常 항상 상
	언제나 변함없이
正常	正 바를 정　　　　常 항상 상
	특별한 변동이나 탈이 없이 제대로인 상태
非常	非 아닐 비　　　　常 항상 상
	1. 뜻밖의 긴급한 사태. 또는 이에 대응하기 위하여 신속히 내려지는 명령
	2. 예사롭지 아니함.
	3. 평범하지 아니하고 뛰어남.

413 堂 집 당 ★

食堂	食 먹을 식　　　　堂 집 당
	1. 건물 안에 식사를 할 수 있게 시설을 갖춘 장소
	2. 음식을 만들어 손님들에게 파는 가게
堂叔	堂 집 당　　　　叔 아저씨 숙
	아버지의 사촌 형제. = 종숙(從叔)
正正堂堂	正 바를 정　　　　正 바를 정　　　　堂 집 당　　　　堂 집 당
	태도나 수단이 정당하고 떳떳함.

414 當
마땅할 당
★★

當時	當 마땅할 당　　時 때 시
	일이 있었던 바로 그때. 또는 이야기하고 있는 그 시기
該當	該 갖출 해　　當 마땅할 당
	1. 무엇에 관계되는 바로 그것 2. 어떤 범위나 조건 따위에 바로 들어맞음.
當選	當 마땅할 당　　選 가릴 선
	1. 선거에서 뽑힘.　2. 심사나 선발에서 뽑힘.

415 黨
무리 당
★

政黨	政 정사 정　　黨 무리 당
	정치적인 주의나 주장이 같은 사람들이 정권을 잡고 정치적 이상을 실현하기 위하여 조직한 단체
與黨	與 더불 여　　黨 무리 당
	정당 정치에서, 현재 정권을 잡고 있는 정당
不汗黨	不 아닐 불　　汗 땀 한　　黨 무리 당
	1. 떼를 지어 돌아다니며 재물을 마구 빼앗는 사람들의 무리 2. 남 괴롭히는 것을 일삼는 파렴치한 사람들의 무리

416 掌
손바닥 장
★

管掌	管 대롱 관　　掌 손바닥 장
	일을 맡아서 주관함.
掌握	掌 손바닥 장　　握 쥘 악
	손안에 잡아 쥔다는 뜻으로, 무엇을 마음대로 할 수 있게 됨을 이르는 말
如反掌	如 같을 여　　反 돌이킬 반　　掌 손바닥 장
	손바닥을 뒤집는 것 같다는 뜻으로, 일이 매우 쉬움을 이르는 말

417 裳
치마 상
★★

衣裳	衣 옷 의　　裳 치마 상
	겉에 입는 옷
同價紅裳	同 같을 동　　價 값 가　　紅 붉을 홍　　裳 치마 상
	같은 값이면 다홍치마라는 뜻으로, 같은 값이면 좋은 물건을 가짐을 이르는 말

□ □ □

418

賞 상줄 상

★★★

受賞	受 받을 수　　賞 상줄 상
	상을 받음.
褒賞	褒 기릴 포　　賞 상줄 상
	칭찬하고 장려하여 상을 줌.
鑑賞	鑑 거울 감　　賞 상줄 상
	주로 예술 작품을 이해하여 즐기고 평가함.

□ □ □

419

償 갚을 상

★★

報償	報 갚을 보　　償 갚을 상
	1. 남에게 진 빚 또는 받은 물건을 갚음.
	2. 어떤 것에 대한 대가로 갚음.
賠償	賠 물어줄 배　　償 갚을 상
	남의 권리를 침해한 사람이 그 손해를 물어 주는 일
償還	償 갚을 상　　還 돌아올 환
	갚거나 돌려줌.

□ □ □

420

商 장사 상

★★★

商業	商 장사 상　　業 일 업
	상품을 사고파는 행위를 통하여 이익을 얻는 일
協商	協 화합할 협　　商 장사 상
	어떤 목적에 부합되는 결정을 하기 위하여 여럿이 서로 의논함.
爛商公論	爛 빛날 난(란)　　商 장사 상　　公 공평할 공　　論 논할 론
	여러 사람이 모여서 충분히 의논함. 또는 그런 의논

001 ☐☐☐

日就月將
일취월장

| 날 일 | 나아갈 취 | 달 월 | 장수 장 |

나날이 다달이 자라거나 발전함.

002 ☐☐☐

十日之菊
십일지국

| 열 십 | 날 일 | 갈 지 | 국화 국 |

한창때인 9월 9일이 지난 9월 10일의 국화라는 뜻으로, 이미 때가 늦은 일을 비유적으로 이르는 말

003 ☐☐☐

風月主人
풍월주인

| 바람 풍 | 달 월 | 주인 주 | 사람 인 |

맑은 바람과 밝은 달 따위의 아름다운 자연을 즐기는 사람

004 ☐☐☐

康衢煙月
강구연월

| 편안할 강 | 네거리 구 | 연기 연 | 달 월 |

번화한 큰 길거리에서 달빛이 연기에 은은하게 비치는 모습을 나타내는 말로, 태평한 세상의 평화로운 풍경을 이르는 말

005 ☐☐☐

燈下不明
등하불명

| 등잔 등 | 아래 하 | 아닐 불 | 밝을 명 |

등잔 밑이 어둡다는 뜻으로, 가까이에 있는 물건이나 사람을 잘 찾지 못함을 이르는 말

006 ☐☐☐

喪明之痛
상명지통

| 잃을 상 | 밝을 명 | 갈 지 | 아플 통 |

눈이 멀 정도로 슬프다는 뜻으로, 아들이 죽은 슬픔을 비유적으로 이르는 말.
※ 옛날 중국의 자하(子夏)가 아들을 잃고 슬피 운 끝에 눈이 멀었다는 데서 유래한다.

007 □□□

三顧草廬
삼고초려

| 석 삼 | 돌아볼 고 | 풀 초 | 농막집 려 |

인재를 맞아들이기 위하여 참을성 있게 노력함.

※ 중국 삼국 시대에, 촉한의 유비가 난양(南陽)에 은거하고 있던 제갈량의 초옥으로 세 번이나 찾아갔다는 데서 유래한다.

008 □□□

草根木皮
초근목피

| 풀 초 | 뿌리 근 | 나무 목 | 가죽 피 |

1. 풀뿌리와 나무껍질이라는 뜻으로, 맛이나 영양 가치가 없는 거친 음식을 비유적으로 이르는 말
2. 한약의 재료를 이르는 말

009 □□□

綠楊芳草
녹양방초

| 푸를 녹(록) | 버들 양 | 꽃다울 방 | 풀 초 |

푸른 버드나무와 향기로운 풀

010 □□□

朝變夕改
조변석개

| 아침 조 | 변할 변 | 저녁 석 | 고칠 개 |

아침저녁으로 뜯어고친다는 뜻으로, 계획이나 결정 따위를 일관성이 없이 자주 고침을 이르는 말

011 □□□

朝令暮改
조령모개

| 아침 조 | 하여금 령 | 저물 모 | 고칠 개 |

아침에 명령을 내렸다가 저녁에 다시 고친다는 뜻으로, 법령을 자꾸 고쳐서 갈피를 잡기가 어려움을 이르는 말

012 □□□

朝三暮四
조삼모사

| 아침 조 | 석 삼 | 저물 모 | 넉 사 |

간사한 꾀로 남을 속여 희롱함을 이르는 말

※ 중국 송나라의 저공(狙公)의 고사로, 먹이를 아침에 세 개, 저녁에 네 개씩 주겠다는 말에는 원숭이들이 적다고 화를 내더니 아침에 네 개, 저녁에 세 개씩 주겠다는 말에는 좋아하였다는 데서 유래한다.

013 □□□

朝名市利
조명시리

| 아침 조 | 이름 명 | 시장 시 | 이로울 리 |

명예는 조정에서 다투고 이익은 시장에서 다투라는 뜻으로, 무슨 일이든 알맞은 곳에서 하여야 함을 이르는 말

014 □□□

命在朝夕
명재조석

| 목숨 명 | 있을 재 | 아침 조 | 저녁 석 |

거의 죽게 되어 곧 숨이 끊어질 지경에 이름. ≒ 명재경각(命在頃刻)

015　□□□

命在頃刻
명재경각

| 목숨 명 | 있을 재 | 잠깐 경 | 새길 각 |

거의 죽게 되어 곧 숨이 끊어질 지경에 이름.

016　□□□

刻骨難忘
각골난망

| 새길 각 | 뼈 골 | 어려울 난 | 잊을 망 |

남에게 입은 은혜가 뼈에 새길 만큼 커서 잊히지 아니함.

017　□□□

白骨難忘
백골난망

| 흰 백 | 뼈 골 | 어려울 난 | 잊을 망 |

죽어서 백골이 되어도 잊을 수 없다는 뜻으로, 남에게 큰 은덕을 입었을 때 고마움의 뜻으로 이르는 말

018　□□□

換骨奪胎
환골탈태

| 바꿀 환 | 뼈 골 | 빼앗을 탈 | 아이 밸 태 |

1. 뼈대를 바꾸어 끼고 태를 바꾸어 쓴다는 뜻으로, 고인의 시문의 형식을 바꾸어서 그 짜임새와 수법이 먼저 것보다 잘되게 함을 이르는 말
2. 사람이 보다 나은 방향으로 변하여 전혀 딴사람처럼 됨.

019　□□□

粉骨碎身
분골쇄신

| 가루 분 | 뼈 골 | 부술 쇄 | 몸 신 |

1. 뼈를 가루로 만들고 몸을 부순다는 뜻으로, 정성으로 노력함을 이르는 말. 또는 그렇게 하여 뼈가 가루가 되고 몸이 부서짐.
2. 참혹하게 죽음.

020　□□□

髀肉之嘆
비육지탄

| 넓적다리 비 | 고기 육 | 갈 지 | 탄식할 탄 |

재능을 발휘할 때를 얻지 못하여 헛되이 세월만 보내는 것을 한탄함을 이르는 말
※ 중국 촉나라 유비가 오랫동안 말을 타고 전쟁터에 나가지 못하여 넓적다리만 살찜을 한탄한 데서 유래한다.

021　□□□

改過遷善
개과천선

| 고칠 개 | 지날 과 | 옮길 천 | 착할 선 |

지난날의 잘못이나 허물을 고쳐 올바르고 착하게 됨.

022　□□□

改過不吝
개과불린

| 고칠 개 | 지날 과 | 아닐 불 | 아낄 린 |

허물을 고침에 인색하지 않다는 뜻으로 잘못이 있으면 고치기를 주저하지 않음.

023 招搖過市
초요과시

□□□

| 부를 초 | 흔들 요 | 지날 과 | 시장 시 |

남의 이목을 끌도록 요란스럽게 하며 저자거리를 지나간다는 뜻으로, 허풍을 떨며 요란하게 사람의 이목을 끄는 것을 비유하는 말

024 遠禍召福
원화소복

□□□

| 멀 원 | 재앙 화 | 부를 소 | 복 복 |

화를 물리치고 복을 불러들임.

025 黨同伐異
당동벌이

□□□

| 무리 당 | 같을 동 | 칠 벌 | 다를 이 |

일의 옳고 그름은 따지지 않고 뜻이 같은 무리끼리는 서로 돕고 그렇지 않은 무리는 배척함.

026 同價紅裳
동가홍상

□□□

| 같을 동 | 값 가 | 붉을 홍 | 치마 상 |

같은 값이면 다홍치마라는 뜻으로, 같은 값이면 좋은 물건을 가짐을 이르는 말

027 堂狗風月
당구풍월

□□□

| 집 당 | 개 구 | 바람 풍 | 달 월 |

서당에서 기르는 개가 풍월을 읊는다는 뜻으로, 그 분야에 대하여 경험과 지식이 전혀 없는 사람이라도 오래 있으면 얼마간의 경험과 지식을 가짐을 이르는 말

028 論功行賞
논공행상

□□□

| 논할 논(론) | 공 공 | 다닐 행 | 상 줄 상 |

공적의 크고 작음 따위를 논의하여 그에 알맞은 상을 줌.

029 信賞必罰
신상필벌

□□□

| 믿을 신 | 상 줄 상 | 반드시 필 | 벌할 벌 |

공이 있는 자에게는 반드시 상을 주고, 죄가 있는 사람에게는 반드시 벌을 준다는 뜻으로, 상과 벌을 공정하고 엄중하게 하는 일을 이르는 말

030 嘗糞之徒
상분지도

□□□

| 맛볼 상 | 똥 분 | 갈 지 | 무리 도 |

대변이라도 맛볼 듯이 부끄러움을 돌아보지 않고 몹시 아첨하는 사람을 낮잡아 이르는 말

한자어

001 日程
날 일   한도 정

일정

1. 일정한 기간 동안 해야 할 일의 계획을 날짜별로 짜 놓은 것 또는 그 계획
   • 日程을 앞당기다.
2. 그날 해야 할 일. 또는 그것의 분량이나 순서
   • 日程을 마치다.

002 一定
하나 일   정할 정

일정

어떤 것의 크기, 모양, 범위, 시간 따위가 하나로 정하여져 있음.
• 一定 기준에 도달하다.

003 朝廷
아침 조   조정 정

조정

임금이 나라의 정치를 신하들과 의논하거나 집행하는 곳. 또는 그런 기구
• 朝廷의 신하들이 광해군을 몰아 내쫓았다.

004 措定
둘 조   정할 정

조정

존재를 긍정하거나 내용을 명백히 규정하는 일. 또는 그런 사고방식
※ 일반적으로 'A가 있다.', 'S는 P이다.'의 방식을 취한다.

005 調整
고를 조   가지런할 정

조정

어떤 기준이나 실정에 맞게 정돈함.
• 시내버스 노선의 調整.

006 調停
고를 조   머무를 정

조정

분쟁을 중간에서 화해하게 하거나 서로 타협점을 찾아 합의하도록 함.
• 이견 調停을 위한 회의가 열렸다.

007 朝會
아침 조   모일 회

조회

학교나 관청 따위에서 아침에 모든 구성원이 한자리에 모이는 일. 또는 그런 모임
• 오늘 朝會 시간에는 교장 선생님의 훈화가 있었다.

008 照會
비출 조   모일 회

조회

어떠한 사항이나 내용이 맞는지 관계되는 기관 등에 알아보는 일
• 신원을 照會하다.

009 災禍
재앙 재   재앙 화

재화

재앙(災殃)과 화난(禍難)을 아울러 이르는 말
• 올해는 이상하게도 자꾸 災禍가 든다.

010 才華
재주 재   빛날 화

재화

빛나는 재주. 또는 뛰어난 재능.
• 그는 아주 명민한 才華를 가진 사람입니다.

011 □□□

財貨
재화

재물 재　　재물 화

사람이 바라는 바를 충족시켜 주는 모든 물건
• 세상의 財貨는 한정되어 있는데 인간의 욕망은 무한하기 때문에 갈등이 발생하는 것이다.

---

012 □□□

載貨
재화

실을 재　　재물 화

화물을 차나 배에 실음. 또는 그 화물
• 載貨 용적

---

013 □□□

志向
지향

뜻 지　　향할 향

어떤 목표로 뜻이 쏠리어 향함. 또는 그 방향이나 그쪽으로 쏠리는 의지.
• 복지 국가를 志向하다.

---

014 □□□

指向
지향

가리킬 지　　향할 향

작정하거나 지정한 방향으로 나아감. 또는 그 방향
• 길을 잃고 指向 없이 헤매다.

---

015 □□□

非常
비상

아닐 비　　항상 상

1. 뜻밖의 긴급한 사태. 또는 이에 대응하기 위하여 신속히 내려지는 명령
　• 전군에 非常 경계령이 내려졌다.
2. 예사롭지 아니함.
3. 평범하지 아니하고 뛰어남.

---

016 □□□

飛上
비상

날 비　　위 상

높이 날아오름.
• 비행기가 하늘로 飛上하고 있다.

---

017 □□□

飛翔
비상

날 비　　날 상

공중을 낢.
• 바다 위로 갈매기가 飛翔을 즐기듯 선회했다.

---

018 □□□

感想
감상

느낄 감　　생각 상

마음속에서 일어나는 느낌이나 생각
• 일기에 하루의 感想을 적는 시간은 자신을 되돌아보는 시간이기도 하다.

---

019 □□□

感傷
감상

느낄 감　　다칠 상

하찮은 일에도 쓸쓸하고 슬퍼져서 마음이 상함. 또는 그런 마음
• 돌아가신 어머니에 대한 感傷의 눈물이 흘렀다.

---

020 □□□

鑑賞
감상

거울 감　　상 줄 상

주로 예술 작품을 이해하여 즐기고 평가함.
• 제 취미는 영화 鑑賞입니다.

💬 다음 한자의 뜻과 음을 쓰시오.

01 早 : (　　　　　　)   02 當 : (　　　　　　)

03 朝 : (　　　　　　)   04 常 : (　　　　　　)

05 明 : (　　　　　　)   06 賞 : (　　　　　　)

07 盟 : (　　　　　　)   08 掌 : (　　　　　　)

💬 다음 한자성어의 독음을 쓰고, 적절한 뜻을 바르게 연결하시오.

09 改過遷善
  (　　　　) ・

  ・ⓐ 공적의 크고 작음 따위를 논의하여 그에 알맞은 상을 줌.

10 遠禍召福
  (　　　　) ・

  ・ⓑ 번화한 큰 길거리에서 달빛이 연기에 은은하게 비치는 모습을 나타내는 말로, 태평한 세상의 평화로운 풍경을 이르는 말

11 康衢煙月
  (　　　　) ・

  ・ⓒ 남에게 입은 은혜가 뼈에 새길 만큼 커서 잊지 아니함.

12 命在頃刻
  (　　　　) ・

  ・ⓓ 거의 죽게 되어 곧 숨이 끊어질 지경에 이름.

13 論功行賞
  (　　　　) ・

  ・ⓔ 지난날의 잘못이나 허물을 고쳐 올바르고 착하게 됨.

14 同價紅裳
  (　　　　) ・

  ・ⓕ 등잔 밑이 어둡다는 뜻으로, 가까이에 있는 물건이나 사람을 잘 찾지 못함을 이르는 말

15 刻骨難忘
  (　　　　) ・

  ・ⓖ 같은 값이면 다홍치마라는 뜻으로, 같은 값이면 좋은 물건을 가짐을 이르는 말

16 燈下不明
  (　　　　) ・

  ・ⓗ 화를 물리치고 복을 불러들임.

💬 〈보기〉의 설명을 참고하여 빈칸에 들어갈 한자를 쓰시오.

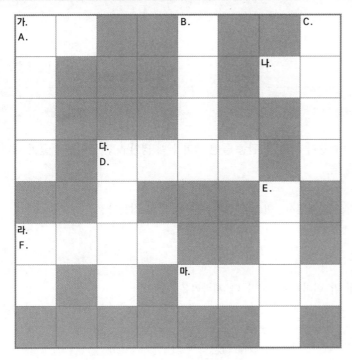

[가로]

가. 일정한 기간 동안 해야 할 일의 계획을 날짜별로 짜 놓은 것. 또는 그 계획
나. 주로 예술 작품을 이해하여 즐기고 평가함.
다. 명예는 조정에서 다투고 이익은 시장에서 다투라는 뜻으로, 무슨 일이든 알맞은 곳에서 하여야 함을 이르는 말
라. 아침에 명령을 내렸다가 저녁에 다시 고친다는 뜻으로, 법령을 자꾸 고쳐서 갈피를 잡기가 어려움을 이르는 말
마. 한창때인 9월 9일이 지난 9월 10일의 국화라는 뜻으로, 이미 때가 늦은 일을 비유적으로 이르는 말

[세로]

A. 나날이 다달이 자라거나 발전함.
B. 허풍을 떨며 요란하게 사람의 이목을 끄는 것을 비유하는 말
C. 공이 있는 자에게는 반드시 상을 주고, 죄가 있는 사람에게는 반드시 벌을 준다는 뜻으로, 상과 벌을 공정하고 엄중하게 하는 일을 이르는 말
D. 간사한 꾀로 남을 속여 희롱함을 이르는 말
E. 재능을 발휘할 때를 얻지 못하여 헛되이 세월만 보내는 것을 한탄함을 이르는 말
F. 임금이 나라의 정치를 신하들과 의논하거나 집행하는 곳. 또는 그런 기구

⊕ 정답

01. 일찍 **조**	09. 개과천선 – ⓔ
02. 마땅할 **당**	10. 원화소복 – ⓗ
03. 아침 **조**	11. 강구연월 – ⓑ
04. 항상 **상**	12. 명재경각 – ⓓ
05. 밝을 **명**	13. 논공행상 – ⓐ
06. 상 줄 **상**	14. 동가홍상 – ⓖ
07. 맹세할 **맹**	15. 각골난망 – ⓒ
08. 손바닥 **장**	16. 등하불명 – ⓕ

14^강 실전 연습문제

01 ㉠과 상반되는 뜻을 가진 한자 성어는?

2021 소방직

> 미스터 방은 선뜻 쾌한 대답이었다.
> "진정인가?"
> "머, 지끔 당장이래두, 내 입 한번만 떨어진다 치면, 기관총 들멘 엠피가 백 명이구 천 명이구 들끓어 내려가서, 들이 쑥밭을 만들어 놉니다, 쑥밭을."
> "고마우이!"
> 백 주사는 복수하여지는 광경을 선히 연상하면서, 미스터 방의 손목을 덥석 잡는다.
> "㉠ 백골난망이겠네."
> "놈들을 깡그리 죽여 놀 테니, 보슈."
> "자네라면야 어련하겠나."
> "흰말이 아니라 참 이승만 박사두 내 말 한마디면, 고만 다 제바리유."
>
> – 채만식, 〈미스터 방〉

① 四面楚歌　　　　　　　　② 刻骨難忘

③ 九死一生　　　　　　　　④ 背恩忘德

02 ㉠~㉣의 한자 표기로 옳은 것은?

2020 국가직 9급

> 과학사를 들춰 보면 기존의 학문 체계에 ㉠도전했다가 낭패를 본 인물들의 이야기를 자주 만날 수 있다. 대표적인 인물이 천동설을 부정하고 지동설을 주장한 갈릴레이이다. 천동설을 ㉡지지하던 당시의 권력층은 그들의 막강한 힘을 이용하여 갈릴레이를 신의 권위에 도전하는 이단자로 욕하고 목숨까지 위협했다. 갈릴레이가 영원한 ㉢침묵을 ㉣맹세하지 않고 계속 지동설을 주장했더라면 그는 단두대의 이슬로 사라졌을지도 모른다.

① ㉠ 逃戰　　　　　　　　② ㉡ 持地

③ ㉢ 浸默　　　　　　　　④ ㉣ 盟誓

03 〈보기〉와 가장 관련이 없는 고사성어는?

> 섶 실은 천리마(千里馬)를 알아 볼 이 뉘 있으리
> 십년(十年) 역상(櫪上)에 속절없이 다 늙도다
> 어디서 살진 쇠양마(馬)는 외용지용 하느니

① 髀肉之嘆   ② 招搖過市

③ 不識泰山   ④ 麥秀之嘆

---

01 ㉠ '백골난망(白骨難忘: 흰 백, 뼈 골, 어려울 난, 잊을 망)'은 '죽어서 백골이 되어도 잊을 수 없다는 뜻으로, 남에게 큰 은덕을 입었을 때 고마움의 뜻으로 이르는 말'이다. 따라서 이와 상반된 뜻을 가진 한자 성어는, '남에게 입은 은덕을 저버리고 배신하는 태도가 있음.'의 의미인 ④ '背恩忘德(배은망덕: 등 배, 은혜 은, 잊을 망, 덕 덕)'이다.

     오답정리 ▶ ① 四面楚歌(사면초가: 넉 사, 낯 면, 초나라 초, 노래 가): 아무에게도 도움을 받지 못하는, 외롭고 곤란한 지경에 빠진 형편을 이르는 말

     ② 刻骨難忘(각골난망: 새길 각, 뼈 골, 어려울 난, 잊을 망): 남에게 입은 은혜가 뼈에 새길 만큼 커서 잊히지 아니함.

     ③ 九死一生(구사일생: 아홉 구, 죽을 사, 하나 일, 날 생): 아홉 번 죽을 뻔하다 한 번 살아난다는 뜻으로, 죽을 고비를 여러 차례 넘기고 겨우 살아남을 이르는 말

02 ④ '誓(맹세할 서)'의 본음은 '서'이지만 '맹세'에서는 '세'로 굳어져 쓰이고 있다. 따라서 '맹세'의 한자 표기로 '盟誓(맹세: 맹세할 맹, 맹세할 세(서))'는 바르다.

     오답정리 ▶ ① 逃戰 → 挑戰: 문맥상 '맞섬'의 의미로 쓰였으므로, '挑戰(도전: 돋울 도, 싸움 전)'이 올바른 표기이다.

     ※ 逃(달아날 도)

     ② 持地 → 支持: 문맥상 '주장에 찬동하여 이를 위하여 힘을 씀.'의 의미로 쓰였으므로, '支持(지지: 지탱할 지, 가질 지)'가 올바른 표기이다.

     ※ '持地(가질 지, 땅 지)'란 말은 없다.

     ③ 浸默 → 沈默: 문맥상 '아무 말 없이 잠잠히 있음.'의 의미로 쓰였으므로, '沈默(침묵: 잠길 침, 잠잠할 묵)'이 올바른 표기이다.

     ※ '浸(잠길 침)

03 〈보기〉에서 화자는 자신의 능력을 알아봐주는 이를 만나지 못해, 능력을 발휘하지 못하고 시간만 흘러가는 상황을 한탄하고 있다. 그런데 ④ '麥秀之嘆(맥수지탄: 보리 맥, 빼어날 수, 갈 지, 탄식할 탄)'은 고국의 멸망을 한탄함을 이르는 말이므로 〈보기〉와 관련이 없다.

     오답정리 ▶ ① 髀肉之嘆(비육지탄: 넓적다리 비, 고기 육, 갈 지, 탄식할 탄): 재능을 발휘할 기회를 가지지 못하여 헛되이 세월만 보냄을 탄식함을 이르는 말

     ② 招搖過市(초요과시: 부를 초, 흔들 요, 지날 과, 시장 시): 남의 눈을 끌기 위해 과시하며 거리를 지나가는 것

     ③ 不識泰山(불식태산: 아닐 불, 알 식, 클 태, 산 산): 위대한 인물을 공경할 줄 모르는 어리석은 태도를 비유하는 말

정답 01 ④   02 ④   03 ④

04 밑줄 친 단어의 한자 표기로 옳은 것은?

> • 올림픽은 인류의 평화와 공존을 ㉠지향하는 지구촌 축제이다.
> • 여러 가지 사정을 참작하여 행사 일정을 ㉡조정하였다.

	㉠	㉡			㉠	㉡
①	志向	調停		②	志向	調整
③	指向	調停		④	止揚	調整

05 다음 글이 비판하는 내용으로 가장 적절한 것은?

> 그동안 교육과정과 대입전형, 수능시험 등이 너무 자주 바뀐다고 불평이 많았다. 학교교육의 최대 목적이 상위권 대학에 보내는 것으로 되어 있는 대한민국에서 대입전형이나 교육과정이 바뀌면 학부모와 학생은 수험 준비 때문에 불안할 수밖에 없다. 이번 수능개편의 연기로 인한 교육과정 운영의 혼란, 중3, 중2 학생들의 예측 불가능성 증가도 그 한 예다. 이런 변화는 대개 정권 교체 시기와 맞물리는 경우가 많았다. 새 정권이 들어서면 자신들의 입맛에 맞는 정책을 펴기 위해 지난 정권이 도입한 정책을 뒤엎는 것이다. '교육은 백년지 대계'라는 말이 무색할 정도의 이런 관행에 대해 우리 사회는 매우 부정적인 인식을 가지고 있다.

① 朝名市利　　　　　　　　　　② 命在朝夕
③ 朝變夕改　　　　　　　　　　④ 朝三暮四

---

04 ㉠ '어떤 목표로 뜻이 쏠리어 향함.'의 의미이므로, '志向(지향: 뜻 지, 향할 향)'을 쓰는 것이 적절하다.
　　㉡ '어떤 기준이나 실정에 맞게 정돈함.'의 의미이므로, '調整(조정: 고를 조, 바로잡을 정)'을 쓰는 것이 적절하다.
　　오답정리
　　㉠ 指向(지향: 가리킬 지, 향할 향): 작정하거나 지정한 방향으로 나아감. 또는 그 방향
　　　止揚(지양: 그칠 지, 날릴 양): 더 높은 단계로 오르기 위하여 어떠한 것을 하지 아니함.
　　㉡ 調停(조정: 고를 조, 머무를 정): 분쟁을 중간에서 화해하게 하거나 서로 타협점을 찾아 합의하도록 함.

05 교육과정이 정권 교체에 따라 자주 바뀌고 있는 것에 대해 비판하고 있다. 이에 가장 부합하는 것은, '아침저녁으로 뜯어고친다는 뜻으로, 계획이나 결정 따위를 일관성이 없이 자주 고침을 이르는 말'인 ③ '朝變夕改(조변석개: 아침 조, 변할 변, 저녁 석, 고칠 개)'이다.
　　오답정리 ① 朝名市利(조명시리: 아침 조, 이름 명, 시장 시, 이로울 리): 명예는 조정에서 다투고 이익은 시장에서 다투라는 뜻으로, 무슨 일이든 알맞은 곳에서 하여야 함을 이르는 말
　　② 命在朝夕(명재조석: 목숨 명, 있을 재, 아침 조, 저녁 석): 거의 죽게 되어 곧 숨이 끊어질 지경에 이름.
　　④ 朝三暮四(조삼모사: 아침 조, 석 삼, 저물 모, 넉 사): 간사한 꾀로 남을 속여 희롱함을 이르는 말

정답 04 ② 05 ③

1 한자

421 夕 저녁 석	422 外 바깥 외	423 多 많을 다	424 移 옮길 이	425 夢 꿈 몽	426 夜 밤 야
427 衣 옷 의	428 依 의지할 의	429 制 억제할 제	430 製 지을 제	431 名 이름 명	432 銘 새길 명
433 各 각각 각	434 客 손님 객	435 格 격식 격	436 略 다스릴 략	437 落 떨어질 락	438 路 길 로
439 露 이슬/드러낼 로	440 賂 뇌물 뢰	441 閣 집 각	442 門 문 문	443 問 물을 문	444 聞 들을 문
445 間 사이 간	446 開 열 개	447 閉 닫을 폐	448 夏 여름 하	449 憂 근심 우	450 優 넉넉할 우

2 한자성어

001 杞憂	002 外柔內剛	003 多多益善	004 愚公移山	005 同牀異夢
006 一場春夢	007 南柯一夢	008 胡蝶之夢	009 盧生之夢	010 錦衣夜行
011 錦衣還鄉	012 以夷制夷	013 沈魚落雁	014 落膽喪魂	015 魂飛魄散
016 風餐露宿	017 藏頭露尾	018 沙上樓閣	019 空中樓閣	020 門前成市
021 門前雀羅	022 耕當問奴	023 東問西答	024 不問曲直	025 聞一知十
026 夏爐冬扇	027 夏葛冬裘	028 夏蟲疑氷	029 先憂後樂	030 內憂外患

3 한자어

001 有名	002 幽明	003 明文	004 名文	005 名門
006 名聞	007 銘文	008 門戶	009 文豪	010 拷問
011 顧問	012 古文	013 開設	014 改設	015 槪說
016 閉止	017 廢止	018 廢紙	019 制約	020 製藥

○ 알고있음 △ 애매함 X 모름

421

夕 저녁 석

★

夕陽	夕 저녁 석 陽 볕 양	
	저녁때의 햇빛. 또는 저녁때의 저무는 해	
夕刊	夕 저녁 석 刊 책 펴낼 간	
	매일 저녁때에 발행되는 신문	
秋夕	秋 가을 추 夕 저녁 석	
	우리나라 명절의 하나. 음력 팔월 보름날이다.	

422

外 바깥 외

★

野外	野 들 야 外 바깥 외	
	1. 시가지에서 조금 멀리 떨어져 있는 들판 2. 집 밖이나 노천(露天)을 이르는 말	
例外	例 법식 예(례) 外 바깥 외	
	일반적 규칙이나 정례에서 벗어나는 일	
外交	外 바깥 외 交 사귈 교	
	다른 나라와 정치적, 경제적, 문화적 관계를 맺는 일	

423

多 많을 다

★

多少	多 많을 다 少 적을 소	
	[명사] 1. 분량이나 정도의 많음과 적음 2. 작은 정도 [부사] 어느 정도로	
多樣	多 많을 다 樣 모양 양	
	여러 가지 모양이나 양식	
多幸	多 많을 다 幸 다행 행	
	뜻밖에 일이 잘되어 운이 좋음.	

424 移 옮길 이 ★★

移動	移 옮길 이　　動 움직일 동
	1. 움직여 옮김. 또는 움직여 자리를 바꿈.
	2. 권리나 소유권 따위가 넘어감.
移徙	移 옮길 이　　徙 옮길 사
	사는 곳을 다른 데로 옮김.
推移	推 밀 추　　移 옮길 이
	일이나 형편이 시간의 경과에 따라 변하여 나감. 또는 그런 경향

425 夢 꿈 몽 ★★

夢想	夢 꿈 몽　　想 생각 상
	1. 꿈속의 생각　2. 실현성이 없는 헛된 생각을 함. 또는 그 생각
夢幻	夢 꿈 몽　　幻 변할 환
	1. 꿈과 환상이라는 뜻으로, 허황한 생각을 이르는 말
	2. 이 세상의 모든 사물이 덧없음을 비유적으로 이르는 말
白日夢	白 흰 백　　日 날 일　　夢 꿈 몽
	대낮에 꿈을 꾼다는 뜻으로, 실현될 수 없는 헛된 공상을 이르는 말

426 夜 밤 야 ★★

夜勤	夜 밤 야　　勤 부지런할 근
	퇴근 시간이 지나 밤늦게까지 하는 근무
深夜	深 깊을 심　　夜 밤 야
	깊은 밤
徹夜	徹 통할 철　　夜 밤 야
	잠을 자지 않고 밤을 보냄.

427 衣 옷 의 ★

衣服	衣 옷 의　　服 옷 복
	몸을 싸서 가리거나 보호하기 위하여 피륙 따위로 만들어 입는 물건. = 옷
脫衣	脫 벗을 탈　　衣 옷 의
	옷을 벗음.
衣食住	衣 옷 의　　食 먹을 식　　住 살 주
	옷과 음식과 집을 통틀어 이르는 말

428 依 의지할 의 ★★

依支	依 의지할 의　　　支 지탱할 지
	1. 다른 것에 몸을 기댐. 또는 그렇게 하는 대상 2. 다른 것에 마음을 기대어 도움을 받음. 또는 그렇게 하는 대상
依存	依 의지할 의　　　存 있을 존
	다른 것에 의지하여 존재함.
依賴	依 의지할 의　　　賴 의뢰할 뢰
	1. 굳게 믿고 의지함.　　2. 남에게 부탁함.

□□□

429 制 억제할 제 ★★★

制限	制 억제할 제　　　限 한할 한
	일정한 한도를 정하거나 그 한도를 넘지 못하게 막음. 또는 그렇게 정한 한계
制度	制 억제할 제　　　度 법도 도
	관습이나 도덕, 법률 따위의 규범이나 사회 구조의 체계
强制	强(強) 강할 강　　　制 억제할 제
	권력이나 위력(威力)으로 남의 자유의사를 억눌러 원하지 않는 일을 억지로 시킴.

□□□

430 製 지을 제 ★★★

製作	製 지을 제　　　作 지을 작
	재료를 가지고 기능과 내용을 가진 새로운 물건이나 예술 작품을 만듦.
製造	製 지을 제　　　造 지을 조
	1. 공장에서 큰 규모로 물건을 만듦. 2. 원료에 인공을 가하여 정교한 제품을 만듦.
製品	製 지을 제　　　品 물건 품
	원료를 써서 물건을 만듦. 또는 그렇게 만들어 낸 물품

□□□

431 名 이름 명 ★

有名	有 있을 유　　　名 이름 명
	이름이 널리 알려져 있음.
名稱	名 이름 명　　　稱 일컬을 칭
	사람이나 사물 따위의 이름. 또는 그것을 일컫는 이름
名譽	名 이름 명　　　譽 기릴 예
	1. 세상에서 훌륭하다고 인정되는 이름이나 자랑. 또는 그런 존엄이나 품위 2. 어떤 사람의 공로나 권위를 높이 기리어 특별히 수여하는 칭호

□□□

432 銘 새길 명 ★

□ □ □

碑銘	碑 비석 비 銘 새길 명
	비석에 새긴 글자
感銘	感 느낄 감 銘 새길 명
	감격하여 마음에 깊이 새김. 또는 그 새겨진 느낌
座右銘	座 자리 좌 右 오른 우 銘 새길 명
	늘 자리 옆에 갖추어 두고 가르침으로 삼는 말이나 문구

433 各 각각 각 ★

□ □ □

各自	各 각각 각 自 스스로 자
	[명사] 각각의 자기 자신
	[부사] 각각의 사람이 따로따로
各種	各 각각 각 種 씨 종
	온갖 종류. 또는 여러 종류
各色	各 각각 각 色 빛 색
	1. 갖가지의 빛깔 2. 온갖 종류. 또는 여러 종류

434 客 손님 객 ★

□ □ □

乘客	乘 탈 승 客 손님 객
	차, 배, 비행기 따위의 탈것을 타는 손님
觀客	觀 볼 관 客 손님 객
	운동 경기, 공연, 영화 따위를 보거나 듣는 사람
客觀	客 손님 객 觀 볼 관
	자기와의 관계에서 벗어나 제삼자의 입장에서 사물을 보거나 생각함. ↔ 주관(主觀)

435 格 격식 격 ★★

□ □ □

資格	資 재물 자 格 격식 격
	1. 일정한 신분이나 지위
	2. 일정한 신분이나 지위를 가지거나 일정한 일을 하는 데 필요한 조건이나 능력
價格	價 값 가 格 격식 격
	물건이 지니고 있는 가치를 돈으로 나타낸 것
合格	合 합할 합 格 격식 격
	1. 시험, 검사, 심사 따위에서 일정한 조건을 갖추어 어떠한 자격이나 지위 따위를 얻음.
	2. 어떤 조건이나 격식에 맞음.

436 略 다스릴 략 ★★

侵略	侵 침노할 침　　略 다스릴 략	
	정당한 이유 없이 남의 나라에 쳐들어감.	
計略	計 꾀 계　　略 다스릴 략	
	어떤 일을 이루기 위한 꾀나 수단	
省略	省 덜 생　　略 다스릴 략	
	전체에서 일부를 줄이거나 뺌.	

437 落 떨어질 락 ★★

落葉	落 떨어질 낙(락)　　葉 잎 엽
	1. 나뭇잎이 떨어짐.　2. 말라서 떨어진 나뭇잎
墜落	墜 떨어질 추　　落 떨어질 락
	1. 높은 곳에서 떨어짐.　2. 위신이나 가치 따위가 떨어짐.
墮落	墮 떨어질 타　　落 떨어질 락
	올바른 길에서 벗어나 잘못된 길로 빠지는 일

438 路 길 로 ★★

道路	道 길 도　　路 길 로
	사람, 차 따위가 잘 다닐 수 있도록 만들어 놓은 비교적 넓은 길
路線	路 길 노(로)　　線 줄 선
	1. 자동차 선로, 철도 선로 따위와 같이 일정한 두 지점을 정기적으로 오가는 교통선
	2. 개인이나 조직 따위가 일정한 목표를 실현하기 위하여 지향하여 나가는 견해의 방향이나 행동 방침
經路	經 지날 경　　路 길 로
	1. 지나는 길　2. 일이 진행되는 방법이나 순서

439 露 이슬/드러낼 로 ★★

露宿	露 이슬 노(로)　　宿 잘 숙
	한데에서 자는 잠. = 한뎃잠
暴露	暴 사나울 폭　　露 드러낼 로
	알려지지 않았거나 감춰져 있던 사실을 드러냄.
綻露	綻 터질 탄　　露 드러낼 로
	숨긴 일을 드러냄.

440 賂 뇌물 뢰
★

賂物	賂 뇌물 뇌(뢰)　　物 물건 물
	어떤 직위에 있는 사람을 매수하여 사사로운 일에 이용하기 위하여 넌지시 건네는 부정한 돈이나 물건
受賂	受 받을 수　　賂 뇌물 뢰
	뇌물을 받음.
賄賂	賄 뇌물 회　　賂 뇌물 뢰
	뇌물을 주고받음. 또는 그 뇌물

441 閣 집 각
★★

樓閣	樓 다락 누(루)　　閣 집 각
	1. 사방을 바라볼 수 있도록 문과 벽이 없이 다락처럼 높이 지은 집
	2. 이 층이나 삼 층으로 지은 한옥
內閣	內 안 내　　閣 집 각
	국가의 행정권을 담당하는 최고 합의 기관
改閣	改 고칠 개　　閣 집 각
	내각을 개편함.

442 門 문 문
★

窓門	窓 창 창　　門 문 문
	공기나 햇빛을 받을 수 있고, 밖을 내다볼 수 있도록 벽이나 지붕에 낸 문
家門	家 집 가　　門 문 문
	가족 또는 가까운 일가로 이루어진 공동체. 또는 그 사회적 지위
專門	專 오로지 전　　門 문 문
	어떤 분야에 상당한 지식과 경험을 가지고 오직 그 분야만 연구하거나 맡음. 또는 그 분야

443 問 물을 문
★★

學問	學 배울 학　　問 물을 문
	어떤 분야를 체계적으로 배워서 익힘. 또는 그런 지식
質問	質 바탕 질　　問 물을 문
	알고자 하는 바를 얻기 위해 물음.
問議	問 물을 문　　議 의논할 의
	물어서 의논함.

聞
들을 문
★★

新聞	新 새 신　　　　聞 들을 문
	1. 새로운 소식이나 견문
	2. 사회에서 발생한 사건에 대한 사실이나 해설을 널리 신속하게 전달하기 위한 정기 간행물
所聞	所 바 소　　　　聞 들을 문
	사람들 입에 오르내려 전하여 들리는 말
見聞	見 볼 견　　　　聞 들을 문
	1. 보고 들음.
	2. 보거나 듣거나 하여 깨달아 얻은 지식

間
사이 간
★★

空間	空 빌 공　　　　間 사이 간
	1. 아무것도 없는 빈 곳
	2. 물리적으로나 심리적으로 널리 퍼져 있는 범위
	3. 영역이나 세계를 이르는 말
瞬間	瞬 눈 깜짝일 순　　　間 사이 간
	1. 아주 짧은 동안
	2. 어떤 일이 일어난 바로 그때. 또는 두 사건이나 행동이 거의 동시에 이루어지는 바로 그때
間接	間 사이 간　　　　接 이을 접
	중간에 매개(媒介)가 되는 사람이나 사물 따위를 통하여 맺어지는 관계 ↔ 직접(直接)

開
열 개
★★

公開	公 공평할 공　　　開 열 개
	어떤 사실이나 사물, 내용 따위를 여러 사람에게 널리 터놓음.
開發	開 열 개　　　　發 필 발
	1. 토지나 천연자원 따위를 유용하게 만듦.
	2. 지식이나 재능 따위를 발달하게 함.
	3. 산업이나 경제 따위를 발전하게 함.
	4. 새로운 물건을 만들거나 새로운 생각을 내어놓음.
開催	開 열 개　　　　催 재촉할 최
	모임이나 회의 따위를 주최하여 엶.

447 閉 닫을 폐 ★★

閉鎖	閉 닫을 폐　　　鎖 쇠사슬 쇄
	1. 문 따위를 닫아걸거나 막아 버림. 2. 기관이나 시설을 없애거나 기능을 정지함. 3. 외부와의 문화적·정신적인 교류를 끊거나 막음.
閉止	閉 닫을 폐　　　止 그칠 지
	어떤 작용이나 기능이 그침.
閉幕	閉 닫을 폐　　　幕 막 막
	막을 내린다는 뜻으로, 연극·음악회나 행사 따위가 끝남. 또는 그것을 끝냄.

448 夏 여름 하 ★★

立夏	立 설 입(립)　　　夏 여름 하
	이십사절기의 하나. 곡우(穀雨)와 소만(小滿) 사이에 들며, 이때부터 여름이 시작된다고 한다. 양력으로는 5월 5일경이다.
夏季	夏 여름 하　　　季 계절 계
	여름의 시기
春夏秋冬	春 봄 춘　　　夏 여름 하　　　秋 가을 추　　　冬 겨울 동
	봄·여름·가을·겨울의 네 계절

449 憂 근심 우 ★★

憂患	憂 근심 우　　　患 근심 환
	1. 집안에 복잡한 일이나 환자가 생겨서 나는 걱정이나 근심 2. 몸의 온갖 병. = 질병
憂慮	憂 근심 우　　　慮 생각 려
	근심하거나 걱정함. 또는 그 근심과 걱정
憂鬱	憂 근심 우　　　鬱 답답할 울
	근심스럽거나 답답하여 활기가 없음.

450 優 넉넉할 우 ★★

優秀	優 넉넉할 우　　　秀 빼어날 수
	여럿 가운데 뛰어남.
優劣	優 넉넉할 우　　　劣 못할 열(렬)
	나음과 못함.
俳優	俳 배우 배　　　優 넉넉할 우
	연극이나 영화 따위에 등장하는 인물로 분장하여 연기를 하는 사람

15^강 한자성어

001 □□□

杞憂
기우

나무 이름 기   근심 우

앞일에 대해 쓸데없는 걱정을 함. 또는 그 걱정
※ 옛날 중국 기(杞)나라에 살던 한 사람이 '만일 하늘이 무너지면 어디로 피해야 좋을 것인가?' 하고 침식을 잊고 걱정하였다는 데서 유래한다.

002 □□□

外柔內剛
외유내강

바깥 외   부드러울 유   안 내   굳셀 강

겉으로는 부드럽고 순하게 보이나 속은 곧고 굳셈.

003 □□□

多多益善
다다익선

많을 다   많을 다   더할 익   착할 선

많으면 많을수록 더욱 좋음.
※ 중국 한(漢)나라의 장수 한신이 고조(高祖)와 장수의 역량에 대하여 얘기할 때, 고조는 10만 정도의 병사를 지휘할 수 있는 그릇이지만, 자신은 병사의 수가 많을수록 잘 지휘할 수 있다고 한 말에서 유래한다.

004 □□□

愚公移山
우공이산

어리석을 우   공평할 공   옮길 이   산 산

우공이 산을 옮긴다는 뜻으로, 어떤 일이든 끊임없이 노력하면 반드시 이루어짐을 이르는 말
※ 우공(愚公)이라는 노인이 집을 가로막은 산을 옮기려고 대대로 산의 흙을 파서 나르겠다고 하여 이에 감동한 하느님이 산을 옮겨 주었다는 데서 유래한다.

005 □□□

同牀異夢
동상이몽

같을 동   평상 상   다를 이   꿈 몽

같은 자리에 자면서 다른 꿈을 꾼다는 뜻으로, 겉으로는 같이 행동하면서도 속으로는 각각 딴생각을 하고 있음을 이르는 말

006 □□□

一場春夢
일장춘몽

하나 일   마당 장   봄 춘   꿈 몽

한바탕의 봄꿈이라는 뜻으로, 헛된 영화나 덧없는 일을 비유적으로 이르는 말

007 南柯一夢
남가일몽

남녘 남　가지 가　하나 일　꿈 몽

꿈과 같이 헛된 한때의 부귀영화를 이르는 말
※ 중국 당나라의 순우분(淳于棼)이 술에 취하여 홰나무의 남쪽으로 뻗은 가지 밑에서 잠이 들었는데 괴안국(槐安國)의 부마가 되어 남가군(南柯郡)을 다스리며 20년 동안 영화를 누리는 꿈을 꾸었다는 데서 유래한다.

008 胡蝶之夢
호접지몽

오랑캐 호　나비 접　갈 지　꿈 몽

나비에 관한 꿈이라는 뜻으로, 인생의 덧없음을 이르는 말
※ 중국의 장자(莊子)가 꿈에 호랑나비가 되어 훨훨 날아다니다가 깨서는, 자기가 꿈에 호랑나비가 되었던 것인지 호랑나비가 꿈에 장자가 되었는지 모르겠다고 한 이야기에서 유래한다.

009 盧生之夢
노생지몽

성씨 노(로)　날 생　갈 지　꿈 몽

인생과 영화의 덧없음을 이르는 말
※ 서기 731년에 노생(盧生)이 한단이란 곳에서 여옹(呂翁)의 베개를 빌려 잠을 잤는데, 꿈속에서 80년 동안 부귀영화를 다 누렸으나 깨어 보니 메조로 밥을 짓는 동안이었다는 데에서 유래한다.

010 錦衣夜行
금의야행

비단 금　옷 의　밤 야　다닐 행

1. 비단옷을 입고 밤길을 다닌다는 뜻으로, 자랑삼아 하지 않으면 생색이 나지 않음을 이르는 말
2. 아무 보람이 없는 일을 함을 이르는 말

011 錦衣還鄉
금의환향

비단 금　옷 의　돌아올 환　고향 향

비단옷을 입고 고향에 돌아온다는 뜻으로, 출세를 하여 고향에 돌아가거나 돌아옴을 비유적으로 이르는 말

012 以夷制夷
이이제이

써 이　오랑캐 이　억제할 제　오랑캐 이

오랑캐로 오랑캐를 무찌른다는 뜻으로, 한 세력을 이용하여 다른 세력을 제어함을 이르는 말

013 沈魚落雁
침어낙안

잠길 침　물고기 어　떨어질 낙(락)　기러기 안

미인을 보고 물 위에서 놀던 물고기가 부끄러워서 물속 깊이 숨고 하늘 높이 날던 기러기가 부끄러워서 땅으로 떨어졌다는 뜻으로, 아름다운 여인의 용모를 이르는 말

014 落膽喪魂
낙담상혼

떨어질 낙(락)　쓸개 담　잃을 상　넋 혼

몹시 놀라거나 마음이 상해서 넋을 잃음.

015 魂飛魄散
혼비백산

넋 혼   날 비   넋 백   흩을 산

혼백이 어지러이 흩어진다는 뜻으로, 몹시 놀라 넋을 잃음을 이르는 말

016 風餐露宿
풍찬노숙

바람 풍   먹을 찬   이슬 노(로)   잘 숙

바람을 먹고 이슬에 잠잔다는 뜻으로, 객지에서 많은 고생을 겪음을 이르는 말

017 藏頭露尾
장두노미

감출 장   머리 두   드러낼 노(로)   꼬리 미

머리를 감추었으나 꼬리가 드러나 있다는 뜻으로, 진실은 감추려고 해도 모습을 드러냄을 이르는 말. 또는 진실이 드러날까 봐 전전긍긍하는 태도를 이르는 말

018 沙上樓閣
사상누각

모래 사   위 상   다락 누(루)   집 각

모래 위에 세운 누각이라는 뜻으로, 기초가 튼튼하지 못하여 오래 견디지 못할 일이나 물건을 이르는 말

019 空中樓閣
공중누각

빌 공   가운데 중   다락 누(루)   집 각

공중에 떠 있는 누각이라는 뜻으로, 아무런 근거나 토대가 없는 사물이나 생각을 비유적으로 이르는 말

020 門前成市
문전성시

문 문   앞 전   이룰 성   시장 시

찾아오는 사람이 많아 집 문 앞이 시장을 이루다시피 함을 이르는 말

021 門前雀羅
문전작라

문 문   앞 전   참새 작   그물 라

문 앞에 참새 그물을 친다는 뜻으로, 권력이나 재물을 잃으면 찾아오는 사람이 드물어짐을 이르는 말

022 耕當問奴
경당문노

밭 갈 경   마땅할 당   물을 문   종 노

농사일은 의당 머슴에게 물어보아야 한다는 뜻으로, 모르는 일은 잘 아는 사람에게 상의하여야 함을 이르는 말

023

東問西答
동문서답

□ □ □

| 동녘 동 | 물을 문 | 서녘 서 | 대답할 답 |

물음과는 전혀 상관없는 엉뚱한 대답

024

不問曲直
불문곡직

□ □ □

| 아닐 불 | 물을 문 | 굽을 곡 | 곧을 직 |

옳고 그름을 따지지 아니함.

025

聞一知十
문일지십

□ □ □

| 들을 문 | 하나 일 | 알 지 | 열 십 |

하나를 듣고 열 가지를 미루어 안다는 뜻으로, 지극히 총명함을 이르는 말

026

夏爐冬扇
하로동선

□ □ □

| 여름 하 | 화로 로 | 겨울 동 | 부채 선 |

여름의 화로와 겨울의 부채라는 뜻으로, 격(格)이나 철에 맞지 아니함을 이르는 말

027

夏葛冬裘
하갈동구

□ □ □

| 여름 하 | 칡 갈 | 겨울 동 | 갖옷 구 |

여름의 서늘한 베옷과 겨울의 따뜻한 갖옷이라는 뜻으로, 격이나 철에 맞음을 비유적으로 이르는 말

028

夏蟲疑氷
하충의빙

□ □ □

| 여름 하 | 벌레 충 | 의심할 의 | 얼음 빙 |

여름의 벌레는 얼음을 안 믿는다는 뜻으로, 견식이 좁음을 비유해 이르는 말

029

先憂後樂
선우후락

□ □ □

| 먼저 선 | 근심 우 | 뒤 후 | 즐거울 락 |

세상의 근심할 일은 남보다 먼저 근심하고 즐거워할 일은 남보다 나중에 즐거워한다는 뜻으로, 지사(志士)나 어진 사람의 마음씨를 이르는 말

030

內憂外患
내우외환

□ □ □

| 안 내 | 근심 우 | 바깥 외 | 근심 환 |

나라 안팎의 여러 가지 어려움

001 有名

있을 유   이름 명

유명

이름이 널리 알려져 있음.
• 이 고장은 빼어난 경치로 有名하다.

002 幽明

그윽할 유   밝을 명

유명

1. 어둠과 밝음을 아울러 이르는 말
2. 저승과 이승을 아울러 이르는 말
   • 그가 과로로 쓰러져 幽明을 달리
     했다.

003 明文

밝을 명   글월 문

명문

1. 글로 명백히 기록된 문구. 또는 그
   런 조문(條文)
   • 그 사항은 헌법에 明文으로 규정
     되어 있다.
2. 사리가 명백하고 뜻이 분명한 글

004 名文

이름 명   글월 문

명문

뛰어나게 잘 지은 글
• 그의 글은 당대의 名文으로 이름나
  있다.

005 名門

이름 명   문 문

명문

1. 이름 있는 문벌. 또는 훌륭한 집안
2. 이름난 좋은 학교
   • 그는 名門 대학 출신이었다.

006 名聞

이름 명   들을 문

명문

세상에 나 있는 좋은 소문
• 이곳은 좋은 쌀이 나오는 곳으로 名
  聞이 나 있다.

007 銘文

새길 명   글월 문

명문

금석(金石)이나 기명(器皿) 따위에 새
겨 놓은 글
• 이번에 발굴된 청동 거울의 뒷면에는
  당시의 銘文이 새겨져 있다.

008 門戶

문 문   집 호

문호

1. 집으로 드나드는 문.
2. 외부와 교류하기 위한 통로나 수단
   을 비유적으로 이르는 말
   • 門戶를 개방하다.

009 文豪

글월 문   호걸 호

문호

뛰어난 문학 작품을 많이 써서 알려진
사람
• 이곳은 독일의 위대한 文豪 괴테가
  태어난 곳이다.

010 拷問

칠 고   물을 문

고문

숨기고 있는 사실을 강제로 알아내기
위하여 육체적·정신적 고통을 주며
신문함.
• 혹독한 拷問을 당하다.

011 □□□

顧問
고문

돌아볼 고 　 물을 문

1. 의견을 물음.
2. 어떤 분야에 대하여 전문적인 지식
과 풍부한 경험을 가지고 자문에 응
하여 의견을 제시하고 조언을 하는
직책
• 拷問 변호사

012 □□□

古文
고문

옛 고 　 글월 문

갑오개혁 이전의 옛 글
• 나는 선현들이 남긴 古文에서 많은
삶의 지혜를 얻는다.

013 □□□

開設
개설

열 개 　 베풀 설

설비나 제도 따위를 새로 마련하고 그
에 관한 일을 시작함.
• 학부 과정에 영어 강좌를 開設하다.

014 □□□

改設
개설

고칠 개 　 베풀 설

새로 수리하거나 기구(機構)를 바꾸어
설치함.
• 놀이기구를 改設했다.

015 □□□

概說
개설

대개 개 　 말씀 설

내용을 줄거리만 잡아 대강 설명함. 또
는 그런 글이나 책
• 고전 문학 概說

016 □□□

閉止
폐지

닫을 폐 　 그칠 지

어떤 작용이나 기능이 그침.

017 □□□

廢止
폐지

폐할 폐 　 그칠 지

실시하여 오던 제도나 법규, 일 따위를
그만두거나 없앰.
• 국민 생활을 제약하는 낡은 법률을
廢止했다.

018 □□□

廢紙
폐지

폐할 폐 　 종이 지

쓰고 버린 종이
• 廢紙를 재활용하다.

019 □□□

制約
제약

억제할 제 　 맺을 약

1. 조건을 붙여 내용을 제한함. 또는
그 조건
• 단체 생활에는 여러 가지 制約이
있기 마련이다.
2. 사물의 성립에 필요한 규정이나 조건

020 □□□

製藥
제약

지을 제 　 약 약

약재를 섞어서 약을 만듦. 또는 그 약
• 製藥 회사

💬 다음 한자의 뜻과 음을 쓰시오.

01 問 : (   )   02 名 : (   )

03 間 : (   )   04 各 : (   )

05 開 : (   )   06 格 : (   )

07 閣 : (   )   08 落 : (   )

💬 다음 한자성어의 독음을 쓰고, 적절한 뜻을 바르게 연결하시오.

09 魂飛魄散
( )
·
· ⓐ 비단옷을 입고 고향에 돌아온다는 뜻으로, 출세를 하여 고향에 돌아가거나 돌아옴을 비유적으로 이르는 말

10 愚公移山
( )
·
· ⓑ 1. 비단옷을 입고 밤길을 다닌다는 뜻으로, 자랑삼아 하지 않으면 생색이 나지 않음을 이르는 말
2. 아무 보람이 없는 일을 함을 이르는 말

11 錦衣還鄉
( )
·
· ⓒ 혼백이 어지러이 흩어진다는 뜻으로, 몹시 놀라 넋을 잃음을 이르는 말

12 錦衣夜行
( )
·
· ⓓ 모래 위에 세운 누각이라는 뜻으로, 기초가 튼튼하지 못하여 오래 견디지 못할 일이나 물건을 이르는 말

13 夏蟲疑氷
( )
·
· ⓔ 여름의 화로와 겨울의 부채라는 뜻으로, 격(格)이나 철에 맞지 아니함을 이르는 말

14 夏爐冬扇
( )
·
· ⓕ 여름의 벌레는 얼음을 안 믿는다는 뜻으로, 견식이 좁음을 비유해 이르는 말

15 多多益善
( )
·
· ⓖ 우공이 산을 옮긴다는 뜻으로, 어떤 일이든 끊임없이 노력하면 반드시 이루어짐을 이르는 말

16 沙上樓閣
( )
·
· ⓗ 많으면 많을수록 더욱 좋음.

💬💬 〈보기〉의 설명을 참고하여 빈칸에 들어갈 한자를 쓰시오.

보기

[가로]

가. 오랑캐로 오랑캐를 무찌른다는 뜻으로, 한 세력을 이용하여 다른 세력을 제어함을 이르는 말

나. 나라 안팎의 여러 가지 어려움

다. 하나를 듣고 열 가지를 미루어 안다는 뜻으로, 지극히 총명함을 이르는 말

라. 새로 수리하거나 기구(機構)를 바꾸어 설치함.

마. 같은 자리에 자면서 다른 꿈을 꾼다는 뜻으로, 겉으로는 같이 행동하면서도 속으로는 각각 딴 생각을 하고 있음을 이르는 말

[세로]

A. 앞일에 대해 쓸데없는 걱정을 함. 또는 그 걱정

B. 조건을 붙여 내용을 제한함. 또는 그 조건

C. 겉으로는 부드럽고 순하게 보이나 속은 곧고 굳셈.

D. 아침저녁으로 뜯어고친다는 뜻으로, 계획이나 결정 따위를 일관성이 없이 자주 고침을 이르는 말

E. 세상에 나 있는 좋은 소문

F. 한바탕의 봄꿈이라는 뜻으로, 헛된 영화나 덧없는 일을 비유적으로 이르는 말

G. 한창때인 9월 9일이 지난 9월 10일의 국화라는 뜻으로, 이미 때가 늦은 일을 비유적으로 이르는 말

➕ 정답

01. 물을 **문**
02. 이름 **명**
03. 사이 **간**
04. 각각 **각**
05. 열 **개**
06. 격식 **격**
07. 집 **각**
08. 떨어질 **락**

09. 혼비백산 – ⓒ
10. 우공이산 – ⓖ
11. 금의환향 – ⓐ
12. 금의야행 – ⓑ
13. 하충의빙 – ⓕ
14. 하로동선 – ⓔ
15. 다다익선 – ⓗ
16. 사상누각 – ⓓ

15^강 실전 연습문제

01 글의 통일성을 고려할 때 ㉠에 들어갈 문장으로 가장 적절한 것은?

2020 국가직 9급

> 기술 혁신의 상징으로 화려하게 등장한 이후 글로벌 아이콘이 됐던 소위 스마트폰이 그 진화의 한계에 봉착한 듯하다. 게다가 최근 들어 중국 업체들의 성장세가 만만치 않은 상황이 펼쳐지고 있다. 이런 가운데 오랜 기간 스마트폰 생산량의 수위를 지켜 왔던 기업들의 호시절도 끝난 분위기다. (㉠)
>
> 그렇다면 스마트폰 이후 글로벌 주도 산업은 무엇일까. 첫 손가락에 꼽히는 것은 페이스북, 아마존, 넷플릭스, 구글을 뜻하는 '팡(FANG)'이다. 모바일 퍼스트 시대에서 소프트웨어, 플랫폼 사업에 눈뜬 기업들이다. 이들은 지난해 매출과 순이익이 크게 늘었으며 주가도 폭등했다. 하지만 이들이라고 영속 불멸하지는 않을 것이다.

① 온 국민이 절치부심(切齒腐心)하여 반성하지 않으면 안 된다.

② 정보 기술 업계의 권불십년(權不十年)이라 하지 않을 수 없다.

③ 다른 나라의 기업들을 보고 아전인수(我田引水)해야 할 때다.

④ 글로벌 위기의 내우외환(內憂外患)에 국가 간 협력이 절실하다.

02 속담과 한자 성어의 뜻이 가장 비슷한 것은?

2019 서울시 9급(2월)

① 이 없으면 잇몸으로 산다. – 순망치한(脣亡齒寒)

② 개똥도 약에 쓰려면 없다. – 하로동선(夏爐冬扇)

③ 우물 안의 개구리 – 하충의빙(夏蟲疑氷)

④ 굽은 나무가 선산을 지킨다. – 설중송백(雪中松柏)

03 밑줄 친 ⓐ~ⓓ를 한자로 표기한 것 중 잘못된 것은?

2015 교육행정직 7급

> 우리는 이제 우리 자신을 복제할 수 있는 시대에 살고 있다. 기술적으로는 이 일이 어렵지 않게 되었다. 과학이 삶의 질을 높인다는 점도 맞지만, 점점 더 거대한 공포의 대상으로 우리를 ⓐ 엄습하고 있는 것도 사실이다.
>
> 그러나 과학에 대한 좀 더 명확한 이해가 필요할 것 같다. 지금 우리가 하고 있는 일은 어디까지나 유전자 복제이지 생명체 복제가 아니다. 평생을 타인을 위해 헌신했던 테레사 수녀를 복제한다고 해도 복제로 태어난 그녀가 제2의 테레사로 성장할 가능성은 거의 없다. 테레사 수녀의 온화한 성격은 타고날 수 있지만 세상이 완전히 딴판으로 바뀐 오늘날 복제된 그녀가 동일한 테레사가 될 확률은 거의 없다. 유전자 복제 인간은 시간

ⓑ 격차가 있는 쌍둥이에 불과하다. 만일 내가 지금의 나를 복제한다면, 그 복제 인간은 몇 십 년의 차이를 두고 태어난 쌍둥이 동생이라고 보면 된다. 몇 초 간격으로 태어난 일란성 쌍둥이가 결코 똑같은 사람으로 자라지 않는 것처럼 나를 복제한 쌍둥이 동생도 나와 같은 인간이 될 리는 절대 없다. 유전자는 나와 완벽하게 동일하더라도 그 유전자들이 발현되는 환경이 나와 다르기 때문에 전혀 다른 인간으로 성장하게 될 것이다.

그런데 유전자 복제보다 더 심각하게 고민해야 할 것이 있다. 바로 유전자 조작이다. 복제 인간은 얼마 지나지 않아 시들해질 가능성이 크지만 유전자 조작의 ⓒ 매력은 더욱 더 커질 것이기 때문이다. 유전자의 기능이 속속 밝혀지고 내가 가진 치명적인 결함이 어떤 유전자에 의해 발생하는 것인지를 알게 될 때 그 유전자를 더 훌륭한 유전자로 바꾸고 싶은 욕망이 일어날 것이다. 노화의 비밀이 밝혀져 다만 몇 개의 유전자만 바꾸어 더 살 수 있게 된다면 영생을 바랐던 진시황의 욕망을 누구인들 갖지 않겠는가?

처음에는 생명에 직접적으로 지장을 주는 요인들을 해결하기 위해 시작하겠지만 서서히 삶의 질을 개선한다는 ⓓ 미명 아래 온갖 조작들이 합리화될지 모른다. 우리가 우려해야 할 점은 바로 이것이다. 유전자 조작이 몰고 올 상황이 어떠한 문제가 있는지 따져 보지도 않은 채 위험한 선택을 하게 될 가능성이 크기 때문이다. 이 문제를 해결하기 위해 지혜로운 선택이 무엇인지 함께 고민해 보아야 한다.

① ⓐ 엄습: 掩襲
② ⓑ 격차: 格差
③ ⓒ 매력: 魅力
④ ⓓ 미명: 美名

---

01 ㉠은 첫 단락의 마지막 문장이므로 첫 단락의 내용을 확인해야 하는데, "스마트폰"이 ⓐ 한계에 봉착했고, ⓑ 중국의 성장세가 만만치 않으며 ⓒ 마지막 문장 "기업들의 호시절도 끝난 분위기이다."를 볼 때, 〈스마트폰이 한물갔다〉는 내용의 글이다. 따라서 '권세는 십 년을 가지 못한다는 뜻으로, 아무리 높은 권세라도 오래가지 못함.'을 이르는 말인 '權不十年(권불십년: 권세 권, 아닐 불, 열 십, 해 년)'이 포함된 ②의 내용이 들어가서 〈스마트 폰이 이와 같은 위치가 된 것은 정보 기술업계의 권불십년(권세가 영원하지 않음)을 보여준다.〉는 내용이 되는 것이 가장 자연스럽다.

오답정리 ① 切齒腐心(절치부심: 끊을 절, 이 치, 썩을 부, 마음 심): 몹시 분하여 이를 갈며 속을 썩임.
③ 我田引水(아전인수: 나 아, 밭 전, 끌 인, 물 수): 자기 논에 물 대기라는 뜻으로, 자기에게만 이롭게 되도록 생각하거나 행동함을 이르는 말
④ 内憂外患(내우외환: 안 내, 근심 우, 바깥 외, 근심 환): 나라 안팎의 여러 가지 어려움.

02 '우물 안의 개구리'와 '하충의빙(夏蟲疑氷)' 모두 견식이 매우 좁음을 이르는 말이다.
• 우물 안의 개구리: 식견이 좁거나 편견에 사로잡혀 세상이 넓은 줄을 모르는 사람을 비유하는 말 = 정저지와(井底之蛙)
• 夏蟲疑氷(하충의빙: 여름 하, 벌레 충, 의심할 의, 얼음 빙): 여름 벌레는 얼음을 의심한다. 견식이 좁은 사람이 공연스레 의심함을 이름.

오답정리 ① • 이 없으면 잇몸으로 산다: 요긴한 것이 없으면 안 될 것 같지만 없으면 없는 대로 그럭저럭 살아 나갈 수 있음을 이르는 말
• 순망치한(脣亡齒寒: 입술 순, 망할 망, 이 치, 찰 한): 입술이 없으면 이가 시리다는 뜻으로, 서로 이해관계가 밀접한 사이에 어느 한쪽이 망하면 다른 한쪽도 그 영향을 받아 온전하기 어려움을 이르는 말
② • 개똥도 약에 쓰려면 없다.: 평소에 흔하던 것도 막상 긴하게 쓰려고 구하면 없다는 말
• 하로동선(夏爐冬扇: 여름 하, 화로 로, 겨울 동, 부채 선): 여름의 화로와 겨울의 부채라는 뜻으로, 격(格)이나 철에 맞지 아니함을 이르는 말
④ • 굽은 나무가 선산을 지킨다.: 자손이 빈한해지면 선산의 나무까지 팔아 버리나 줄기가 굽어 쓸모없는 것은 그대로 남게 된다는 뜻으로, 쓸모없어 보이는 것이 도리어 제구실을 하게 됨을 비유적으로 이르는 말
• 설중송백(雪中松柏: 눈 설, 가운데 중, 소나무 송, 잣나무 백): 눈 속의 소나무와 잣나무라는 뜻으로, 높고 굳은 절개를 이르는 말

03 '인간은 시간 격차가 있는 쌍둥이에 불과하다.'를 볼 때, '시간 격차'는 '시간의 차이'라는 의미이다. 따라서 '빈부, 임금, 기술 수준 따위가 서로 벌어져 다른 정도'를 의미하는 '隔差(격차: 사이 뜰 격, 다를 차)'로 표기해야 한다.
※ 格差(격차: 격식 격, 다를 차): 가격이나 자격, 품등 따위의 서로 다른 정도

오답정리 ① 掩襲(엄습: 가릴 엄, 엄습할 습): 뜻하지 아니하는 사이에 습격함. / 감정, 생각, 감각 따위가 갑작스럽게 들이닥치거나 덮침.
③ 魅力(매력: 매혹할 매, 힘 력): 사람의 마음을 사로잡아 끄는 힘
④ 美名(미명: 아름다울 미, 이름 명): 그럴듯하게 내세운 명목이나 명칭

04 ㉠~㉣에 들어갈 한자로 적절한 것은?

> 여름 절기에는 입하(㉠), 소만(㉡), 망종(㉢), 하지(㉣), 소서(小暑), 대서(大暑)가 있다.

① ㉠: 入夏

② ㉡: 小晩

③ ㉢: 望種

④ ㉣: 夏至

05 글쓴이가 주장하는 바에 가장 부합하는 것은?

> 하이에크는 지도자가 의도적으로 지휘할 때 충분한 지식이 존재하지 않는다는 것을 문제점으로 지적하며, 전문가들이 충분한 지식으로 모든 사회적 문제의 해법을 의도적으로 설계할 수 있다는 생각을 무너뜨렸다. 의도적인 설계자들이 더욱 알기 어려운 것은 '묵시적 지식'이다. 이러한 지식은 한 사람이 해당 내용을 상세히 적어 설명하더라도 다른 사람이 좀처럼 알아듣기 어렵다. 이는 훈련을 통해 습득되는 무의식적인 지식과 같은 것이다.
>
> 그는 지식이 매우 국부적이고, 맥락에 따라 달라지며, 개인의 특성에 크게 의존할 때가 많다고 지적하며 중요한 것은 항상 변하는 기회, 장소, 사람에 대한 개인들의 세부적인, 이른바 '묵시적 지식'이라고 주장했다. 각 개인은 저마다 잘 알고 있는 특정 부분의 지식이 있으며, 자유 사회는 각 개인이 그 지식을 활용하도록 유인을 만들어 낸다는 것이다. 모든 문제의 해답은 항상 변하며 그 현장에 있는 사람들만이 답을 알고 있다는 것이 그의 주장이다.
>
> — 윌리엄 이스털리, 〈전문가의 독재〉

① 耕當問奴

② 以夷制夷

③ 聞一知十

④ 愚公移山

04 빈칸에 들어갈 말을 바르게 나열하면 다음과 같다.

> 여름 절기에는 ⊙ 입하(立夏), ⓒ 소만(小滿), ⓒ 망종(芒種), ⓔ 하지(夏至), 소서(小暑), 대서(大暑)가 있다.

한자가 적절한 것은 ⓔ 夏至(하지: 여름 하, 이를 지)이다.

오답정리 ① 入夏 → 立夏: '곡우(穀雨)'와 '소만(小滿)' 사이에 드는 절기인 '입하'를 '여름의 시작'으로 보기 때문에 '入夏(입하: 들 입, 여름 하)'로 착각할 수 있으나, '立夏(입하: 설 입(립), 여름 하)'가 맞다.
② 小晚 → 小滿: '입하(立夏)'와 '망종(芒種)' 사이에 드는 절기인 '소만'의 바른 표기는 晚(늦을 만)이 아닌, '小滿(소만: 작을 소, 가득 찰 만)'이다.
③ 望種 → 芒種: '소만(小滿)'과 '하지(夏至)' 사이에 드는 절기인 '망종'의 바른 표기는 望(바랄 망)이 아닌, '芒種(망종: 까끄라기 망, 씨 종)'이다.

05 마지막 문단을 보면, '모든 문제의 해답은 항상 변하며 그 현장에 있는 사람들만이 답을 알고 있다'고 하여, 지도자가 모든 것을 다룰 수 있는 지식을 갖고 있지 않으며, 실무자가 가진 '묵시적 지식'이 중요하다는 사실을 말하고자 함을 알 수 있다. 이를 미루어 볼 때, 글쓴이가 주장하는 바에 가장 부합하는 것은 '모르는 일은 잘 아는 사람에게 물어야 함'을 의미하는 ① '耕當問奴(경당문노: 밭 갈 경, 마땅할 당, 물을 문, 종 노)'이다.

오답정리 ② 以夷制夷(이이제이: 써 이, 오랑캐 이, 억제할 제, 오랑캐 이): 오랑캐로 오랑캐를 무찌른다는 뜻으로, 한 세력을 이용하여 다른 세력을 제어함을 이르는 말
③ 聞一知十(문일지십: 들을 문, 하나 일, 알 지, 열 십): 하나를 듣고 열 가지를 미루어 안다는 뜻으로, 지극히 총명함을 이르는 말
④ 愚公移山(우공이산: 어리석을 우, 공평할 공, 옮길 이, 산 산): 우공이 산을 옮긴다는 뜻으로, 어떤 일이든 끊임없이 노력하면 반드시 이루어짐을 이르는 말

➕ 정답 04 ④ **05** ①

16^강

20시간 초단기 완성
한자 1600선

1회독 ____월 ____일
2회독 ____월 ____일
3회독 ____월 ____일

1 한자

451 火 불 화	452 炎 불꽃 염	453 淡 맑을 담	454 談 말씀 담	455 秋 가을 추	456 愁 시름 수
457 灰 재 회	458 炭 숯 탄	459 石 돌 석	460 拓 넓힐 척 박을 탁	461 然 그럴 연	462 祭 제사 제
463 際 사이 제	464 察 살필 찰	465 登 오를 등	466 證 증거 증	467 發 필 발	468 廢 폐할 폐
469 皮 가죽 피	470 彼 저 피	471 被 입을 피	472 披 헤칠 피	473 破 깨뜨릴 파	474 波 물결 파
475 虎 범 호	476 虛 빌 허	477 處 곳 처	478 鹿 사슴 록	479 麗 고울 려	480 慶 경사 경

2 한자성어

001 風前燈火	002 燈火可親	003 炎凉世態	004 一日三秋	005 一葉知秋
006 桂玉之愁	007 金石盟約	008 下石上臺	009 玉石混淆	010 以卵擊石
011 家無擔石	012 浩然之氣	013 茫然自失	014 啞然失色	015 泰然自若
016 一目瞭然	017 一望無際	018 一觸卽發	019 夜行被繡	020 破竹之勢
021 波瀾萬丈	022 騎虎之勢	023 狐假虎威	024 三人成虎	025 暴虎馮河
026 前虎後狼	027 中原逐鹿	028 弄瓦之慶	029 弄璋之慶	030 苛政猛於虎

3 한자어

001 火傷	002 化象	003 畫像	004 畫商	005 火葬
006 化粧	007 消火	008 消化	009 炎症	010 厭症
011 弄談	012 濃淡	013 鄕愁	014 享壽	015 享受
016 香水	017 發展	018 發電	019 慶事	020 傾斜

○ 알고있음　△ 애매함　✕ 모름

451

火
불 화
★

火災	火 불 화　　　災 재앙 재
	불이 나는 재앙. 또는 불로 인한 재난
火傷	火 불 화　　　傷 다칠 상
	높은 온도의 기체, 액체, 고체, 화염 따위에 데었을 때에 일어나는 피부의 손상
火葬	火 불 화　　　葬 장사 지낼 장
	시체를 불에 살라 장사 지냄.

452

炎
불꽃 염
★

炎症	炎 불꽃 염　　　症 증세 증
	생체 조직이 손상을 입었을 때에 체내에서 일어나는 방어적 반응
暴炎	暴 사나울 폭　　　炎 불꽃 염
	매우 심한 더위
肺炎	肺 허파 폐　　　炎 불꽃 렴(염)
	폐에 생기는 염증

453

淡
맑을 담
★

淡水	淡 맑을 담　　　水 물 수
	강이나 호수 따위와 같이 염분이 없는 물. = 민물
冷淡	冷 찰 냉(랭)　　　淡 맑을 담
	1. 태도나 마음씨가 동정심 없이 차가움. 2. 어떤 대상에 흥미나 관심을 보이지 않음.
濃淡	濃 짙을 농　　　淡 맑을 담
	색깔이나 명암 따위의 짙음과 옅음. 또는 그런 정도

454 談 말씀 담 ★★

相談	相 서로 상　　談 말씀 담
	문제를 해결하거나 궁금증을 풀기 위하여 서로 의논함.
談話	談 말씀 담　　話 이야기 화
	1. 서로 이야기를 주고받음. 2. 한 단체나 공적인 자리에 있는 사람이 어떤 문제에 대한 견해나 태도를 밝히는 말
談合	談 말씀 담　　合 합할 합
	1. 서로 의논하여 합의함. 2. 경쟁 입찰을 할 때에 입찰 참가자가 서로 의논하여 미리 입찰 가격이나 낙찰자 따위를 정하는 일

455 秋 가을 추 ★

秋收	秋 가을 추　　收 거둘 수
	가을에 익은 곡식을 거두어들임.
秋毫	秋 가을 추　　毫 터럭 호
	1. 가을철에 털갈이하여 새로 돋아난 짐승의 가는 털 2. 매우 적거나 조금인 것을 비유적으로 이르는 말
春秋	春 봄 춘　　秋 가을 추
	1. 봄과 가을을 아울러 이르는 말 2. '해'를 문어적으로 이르는 말 3. 어른의 나이를 높여 이르는 말

456 愁 시름 수 ★★

哀愁	哀 슬플 애　　愁 시름 수
	마음을 서글프게 하는 슬픈 시름.
憂愁	憂 근심 우　　愁 시름 수
	근심과 걱정을 아울러 이르는 말
鄕愁	鄕 고향 향　　愁 시름 수
	고향을 그리워하는 마음이나 시름.

457 灰 재 회 ★

灰色	灰 재 회　　色 빛 색
	재의 빛깔과 같이 흰빛을 띤 검정
石灰	石 돌 석　　灰 재 회
	석회석을 태워 이산화 탄소를 제거하여 얻는 산화 칼슘과 산화 칼슘에 물을 부어 얻는 수산화 칼슘을 통틀어 이르는 말
灰漆	灰 재 회　　漆 옻 칠
	석회를 바르는 일

458

炭 숯 탄
★

□□□

石炭	石 돌 석 　　　 炭 숯 탄
	태고 때의 식물질이 땅속 깊이 묻히어 오랫동안 지압과 지열을 받아 차츰 분해하여 생긴, 타기 쉬운 퇴적암
煉炭	煉 불릴 연(련) 　　　 炭 숯 탄
	주원료인 무연탄과 코크스, 목탄 따위의 가루에 피치(pitch), 해조(海藻), 석회(石灰) 따위의 점결제(粘結劑)를 섞어서 굳혀 만든 연료
氷炭之間	氷 얼음 빙 　 炭 숯 탄 　　 之 갈 지 　　　 間 사이 간
	얼음과 숯의 사이라는 뜻으로, 서로 맞지 않아 화합하지 못하는 관계를 이르는 말

459

石 돌 석
★★

□□□

石器	石 돌 석 　　　 器 그릇 기
	돌로 만든 여러 가지 생활 도구
寶石	寶 보배 보 　　　 石 돌 석
	아주 단단하고 빛깔과 광택이 아름다우며 희귀한 광물
巖石	巖(岩) 바위 암 　　　 石 돌 석
	지각을 구성하고 있는 단단한 물질

460

拓 넓힐 척
박을 탁
★★★

□□□

開拓	開 열 개 　　　 拓 넓힐 척
	1. 거친 땅을 일구어 논이나 밭과 같이 쓸모 있는 땅으로 만듦. 2. 새로운 영역, 운명, 진로 따위를 처음으로 열어 나감.
干拓	干 방패 간 　　　 拓 넓힐 척
	육지에 면한 바다나 호수의 일부를 둑으로 막고, 그 안의 물을 빼내어 육지로 만드는 일
拓本	拓 박을 탁 　　　 本 근본 본
	비석, 기와, 기물 따위에 새겨진 글씨나 무늬를 종이에 그대로 떠냄. 또는 그렇게 떠낸 종이

461

然 그럴 연
★

□□□

自然	自 스스로 자 　　　 然 그럴 연
	1. 사람의 힘이 더해지지 아니하고 세상에 스스로 존재하거나 우주에 저절로 이루어지는 모든 존재나 상태 2. 사람의 힘이 더해지지 아니하고 저절로 생겨난 산, 강, 바다, 식물, 동물 따위의 존재. 또는 그것들이 이루는 지리적 · 지질적 환경
偶然	偶 짝 우 　　　 然 그럴 연
	아무런 인과 관계가 없이 뜻하지 아니하게 일어난 일
蓋然性	蓋 덮을 개 　　 然 그럴 연 　　　 性 성품 성
	절대적으로 확실하지 않으나 아마 그럴 것이라고 생각되는 성질

462 祭 제사 제 ★	祭祀	祭 제사 제　　　祀 제사 사
		신령이나 죽은 사람의 넋에게 음식을 바치어 정성을 나타냄. 또는 그런 의식
	祭物	祭 제사 제　　　物 물건 물
		1. 제사에 쓰는 음식물　2. 제사 지낼 때 바치는 물건이나 짐승 따위
	祝祭	祝 빌 축　　　祭 제사 제
		축하하여 벌이는 큰 규모의 행사

463 際 사이 제 ★★	國際	國 나라 국　　　際 사이 제
		1. 나라 사이에 관계됨.　2. 여러 나라에 공통됨.
		3. 여러 나라가 모여서 이루거나 함.
	實際	實 열매 실　　　際 사이 제
		[명사] 사실의 경우나 형편　[부사] 거짓이나 상상이 아니고 현실적으로
	交際	交 사귈 교　　　際 사이 제
		1. 서로 사귀어 가까이 지냄.
		2. 어떤 목적을 달성하기 위한 수단으로 남과 가까이 사귐.

464 察 살필 찰 ★★	觀察	觀 볼 관　　　察 살필 찰
		사물이나 현상을 주의하여 자세히 살펴봄.
	考察	考 생각할 고　　　察 살필 찰
		어떤 것을 깊이 생각하고 연구함.
	警察	警 경계할 경　　　察 살필 찰
		1. 경계하여 살핌.
		2. 국가 사회의 공공질서와 안녕을 보장하고 국민의 안전과 재산을 보호하는 일. 또는 그 일을 하는 조직

465 登 오를 등 ★★	登場	登 오를 등　　　場 마당 장
		1. 무대나 연단 따위에 나옴.
		2. 어떤 사건이나 분야에서 새로운 제품이나 현상, 인물 등이 세상에 처음으로 나옴.
		3. 연극, 영화, 소설 따위에 어떤 인물이 나타남.
	登錄	登 오를 등　　　錄 기록할 록
		일정한 자격 조건을 갖추기 위하여 단체나 학교 따위에 문서를 올림.
	登龍門	登 오를 등　　　龍 용 용(룡)　　　門 문 문
		용문(龍門)에 오른다는 뜻으로, 어려운 관문을 통과하여 크게 출세하게 됨. 또는 그 관문을 이르는 말
		※ 잉어가 중국 황허강(黃河江) 중류의 급류인 용문을 오르면 용이 된다는 전설에서 유래한다.

466 證 증거 증 ★★★ □□□

證據	證 증거 증　　　據 근거할 거
	어떤 사실을 증명할 수 있는 근거
證明	證 증거 증　　　明 밝을 명
	어떤 사항이나 판단 따위에 대하여 그것이 진실인지 아닌지 증거를 들어서 밝힘.
論證	論 논할 논(론)　　　證 증거 증
	옳고 그름을 이유를 들어 밝힘. 또는 그 근거나 이유

467 發 필 발 ★★ □□□

出發	出 날 출　　　發 필 발
	1. 목적지를 향하여 나아감. 2. 어떤 일을 시작함. 또는 그 시작
發展	發 필 발　　　展 펼 전
	1. 더 낫고 좋은 상태나 더 높은 단계로 나아감. 2. 일이 어떤 방향으로 전개됨.
發表	發 필 발　　　表 겉 표
	어떤 사실이나 결과, 작품 따위를 세상에 널리 드러내어 알림.

468 廢 폐할 폐 ★★ □□□

廢棄	廢 폐할 폐　　　棄 버릴 기
	1. 못 쓰게 된 것을 버림. 2. 조약, 법령, 약속 따위를 무효로 함.
廢止	廢 폐할 폐　　　止 그칠 지
	실시하여 오던 제도나 법규, 일 따위를 그만두거나 없앰.
撤廢	撤 거둘 철　　　廢 폐할 폐
	전에 있던 제도나 규칙 따위를 걷어치워서 없앰.

469 皮 가죽 피 ★ □□□

皮膚	皮 가죽 피　　　膚 살갗 부
	척추동물의 몸을 싸고 있는 조직
皮革	皮 가죽 피　　　革 가죽 혁
	날가죽과 무두질한 가죽을 아울러 이르는 말
虎死留皮	虎 범 호　　　死 죽을 사　　　留 머무를 유(류)　　　皮 가죽 피
	호랑이는 죽어서 가죽을 남긴다는 뜻으로, 사람은 죽어서 명예를 남겨야 함을 이르는 말

470 彼 저 피 ★

彼我	彼 저 피 　　　　 我 나 아	
	그와 나 또는 저편과 이편을 아울러 이르는 말	
於此彼	於 어조사 어 　　 此 이 차 　　 彼 저 피	
	이렇게 하든지 저렇게 하든지. 또는 이렇게 되든지 저렇게 되든지	
此日彼日	此 이 차 　 日 날 일 　 彼 저 피 　 日 날 일	
	이날 저 날 하고 자꾸 기한을 미루는 모양	

471 被 입을 피 ★★

被害	被 입을 피 　　　 害 해칠 해
	생명이나 신체, 재산, 명예 따위에 손해를 입음. 또는 그 손해
被動	被 입을 피 　　　 動 움직일 동
	남의 힘에 의하여 움직이는 일
被疑者	被 입을 피 　　 疑 의심할 의 　　 者 놈 자
	범죄의 혐의가 있어서 정식으로 입건되었으나, 아직 공소 제기가 되지 아니한 사람

472 披 헤칠 피 ★★

猖披	猖 미쳐 날뛸 창 　　 披 헤칠 피
	체면이 깎이는 일이나 아니꼬운 일을 당함. 또는 그에 대한 부끄러움
披瀝	披 헤칠 피 　　　 瀝 스밀 력
	생각하는 것을 털어놓고 말함.
披露宴	披 헤칠 피 　 露 드러낼 로 　 宴 잔치 연
	결혼이나 출생 따위의 기쁜 일을 널리 알리기 위하여 베푸는 연회

473 破 깨뜨릴 파 ★★

破壞	破 깨뜨릴 파 　　 壞 무너질 괴
	1. 때려 부수거나 깨뜨려 헐어 버림. 2. 조직, 질서, 관계 따위를 와해하거나 무너뜨림.
破損	破 깨뜨릴 파 　　 損 덜 손
	깨어져 못 쓰게 됨. 또는 깨뜨려 못 쓰게 함.
破綻	破 깨뜨릴 파 　　 綻 터질 탄
	1. 찢어져 터짐. 2. 일이나 계획 따위가 원만하게 진행되지 못하고 중도에서 어긋나 깨짐. 3. 상점, 회사 따위의 재정이 지급 정지의 상태가 됨.

474

波 물결 파
★★

波動	波 물결 파　　　動 움직일 동
	1. 물결의 움직임.　2. 사회적으로 어떤 현상이 퍼져 커다란 영향을 미침.
	3. 심리적 충동이나 움직임.
波瀾	波 물결 파　　　瀾 물결 란
	1. 잔물결과 큰 물결
	2. 순탄하지 아니하고 어수선하게 계속되는 여러 가지 어려움이나 시련
波紋	波 물결 파　　　紋 무늬 문
	1. 수면에 이는 물결　2. 물결 모양으로 이루어진 무늬
	3. 어떤 일이 다른 데에 미치는 영향

475

虎 범 호
★

虎口	虎 범 호　　　口 입 구
	1. 범의 아가리라는 뜻으로, 매우 위태로운 처지나 형편을 이르는 말
	2. 어수룩하여 이용하기 좋은 사람을 비유적으로 이르는 말
龍虎相搏	龍 용 용(룡)　　虎 범 호　　　相 서로 상　　　搏 칠 박
	용과 범이 서로 싸운다는 뜻으로, 강자끼리 서로 싸움을 이르는 말
虎視眈眈	虎 범 호　　　視 볼 시　　　眈 노려볼 탐　　眈 노려볼 탐
	범이 눈을 부릅뜨고 먹이를 노려본다는 뜻으로, 남의 것을 빼앗기 위하여 형세를
	살피며 가만히 기회를 엿봄. 또는 그런 모양

476

虛 빌 허
★★

虛空	虛 빌 허　　　空 빌 공
	텅 빈 공중
虛無	虛 빌 허　　　無 없을 무
	1. 아무것도 없이 텅 빔.
	2. 무가치하고 무의미하게 느껴져 매우 허전하고 쓸쓸함.
虛構	虛 빌 허　　　構 얽을 구
	사실에 없는 일을 사실처럼 꾸며 만듦.

477

處 곳 처
★★★

處分	處 곳 처　　　分 나눌 분
	1. 처리하여 치움.
	2. 일정한 대상을 어떻게 처리할 것인가에 대하여 지시하거나 결정함. 또는 그런
	지시나 결정
處地	處 곳 처　　　地 땅 지
	처하여 있는 사정이나 형편
對處	對 대할 대　　　處 곳 처
	어떤 정세나 사건에 대하여 알맞은 조치를 취함.

478 鹿 사슴 록 ★

鹿茸	鹿 사슴 녹(록)　茸 풀 날 용
	새로 돋은 사슴의 연한 뿔
逐鹿	逐 쫓을 축　鹿 사슴 록
	사슴을 뒤쫓는다는 뜻으로, 제위나 정권 따위를 얻으려고 다투는 일을 이르는 말
指鹿爲馬	指 가리킬 지　鹿 사슴 록　爲 할 위　馬 말 마
	1. 윗사람을 농락하여 권세를 마음대로 함을 이르는 말 ※ 중국 진(秦)나라의 조고(趙高)가 자신의 권세를 시험하여 보고자 황제 호해(胡亥)에게 사슴을 가리키며 말이라고 한 데서 유래한다. 2. 모순된 것을 끝까지 우겨서 남을 속이려는 짓을 비유적으로 이르는 말

479 麗 고울 려 ★★

秀麗	秀 빼어날 수　麗 고울 려
	빼어나게 아름다움.
華麗	華 빛날 화　麗 고울 려
	1. 환하게 빛나며 곱고 아름다움. 2. 어떤 일이나 생활 따위가 보통 사람들이 누리기 어려울 만큼 대단하거나 사치스러움.
高句麗	高 높을 고　句 글귀 구　麗 고울 려
	우리나라 삼국 시대의 삼국 가운데 동명왕 주몽이 기원전 37년에 세운 나라

480 慶 경사 경 ★★★

慶祝	慶 경사 경　祝 빌 축
	경사스러운 일을 축하함.
國慶日	國 나라 국　慶 경사 경　日 날 일
	나라의 경사를 기념하기 위하여, 국가에서 법률로 정한 경축일
辟邪進慶	辟 임금 벽　邪 간사할 사　進 나아갈 진　慶 경사 경
	나쁜 귀신을 쫓고 경사스러운 일로 나아감을 이르는 말

한자성어

001

風前燈火
풍전등화

| 바람 풍 | 앞 전 | 등잔 등 | 불 화 |

1. 바람 앞의 등불이라는 뜻으로, 사물이 매우 위태로운 처지에 놓여 있음을 비유적으로 이르는 말
2. 사물이 덧없음을 비유적으로 이르는 말

002

燈火可親
등화가친

| 등잔 등 | 불 화 | 옳을 가 | 친할 친 |

등불을 가까이할 만하다는 뜻으로, 서늘한 가을밤은 등불을 가까이 하여 글 읽기에 좋음을 이르는 말

003

炎凉世態
염량세태

| 불꽃 염 | 서늘할 량 | 세상 세 | 모양 태 |

세력이 있을 때는 아첨하여 따르고 세력이 없어지면 푸대접하는 세상인심을 비유적으로 이르는 말

004

一日三秋
일일삼추

| 하나 일 | 날 일 | 석 삼 | 가을 추 |

하루가 삼 년 같다는 뜻으로, 몹시 애태우며 기다림을 이르는 말

005

一葉知秋
일엽지추

| 하나 일 | 잎 엽 | 알 지 | 가을 추 |

하나의 나뭇잎을 보고 가을이 옴을 안다는 뜻으로, 조그마한 일을 가지고 장차 올 일을 미리 짐작함.

006

桂玉之愁
계옥지수

| 계수나무 계 | 구슬 옥 | 갈 지 | 시름 수 |

계수나무보다 비싼 장작과 옥보다 귀한 쌀로 생활하는 근심이라는 뜻으로, 다른 나라에 살면서 겪는 괴로움을 비유적으로 이르는 말

007 金石盟約
금석맹약

| 쇠 금 | 돌 석 | 맹세할 맹 | 맺을 약 |

쇠나 돌처럼 굳고 변함없는 약속

008 下石上臺
하석상대

| 아래 하 | 돌 석 | 위 상 | 대 대 |

아랫돌 빼서 윗돌 괴고 윗돌 빼서 아랫돌 괸다는 뜻으로, 임시변통으로 이리저리 둘러맞춤을 이르는 말

009 玉石混淆
옥석혼효

| 구슬 옥 | 돌 석 | 섞일 혼 | 뒤섞일 효 |

옥과 돌이 한데 섞여 있다는 뜻으로, 좋은 것과 나쁜 것이 한데 섞여 있음을 이르는 말

010 以卵擊石
이란격석

| 써 이 | 알 란 | 칠 격 | 돌 석 |

달걀로 돌을 친다는 뜻으로, 아주 약한 것으로 강한 것에 대항하려는 어리석음을 비유적으로 이르는 말. = 이란투석(以卵投石)

011 家無擔石
가무담석

| 집 가 | 없을 무 | 멜 담 | 돌 석 |

석(石)은 한 항아리, 담(擔)은 두 항아리의 뜻으로, 집에 재물의 여유가 조금도 없음을 이르는 말

012 浩然之氣
호연지기

| 넓을 호 | 그럴 연 | 갈 지 | 기운 기 |

1. 하늘과 땅 사이에 가득 찬 넓고 큰 원기
2. 거침없이 넓고 큰 기개

013 茫然自失
망연자실

| 아득할 망 | 그럴 연 | 스스로 자 | 잃을 실 |

멍하니 정신을 잃음.

014 啞然失色
아연실색

| 벙어리 아 | 그럴 연 | 잃을 실 | 빛 색 |

뜻밖의 일에 얼굴빛이 변할 정도로 놀람.

015

泰然自若
태연자약

| 클 태 | 그럴 연 | 스스로 자 | 같을 약 |

마음에 어떠한 충동을 받아도 움직임이 없이 천연스러움.

016

一目瞭然
일목요연

| 하나 일 | 눈 목 | 밝을 요(료) | 그럴 연 |

한 번 보고 대번에 알 수 있을 만큼 분명하고 뚜렷함.

017

一望無際
일망무제

| 하나 일 | 바랄 망 | 없을 무 | 사이 제 |

한눈에 바라볼 수 없을 정도로 아득하게 멀고 넓어서 끝이 없음.

018

一觸卽發
일촉즉발

| 하나 일 | 닿을 촉 | 곧 즉 | 필 발 |

한 번 건드리기만 해도 폭발할 것같이 몹시 위급한 상태

019

夜行被繡
야행피수

| 밤 야 | 다닐 행 | 입을 피 | 수놓을 수 |

수놓은 좋은 옷을 입고 밤길을 간다는 뜻으로, 공명이 세상에 알려지지 않아 아무 보람도 없음을 이르는 말

020

破竹之勢
파죽지세

| 깨뜨릴 파 | 대나무 죽 | 갈 지 | 기세 세 |

대를 쪼개는 기세라는 뜻으로, 적을 거침없이 물리치고 쳐들어가는 기세를 이르는 말

021

波瀾萬丈
파란만장

| 물결 파 | 물결 란 | 일만 만 | 어른 장 |

사람의 생활이나 일의 진행이 여러 가지 곡절과 시련이 많고 변화가 심함.

022

騎虎之勢
기호지세

| 말 탈 기 | 범 호 | 갈 지 | 기세 세 |

호랑이를 타고 달리는 형세라는 뜻으로, 이미 시작한 일을 중도에서 그만둘 수 없는 경우를 비유적으로 이르는 말

| 023 | 狐假虎威 호가호위 | 여우 호 | 거짓 가 | 범 호 | 위엄 위 |

남의 권세를 빌려 위세를 부림.
※ 《전국책》의 〈초책(楚策)〉에 나오는 말로 여우가 호랑이의 위세를 빌려 호기를 부린다는 데에서 유래한다.

| 024 | 三人成虎 삼인성호 | 석 삼 | 사람 인 | 이룰 성 | 범 호 |

세 사람이 짜면 거리에 범이 나왔다는 거짓말도 꾸밀 수 있다는 뜻으로, 근거 없는 말이
라도 여러 사람이 말하면 곧이듣게 됨을 이르는 말

| 025 | 暴虎馮河 포호빙하 | 사나울 포 | 범 호 | 탈 빙 | 물 하 |

맨손으로 범을 때려잡고 걸어서 황허강(黃河江)을 건넌다는 뜻으로, 용기는 있으나 무모
함을 이르는 말

| 026 | 前虎後狼 전호후랑 | 앞 전 | 범 호 | 뒤 후 | 이리 랑 |

앞문에서 호랑이를 막고 있으려니까 뒷문으로 이리가 들어온다는 뜻으로, 재앙이 끊일
사이 없이 닥침을 비유적으로 이르는 말

| 027 | 中原逐鹿 중원축록 | 가운데 중 | 들판 원 | 쫓을 축 | 사슴 록 |

1. 넓은 들판 한가운데서 사슴을 쫓는다는 뜻으로, 군웅(群雄)이 제왕의 지위를 얻으려
   고 다투는 일을 이르는 말. 중원을 천하에, 사슴을 제왕의 지위에 비유하였다.
2. 서로 경쟁하여 어떤 지위를 얻고자 하는 일을 이르는 말.

| 028 | 弄瓦之慶 농와지경 | 희롱할 농(롱) | 기와 와 | 갈 지 | 경사 경 |

딸을 낳은 즐거움.
※ 중국에서 딸을 낳으면 흙으로 만든 실패를 장난감으로 주었다는 데서 유래한다.

| 029 | 弄璋之慶 농장지경 | 희롱할 농(롱) | 구슬 장 | 갈 지 | 경사 경 |

아들을 낳은 즐거움.
※ 예전에, 중국에서 아들을 낳으면 규옥(圭玉)으로 된 구슬의 덕을 본받으라는 뜻으로 구슬을 장난감으로 주었다
  는 데서 유래한다.

| 030 | 苛政猛於虎 가정맹어호 | 가혹할 가 | 정사 정 | 사나울 맹 | 어조사 어 | 범 호 |

가혹한 정치는 호랑이보다 무섭다는 뜻으로, 혹독한 정치의 폐가 큼을 이르는 말

001 火傷

불 화 　　다칠 상

화상

높은 온도의 기체, 액체, 고체, 화염 따위에 데었을 때에 일어나는 피부의 손상
• 불이 나 火傷을 입다.

002 化象

될 화 　　코끼리 상

화상

세상에 있는 모든 것. 또는 온갖 사물의 형상
• 봄이 되니 온갖 化象에 생기가 돈다.

003 畫像

그림 화 　　모양 상

화상

1. 사람의 얼굴을 그림으로 그린 형상
   • 그이의 畫像은 마치 호랑이 같다.
2. '얼굴'을 속되게 이르는 말
3. 어떤 사람을 마땅치 아니하게 여기어 낮잡아 이르는 말

004 畫商

그림 화 　　장사 상

화상

그림을 파는 장사. 또는 그런 장수
• 김 씨는 고급 미술품만을 취급하는 畫商이다.

005 火葬

불 화 　　장사 지낼 장

화장

시체를 불에 살라 장사 지냄.
• 시신을 火葬하다.

006 化粧

될 화 　　단장할 장

화장

1. 화장품을 바르거나 문질러 얼굴을 곱게 꾸밈.
   • 化粧을 고치다.
2. 머리나 옷의 매무새를 매만져 맵시를 냄.

007 消火

꺼질 소 　　불 화

소화

불을 끔.
• 신속한 대응으로 불이 금세 消火되었다.

008 消化

꺼질 소 　　될 화

소화

섭취한 음식물을 분해하여 영양분을 흡수하기 쉬운 형태로 변화시키는 일. 또는 그런 작용
• 과식을 했더니 消化가 잘 안된다.

009 炎症

불꽃 염 　　증세 증

염증

생체 조직이 손상을 입었을 때에 체내에서 일어나는 방어적 반응
• 관절에 炎症이 생겨 쑤신다.

010 厭症

싫어할 염 　　증세 증

염증

싫은 생각이나 느낌. 또는 그런 반응
• 무미건조한 생활에 厭症이 생기다.

011

弄談
농담

희롱할 농(롱)　말씀 담

실없이 놀리거나 장난으로 하는 말
• 그의 弄談에 좌중에서는 웃음이 터졌다.

012

濃淡
농담

짙을 농　　맑을 담

색깔이나 명암 따위의 짙음과 옅음. 또는 그런 정도
• 하늘빛의 濃淡은 국도의 오른쪽과 왼쪽이 뚜렷이 달랐다.

013

鄕愁
향수

고향 향　　시름 수

고향을 그리워하는 마음이나 시름
• 먼 이국땅에 외로운 객이 되어 鄕愁에 젖는다.

014

享壽
향수

누릴 향　　목숨 수

오래 사는 복을 누림.
• 할머니께서는 구십 享壽를 누리신 뒤 세상을 떠나셨다.

015

享受
향수

누릴 향　　받을 수

1. 어떤 혜택을 받아 누림.
   • 복지 혜택을 享受하다.
2. 예술적인 아름다움이나 감동 따위를 음미하고 즐김.

016

香水
향수

향기 향　　물 수

액체 화장품의 하나. 향료를 알코올 따위에 풀어 만든다.
• 香水 냄새가 진하게 풍기다.

017

發展
발전

필 발　　펼 전

1. 더 낫고 좋은 상태나 더 높은 단계로 나아감.
   • 과학의 發展에 기여하다.
2. 일이 어떤 방향으로 전개됨.

018

發電
발전

필 발　　번개 전

전기를 일으킴.
• 수력 發電에는 수량이 풍부하고 낙차가 큰 하천이 유리한 법이다.

019

慶事
경사

경사 경　　일 사

축하할 만한 기쁜 일
• 작년에 손자 심득이를 보더니 올해 또 아들을 얻었으니 慶事가 겹쳤다.

020

傾斜
경사

기울 경　　비낄 사

비스듬히 기울어짐. 또는 그런 상태나 정도
• 그 산은 傾斜가 급해서 오르기가 힘들다

💬 다음 한자의 뜻과 음을 쓰시오.

01 登 : (   )   02 慶 : (   )

03 發 : (   )   04 處 : (   )

05 廢 : (   )   06 虛 : (   )

07 察 : (   )   08 麗 : (   )

💬 다음 한자성어의 독음을 쓰고, 적절한 뜻을 바르게 연결하시오.

09 夜行被繡
    (   ) ·   · ⓐ 마음에 어떠한 충동을 받아도 움직임이 없이 천연스러움.

10 泰然自若
    (   ) ·   · ⓑ 뜻밖의 일에 얼굴빛이 변할 정도로 놀람.

11 啞然失色
    (   ) ·   · ⓒ 수놓은 좋은 옷을 입고 밤길을 간다는 뜻으로, 공명이 세상에 알려지지 않아 아무 보람도 없음을 이르는 말

12 炎涼世態
    (   ) ·   · ⓓ 대를 쪼개는 기세라는 뜻으로, 적을 거침없이 물리치고 쳐들어가는 기세를 이르는 말

13 暴虎馮河
    (   ) ·   · ⓔ 세력이 있을 때는 아첨하여 따르고 세력이 없어지면 푸대접하는 세상인심을 비유적으로 이르는 말

14 騎虎之勢
    (   ) ·   · ⓕ 가혹한 정치는 호랑이보다 무섭다는 뜻으로, 혹독한 정치의 폐가 큼을 이르는 말

15 破竹之勢
    (   ) ·   · ⓖ 호랑이를 타고 달리는 형세라는 뜻으로, 이미 시작한 일을 중도에서 그만둘 수 없는 경우를 비유적으로 이르는 말

16 苛政猛於虎
    (   ) ·   · ⓗ 맨손으로 범을 때려잡고 걸어서 황허강(黃河江)을 건넌다는 뜻으로, 용기는 있으나 무모함을 이르는 말

💬 〈보기〉의 설명을 참고하여 빈칸에 들어갈 한자를 쓰시오.

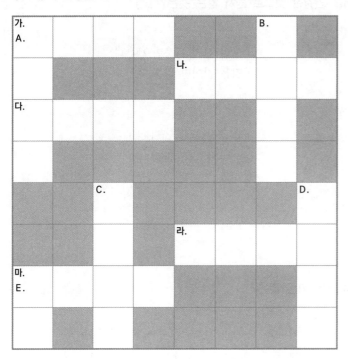

➕ 정답

01. 오를 **등**
02. 경사 **경**
03. 필 **발**
04. 곳 **처**
05. 폐할 **폐**
06. 빌 **허**
07. 살필 **찰**
08. 고울 **려**

09. 야행피수 – ⓒ
10. 태연자약 – ⓐ
11. 아연실색 – ⓑ
12. 염량세태 – ⓔ
13. 포호빙하 – ⓗ
14. 기호지세 – ⓖ
15. 파죽지세 – ⓓ
16. 가정맹어호 – ⓕ

실전 연습문제

01 〈보기〉의 속담과 유사한 의미의 사자성어를 연결한 것으로 옳지 않은 것은?　2021 국회직 8급

보기

㉠ 도랑 치고 가재 잡고.　　　　　　　　㉡ 달면 삼키고 쓰면 뱉는다.

㉢ 낫 놓고 기역자도 모른다.　　　　　　㉣ 같은 값이면 다홍치마.

㉤ 원님 덕에 나팔 분다.

① ㉠: 일거양득(一擧兩得)　　　　　② ㉡: 고진감래(苦盡甘來)

③ ㉢: 목불식정(目不識丁)　　　　　④ ㉣: 동가홍상(同價紅裳)

⑤ ㉤: 호가호위(狐假虎威)

02 한자어의 독음으로 옳은 것을 〈보기〉에서 모두 고른 것은?　2018 서울시 9급(3월)

ㄱ. 決濟(결재)　　　　ㄴ. 火葬(화상)　　　　ㄷ. 模寫(묘사)

ㄹ. 裁量(재량)　　　　ㅁ. 冒頭(모두)　　　　ㅂ. 委託(위탁)

① ㄱ, ㄴ, ㅂ　　　　　　　　② ㄱ, ㄷ, ㄹ

③ ㄴ, ㄷ, ㅁ　　　　　　　　④ ㄹ, ㅁ, ㅂ

03 문맥을 고려할 때 괄호 안의 한자가 옳은 것은?　2017 사회복지직 9급

① 그는 변명(辨明)을 늘어놓기에 급급했다.

② 사람의 마음가짐은 대상 인식(人識)에 영향을 끼친다.

③ 제4차 산업혁명에 능동적으로 대처(大處)해야 한다.

④ 올림픽은 국위를 선양(禪襄)하기 위한 겨루기의 장이다.

04 ( ) 안에 들어갈 말로 적절한 것은?

> 추사 김정희의 〈세한도〉에는 ( )의 모질고 차가움이 있다. 쓸쓸한 화면엔 여백이 많아 겨울바람이 휩쓸고 지나간 듯한데, 보이는 것이라고는 허름한 집 한 채와 나무 네 그루 뿐이다. 옛적 추사 문전에 버글거렸을 뭇사람들의 모습은커녕 인적마저 찾을 수 없다. 그림의 제목은 기품이 있으면서도 정성스러운 예서로 화면 위쪽에 바짝 붙여 써 놓았다. 그래서 화면의 여백은 더욱 휑해 보인다. 이러한 텅빈 느낌은 바로 절해고도 원악지에서 늙은 몸으로 홀로 버려진 김정희가 나날이 맞닥뜨려야만 했던 쓸쓸한 감정 그것이었을 것이다. 까슬까슬한 마른 붓으로 쓸 듯이 그려 낸 마당의 흙 모양새는 채 녹지 않은 흰 눈인 양 서글프기까지 하다.

① 시시비비(是是非非) ② 염량세태(炎凉世態)

③ 사면초가(四面楚歌) ④ 조삼모사(朝三暮四)

---

01 ⓒ '달면 삼키고 쓰면 뱉는다.'는 '옳고 그름이나 신의를 돌보지 않고 자기의 이익만 꾀함을 비유적으로 이르는 말'이다. 그런데 '苦盡甘來(고진감래: 쓸 고, 다할 진, 달 감, 올 래)'는 '쓴 것이 다하면 단 것이 온다는 뜻으로, 고생 끝에 즐거움이 옴을 이르는 말'이므로, 유사한 의미로 옳지 않다. ⓒ과 유사한 의미의 한자 성어로는 '달면 삼키고 쓰면 뱉는다는 뜻으로, 자신의 비위에 따라서 사리의 옳고 그름을 판단함을 이르는 말'인 '甘呑苦吐(감탄고토: 달 감, 삼킬 탄, 쓸 고, 토할 토)'가 있다.

> 오답정리 ① • 도랑 치고 가재 잡고: 일의 순서가 바뀌었기 때문에 애쓴 보람이 나타나지 않음을 비유적으로 이르는 말 / 한 가지 일로 두 가지 이익을 봄을 비유적으로 이르는 말.
> • 一擧兩得(일거양득: 하나 일, 들 거, 두 양(량), 얻을 득): 한 가지 일을 하여 두 가지 이익을 얻음.
> ③ • 낫 놓고 기역자도 모른다: 기역 자 모양으로 생긴 낫을 보면서도 기역 자를 모른다는 뜻으로, 아주 무식함을 비유적으로 이르는 말
> • 目不識丁(목불식정: 눈 목, 아닐 불, 알 식, 고무래 정): 아주 간단한 글자인 'ㅜ(丁)' 자를 보고도 그것이 '고무래'인 줄을 알지 못한다는 뜻으로, 아주 까막눈임을 이르는 말
> ④ • 같은 값이면 다홍치마: 값이 같거나 같은 노력을 한다면 품질이 좋은 것을 택한다는 말
> • 同價紅裳(동가홍상: 같을 동, 값 가, 붉을 홍, 치마 상): 같은 값이면 다홍치마라는 뜻으로, 같은 값이면 좋은 물건을 가짐을 이르는 말
> ⑤ • 원님 덕에 나팔 분다: 남의 덕으로 당치도 아니한 행세를 하게 되거나 그런 대접을 받고 우쭐대는 모양을 비유적으로 이르는 말
> • 狐假虎威(호가호위: 여우 호, 거짓 가, 범 호, 위엄 위): 남의 권세를 빌려 위세를 부림.

02 ㄹ의 '裁量(재량 : 마름질할 재, 헤아릴 량)', ㅁ의 '冒頭(모두: 무릅쓸 모, 머리 두)', ㅂ의 '委託(위탁: 맡길 위, 부탁할 탁)'의 독음은 바르다.

> 오답정리 ㄱ. 決濟(결재 → 결제): '決濟(결제: 결정할 결, 건널 제)'의 독음은 '결제'이다.
> ㄴ. 火葬(화상 → 화장): '火葬(화장: 불 화, 장사 지낼 장)'의 독음은 '화장'이다.
> ㄷ. 模寫(묘사 → 모사): '模寫(모사: 본뜰 모, 베낄 사)'의 독음은 '모사'이다.

03 ① '어떤 잘못이나 실수에 대하여 구실을 대며 그 까닭을 말함.'이란 의미이므로 '辨明(변명: 분별할 변, 밝을 명)'의 한자 표기는 옳다.

> 오답정리 ② 문맥상 '판단, 생각'이란 의미이므로, '認識(인식: 알 인, 알 식)'으로 표기해야 한다.
> ※ '人識(인식: 사람 인, 알 식)'은 없는 단어이다.
> ③ 문맥상 '조치'란 의미이므로, '對處(대처: 대할 대, 곳 처)'로 표기해야 한다.
> ※ 大處(대처: 큰 대, 곳 처): 도회지. 사람이 많이 살고 상공업이 발달한 번잡한 지역
> ④ 문맥상 '명성을 떨치게 하다'란 의미이므로, '宣揚(선양: 베풀 선, 날릴 양)'으로 표기해야 한다.
> ※ 禪讓(선양: 선 선, 사양할 양): 임금의 자리를 물려줌.

04 '모질고 차가움', '옛적 추사 문전에 버글거렸을 뭇사람들의 모습은커녕 인적마저 찾을 수 없다.'란 부분을 볼 때 '세력이 있을 때는 아첨하여 따르고 세력이 없어지면 푸대접하는 세상 인심을 비유적으로 이르는 말'인 '염량세태(炎凉世態: 불꽃 염, 서늘할 량, 세상 세, 모양 태)'가 가장 어울린다.

> 오답정리 ① 是是非非(시시비비: 옳을 시, 옳을 시, 아닐 비, 아닐 비): 여러 가지의 잘잘못. 옳고 그름을 따짐.
> ③ 四面楚歌(사면초가: 넉 사, 낯 면, 초나라 초, 노래 가): 아무에게도 도움을 받지 못하는, 외롭고 곤란한 지경에 빠진 형편을 이르는 말
> ④ 朝三暮四(조삼모사: 아침 조, 석 삼, 저물 모, 넉 사): 간사한 꾀로 남을 속여 희롱함을 이르는 말

⊕정답 01 ② 02 ④ 03 ① 04 ②

05 밑줄 친 단어의 한자 표기로 옳은 것은?

> • 그는 지금까지 자기가 해 온 일에 대해 ㉠ 염증과 회의를 느끼고 있다.
> • 지방 도시에서도 문화적 ㉡ 향수의 기회가 확대되어야 한다.

	㉠	㉡			㉠	㉡
①	炎症	享受		②	厭症	鄕愁
③	炎症	鄕愁		④	厭症	享受

05 ㉠ 문맥상 '싫은 생각이나 느낌'의 의미이므로, '厭症(염증: 싫어할 염, 증세 증)'을 쓰는 것이 적절하다.
㉡ 문맥상 '어떤 혜택을 받아 누림.'의 의미이므로, '享受(향수: 누릴 향, 받을 수)'를 쓰는 것이 적절하다.

오답정리 〉

㉠ 炎症(염증: 불꽃 염, 증세 증): 생체 조직이 손상을 입었을 때에 체내에서 일어나는 방어적 반응
㉡ 鄕愁(향수: 고향 향, 시름 수): 고향을 그리워하는 마음이나 시름.

⊕ 정답 05 ④

17강
20시간 초단기 완성
한자 1600선

1회독 ___월 ___일
2회독 ___월 ___일
3회독 ___월 ___일

1 한자

481 亡 망할 망	482 忘 잊을 망	483 妄 망령될 망	484 盲 눈멀 맹	485 忙 바쁠 망	486 望 바랄 망
487 方 모 방	488 防 막을 방	489 放 놓을 방	490 傍 곁 방	491 交 사귈 교	492 校 학교 교
493 較 견줄 교	494 效 본받을 효	495 言 말씀 언	496 信 믿을 신	497 作 지을 작	498 詐 속일 사
499 化 될 화	500 花 꽃 화	501 貨 재물 화	502 貸 빌릴 대	503 賃 품삯 임	504 北 북녘 북 달아날 배
505 背 등 배	506 比 견줄 비	507 批 비평할 비	508 皆 모두 개	509 階 섬돌 계	510 傾 기울 경

2 한자성어

001 戀戀不忘	002 發憤忘食	003 群盲撫象	004 得隴望蜀	005 衆口難防
006 凍足放尿	007 袖手傍觀	008 眼下無人	009 管鮑之交	010 刎頸之交
011 金蘭之交	012 芝蘭之交	013 膠漆之交	014 斷金之交	015 桑麻之交
016 巧言令色	017 有口無言	018 言語道斷	019 磨斧作針	020 橘化爲枳
021 花朝月夕	022 錦上添花	023 泰山北斗	024 背水之陣	025 比比有之
026 萬頃蒼波	027 傾蓋如舊	028 權不十年	029 花無十日紅	030 死後藥方文

3 한자어

001 方位	002 防圍	003 防衛	004 防火	005 放火
006 校訂	007 校正	008 校庭	009 矯正	010 造作
011 操作	012 詐欺	013 士氣	014 沙器	015 事記
016 史記	017 造花	018 造化	019 弔花	020 調和

○ 알고있음 △ 애매함 X 모름

481

亡
망할 망
★

死亡	死 죽을 사　　　　亡 망할 망
	사람이 죽음.
逃亡	逃 달아날 도　　　亡 망할 망
	피하거나 쫓기어 달아남.
滅亡	滅 멸할 멸　　　　亡 망할 망
	망하여 없어짐.

482

忘
잊을 망
★★

忘却	忘 잊을 망　　　　却 물리칠 각
	어떤 사실을 잊어버림.
忘年會	忘 잊을 망　　　年 해 년　　　會 모일 회
	연말에 한 해를 보내며 그해의 온갖 괴로움을 잊자는 뜻으로 베푸는 모임
備忘錄	備 갖출 비　　　忘 잊을 망　　　錄 기록할 록
	잊지 않으려고 중요한 골자를 적어 둔 것. 또는 그런 책자

483

妄
망령될 망
★★

妄想	妄 망령될 망　　　想 생각 상
	이치에 맞지 아니한 망령된 생각을 함. 또는 그 생각
妄言	妄 망령될 망　　　言 말씀 언
	이치나 사리에 맞지 아니하고 망령되게 말함. 또는 그 말
輕擧妄動	輕 가벼울 경　　擧 들 거　　妄 망령될 망　　動 움직일 동
	경솔하여 생각 없이 망령되게 행동함. 또는 그런 행동

484

盲
눈멀 맹
★★

盲點	盲 눈멀 맹　　　點 점 점
	미처 생각이 미치지 못한, 모순되는 점이나 틈
盲信	盲 눈멀 맹　　　信 믿을 신
	고 그름을 가리지 않고 덮어놓고 믿는 일
文盲	文 글월 문　　　盲 눈멀 맹
	배우지 못하여 글을 읽거나 쓸 줄을 모름. 또는 그런 사람

485 忙 바쁠 망 ★	怱忙	怱 바쁠 총　　忙 바쁠 망
		매우 급하고 바쁨.
	忙中閑	忙 바쁠 망　　中 가운데 중　　閑 한가할 한
		바쁜 가운데 잠깐 얻어 낸 틈
	公私多忙	公 공평할 공　　私 사사로울 사　　多 많을 다　　忙 바쁠 망
		공적·사적인 일 따위로 매우 바쁨.

486 望 바랄 망 ★★	所望	所 바 소　　望 바랄 망
		어떤 일을 바람. 또는 그 바라는 것
	希望	希 바랄 희　　望 바랄 망
		1. 어떤 일을 이루거나 하기를 바람
		2. 앞으로 잘될 수 있는 가능성
	怨望	怨 원망할 원　　望 바랄 망
		못마땅하게 여기어 탓하거나 불평을 품고 미워함.

487 方 모 방 ★★	方向	方 모 방　　向 향할 향
		1. 어떤 방위(方位)를 향한 쪽
		2. 어떤 뜻이나 현상이 일정한 목표를 향하여 나아가는 쪽
	方式	方 모 방　　式 법 식
		일정한 방법이나 형식
	地方	地 땅 지　　方 모 방
		1. 어느 방면의 땅　2. 서울 이외의 지역

488 防 막을 방 ★★	豫防	豫 미리 예　　防 막을 방
		질병이나 재해 따위가 일어나기 전에 미리 대처하여 막는 일
	消防	消 꺼질 소　　防 막을 방
		화재를 진압하거나 예방함.
	防禦	防 막을 방　　禦 막을 어
		상대편의 공격을 막음.

489 放 놓을 방
★★

放送	放 놓을 방	送 보낼 송
	라디오나 텔레비전 따위를 통하여 널리 듣고 볼 수 있도록 음성이나 영상을 전파로 내보내는 일	
解放	解 풀 해	放 놓을 방
	구속이나 억압, 부담 따위에서 벗어나게 함.	
釋放	釋 풀 석	放 놓을 방
	법에 의하여 구속하였던 사람을 풀어 자유롭게 하는 일	

490 傍 곁 방
★★★

傍觀	傍 곁 방	觀 볼 관		
	어떤 일에 직접 나서서 관여하지 않고 곁에서 보기만 함.			
傍證	傍 곁 방	證 증거 증		
	사실을 직접 증명할 수 있는 증거가 되지는 않지만, 주변의 상황을 밝힘으로써 간접적으로 증명에 도움을 줌. 또는 그 증거			
傍若無人	傍 곁 방	若 같을 약	無 없을 무	人 사람 인
	곁에 사람이 없는 것처럼 아무 거리낌 없이 함부로 말하고 행동하는 태도가 있음.			

491 交 사귈 교
★★

交通	交 사귈 교	通 통할 통
	1. 자동차·기차·배·비행기 따위를 이용하여 사람이 오고 가거나, 짐을 실어 나르는 일 2. 서로 오고 감. 또는 소식이나 정보를 주고받음.	
交叉	交 사귈 교	叉 갈래 차
	서로 엇갈리거나 마주침.	
交替	交 사귈 교	替(遞) 바꿀 체
	사람이나 사물을 다른 사람이나 사물로 대신함.	

492 校 학교 교
★★★

學校	學 배울 학	校 학교 교
	일정한 목적·교과 과정·설비·제도 및 법규에 의하여 계속적으로 학생에게 교육을 실시하는 기관	
登校	登 오를 등	校 학교 교
	학생이 학교에 감.	
校訂	校 학교 교	訂 바로잡을 정
	남의 문장 또는 출판물의 잘못된 글자나 글귀 따위를 바르게 고침.	

493 較 견줄 교 ★ □□□

比較	比 견줄 비　　較 견줄 교
	둘 이상의 사물을 견주어 서로 간의 유사점, 차이점, 일반 법칙 따위를 고찰하는 일
日較差	日 날 일　　較 견줄 교　　差 다를 차
	기온, 습도, 기압 따위가 하루 동안에 변화하는 차이

494 效 본받을 효 ★ □□□

效果	效 본받을 효　　果 열매 과
	어떤 목적을 지닌 행위에 의하여 드러나는 보람이나 좋은 결과
效率	效 본받을 효　　率 비율 율(률)
	들인 노력과 얻은 결과의 비율
無效	無 없을 무　　效 본받을 효
	보람이나 효과가 없음.

495 言 말씀 언 ★ □□□

言語	言 말씀 언　　語 말씀 어
	생각, 느낌 따위를 나타내거나 전달하는 데에 쓰는 음성, 문자 따위의 수단. 또는 그 음성이나 문자 따위의 사회 관습적인 체계
言及	言 말씀 언　　及 미칠 급
	어떤 문제에 대하여 말함.
宣言	宣 베풀 선　　言 말씀 언
	1. 널리 펴서 말함. 또는 그런 내용
	2. 국가나 집단이 자기의 방침, 의견, 주장 따위를 외부에 정식으로 표명함.
	3. 어떤 회의의 진행에 한계를 두기 위하여 말함. 또는 그런 말

496 信 믿을 신 ★ □□□

信用	信 믿을 신　　用 쓸 용
	사람이나 사물이 틀림없다고 믿어 의심하지 아니함. 또는 그런 믿음성의 정도
信賴	信 믿을 신　　賴 의뢰할 뢰
	굳게 믿고 의지함.
通信	通 통할 통　　信 믿을 신
	1. 소식을 전함.
	2. 우편이나 전신, 전화 따위로 정보나 의사를 전달함.

497 作 지을 작 ★★		
始作	**始** 처음 시　　　**作** 지을 작	
	어떤 일이나 행동의 처음 단계를 이루거나 그렇게 하게 함. 또는 그 단계	
作成	**作** 지을 작　　　**成** 이룰 성	
	1. 서류, 원고 따위를 만듦. 2. 운동 경기 따위에서, 기록에 남길 만한 일을 이루어 냄.	
作用	**作** 지을 작　　　**用** 쓸 용	
	어떠한 현상을 일으키거나 영향을 미침.	

498 詐 속일 사 ★★		
詐欺	**詐** 속일 사　　　**欺** 속일 기	
	나쁜 꾀로 남을 속임.	
詐取	**詐** 속일 사　　　**取** 취할 취	
	남의 것을 거짓으로 속여서 빼앗음.	
詐稱	**詐** 속일 사　　　**稱** 일컬을 칭	
	이름, 직업, 나이, 주소 따위를 거짓으로 속여 이름.	

499 化 될 화 ★		
文化	**文** 글월 문　　　**化** 될 화	
	자연 상태에서 벗어나 일정한 목적 또는 생활 이상을 실현하고자 사회 구성원에 의하여 습득, 공유, 전달되는 행동 양식이나 생활 양식의 과정 및 그 과정에서 이룩하여 낸 물질적·정신적 소득을 통틀어 이르는 말	
進化	**進** 나아갈 진　　　**化** 될 화	
	1. 일이나 사물 따위가 점점 발달하여 감. 2. 생물이 생명의 기원 이후부터 점진적으로 변해 가는 현상	
變化	**變** 변할 변　　　**化** 될 화	
	사물의 성질, 모양, 상태 따위가 바뀌어 달라짐.	

500 花 꽃 화 ★		
花草	**花** 꽃 화　　　**草** 풀 초	
	꽃이 피는 풀과 나무 또는 꽃이 없더라도 관상용이 되는 모든 식물을 통틀어 이르는 말	
花卉	**花** 꽃 화　　　**卉** 풀 훼	
	≒ 꽃나무, 화초	
造花	**造** 지을 조　　　**花** 꽃 화	
	종이, 천, 비닐 따위를 재료로 하여 인공적으로 만든 꽃	

501 貨 재물 화 ★★	貨幣	貨 재물 화 　　　幣 비단 폐
		상품 교환 가치의 척도가 되며 그것의 교환을 매개하는 일반화된 수단, 돈
	通貨	通 통할 통 　　　貨 재물 화
		유통 수단이나 지불 수단으로서 기능하는 화폐
	鑄貨	鑄 쇠 부을 주 　　　貨 재물 화
		쇠붙이를 녹여 화폐를 만듦. 또는 그 화폐

502 貸 빌릴 대 ★★	貸出	貸 빌릴 대 　　　出 날 출
		돈이나 물건 따위를 빌려주거나 빌림.
	貸與	貸 빌릴 대 　　　與 더불 여
		물건이나 돈을 나중에 도로 돌려받기로 하고 얼마 동안 내어 줌.
	貸借	貸 빌릴 대 　　　借 빌릴 차
		꾸어 주거나 꾸어 옴.

503 賃 품삯 임 ★★	賃貸	賃 품삯 임 　　　貸 빌릴 대
		돈을 받고 자기의 물건을 남에게 빌려줌.
	賃金	賃 품삯 임 　　　金 쇠 금
		근로자가 노동의 대가로 사용자에게 받는 보수
	運賃	運 돌 운 　　　賃 품삯 임
		운반이나 운수 따위의 보수로 받거나 주는 돈

504 北 북녘 북 달아날 배 ★	北極星	北 북녘 북 　　極 지극할 극 　　星 별 성
		작은곰자리에서 가장 밝은 별. 천구(天球)의 북극 가까이에 있고 위치가 거의 변하지 않아, 방위나 위도의 지침이 된다.
	北斗七星	北 북녘 북 　　斗 말 두 　　七 일곱 칠 　　星 별 성
		큰곰자리에서 국자 모양을 이루며 가장 뚜렷하게 보이는 일곱 개의 별
	敗北	敗 패할 패 　　　北 달아날 배
		1. 겨루어서 짐. 2. 싸움에 져서 달아남.

505

背景	背 등 배 景 경치 경	
	1. 뒤쪽의 경치 2. 사건이나 환경, 인물 따위를 둘러싼 주위의 정경	
背信	背 등 배 信 믿을 신	
	믿음이나 의리를 저버림.	
背水陣	背 등 배 水 물 수 陣 진 칠 진	
	1. 강이나 바다를 등지고 치는 진. ※ 중국 한(漢)나라의 한신이 강을 등지고 진을 쳐서 병사들이 물러서지 못하고 힘을 다하여 싸우도록 하여 조(趙)나라의 군사를 물리쳤다는 데서 유래한다. 2. 어떤 일을 성취하기 위하여 더 이상 물러설 수 없음을 비유적으로 이르는 말	

506

比率	比 견줄 비 率 비율 율(률)
	다른 수나 양에 대한 어떤 수나 양의 비(比)
比喩	比(譬) 견줄 비 喩 깨우칠 유
	어떤 현상이나 사물을 직접 설명하지 아니하고 다른 비슷한 현상이나 사물에 빗대 어서 설명하는 일
比肩	比 견줄 비 肩 어깨 견
	서로 비슷한 위치에서 견줌. 또는 견주어짐.

507

批評	批 비평할 비 評 평할 평
	1. 사물의 옳고 그름, 아름다움과 추함 따위를 분석하여 가치를 논함. 2. 남의 잘못을 드러내어 이러쿵저러쿵 좋지 아니하게 말하여 퍼뜨림.
批判	批 비평할 비 判 판단할 판
	현상이나 사물의 옳고 그름을 판단하여 밝히거나 잘못된 점을 지적함.
批准	批 비평할 비 准 준할 준
	조약을 헌법상의 조약 체결권자가 최종적으로 확인·동의하는 절차

508

皆勤	皆 모두 개 勤 부지런할 근
	학교나 직장 따위에 일정한 기간 동안 하루도 빠짐없이 출석하거나 출근함.
擧皆	擧 들 거 皆 모두 개
	거의 대부분
皆旣日蝕	皆 모두 개 旣 이미 기 日 날 일 蝕 좀먹을 식
	태양이 달에 완전히 가려 보이지 않는 현상

509

階
섬돌 계

★★

階段	階 섬돌 계　　　段 층계 단	
	1. 사람이 오르내리기 위하여 건물이나 비탈에 만든 층층대	
	2. 어떤 일을 이루는 데에 밟아 거쳐야 할 차례나 순서	
階級	階 섬돌 계　　　級 등급 급	
	사회나 일정한 조직 내에서의 지위, 관직 따위의 단계	
階梯	階 섬돌 계　　　梯 사다리 제	
	1. 사다리라는 뜻으로, 일이 되어 가는 순서나 절차를 비유적으로 이르는 말	
	2. 어떤 일을 할 수 있게 된 형편이나 기회	

510

傾
기울 경

★★★

傾向	傾 기울 경　　　向 향할 향	
	현상이나 사상, 행동 따위가 어떤 방향으로 기울어짐.	
傾斜	傾 기울 경　　　斜 비낄 사	
	비스듬히 기울어짐. 또는 그런 상태나 정도	
傾聽	傾 기울 경　　　聽 들을 청	
	귀를 기울여 들음.	

---

001 □□□

戀戀不忘
연연불망

| 사모할 연(련) | 사모할 연(련) | 아닐 불 | 잊을 망 |

그리워서 잊지 못함.

---

002 □□□

發憤忘食
발분망식

| 필 발 | 성낼 분 | 잊을 망 | 먹을 식 |

끼니까지도 잊을 정도로 어떤 일에 열중하여 노력함.

---

003 □□□

群盲撫象
군맹무상

| 무리 군 | 눈멀 맹 | 어루만질 무 | 코끼리 상 |

맹인(盲人) 여럿이 코끼리를 만진다는 뜻으로, 사물을 좁은 소견과 주관으로 잘못 판단함을 이르는 말

---

004 □□□

得隴望蜀
득롱망촉

| 얻을 득 | 고개 이름 롱 | 바랄 망 | 촉나라 촉 |

농(隴)을 얻고서 촉(蜀)까지 취하고자 한다는 뜻으로, 만족할 줄을 모르고 계속 욕심을 부리는 경우를 비유적으로 이르는 말

※ 후한(後漢)의 광무제가 농(隴) 지방을 평정한 후에 다시 촉(蜀) 지방까지 원하였다는 데에서 유래한다.

---

005 □□□

衆口難防
중구난방

| 무리 중 | 입 구 | 어려울 난 | 막을 방 |

뭇사람의 말을 막기가 어렵다는 뜻으로, 막기 어려울 정도로 여럿이 마구 지껄임을 이르는 말

---

006 □□□

凍足放尿
동족방뇨

| 얼 동 | 발 족 | 놓을 방 | 오줌 뇨 |

언 발에 오줌 누기라는 뜻으로, 잠시 동안만 효력이 있을 뿐 효력이 바로 사라짐을 비유적으로 이르는 말

007
☐☐☐

袖手傍觀
수수방관

| 소매 수 | 손 수 | 곁 방 | 볼 관 |

팔짱을 끼고 보고만 있다는 뜻으로, 간섭하거나 거들지 아니하고 그대로 버려둠을 이르는 말

008
☐☐☐

眼下無人
안하무인

| 눈 안 | 아래 하 | 없을 무 | 사람 인 |

눈 아래에 사람이 없다는 뜻으로, 방자하고 교만하여 다른 사람을 업신여김을 이르는 말

009
☐☐☐

管鮑之交
관포지교

| 대롱 관 | 절인 물고기 포 | 갈 지 | 사귈 교 |

관중과 포숙의 사귐이란 뜻으로, 우정이 아주 돈독한 친구 관계를 이르는 말

010
☐☐☐

刎頸之交
문경지교

| 목 벨 문 | 목 경 | 갈 지 | 사귈 교 |

서로를 위해서라면 목이 잘린다 해도 후회하지 않을 정도의 사이라는 뜻으로, 생사를 같이할 수 있는 아주 가까운 사이, 또는 그런 친구를 이르는 말

※ 중국 전국 시대의 인상여(藺相如)와 염파(廉頗)의 고사에서 유래하였다.

011
☐☐☐

金蘭之交
금란지교

| 쇠 금 | 난초 란 | 갈 지 | 사귈 교 |

친구 사이의 매우 두터운 정을 이르는 말. = 금란지계(金蘭之契)

012
☐☐☐

芝蘭之交
지란지교

| 지초 지 | 난초 란 | 갈 지 | 사귈 교 |

지초(芝草)와 난초(蘭草)의 교제라는 뜻으로, 벗 사이의 맑고도 고귀한 사귐을 이르는 말

013
☐☐☐

膠漆之交
교칠지교

| 아교 교 | 옻 칠 | 갈 지 | 사귈 교 |

아주 친밀하여 서로 떨어질 수 없는 교분을 이르는 말

※ 중국 당나라의 시인인 백거이(白居易)가 친구 원미지(元微之)에게 보낸 편지에서 유래한다.

014
☐☐☐

斷金之交
단금지교

| 끊을 단 | 쇠 금 | 갈 지 | 사귈 교 |

쇠라도 자를 만큼 강한 교분이라는 뜻으로, 매우 두터운 우정을 이르는 말

015 □□□

桑麻之交
상마지교

뽕나무 상	삼 마	갈 지	사귈 교

뽕나무와 삼나무를 벗 삼아 지낸다는 뜻으로, 전원에 은거하여 시골 사람들과 사귀며 지냄을 비유적으로 이르는 말

016 □□□

巧言令色
교언영색

공교할 교	말씀 언	하여금 영(령)	빛 색

아첨하는 말과 알랑거리는 태도

017 □□□

有口無言
유구무언

있을 유	입 구	없을 무	말씀 언

입은 있어도 말은 없다는 뜻으로, 변명할 말이 없거나 변명을 못함을 이르는 말

018 □□□

言語道斷
언어도단

말씀 언	말씀 어	길 도	끊을 단

말할 길이 끊어졌다는 뜻으로, 어이가 없어서 말하려 해도 말할 수 없음을 이르는 말

019 □□□

磨斧作針
마부작침

갈 마	도끼 부	지을 작	바늘 침

도끼를 갈아서 바늘을 만든다는 뜻으로, 아무리 어려운 일이라도 끊임없이 노력하면 반드시 이룰 수 있음을 이르는 말 ≒ 마부위침(磨斧爲針)

020 □□□

橘化爲枳
귤화위지

귤나무 귤	될 화	할 위	탱자나무 지

회남의 귤을 회북에 옮겨 심으면 탱자가 된다는 뜻으로, 환경에 따라 사람이나 사물의 성질이 변함을 이르는 말

021 □□□

花朝月夕
화조월석

꽃 화	아침 조	달 월	저녁 석

꽃 피는 아침과 달 밝은 밤이라는 뜻으로, 경치가 좋은 시절을 이르는 말

022 □□□

錦上添花
금상첨화

비단 금	위 상	더할 첨	꽃 화

비단 위에 꽃을 더한다는 뜻으로, 좋은 일 위에 또 좋은 일이 더하여짐을 비유적으로 이르는 말

023

泰山北斗
태산북두

| 클 태 | 산 산 | 북녘 북 | 말 두 |

1. 태산(泰山)과 북두칠성을 아울러 이르는 말
2. 세상 사람들로부터 존경받는 사람을 비유적으로 이르는 말

024

背水之陣
배수지진

| 등 배 | 물 수 | 갈 지 | 진 칠 진 |

1. 강이나 바다를 등지고 치는 진.
   ※ 중국 한(漢)나라의 한신이 강을 등지고 진을 쳐서 병사들이 물러서지 못하고 힘을 다하여 싸우도록 하여 조(趙)나라의 군사를 물리쳤다는 데서 유래한다.
2. 어떤 일을 성취하기 위하여 더 이상 물러설 수 없음을 비유적으로 이르는 말

025

比比有之
비비유지

| 견줄 비 | 견줄 비 | 있을 유 | 갈 지 |

어떤 일이나 현상이 흔히 있음.

026

萬頃蒼波
만경창파

| 일만 만 | 이랑 경 | 푸를 창 | 물결 파 |

만 이랑의 푸른 물결이라는 뜻으로, 한없이 넓고 넓은 바다를 이르는 말

027

傾蓋如舊
경개여구

| 기울 경 | 덮을 개 | 같을 여 | 옛 구 |

처음 만나 잠깐 사귄 것이 마치 오랜 친구 사이처럼 친함.

028

權不十年
권불십년

| 권세 권 | 아닐 불 | 열 십 | 해 년 |

권세는 십 년을 가지 못한다는 뜻으로, 아무리 높은 권세라도 오래가지 못함을 이르는 말

029

花無十日紅
화무십일홍

| 꽃 화 | 없을 무 | 열 십 | 날 일 | 붉을 홍 |

열흘 동안 붉은 꽃은 없다는 뜻으로, 한 번 성한 것이 얼마 못 가서 반드시 쇠하여짐을 비유적으로 이르는 말

030

死後藥方文
사후약방문

| 죽을 사 | 뒤 후 | 약 약 | 모 방 | 글월 문 |

죽은 뒤에 약의 처방을 한다는 뜻으로, 때가 지난 뒤에 어리석게 애를 쓰는 경우를 비유적으로 이르는 말.

001 方位

방위

모 방   자리 위

공간의 어떤 점이나 방향이 한 기준의 방향에 대하여 나타내는 어떠한 쪽의 위치
• 지도에는 축척과 方位가 표시되어 있다.

002 防圍

방위

막을 방   에워쌀 위

공격하는 적을 막아서 에워쌈.

003 防衛

방위

막을 방   지킬 위

적의 공격이나 침략을 막아서 지킴.
• 철통 같은 防衛 태세를 갖추다.

004 防火

방화

막을 방   불 화

불이 나는 것을 미리 막음.
• 겨울철 防火 대책에 만전을 기하다.

005 放火

방화

놓을 방   불 화

일부러 불을 지름.
• 放火를 저지르다.

006 校訂

교정

학교 교   바로잡을 정

남의 문장 또는 출판물의 잘못된 글자나 글귀 따위를 바르게 고침. 수정.
• 이 선생의 글은 校訂이 필요해.

007 校正

교정

학교 교   바를 정

교정쇄와 원고를 대조하여 오자, 오식, 배열, 색 따위를 바르게 고침. 교준.
• 원고를 校正하다.

008 校庭

교정

학교 교   뜰 정

학교의 마당이나 운동장
• 수업 종료를 알리는 종이 세 번씩 校庭에 울려 퍼졌다.

009 矯正

교정

바로잡을 교   바를 정

틀어지거나 잘못된 것을 바로잡음.
• 치아를 고르게 矯正하다.

010 造作

조작

지을 조   지을 작

어떤 일을 사실인 듯이 꾸며 만듦.
• 그들은 사건 造作을 위해 치밀한 사전 계획을 수립했다.

011 操作 □□□
잡을 조　　지을 작
조작
기계 따위를 일정한 방식에 따라 다루어 움직임.
• 그는 기계 操作이 서툴다.

016 史記 □□□
역사 사　　기록할 기
사기
역사적 사실을 기록한 책
• 사마천의 史記

012 詐欺 □□□
속일 사　　속일 기
사기
나쁜 꾀로 남을 속임.
• 그는 아무것도 모르는 아이들을 상대로 詐欺를 쳤다.

017 造花 □□□
지을 조　　꽃 화
조화
종이, 천, 비닐 따위를 재료로 하여 인공적으로 만든 꽃
• 다가가서 보니 그 꽃은 진짜와 너무나 흡사한 造花였다.

013 士氣 □□□
선비 사　　기운 기
사기
1. 의욕이나 자신감 따위로 충만하여 굽힐 줄 모르는 기세
　• 선수단의 士氣가 하늘을 찌를 듯하다.
2. 선비의 꿋꿋한 기개

018 造化 □□□
지을 조　　될 화
조화
1. 만물을 창조하고 기르는 대자연의 이치. 또는 그런 이치에 따라 만들어진 우주 만물.
2. 어떻게 이루어진 것인지 알 수 없을 정도로 신통하게 된 일. 또는 일을 꾸미는 재간
　• 그들이 죽자고 덤비는데 별 造化가 없었다.

014 沙器 □□□
모래 사　　그릇 기
사기
고령토, 장석, 석영 따위의 가루를 빚어서 구워 만든, 희고 매끄러운 그릇. 또는 그 재료로 만든 물건
• 그는 삼십 년간 沙器를 구워 온 장인이다.

019 弔花 □□□
조상할 조　　꽃 화
조화
조의를 표하는 데 쓰는 꽃
• 영정 앞에 弔花를 바치다.

015 事記 □□□
일 사　　기록할 기
사기
사건의 기록

020 調和 □□□
고를 조　　화목할 화
조화
서로 잘 어울림.
• 그 연극은 무대 장치와 등장인물의 調和가 뛰어났다.

💬 다음 한자의 뜻과 음을 쓰시오.

01 忘 : ( )　　02 化 : ( )

03 忙 : ( )　　04 作 : ( )

05 防 : ( )　　06 貸 : ( )

07 放 : ( )　　08 貨 : ( )

💬 다음 한자성어의 독음을 쓰고, 적절한 뜻을 바르게 연결하시오.

09　袖手傍觀 ·
（　　）

10　磨斧作針 ·
（　　）

11　錦上添花 ·
（　　）

12　權不十年 ·
（　　）

13　橘化爲枳 ·
（　　）

14　發憤忘食 ·
（　　）

15　凍足放尿 ·
（　　）

16　巧言令色 ·
（　　）

· ⓐ 회남의 귤을 회북에 옮겨 심으면 탱자가 된다는 뜻으로, 환경에 따라 사람이나 사물의 성질이 변함을 이르는 말

· ⓑ 비단 위에 꽃을 더한다는 뜻으로, 좋은 일 위에 또 좋은 일이 더하여짐을 비유적으로 이르는 말

· ⓒ 권세는 십 년을 가지 못한다는 뜻으로, 아무리 높은 권세라도 오래가지 못함을 이르는 말

· ⓓ 도끼를 갈아서 바늘을 만든다는 뜻으로, 아무리 어려운 일이라도 끊임없이 노력하면 반드시 이룰 수 있음을 이르는 말

· ⓔ 언 발에 오줌 누기라는 뜻으로, 잠시 동안만 효력이 있을 뿐 효력이 바로 사라짐을 비유적으로 이르는 말

· ⓕ 팔짱을 끼고 보고만 있다는 뜻으로, 간섭하거나 거들지 아니하고 그대로 버려둠을 이르는 말

· ⓖ 아첨하는 말과 알랑거리는 태도

· ⓗ 끼니까지도 잊을 정도로 어떤 일에 열중하여 노력함.

💬 〈보기〉의 설명을 참고하여 빈칸에 들어갈 한자를 쓰시오.

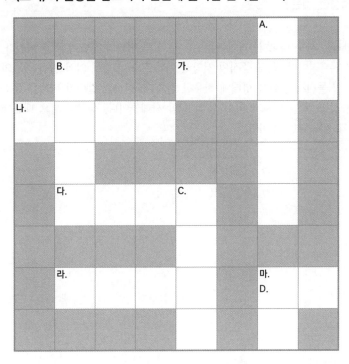

➕ 정답

01. 잊을 **망**
02. 될 **화**
03. 바쁠 **망**
04. 지을 **작**
05. 막을 **방**
06. 빌릴 **대**
07. 놓을 **방**
08. 재물 **화**

09. 수수방관 – ⓕ
10. 마부작침 – ⓓ
11. 금상첨화 – ⓑ
12. 권불십년 – ⓒ
13. 귤화위지 – ⓐ
14. 발분망식 – ⓗ
15. 동족방뇨 – ⓔ
16. 교언영색 – ⓖ

실전 연습문제

01 다음 글에서 ( )에 들어갈 말로 가장 적절한 것은?

2021 경찰 1차

> 지금 퓨전 바람은 역사 속의 문화 융합과는 사뭇 다르다. 과거에는 ( ) 식의 변화와 통합이 주를 이뤘다. 즉 남쪽의 귤을 북쪽에 심으면 탱자가 된다는 식이다. 복도 중심의 서양식 아파트가 이 땅에 와서 거실 중심의 구조로 바뀐 것은 마당을 중심으로 방이 빙 둘러서는 한옥 형태에 적응한 결과다. 한국의 갈비가 바비큐 문화에 '적응'하여 엘에이(LA) 갈비로 거듭난 것도 '귤이 탱자가 되는 식'의 융합 사례들이다. 생활의 필요 때문에 이질적인 문화 요소들이 자연스레 합치게 되었다는 뜻이다.

① 國粹主義   ② 衛正斥邪

③ 嘗糞之徒   ④ 橘化爲枳

02 ㉠, ㉡의 한자 표기로 옳은 것은?

2020 지방직 7급

> • ㉠간발의 차이로 비행기를 놓쳤다.
> • 그의 실력은 장인의 실력에 ㉡비견될 만하다.

	㉠	㉡			㉠	㉡
①	間髮	批腑		②	簡拔	比房
③	間髮	比肩		④	簡拔	批腑

03 밑줄 친 한자어의 쓰임이 문맥상 적절한 것은?

2018 국가직 9급

① 초고를 <u>校訂</u>하여 책을 완성하였다.

② 내용이 올바른지 서로 <u>交差</u> 검토하시오.

③ 전자 문서에 <u>決濟</u>를 받아 합격자를 확정하겠습니다.

④ 지금 제안한 계획은 수용할 수 없으니 <u>提高</u> 바랍니다.

04 다음 글에 나타난 북곽 선생의 언행에 부합하는 한자 성어로 가장 적절한 것은?

> 북곽 선생이 머리를 조아리며 앞으로 엉금엉금 기어 나와, 세 번 절하고 꿇어앉았다. 고개를 쳐들고 이렇게 여쭈었다. "범님의 덕이야말로 참으로 지극하십니다. 대인은 그 변화를 본받고, 제왕은 그 걸음을 배웁니다. 남의 아들 된 자들은 그 효성을 법으로 사모하고, 장수는 그 위엄을 취합니다. 그 거룩한 이름이 신룡과 짝이 되어, 한 분은 바람을 일으키고 한 분은 구름을 일으키시니, 저처럼 하토의 천한 신하는 감히 그 바람 아래 서옵니다." 범이 이 말을 듣고 꾸짖었다. "앞으로 가까이 오지 말아라. 지난번에 내가 들으니 '유(儒)'는 '유(諛)'라 하더니 과연 그렇구나. 네가 평소에 천하에 나쁜 이름을 모두 모아서 망령되게도 내게 덧붙이더니 이제 낯간지러운 말을 하는구나. 그 말을 누가 곧이듣겠느냐?"
>
> — 박지원, 〈호질〉

① 牽强附會

② 巧言令色

③ 名論卓說

④ 橘化爲枳

---

01 과거에는 '남쪽의 귤을 북쪽에 심으면 탱자가 된다는 식'의 변화와 통합이 주를 이뤘다고 하였으므로, 빈칸에는 '회남의 귤을 회북에 옮겨 심으면 탱자가 된다는 뜻으로, 환경에 따라 사람이나 사물의 성질이 변함을 이르는 말'인 橘化爲枳(귤화위지: 귤나무 귤, 될 화, 할 위, 탱자나무 지)가 들어가는 것이 적절하다.

　오답정리 ① 國粹主義(국수주의: 나라 국, 순수할 수, 주인 주, 옳을 의): 자기 나라의 고유한 역사·전통·정치·문화만을 가장 뛰어난 것으로 믿고, 다른 나라나 민족을 배척하는 극단적인 태도나 경향

　② 衛正斥邪(위정척사: 지킬 위, 바를 정, 물리칠 척, 간사할 사): 구한말에, 주자학을 지키고 가톨릭을 물리치기 위하여 내세운 주장. 본디 정학(正學)과 정도(正道)를 지키고 사학(邪學)과 이단(異端)을 물리치자는 것으로, 외국과의 통상 반대 운동으로 이어졌다.

　③ 嘗糞之徒(상분지도: 맛볼 상, 똥 분, 갈 지, 무리 도): 대변이라도 맛볼 듯이 부끄러움을 돌아보지 않고 몹시 아첨하는 사람을 낮잡아 이르는 말

02 ㉠ '아주 잠시 또는 아주 적음을 이르는 말'인 '간발'은 '間髮(간발: 사이 간, 터럭 발)'로 쓴다.

　㉡ '서로 비슷한 위치에서 견줌. 또는 견주어짐.'의 의미인 '비견'은 '比肩(비견: 견줄 비, 어깨 견)'으로 쓴다.

　오답정리 ㉠ 簡拔(간발: 간략할 간, 뽑을 발): 여러 사람 가운데 골라 뽑음.

　㉡ '批腑(비부: 비평할 비, 육부 부)', '比房(비방: 견줄 비, 방 방)'은 없는 단어이다.

03 ① '校訂(교정: 학교 교, 바로잡을 정)'은 '남의 문장 또는 출판물의 잘못된 글자나 글귀 따위를 바르게 고침.'이라는 뜻을 가진 한자어이므로 그 쓰임이 문맥상 적절하다.

　오답정리 ② 交差 → 交叉: 문맥상 서로 엇갈려서 검토하라는 의미로 쓰였기 때문에 '交叉(교차: 사귈 교, 갈래 차)'를 써야 한다.

　　※ 交差(교차: 사귈 교, 다를 차): 벼슬아치를 번갈아 임명함.

　③ 決濟 → 決裁: '전자 문서'를 보아 '결정할 권한이 있는 상관이 부하가 제출한 안건을 검토하여 허가하거나 승인함.'을 이르는 '決裁(결재: 결정할 결, 마름질할 재)'를 써야 한다.

　　※ 決濟(결제: 결정할 결, 건널 제): 일을 처리하여 끝을 냄. / 증권 또는 대금을 주고받아 매매 당사자 사이의 거래 관계를 끝맺는 일

　④ 提高 → 再考: 문맥상 다시 생각하기 바란다는 내용이므로 '再考(재고: 다시 재, 생각할 고)'를 써야 한다.

　　※ 提高(제고: 끌 제, 높을 고): 수준이나 정도 따위를 끌어올림.

04 북곽 선생은 '범(호랑이)' 앞에서 살아남기 위해 '범'에게 아첨하는 말을 늘어놓고 있다는 점에서 '아첨하는 말과 알랑거리는 태도'란 뜻을 가진 '巧言令色(교언영색: 공교할 교, 말씀 언, 하여금 영(령), 빛 색)'이 어울린다.

　오답정리 ① 牽强附會(견강부회: 끌 견, 강할 강, 붙을 부, 모일 회): 이치에 맞지 않는 말을 억지로 끌어 붙여 자기에게 유리하게 함.

　③ 名論卓說(명론탁설: 이름 명, 논할 론, 높을 탁, 말씀 설): 훌륭하고 이름난 이론이나 학설

　④ 橘化爲枳(귤화위지: 귤나무 귤, 될 화, 할 위, 탱자나무 지): 회남의 귤을 회북에 옮겨 심으면 탱자가 된다는 뜻으로, 환경에 따라 사람이나 사물의 성질이 변함을 이르는 말

　　※ 儒(선비 유), 諛(아첨할 유)

정답 01 ④　02 ③　03 ①　04 ②

⊙ 識字憂患　　　　　　　　　　ⓛ 角者無齒
ⓒ 螳螂拒轍　　　　　　　　　　ⓔ 得隴望蜀

① ⊙ 아는 것이 병이다.

② ⓛ 무는 호랑이는 뿔이 없다.

③ ⓒ 하룻강아지 범 무서운 줄 모른다.

④ ⓔ 양지가 음지 되고 음지가 양지 된다.

---

05 ⓔ '得隴望蜀(득롱망촉: 얻을 득, 고개 이름 롱, 바랄 망, 촉나라 촉)'은 '만족할 줄 모르고 계속 욕심을 부림'을 뜻하는 한자 성어이다. 그런데 '양지가 음지 되고 음지가 양지 된다[陰地轉陽地變(음지전양지변)]'는 '세상사는 늘 돌고 돈다'는 말이므로, 그 뜻이 통하지 않는다. '욕심이 끝이 없음'을 뜻하는 '득롱망촉(得隴望蜀)'과 의미가 유사한 속담으로는 '말 타면 경마 잡히고 싶다.'가 있다.

오답정리

① • 識字憂患(식자우환: 알 식, 글자 자, 근심 우, 근심 환): 학식이 있는 것이 오히려 근심을 사게 됨.
　• 아는 것이 병이다: 정확하지 못하거나 분명하지 않은 지식은 오히려 걱정거리가 될 수 있음을 이르는 말 / 아무것도 모르면 차라리 마음이 편하여 좋으나, 무엇이나 좀 알고 있으면 걱정거리가 많아 도리어 해롭다는 말
② • 角者無齒(각자무치: 뿔 각, 놈 자, 없을 무, 이 치): 뿔이 있는 짐승은 이가 없다는 뜻으로, 한 사람이 여러 가지 재주나 복을 다 가질 수 없다는 말
　• 무는 호랑이는 뿔이 없다: 입으로 무는 호랑이에게는 받는 뿔이 없다는 뜻으로, 한 가지 장점이 있으면 단점도 있듯이 무엇이든 다 갖추기 어려움을 비유적으로 이르는 말
③ • 螳螂拒轍(당랑거철: 사마귀 당, 사마귀 랑, 막을 거, 바큇자국 철): 제 역량을 생각하지 않고, 강한 상대나 되지 않을 일에 덤벼드는 무모한 행동거지를 비유적으로 이르는 말
　• 하룻강아지 범 무서운 줄 모른다: 철없이 함부로 덤비는 경우를 비유적으로 이르는 말

정답 05 ④

18^강 20시간 초단기 완성 한자 1600선

1회독 ____월 ____일
2회독 ____월 ____일
3회독 ____월 ____일

1 한자

511 止 그칠 지	512 步 걸음 보	513 涉 건널 섭	514 井 우물 정	515 正 바를 정	516 政 정사 정
517 整 가지런할 정	518 症 증세 증	519 定 정할 정	520 是 옳을 시	521 提 끌 제	522 題 제목 제
523 林 수풀 림	524 森 빽빽할 삼	525 禁 금할 금	526 楚 초나라 초	527 礎 주춧돌 초	528 疑 의심할 의
529 從 좇을 종	530 縱 늘어질 종	531 牛 소 우	532 勿 말 물	533 物 물건 물	534 告 알릴 고
535 造 지을 조	536 先 먼저 선	537 洗 씻을 세	538 角 뿔 각	539 解 풀 해	540 懈 게으를 해

2 한자성어

001 看雲步月	002 邯鄲之步	003 邯鄲之夢	004 渴而穿井	005 井底之蛙
006 以管窺天	007 管中窺豹	008 事必歸正	009 公明正大	010 破邪顯正
011 改善匡正	012 蓋棺事定	013 是是非非	014 似是而非	015 是非曲直
016 酒池肉林	017 四面楚歌	018 間於齊楚	019 類類相從	020 九牛一毛
021 矯角殺牛	022 矯枉過直	023 過猶不及	024 吳牛喘月	025 吳越同舟
026 先見之明	027 互角之勢	028 解衣推食	029 五十步百步	030 雲從龍風從虎

3 한자어

001 中止	002 中指	003 衆智	004 步調	005 補助
006 正體	007 停滯	008 不正	009 不定	010 否定
011 不淨	012 不貞	013 提唱	014 齊唱	015 告示
016 考試	017 先發	018 選拔	019 理解	020 利害

한자

○ 알고있음 △ 애매함 X 모름

511

止
그칠 지
★★

停止	停 머무를 정　　　 止 그칠 지
	1. 움직이고 있던 것이 멎거나 그침. 또는 중도에서 멎거나 그치게 함.
	2. 하고 있던 일을 그만둠.
制止	制 억제할 제　　　 止 그칠 지
	말려서 못 하게 함.
止揚	止 그칠 지　　　　 揚 날릴 양
	더 높은 단계로 오르기 위하여 어떠한 것을 하지 아니함. ↔ 志向(지향)

512

步
걸음 보
★★

徒步	徒 무리 도　　　 步 걸음 보
	탈것을 타지 않고 걸어감.
進步	進 나아갈 진　　　 步 걸음 보
	1. 정도나 수준이 나아지거나 높아짐.
	2. 역사 발전의 합법칙성에 따라 사회의 변화나 발전을 추구함.
讓步	讓 사양할 양　　　 步 걸음 보
	1. 길이나 자리, 물건 따위를 사양하여 남에게 미루어 줌.
	2. 자기의 주장을 굽혀 남의 의견을 좇음.

513

涉
건널 섭
★★★

交涉	交 사귈 교　　　 涉 건널 섭
	어떤 일을 이루기 위하여 서로 의논하고 절충함.
干涉	干 방패 간　　　 涉 건널 섭
	직접 관계가 없는 남의 일에 부당하게 참견함.
涉外	涉 건널 섭　　　 外 바깥 외
	연락을 취하여 의논함.

井
우물 정

★

井華水	井 우물 정　　　華 빛날 화　　　水 물 수
	이른 새벽에 길은 우물물. 조왕에게 가족들의 평안을 빌면서 정성을 들이거나 약을 달이는 데 쓴다.
臨渴掘井	臨 임할 임(림)　　　渴 목마를 갈　　　掘 팔 굴　　　井 우물 정
	목이 말라야 우물을 판다는 뜻으로, 평소에 준비 없이 있다가 일을 당하여 허둥지둥 서두름을 이르는 말
坐井觀天	坐 앉을 좌　　　井 우물 정　　　觀 볼 관　　　天 하늘 천
	우물 속에 앉아서 하늘을 본다는 뜻으로, 사람의 견문(見聞)이 매우 좁음을 이르는 말

正
바를 정

★★

正式	正 바를 정　　　式 법 식
	정당한 격식이나 의식
矯正	矯 바로잡을 교　　　正 바를 정
	틀어지거나 잘못된 것을 바로잡음.
訂正	訂 바로잡을 정　　　正 바를 정
	글자나 글 따위의 잘못을 고쳐서 바로잡음.

政
정사 정

★★

政治	政 정사 정　　　治 다스릴 치
	나라를 다스리는 일
行政	行 다닐 행　　　政 정사 정
	1. 정치나 사무를 행함. 2. 국가 통치 작용 가운데 입법 작용과 사법 작용을 제외한 국가 작용
政策	政 정사 정　　　策 꾀 책
	정치적 목적을 실현하기 위한 방책

整
가지런할 정

★★★

調整	調 고를 조　　　整 가지런할 정
	어떤 기준이나 실정에 맞게 정돈함.
整理	整 가지런할 정　　　理 다스릴 리
	1. 흐트러지거나 혼란스러운 상태에 있는 것을 한데 모으거나 치워서 질서 있는 상태가 되게 함. 2. 체계적으로 분류하고 종합함. 3. 문제가 되거나 불필요한 것을 줄이거나 없애서 말끔하게 바로잡음.
整頓	整 가지런할 정　　　頓 조아릴 돈
	어지럽게 흩어진 것을 규모 있게 고쳐 놓거나 가지런히 바로잡아 정리함.

518 症 증세 증 ★★

痛症	痛 아플 통　　症 증세 증
	아픈 증세
症狀	症 증세 증　　狀 형상 상
	병을 앓을 때 나타나는 여러 가지 상태나 모양
後遺症	後 뒤 후　　遺 남길 유　　症 증세 증
	1. 어떤 병을 앓고 난 뒤에도 남아 있는 병적인 증상
	2. 어떤 일을 치르고 난 뒤에 생긴 부작용

519 定 정할 정 ★★

肯定	肯 즐길 긍　　定 정할 정
	그러하다고 생각하여 옳다고 인정함. ↔ 부정(否定)
否定	否 아닐 부　　定 정할 정
	그렇지 아니하다고 단정하거나 옳지 아니하다고 반대함.
認定	認 알 인　　定 정할 정
	확실히 그렇다고 여김.

520 是 옳을 시 ★★

是非	是 옳을 시　　非 아닐 비
	1. 옳음과 그름　2. 옳고 그름을 따지는 말다툼
是正	是 옳을 시　　正 바를 정
	잘못된 것을 바로잡음.
亦是	亦 또 역　　是 옳을 시
	1. 어떤 것을 전제로 하고 그것과 같게　2. 생각하였던 대로
	3. 예전과 마찬가지로　4. 아무리 생각하여도

521 提 끌 제 ★★★

提出	提 끌 제　　出 날 출
	문안(文案)이나 의견, 법안(法案) 따위를 냄.
提起	提 끌 제　　起 일어날 기
	1 의견이나 문제를 내어놓음.　2. 소송을 일으킴.
提高	提 끌 제　　高 높을 고
	수준이나 정도 따위를 끌어올림.

522 題 제목 제 ★★

題目	**題** 제목 제　　**目** 눈 목	
	작품이나 강연, 보고 따위에서, 그것을 대표하거나 내용을 보이기 위하여 붙이는 이름	
問題	**問** 물을 문　　**題** 제목 제	
	1. 해답을 요구하는 물음 2. 논쟁, 논의, 연구 따위의 대상이 되는 것 3. 해결하기 어렵거나 난처한 대상. 또는 그런 일 4. 귀찮은 일이나 말썽 5. 어떤 사물과 관련되는 일	
宿題	**宿** 잘 숙　　**題** 제목 제	
	1. 복습이나 예습 따위를 위하여 방과 후에 학생들에게 내 주는 과제 2. 두고 생각해 보거나 해결해야 할 문제	

523 林 수풀 림 ★

山林	**山** 산 산　　**林** 수풀 림
	1. 산과 숲, 또는 산에 있는 숲 2. 학식과 덕이 높으나 벼슬을 하지 아니하고 숨어 지내는 선비
林野	**林** 수풀 임(림)　　**野** 들 야
	숲과 들을 아울러 이르는 말
密林	**密** 빽빽할 밀　　**林** 수풀 림
	큰 나무들이 빽빽하게 들어선 깊은 숲

524 森 빽빽할 삼 ★

森林	**森** 빽빽할 삼　　**林** 수풀 림		
	나무가 많이 우거진 숲		
森嚴	**森** 빽빽할 삼　　**嚴** 엄할 엄		
	무서우리만큼 질서가 바로 서고 엄숙함.		
森羅萬象	**森** 빽빽할 삼　**羅** 그물 라　**萬** 일만 만　**象** 코끼리 상		
	우주에 있는 온갖 사물과 현상		

525 禁 금할 금 ★★

禁止	**禁** 금할 금　　**止** 그칠 지
	법이나 규칙이나 명령 따위로 어떤 행위를 하지 못하도록 함
禁斷	**禁** 금할 금　　**斷** 끊을 단
	1. 어떤 행위를 못하도록 금함. 2. 어떤 구역에 드나들지 못하도록 막음.
監禁	**監** 볼 감　　**禁** 금할 금
	드나들지 못하도록 일정한 곳에 가둠.

526 楚 초나라 초 ★★ □□□

清楚	清 맑을 청　　　楚 초나라 초
	화려하지 않으면서 맑고 깨끗한 아름다움을 지니고 있음.
苦楚	苦 쓸 고　　　楚 초나라 초
	괴로움과 어려움을 아울러 이르는 말
撻楚	撻 때릴 달　　　楚 초나라 초
	어버이나 스승이 자식이나 제자의 잘못을 징계하기 위하여 회초리로 볼기나 종아리를 때림. ≒ 초달(楚撻)

527 礎 주춧돌 초 ★★★ □□□

礎石	礎 주춧돌 초　　　石 돌 석
	1. 기둥 밑에 기초로 받쳐 놓은 돌. = 주춧돌 2. 어떤 사물의 기초를 비유적으로 이르는 말.
基礎	基 터 기　　　礎 주춧돌 초
	1. 사물이나 일 따위의 기본이 되는 것 2. 다리 따위와 같은 구조물의 무게를 받치기 위하여 만든 밑받침
定礎	定 정할 정　　　礎 주춧돌 초
	1. 사물의 기초를 잡아 정함. 2. 기초 또는 주춧돌을 설치하는 일

528 疑 의심할 의 ★★★ □□□

疑心	疑 의심할 의　　　心 마음 심
	확실히 알 수 없어서 믿지 못하는 마음
疑問	疑 의심할 의　　　問 물을 문
	의심스럽게 생각함. 또는 그런 문제나 사실
嫌疑	嫌 싫어할 혐　　　疑 의심할 의
	1. 꺼리고 미워함. 2. 범죄를 저질렀을 가능성이 있다고 봄. 또는 그 가능성

529 從 좇을 종 ★★ □□□

追從	追 쫓을 추　　　從 좇을 종
	1. 남의 뒤를 따라서 좇음. 2. 권력이나 권세를 가진 사람이나 자신이 동의하는 학설 따위를 별 판단 없이 믿고 따름.
順從	順 순할 순　　　從 좇을 종
	순순히 따름.
從屬	從 좇을 종　　　屬 무리 속
	자주성이 없이 주가 되는 것에 딸려 붙음.

530 縱 늘어질 종 ★★★

☐☐☐

操縱	操 잡을 조　　　縱 늘어질 종
	1. 비행기나 선박, 자동차 따위의 기계를 다루어 부림. 2. 다른 사람을 자기 마음대로 다루어 부림.
放縱	放 놓을 방　　　縱 늘어질 종
	제멋대로 행동하여 거리낌이 없음.
縱橫無盡	縱 늘어질 종　　橫 가로 횡　　無 없을 무　　盡 다할 진
	자유자재로 행동하여 거침이 없는 상태

531 牛 소 우 ★

☐☐☐

牛乳	牛 소 우　　　乳 젖 유
	소의 젖
牛耳讀經	牛 소 우　　耳 귀 이　　讀 읽을 독　　經 글 경
	쇠귀에 경 읽기라는 뜻으로, 아무리 가르치고 일러 주어도 알아듣지 못함을 이르는 말
鷄口牛後	鷄 닭 계　　口 입 구　　牛 소 우　　後 뒤 후
	닭의 주둥이와 소의 꼬리라는 뜻으로, 큰 단체의 꼴찌보다는 작은 단체의 우두머리가 되는 것이 오히려 나음을 이르는 말

532 勿 말 물 ★

☐☐☐

勿論	勿 말 물　　　論 논할 론
	말할 것도 없음. = 무론(無論/毋論)
勿失好機	勿 말 물　　失 잃을 실　　好 좋을 호　　機 틀 기
	좋은 기회를 놓치지 아니함.
勿輕小事	勿 말 물　　輕 가벼울 경　　小 작을 소　　事 일 사
	조그만 일을 가볍게 여기지 말라는 뜻으로, 작은 일에도 정성을 다하여야 함.

533 物 물건 물 ★★

☐☐☐

物件	物 물건 물　　　件 물건 건
	일정한 형체를 갖춘 모든 물질적 대상
物質	物 물건 물　　　質 바탕 질
	물체의 본바탕
建物	建 세울 건　　　物 물건 물
	사람이 들어 살거나, 일을 하거나, 물건을 넣어 두기 위하여 지은 집을 통틀어 이르는 말

告
알릴 고

★

申告	申 거듭 신 　　　告 알릴 고
	국민이 법령의 규정에 따라 행정 관청에 일정한 사실을 진술·보고함.
廣告	廣 넓을 광 　　　告 알릴 고
	1. 세상에 널리 알림. 또는 그런 일
	2. 상품이나 서비스에 대한 정보를 여러 가지 매체를 통하여 소비자에게 널리 알리는 의도적인 활동
告發	告 알릴 고 　　　發 필 발
	1. 세상에 잘 알려지지 않은 잘못이나 비리 따위를 드러내어 알림.
	2. 피해자나 고소권자가 아닌 제삼자가 수사 기관에 범죄 사실을 신고하여 수사 및 범인의 기소를 요구하는 일

造
지을 조

★★

構造	構 얽을 구 　　　造 지을 조
	1. 부분이나 요소가 어떤 전체를 짜 이룸. 또는 그렇게 이루어진 얼개
	2. 일정한 설계에 따라 여러 가지 재료를 얽어서 만든 물건
僞造	僞 거짓 위 　　　造 지을 조
	어떤 물건을 속일 목적으로 꾸며 진짜처럼 만듦.
造成	造 지을 조 　　　成 이룰 성
	1. 무엇을 만들어서 이룸.　2. 분위기나 정세 따위를 만듦.

先
먼저 선

★

先生	先 먼저 선 　　　生 날 생
	1. 학생을 가르치는 사람
	2. 학예가 뛰어난 사람을 높여 이르는 말
	3. 성(姓)이나 직함 따위에 붙여 남을 높여 이르는 말
	4. 어떤 일에 경험이 많거나 잘 아는 사람을 비유적으로 이르는 말
	5. 자기보다 나이가 적은 남자 어른을 높여 이르는 말
先進國	先 먼저 선 　　　進 나아갈 진 　　　國 나라 국
	다른 나라보다 정치·경제·문화 따위의 발달이 앞선 나라
先驅者	先 먼저 선 　　　驅 몰 구 　　　者 놈 자
	1. 말을 탄 행렬에서 맨 앞에 선 사람
	2. 어떤 일이나 사상에서 다른 사람보다 앞선 사람

537 ☐☐☐

洗手	洗 씻을 세 手 손 수
	손이나 얼굴을 씻음.
洗濯	洗 씻을 세 濯 씻을 탁
	1. 주로 기계를 이용하여 더러운 옷이나 피륙 따위를 빠는 일
	2. 자금, 경력 따위를 필요에 따라 여러 가지 방법으로 탈바꿈하는 일
洗腦	洗 씻을 세 腦 뇌 뇌
	사람이 본디 가지고 있던 의식을 다른 방향으로 바꾸게 하거나, 특정한 사상·주의를 따르도록 뇌리에 주입하는 일

538 ☐☐☐

角度	角 뿔 각 度 법도 도
	1. 생각의 방향이나 관점 2. 한 점에서 갈리어 나간 두 직선의 벌어진 정도
頭角	頭 머리 두 角 뿔 각
	1. 짐승의 머리에 있는 뿔
	2. 뛰어난 학식이나 재능을 비유적으로 이르는 말
後生角高	後 뒤 후 生 날 생 角 뿔 각 高 높을 고
	뒤에 난 뿔이 우뚝하다는 뜻으로, 제자나 후배가 스승이나 선배(先輩)보다 뛰어날 때 이르는 말

539 ☐☐☐

理解	理 다스릴 이(리) 解 풀 해
	1. 사리를 분별하여 해석함. 2. 깨달아 앎. 또는 잘 알아서 받아들임.
瓦解	瓦 기와 와 解 풀 해
	기와가 깨진다는 뜻으로, 조직이나 계획 따위가 산산이 무너지고 흩어짐. 또는 조직이나 계획 따위를 산산이 무너뜨리거나 흩어지게 함.
解釋	解 풀 해 釋 풀 석
	1. 문장이나 사물 따위로 표현된 내용을 이해하고 설명함. 또는 그 내용.
	2. 사물이나 행위 따위의 내용을 판단하고 이해하는 일. 또는 그 내용.

540 ☐☐☐

懈怠	懈 게으를 해 怠 게으를 태
	행동이 느리고 움직이거나 일하기를 싫어하는 태도나 버릇. = 게으름
懈惰	懈 게으를 해 惰 게으를 타
	늑 해태(懈怠)
不倦不懈	不 아닐 불 倦 게으를 권 不 아닐 불 懈 게으를 해
	싫증 내지도 아니하고 게을리하지도 아니함.

18강 한자성어

001 看雲步月
간운보월

☐☐☐

볼 간	구름 운	걸음 보	달 월

구름을 바라보거나 달빛 아래 거닌다는 뜻으로, 객지에서 집을 생각함을 이르는 말

002 邯鄲之步
한단지보

☐☐☐

조나라 서울 한	조나라 서울 단	갈 지	걸음 보

함부로 자기 본분을 버리고 남의 행위를 따라 하면 두 가지 모두 잃는다는 것을 이르는 말

※ 어떤 사람이 한단이란 도시에 가서 그곳의 걸음걸이를 배우려다 미처 배우지 못하고, 본래의 걸음걸이도 잊어버려 기어서 돌아왔다는 데에서 유래한다.

003 邯鄲之夢
한단지몽

☐☐☐

조나라 서울 한	조나라 서울 단	갈 지	꿈 몽

인생과 영화의 덧없음을 이르는 말

※ 서기 731년에 노생(盧生)이 한단이란 곳에서 여옹(呂翁)의 베개를 빌려 잠을 잤는데, 꿈속에서 80년 동안 부귀영화를 다 누렸으나 깨어 보니 메조로 밥을 짓는 동안이었다는 데에서 유래한다.

004 渴而穿井
갈이천정

☐☐☐

목마를 갈	말 이을 이	뚫을 천	우물 정

목이 말라야 비로소 샘을 판다는 뜻으로, 미리 준비를 하지 않고 있다가 일이 지나간 뒤에는 아무리 서둘러 봐도 아무 소용이 없음을 이르는 말

005 井底之蛙
정저지와

☐☐☐

우물 정	밑 저	갈 지	개구리 와

우물 안 개구리라는 뜻으로, 견문이 좁고 세상 형편에 어두운 사람을 비유적으로 이르는 말

006 以管窺天
이관규천

☐☐☐

써 이	대롱 관	엿볼 규	하늘 천

대롱으로 하늘을 엿본다는 뜻으로, 사람의 견문(見聞)이 매우 좁음을 이르는 말

007 管中窺豹 관중규표

□ □ □

대롱 관 　　가운데 중 　　엿볼 규 　　표범 표

대롱 구멍으로 표범을 보면 표범의 얼룩점 하나밖에 보이지 않는다는 뜻으로, 견문과 학식이 좁음을 이르는 말

008 事必歸正 사필귀정

□ □ □

일 사 　　반드시 필 　　돌아갈 귀 　　바를 정

모든 일은 반드시 바른길로 돌아감.

009 公明正大 공명정대

□ □ □

공평할 공 　　밝을 명 　　바를 정 　　큰 대

하는 일이나 태도가 사사로움이나 그릇됨이 없이 아주 정당하고 떳떳함.

010 破邪顯正 파사현정

□ □ □

깨뜨릴 파 　　간사할 사 　　나타날 현 　　바를 정

사견(邪見)과 사도(邪道)를 깨고 정법(正法)을 드러내는 일

011 改善匡正 개선광정

□ □ □

고칠 개 　　착할 선 　　바를 광 　　바를 정

새롭게 잘못을 고치고 바로잡음.

012 蓋棺事定 개관사정

□ □ □

덮을 개 　　널 관 　　일 사 　　정할 정

시체를 관에 넣고 뚜껑을 덮은 후에야 일을 결정할 수 있다는 뜻으로, 사람이 죽은 후에야 비로소 그 사람에 대한 평가가 제대로 됨을 이르는 말

013 是是非非 시시비비

□ □ □

옳을 시 　　옳을 시 　　아닐 비 　　아닐 비

1. 여러 가지의 잘잘못
2. 옳고 그름을 따지며 다툼.

014 似是而非 사시이비

□ □ □

비슷할 사 　　옳을 시 　　말 이을 이 　　아닐 비

겉으로는 비슷하나 속은 완전히 다름. 또는 그런 것. = 사이비(似而非)

015

是非曲直
시비곡직

옳을 시	아닐 비	굽을 곡	곧을 직

옳고 그르고 굽고 곧음.

016

酒池肉林
주지육림

술 주	못 지	고기 육	수풀 림

술로 연못을 이루고 고기로 숲을 이룬다는 뜻으로, 호사스러운 술잔치를 이르는 말
※ 중국 은나라 주왕이 못을 파 술을 채우고 숲의 나뭇가지에 고기를 걸어 잔치를 즐겼던 일에서 유래한다.

017

四面楚歌
사면초가

넉 사	낯 면	초나라 초	노래 가

아무에게도 도움을 받지 못하는, 외롭고 곤란한 지경에 빠진 형편을 이르는 말
※ 초나라 항우가 사면을 둘러싼 한나라 군사 쪽에서 들려오는 초나라의 노랫소리를 듣고 초나라 군사가 이미 항복한 줄 알고 놀랐다는 데서 유래한다.

018

間於齊楚
간어제초

사이 간	어조사 어	제나라 제	초나라 초

약자가 강자들 틈에 끼어서 괴로움을 겪음을 이르는 말
※ 중국의 주나라 말엽 등나라가 제나라와 초나라 사이에 끼어서 괴로움을 겪었다는 데서 유래한다.

019

類類相從
유유상종

무리 유(류)	무리 유(류)	서로 상	좇을 종

같은 무리끼리 서로 사귐.

020

九牛一毛
구우일모

아홉 구	소 우	하나 일	털 모

아홉 마리의 소 가운데 박힌 하나의 털이란 뜻으로, 매우 많은 것 가운데 극히 적은 수를 이르는 말

021

矯角殺牛
교각살우

바로잡을 교	뿔 각	죽일 살	소 우

소의 뿔을 바로잡으려다가 소를 죽인다는 뜻으로, 잘못된 점을 고치려다가 그 방법이나 정도가 지나쳐 오히려 일을 그르침을 이르는 말

022

矯枉過直
교왕과직

바로잡을 교	굽을 왕	지날 과	곧을 직

굽은 것을 바로잡으려다가 정도에 지나치게 곧게 한다는 뜻으로, 잘못된 것을 바로잡으려다가 너무 지나쳐서 오히려 나쁘게 됨을 이르는 말

023 ☐☐☐

過猶不及
과유불급

| 지날 과 | 오히려 유 | 아닐 불 | 미칠 급 |

정도를 지나침은 미치지 못함과 같다는 뜻으로, 중용(中庸)이 중요함을 이르는 말

024 ☐☐☐

吳牛喘月
오우천월

| 오나라 오 | 소 우 | 헐떡거릴 천 | 달 월 |

오우가 더위를 두려워한 나머지 밤에 달이 뜨는 것을 보고도 해인가 하고 헐떡거린다는 뜻으로, 간이 작아 공연한 일에 미리 겁부터 내고 허둥거리는 사람을 놀림조로 이르는 말

025 ☐☐☐

吳越同舟
오월동주

| 오나라 오 | 월나라 월 | 같을 동 | 배 주 |

서로 적의를 품은 사람들이 한자리에 있게 된 경우나 서로 협력하여야 하는 상황을 비유적으로 이르는 말

※ 중국 춘추 전국 시대에, 서로 적대시하는 오나라 사람과 월나라 사람이 같은 배를 탔으나 풍랑을 만나서 서로 단합하여야 했다는 데에서 유래한다.

026 ☐☐☐

先見之明
선견지명

| 먼저 선 | 볼 견 | 갈 지 | 밝을 명 |

어떤 일이 일어나기 전에 미리 앞을 내다보고 아는 지혜

027 ☐☐☐

互角之勢
호각지세

| 서로 호 | 뿔 각 | 갈 지 | 기세 세 |

역량이 서로 비슷비슷한 위세

028 ☐☐☐

解衣推食
해의추식

| 풀 해 | 옷 의 | 밀 추 | 먹을 식 |

옷을 벗어주고 음식을 밀어준다라는 뜻으로, 남에게 은혜를 베푸는 것을 이르는 말

029 ☐☐☐

五十步百步
오십보백보

| 다섯 오 | 열 십 | 걸음 보 | 일백 백 | 걸음 보 |

조금 낫고 못한 정도의 차이는 있으나 본질적으로는 차이가 없음을 이르는 말

※ 중국 양(梁)나라 혜왕(惠王)이 정사(政事)에 관하여 맹자에게 물었을 때, 전쟁에 패하여 어떤 자는 백 보를, 또 어떤 자는 오십 보를 도망했다면, 백 보를 물러간 사람이나 오십 보를 물러간 사람이나 도망한 것에는 양자의 차이가 없다고 대답한 데서 유래한다.

030 ☐☐☐

雲從龍風從虎
운종룡풍종호

| 구름 운 | 좇을 종 | 용 룡 | 바람 풍 | 좇을 종 | 범 호 |

용 가는 데 구름 가고 범 가는 데 바람 간다는 뜻으로, 뜻과 마음이 맞는 사람끼리 서로 좇음을 이르는 말

001 中止 중지
가운데 중   그칠 지

하던 일을 중도에서 그만둠.
• 거래를 中止하다.

002 中指 중지
가운데 중   손가락 지

다섯 손가락 가운데 셋째 손가락
• 그는 습관처럼 검지와 中指 사이에 볼펜을 끼워 돌렸다.

003 衆智 중지
무리 중   지혜 지

여러 사람의 지혜
• 衆智를 모아 문제를 해결하다.

004 步調 보조
걸음 보   고를 조

1. 걸음걸이의 속도나 모양 따위의 상태
   • 군인들은 서로 步調를 맞추어 행진했다.
2. 여럿이 함께 일을 할 때의 진행 속도나 조화(調和)

005 補助 보조
기울 보   도울 조

보태어 도움.
• 국가에서 補助를 받다.

006 正體 정체
바를 정   몸 체

참된 본디의 형체
• 그 사건 이후로 그는 이 동네에서 正體를 감추었다.

007 停滯 정체
머무를 정   막힐 체

사물이 발전하거나 나아가지 못하고 한자리에 머물러 그침.
• 주말이 되면 이 도로는 극심한 停滯를 이룬다.

008 不正 부정
아닐 부(불)   바를 정

올바르지 아니하거나 옳지 못함.
• 입시 不正을 저지르다.

009 不定 부정
아닐 부(불)   정할 정

일정하지 아니함.
• 주거가 不定하다.

010 否定 부정
아닐 부   정할 정

그렇지 아니하다고 단정하거나 옳지 아니하다고 반대함.
• 그는 긍정도 否定도 하지 않았다.

011 □□□

不淨
부정

아닐 부(불)　맑을 정

1. 깨끗하지 못함. 또는 더러운 것
2. 사람이 죽는 따위의 불길한 일
 • 不淨을 타다.

012 □□□

不貞
부정

아닐 부(불)　곧을 정

부부가 서로의 정조를 지키지 아니함.
 • 외간 남자와 不貞을 저지르다.

013 □□□

提唱
제창

끌 제　　부를 창

어떤 일을 처음 내놓아 주장함.
 • 다윈은 진화론을 提唱하였다.

014 □□□

齊唱
제창

가지런할 제　부를 창

1. 여러 사람이 다 같이 큰 소리로 외침.
2. 음악 같은 가락을 두 사람 이상이
　동시에 노래함.
 • 행사는 애국가 齊唱으로부터 시작되
　었다.

015 □□□

告示
고시

알릴 고　　보일 시

글로 써서 게시하여 널리 알림.
 • 이 지역은 택지 개발 예정 지구로 告
　示되어 있다.

016 □□□

考試
고시

생각할 고　시험할 시

어떤 자격이나 면허를 주기 위하여 시
행하는 여러 가지 시험
 • 우리 학교는 考試 합격자를 많이 배
　출하는 것으로 유명하다.

017 □□□

先發
선발

먼저 선　　필 발

남보다 먼저 어떤 일을 시작하거나 길
을 떠남.
 • 우리는 현장 답사를 겸해서 새벽에
　先發로 떠났다.

018 □□□

選拔
선발

가릴 선　　뽑을 발

많은 가운데서 골라 뽑음.
 • 신입생을 選拔하다

019 □□□

理解
이해

다스릴 이(리)　풀 해

사리를 분별하여 해석함.
 • 내 말의 뜻을 理解하시겠어요?

020 □□□

利害
이해

이로울 이(리)　해칠 해

이익과 손해를 아울러 이르는 말
 • 그들은 힘을 합쳐 일을 끝낼 생각은
　하지 않고 각자의 利害만 따지고 들
　었다.

18^강 연습 문제

💬 다음 한자의 뜻과 음을 쓰시오.

01 疑 : (   )　　　02 止 : (   )

03 從 : (   )　　　04 正 : (   )

05 楚 : (   )　　　06 症 : (   )

07 是 : (   )　　　08 定 : (   )

💬 다음 한자성어의 독음을 쓰고, 적절한 뜻을 바르게 연결하시오.

09　九牛一毛　·
　　(　　　　　)

10　矯角殺牛　·
　　(　　　　　)

11　是是非非　·
　　(　　　　　)

12　互角之勢　·
　　(　　　　　)

13　邯鄲之步　·
　　(　　　　　)

14　類類相從　·
　　(　　　　　)

15　吳越同舟　·
　　(　　　　　)

16　五十步百步　·
　　(　　　　　)

· ⓐ 소의 뿔을 바로잡으려다가 소를 죽인다는 뜻으로, 잘못된 점을 고치려다가 그 방법이나 정도가 지나쳐 오히려 일을 그르침을 이르는 말

· ⓑ 1. 여러 가지의 잘잘못
2. 옳고 그름을 따지며 다툼.

· ⓒ 아홉 마리의 소 가운데 박힌 하나의 털이란 뜻으로, 매우 많은 것 가운데 극히 적은 수를 이르는 말

· ⓓ 서로 적의를 품은 사람들이 한자리에 있게 된 경우나 서로 협력하여야 하는 상황을 비유적으로 이르는 말

· ⓔ 역량이 서로 비슷비슷한 위세

· ⓕ 조금 낫고 못한 정도의 차이는 있으나 본질적으로는 차이가 없음을 이르는 말

· ⓖ 함부로 자기 본분을 버리고 남의 행위를 따라 하면 두 가지 모두 잃는다는 것을 이르는 말

· ⓗ 같은 무리끼리 서로 사귐.

💬 〈보기〉의 설명을 참고하여 빈칸에 들어갈 한자를 쓰시오.

보기

[가로]
가. 참된 본디의 형체
나. 모든 일은 반드시 바른길로 돌아감.
다. 그렇지 아니하다고 단정하거나 옳지 아니하다고 반대함.
라. 우물 안 개구리라는 뜻으로, 견문이 좁고 세상 형편에 어두운 사람을 비유적으로 이르는 말
마. 아무에게도 도움을 받지 못하는, 외롭고 곤란한 지경에 빠진 형편을 이르는 말

[세로]
A. 사람이 죽은 후에야 비로소 그 사람에 대한 평가가 제대로 됨을 이르는 말
B. 하는 일이나 태도가 사사로움이나 그릇됨이 없이 아주 정당하고 떳떳함.
C. 올바르지 아니하거나 옳지 못함.
D. 목이 말라야 비로소 샘을 판다는 뜻으로, 미리 준비를 하지 않고 있다가 일이 지나간 뒤에는 아무리 서둘러 봐도 아무 소용이 없음을 이르는 말
E. 어떤 일이 일어나기 전에 미리 앞을 내다보고 아는 지혜
F. 약자가 강자들 틈에 끼어서 괴로움을 겪음을 이르는 말

⊕ 정답

01. 의심할 **의**
02. 그칠 **지**
03. 좇을 **종**
04. 바를 **정**
05. 초나라 **초**
06. 증세 **증**
07. 옳을 **시**
08. 정할 **정**

09. 구우일모 – ⓒ
10. 교각살우 – ⓐ
11. 시시비비 – ⓑ
12. 호각지세 – ⓔ
13. 한단지보 – ⓖ
14. 유유상종 – ⓗ
15. 오월동주 – ⓓ
16. 오십보백보 – ⓕ

18강 실전 연습문제

01 〈보기〉의 괄호에 알맞은 한자 성어는?

보기

　　일을 하다 보면 균형과 절제가 필요하다는 것을 알게 된다. 일의 수행 과정에서 부분적 잘못을 바로 잡으려다 정작 일 자체를 뒤엎어 버리는 경우가 왕왕 발생하기 때문이다. 흔히 속담에 "빈대 잡으려다 초가삼간 태운다."는 말은 여기에 해당할 것이다. 따라서 부분적 결점을 바로잡으려다 본질을 해치는 (　　)의 어리석음을 저질러서는 안 된다.

① 개과불린(改過不吝)　　　　　　　② 경거망동(輕擧妄動)

③ 교각살우(矯角殺牛)　　　　　　　④ 부화뇌동(附和雷同)

02 고유어에 대응되는 한자어를 잘못 제시한 것은?
2017 국가직 7급 추가

① 지름길 – 捷徑　　　　　　　　② 비웃음 – 苦笑

③ 마름질 – 裁斷　　　　　　　　④ 게으름 – 懈怠

03 다음 중 '雲從龍風從虎'라는 말과 뜻이 가장 잘 통하는 속담은?

① 바늘 가는 데 실 간다.　　　　② 말 갈 데 소 갈 데 다 다녔다.

③ 바람 부는 대로 돛을 단다.　　④ 구름이 자주 끼면 비가 온다.

04 ㉠～㉣의 밑줄 친 어휘의 한자가 옳지 않은 것은?

• 그는 적의 ㉠ 사주를 받아 내부 기밀을 염탐했다.
• 남의 일에 지나친 ㉡ 간섭을 하지 않기 바랍니다.
• 그 선박은 ㉢ 결함을 지닌 채로 출항을 강행하였다.
• 비리 ㉣ 척결이 그가 내세운 가장 중요한 목표였다.

① ㉠ – 使嗾　　　　　　　　② ㉡ – 間涉

③ ㉢ – 缺陷　　　　　　　　④ ㉣ – 剔抉

390　한자(漢字) 20시간 초단기 완성

05 다음 글의 내용과 가장 어울리는 한자 성어는?

> 일본 이와테 현에 위치한 후다이 마을은 인구가 3천 명에 지나지 않는 작은 어촌 마을이다. 이 마을에는 높이 15.5m의 거대한 방조제가 있는데, 이 방조제는 건립 당시 쓸데없이 막대한 예산을 낭비한다는 반발이 극심했다고 한다. 당시 이 마을의 촌장이었던 와무라 고토쿠는, 1933년에 발생했던 15m 높이의 쓰나미 때문에 목숨을 잃을 뻔했던 적이 있었기에, 쓰나미가 얼마나 무서운지를 알고 있었다. 따라서 그는 15.5m의 초대형 방조제 건설을 절대 양보할 수 없었던 것이다. 와무라 촌장은 그 후 1997년 세상을 떠날 때까지 마을 주민들에게 무수한 비난을 받았다.
>
> 결국 수많은 저항을 이겨내고 만들어진 후다이 방조제는, 지난 2011년 11월 발생한 일본 도호쿠 대지진으로 인하여 그 진가를 증명할 수 있었다. 이 지진으로 인한 초대형 쓰나미는 도호쿠 연안 지역에 엄청난 피해를 야기했는데, 후다이 마을은 방조제 덕분에 단 한 명의 사망자도 발생하지 않았던 것이다. 이에 고마움을 느낀 후다이 마을 주민들은 2016년, 와무라 촌장을 기리는 비석을 세워 그의 업적을 칭송했다.

① 過猶不及　　　② 蓋棺事定　　　③ 渴而穿井　　　④ 吳越同舟

---

01 괄호 안에는 속담 '빈대 잡으려다 초가삼간 태운다.'와 의미가 통하는 한자 성어가 들어가야 한다. 따라서 '소의 뿔을 바로잡으려다 소를 죽인다는 뜻으로, 잘못된 점을 고치려다가 그 방법이나 정도가 지나쳐 오히려 일을 그르침.'을 이르는 말인 ③ '矯角殺牛(교각살우: 바로잡을 교, 뿔 각, 죽일 살, 소 우)'가 들어가는 것이 적절하다.
　오답정리 ① 改過不吝(개과불린: 고칠 개, 지날 과, 아닐 불, 아낄 린): 허물을 고침에 인색하지 않음을 이르는 말
② 輕擧妄動(경거망동: 가벼울 경, 들 거, 망령될 망, 움직일 동): 경솔하여 생각 없이 망령되게 행동함 또는 그런 행동
④ 附和雷同(부화뇌동: 붙을 부, 화할 화, 우레 뇌(뢰), 같을 동): 줏대 없이 남의 의견에 따라 움직임.

02 ② '苦笑(고소: 쓸 고, 웃을 소)'는 '쓴웃음'이란 의미이다. '쓴웃음(어이가 없거나 마지못하여 짓는 웃음)'과 '비웃음(흉을 보듯이 빈정거리거나 업신여기는 일. 또는 그렇게 웃는 웃음.)'은 그 의미가 다르기 때문에 대응되는 한자어로 적절하지 않다. '비웃음'의 뜻을 가진 한자어는 '誹笑(비소: 헐뜯을 비, 웃을 소)', 一笑(일소: 하나 일, 웃을 소)', '嘲笑(조소: 비웃을 조, 웃을 소)' 등이 있다.
　오답정리 ① 捷徑(첩경: 빠를 첩, 지름길 경)'은 '지름길'이란 의미이다.
③ 裁斷(재단: 마름질할 재, 끊을 단)'은 '마름질'이란 의미이다.
④ 懈怠(해태: 게으를 해, 게으를 태)'는 '게으름'이란 의미이다.

03 '雲從龍風從虎(운종룡풍종호: 구름 운, 좇을 종, 용 룡, 바람 풍, 좇을 종, 범 호)'는 '용 가는 데 구름 가고 범 가는 데 바람 간다는 뜻으로, 뜻과 마음이 맞는 사람끼리 서로 좇음을 이르는 말'이다. 따라서 '사람의 긴밀한 관계'를 비유적으로 이르는 말인 '바늘 가는 데 실 간다'와 그 의미가 가장 잘 통한다.
　오답정리 ② 말 갈 데 소 갈 데 다 다녔다: 온갖 곳을 다 다녔다는 말
③ 바람 부는 대로 돛을 단다: 바람이 부는 형세에 따라 돛을 단다는 뜻으로, 세상 형편 돌아가는 대로 따르고 있는 모양을 비유적으로 이르는 말
④ 구름이 자주 끼면 비가 온다: 일정한 징조가 있으면 그에 따르는 결과가 있기 마련임을 비유적으로 이르는 말

04 ② '간섭'은 '직접 관계가 없는 남의 일에 부당하게 참견함.'이란 의미이다. 이때 '간'의 한자는 '間(사이 간)'이 아닌, '干(방패 간)'을 쓴 '干涉(간섭: 방패 간, 건널 섭)'으로 쓴다.
　오답정리 ① 使嗾(사주: 부릴 사, 부추길 주): 남을 부추겨 좋지 않은 일을 시킴.
③ 缺陷(결함: 이지러질 결, 빠질 함): 부족하거나 완전하지 못하여 흠이 되는 부분
④ 剔抉(척결: 뼈 바를 척, 도려낼 결): 살을 도려내고 뼈를 발라냄. / 나쁜 부분이나 요소들을 깨끗이 없애 버림.

05 와무라 촌장은 예산 낭비라는 비난에도 불구하고 15m가 넘는 초대형 방조제 건설을 고수했기에, 죽을 때까지 비난을 받았으나, 이 방조제 덕분에 대지진으로 인해 발생한 쓰나미에서도 무사할 수 있었기에 그의 업적을 뒤늦게나마 인정하고 그를 칭송하고 있다. 선택지 중 이 내용에 가장 부합하는 한자 성어는, '사람이 죽은 후에 비로소 그 사람에 대한 평가가 제대로 됨.'의 의미인 ② '蓋棺事定(개관사정: 덮을 개, 널 관, 일 사, 정할 정)'이다.
　오답정리 ① 過猶不及(과유불급: 지날 과, 오히려 유, 아닐 불, 미칠 급): 정도를 지나침은 미치지 못함과 같다는 뜻으로, 중용(中庸)이 중요함을 이르는 말
③ 渴而穿井(갈이천정: 목마를 갈, 말 이을 이, 뚫을 천, 우물 정): 목이 말라야 비로소 샘을 판다는 뜻으로, 미리 준비를 하지 않고 있다가 일이 지난 뒤에는 아무리 서둘러 봐도 아무 소용이 없음을 이르는 말
④ 吳越同舟(오월동주: 오나라 오, 월나라 월, 같을 동, 배 주): 서로 적의를 품은 사람들이 한자리에 있게 된 경우나 서로 협력하여야 하는 상황을 비유적으로 이르는 말

➕정답 **01** ③　**02** ②　**03** ①　**04** ②　**05** ②

19^강

20시간 초단기 완성
한자 1600선

1회독 _____월 _____일
2회독 _____월 _____일
3회독 _____월 _____일

1 한자

541 己 몸 기	542 記 기록할 기	543 紀 벼리 기	544 忌 꺼릴 기	545 起 일어날 기	546 改 고칠 개
547 弓 활 궁	548 引 끌 인	549 强 강할 강	550 弱 약할 약	551 弟 아우 제	552 第 차례 제
553 單 홑 단	554 彈 탄알 탄	555 戰 싸움 전	556 充 채울 충	557 統 거느릴 통	558 育 기를 육
559 棄 버릴 기	560 兄 형 형	561 況 하물며 황	562 脫 벗을 탈	563 稅 세금 세	564 說 말씀 설 / 달랠 세 기쁠 열
565 設 베풀 설	566 投 던질 투	567 役 부릴 역	568 疫 전염병 역	569 度 법도 도 헤아릴 탁	570 渡 건널 도

2 한자성어

001 知己之友	002 博覽強記	003 護疾忌醫	004 起死回生	005 驚弓之鳥
006 弱肉強食	007 自強不息	008 強近之親	009 弱馬卜重	010 單刀直入
011 對牛彈琴	012 明珠彈雀	013 山戰水戰	014 速戰速決	015 戰戰兢兢
016 臨戰無退	017 鯨戰蝦死	018 汗牛充棟	019 自暴自棄	020 語不成說
021 橫說竪說	022 名論卓說	023 甘言利說	024 他尚何說	025 街談巷說
026 流言蜚語	027 以卵投石	028 意氣投合	029 置之度外	030 一擧手一投足

3 한자어

001 時期	002 時機	003 猜忌	004 起牀	005 氣象
006 氣像	007 奇想	008 改善	009 改選	010 凱旋
011 強度	012 剛度	013 強盜	014 強化	015 講和
016 弱冠	017 約款	018 投棄	019 投機	020 妬忌

한자

○ 알고있음 △ 애매함 X 모름

541

己
몸 기

★

□□□

自己	自 스스로 자 己 몸 기
	1. 그 사람 자신 2. 앞에서 이미 말하였거나 나온 바 있는 사람을 도로 가리키는 삼인칭 대명사
克己	克 이길 극 己 몸 기
	자기의 감정이나 욕심, 충동 따위를 이성적 의지로 눌러 이김.
利己主義	利 이로울 이(리) 己 몸 기 主 주인 주 義 옳을 의
	자기 자신의 이익만을 꾀하고, 사회 일반의 이익은 염두에 두지 않으려는 태도

542

記
기록할 기

★★

□□□

記載	記 기록할 기 載 실을 재
	문서 따위에 기록하여 올림.
記憶	記 기록할 기 憶 생각할 억
	이전의 인상이나 경험을 의식 속에 간직하거나 도로 생각해 냄.
記述	記 기록할 기 述 지을 술
	대상이나 과정의 내용과 특징을 있는 그대로 열거하거나 기록하여 서술함. 또는 그런 기록

543

紀
벼리 기

★★

□□□

世紀	世 세상 세 紀 벼리 기
	백 년을 단위로 하는 기간
紀念	紀(記) 벼리 기 念 생각 념
	어떤 뜻깊은 일이나 훌륭한 인물 등을 오래도록 잊지 아니하고 마음에 간직함.
紀綱	紀 벼리 기 綱 벼리 강
	규율과 법도를 아울러 이르는 말

544

忌 꺼릴 기
★★

禁忌	禁 금할 금　　　忌 꺼릴 기
	마음에 꺼려서 하지 않거나 피함.
忌避	忌 꺼릴 기　　　避 피할 피
	꺼리거나 싫어하여 피함.
猜忌	猜 시기할 시　　　忌 꺼릴 기
	남이 잘되는 것을 샘하여 미워함.

545

起 일어날 기
★★

起牀	起 일어날 기　　　牀(床) 평상 상
	잠자리에서 일어남.
惹起	惹 이끌 야　　　起 일어날 기
	일이나 사건 따위를 끌어 일으킴.
蜂起	蜂 벌 봉　　　起 일어날 기
	벌 떼처럼 떼 지어 세차게 일어남.

546

改 고칠 개
★★

改革	改 고칠 개　　　革 가죽 혁
	제도나 기구 따위를 새롭게 뜯어고침.
改善	改 고칠 개　　　善 착할 선
	잘못된 것이나 부족한 것, 나쁜 것 따위를 고쳐 더 좋게 만듦.
改良	改 고칠 개　　　良 어질 량
	나쁜 점을 보완하여 더 좋게 고침

547

弓 활 궁
★

洋弓	洋 큰 바다 양　　　弓 활 궁
	서양식으로 만든 활. 또는 그 활로 겨루는 경기
弓矢	弓 활 궁　　　矢 화살 시
	활과 화살을 아울러 이르는 말
傷弓之鳥	傷 다칠 상　　　弓 활 궁　　　之 갈 지　　　鳥 새 조
	한 번 화살에 맞은 새는 구부러진 나무만 보아도 놀란다는 뜻으로, 한 번 혼이 난 일로 늘 의심과 두려운 마음을 품는 것을 이르는 말. = 경궁지조(驚弓之鳥)

548 引 끌 인 ★

引上	引 끌 인　　　上 위 상	
	1. 물건 따위를 끌어 올림. 2. 물건값, 봉급, 요금 따위를 올림.	
引用	引 끌 인　　　用 쓸 용	
	남의 말이나 글을 자신의 말이나 글 속에 끌어 씀.	
割引	割 나눌 할　　　引 끌 인	
	일정한 값에서 얼마를 뺌.	

549 强 강할 강 ★★

强制	强(強) 강할 강　　　制 억제할 제	
	권력이나 위력(威力)으로 남의 자유의사를 억눌러 원하지 않는 일을 억지로 시킴.	
强度	强(強) 강할 강　　　度 법도 도	
	센 정도	
强硬	强(強) 강할 강　　　硬 굳을 경	
	굳세게 버티어 굽히지 않음.	

550 弱 약할 약 ★★

强弱	强(強) 강할 강　　　弱 약할 약	
	강하고 약함. 또는 그런 정도	
衰弱	衰 쇠할 쇠　　　弱 약할 약	
	힘이 쇠하고 약함.	
弱冠	弱 약할 약　　　冠 갓 관	
	1. 스무 살을 달리 이르는 말 ※ ≪예기≫ 〈곡례편(曲禮篇)〉에서, 공자가 스무 살에 관례를 한다고 한 데서 나온 말이다. 2. 젊은 나이	

551 弟 아우 제 ★

弟子	弟 아우 제　　　子 아들 자	
	스승으로부터 가르침을 받거나 받은 사람	
師弟	師 스승 사　　　弟 아우 제	
	스승과 제자를 아울러 이르는 말	
徒弟	徒 무리 도　　　弟 아우 제	
	1. 스승으로부터 가르침을 받거나 받은 사람. = 제자 2. 직업에 필요한 지식, 기능을 배우기 위하여 스승의 밑에서 일하는 직공	

552 □□□

第一	第 차례 제　　　一 하나 일
	[명사] 여럿 가운데서 첫째가는 것
	[부사] 여럿 가운데 가장
及第	及 미칠 급　　　第 차례 제
	1. 시험이나 검사 따위에 합격함.
	2. 과거에 합격하던 일
落第	落 떨어질 낙(락)　　第 차례 제
	1. 진학 또는 진급을 못 함.
	2. 시험이나 검사 따위에 떨어짐.
	3. 일정한 기준에 미치지 못함을 비유적으로 이르는 말

553 □□□

單獨	單 홀 단　　　獨 홀로 독
	1. 단 한 사람　2. 단 하나
單位	單 홀 단　　　位 자리 위
	1. 길이, 무게, 수효, 시간 따위의 수량을 수치로 나타낼 때 기초가 되는 일정한 기준
	2. 하나의 조직 따위를 구성하는 기본적인 한 덩어리
單語	單 홀 단　　　語 말씀 어
	분리하여 자립적으로 쓸 수 있는 말이나 이에 준하는 말. 또는 그 말의 뒤에 붙어서 문법적 기능을 나타내는 말

554 □□□

砲彈	砲 대포 포　　　彈 탄알 탄
	대포의 탄알
彈力	彈 탄알 탄　　　力 힘 력
	1. 용수철처럼 튀거나 팽팽하게 버티는 힘
	2. 반응이 빠르고 힘이 넘치는 것을 비유적으로 이르는 말
彈劾	彈 탄알 탄　　　劾 꾸짖을 핵
	1. 죄상을 들어서 책망함.
	2. 보통의 파면 절차에 의한 파면이 곤란하거나 검찰 기관에 의한 소추(訴追)가 사실상 곤란한 대통령·국무 위원·법관 등을 국회에서 소추하여 해임하거나 처벌하는 일. 또는 그런 제도

555 戰 싸움 전 ★★

戰爭	戰 싸움 전　　　　爭 다툴 쟁
	1. 국가와 국가, 또는 교전(交戰) 단체 사이에 무력을 사용하여 싸움
	2. 극심한 경쟁이나 혼란 또는 어떤 문제에 대한 아주 적극적인 대응을 비유적으로 이르는 말
戰鬪	戰 싸움 전　　　　鬪 싸움 투
	두 편의 군대가 조직적으로 무장하여 싸움.
挑戰	挑 돋울 도　　　　戰 싸움 전
	1. 정면으로 맞서 싸움을 걺.
	2. 어려운 사업이나 기록 경신 따위에 맞섬을 비유적으로 이르는 말

556 充 채울 충 ★★

充足	充 채울 충　　　　足 만족 족
	1. 넉넉하여 모자람이 없음.
	2. 일정한 분량을 채워 모자람이 없게 함.
充滿	充 채울 충　　　　滿 가득 찰 만
	한껏 차서 가득함.
補充	補 기울 보　　　　充 채울 충
	부족한 것을 보태어 채움.

557 統 거느릴 통 ★★

系統	系 이을 계　　　　統 거느릴 통
	1. 일정한 체계에 따라 서로 관련되어 있는 부분들의 통일적 조직
	2. 일의 체계나 순서　3. 일정한 분야나 부문
	4. 하나의 공통적인 것에서 갈려 나온 갈래
傳統	傳 전할 전　　　　統 거느릴 통
	어떤 집단이나 공동체에서, 지난 시대에 이미 이루어져 계통을 이루며 전하여 내려오는 사상·관습·행동 따위의 양식
統制	統 거느릴 통　　　　制 억제할 제
	1. 일정한 방침이나 목적에 따라 행위를 제한하거나 제약함.
	2. 권력으로 언론·경제 활동 따위에 제한을 가하는 일

558 育 기를 육 ★

教育	教 가르칠 교　　　　育 기를 육
	지식과 기술 따위를 가르치며 인격을 길러 줌.
養育	養 기를 양　　　　育 기를 육
	아이를 보살펴서 자라게 함.
飼育	飼 먹일 사　　　　育 기를 육
	어린 가축이나 짐승이 자라도록 먹이어 기름.

559 棄 버릴 기 ★★★	遺棄	遺 남길 유　　　　棄 버릴 기
		내다 버림.
	抛棄	抛 던질 포　　　　棄 버릴 기
		1. 하려던 일을 도중에 그만두어 버림.
		2. 자기의 권리나 자격, 물건 따위를 내던져 버림.
	棄却	棄 버릴 기　　　　却 물리칠 각
		1. 물품을 내버림.
		2. 소송을 수리한 법원이, 소나 상소가 형식적인 요건은 갖추었으나, 그 내용이 실체적으로 이유가 없다고 판단하여 소송을 종료하는 일

□□□

560 兄 형 형 ★	兄弟	兄 형 형　　　　弟 아우 제
		1. 형과 아우를 아울러 이르는 말　2. 형제와 자매, 남매를 통틀어 이르는 말
	兄嫂	兄 형 형　　　　嫂 형수 수
		1. 같은 부모에게서 태어난 사이거나 일가친척 가운데 항렬이 같은 남자들 사이에서 형의 아내를 이르는 말
		2. 남남의 남자끼리 형뻘이 되는 사람의 아내를 정답게 이르는 말
	難兄難弟	難 어려울 난　　兄 형 형　　難 어려울 난　　弟 아우 제
		누구를 형이라 하고 누구를 아우라 하기 어렵다는 뜻으로, 두 사물이 비슷하여 낫고 못함을 정하기 어려움을 이르는 말

□□□

561 況 하물며 황 ★	狀況	狀 형상 상　　　　況 하물며 황
		일이 되어 가는 과정이나 형편
	現況	現 나타날 현　　　　況 하물며 황
		현재의 상황
	好況	好 좋을 호　　　　況 하물며 황
		경기(景氣)가 좋음. 또는 그런 상황 ↔ 불황(不況)

□□□

562 脫 벗을 탈 ★★	脫退	脫 벗을 탈　　　　退 물러날 퇴
		관계하고 있던 조직이나 단체 따위에서 관계를 끊고 물러남.
	脫落	脫 벗을 탈　　　　落 떨어질 락
		범위에 들지 못하고 떨어지거나 빠짐.
	離脫	離 떠날 이(리)　　　脫 벗을 탈
		어떤 범위나 대열 따위에서 떨어져 나오거나 떨어져 나감.

563

稅
세금 세
★★★

租稅	租 구실 조　　　稅 세금 세
	국가 또는 지방 공공 단체가 필요한 경비로 사용하기 위하여 국민이나 주민으로부터 강제로 거두어들이는 금전. 국세와 지방세가 있다.
課稅	課 매길 과　　　稅 세금 세
	세금을 정하여 그것을 내도록 의무를 지움.
有名稅	有 있을 유　　　名 이름 명　　　稅 세금 세
	세상에 이름이 널리 알려져 있는 탓으로 당하는 불편이나 곤욕을 속되게 이르는 말

564

說
말씀 설 / 달랠 세
기쁠 열
★★★

說明	說 말씀 설　　　明 밝을 명
	어떤 일이나 대상의 내용을 상대편이 잘 알 수 있도록 밝혀 말함. 또는 그런 말
論說	論 논할 논(론)　　　說 말씀 설
	1. 어떤 주제에 관하여 자기의 의견이나 주장을 조리 있게 설명함. 2. 어떤 주제에 관하여 자기의 생각이나 주장을 체계적으로 밝혀 쓴 글. = 논설문 3. 신문이나 잡지 따위의 사설.
遊說	遊 놀 유　　　說 달랠 세
	자기 의견 또는 자기 소속 정당의 주장을 선전하며 돌아다님.

565

設
베풀 설
★★★

施設	施 베풀 시　　　設 베풀 설
	도구, 기계, 장치 따위를 베풀어 설비함. 또는 그런 설비
設問	設 베풀 설　　　問 물을 문
	조사를 하거나 통계 자료 따위를 얻기 위하여 어떤 주제에 대하여 문제를 내어 물음. 또는 그 문제
設令	設 베풀 설　　　令 하여금 령
	가정해서 말하여

566

投
던질 투
★★

投資	投 던질 투　　　資 재물 자
	이익을 얻기 위하여 어떤 일이나 사업에 자본을 대거나 시간이나 정성을 쏟음.
投棄	投 던질 투　　　棄 버릴 기
	내던져 버림.
投票	投 던질 투　　　票 표 표
	선거를 하거나 가부를 결정할 때에 투표용지에 의사를 표시하여 일정한 곳에 내는 일. 또는 그런 표

567

役
부릴 역
★★

役割	役 부릴 역　　　割 나눌 할
	1. 자기가 마땅히 하여야 할 맡은 바 직책이나 임무
	2. 영화나 연극 따위에서 배우가 맡아서 하는 소임
用役	用 쓸 용　　　役 부릴 역
	물질적 재화의 형태를 취하지 아니하고 생산과 소비에 필요한 노무를 제공하는 일
懲役	懲 징계할 징　　　役 부릴 역
	죄인을 교도소에 가두어 노동을 시키는 형벌. 자유형 가운데 가장 무거운 형벌이다.

568

疫
전염병 역
★★

免疫	免(免) 면할 면　　　疫 전염병 역
	1. 반복되는 자극 따위에 반응하지 않고 무감각해지는 상태를 비유적으로 이르는 말
	2. 몸속에 들어온 병원(病原) 미생물에 대항하는 항체를 생산하여 독소를 중화하거나 병원 미생물을 죽여서 다음에는 그 병에 걸리지 않도록 된 상태. 또는 그런 작용
防疫	防 막을 방　　　疫 전염병 역
	전염병이 발생하거나 유행하는 것을 미리 막는 일
疫學調査	疫 전염병 역　　　學 배울 학　　　調 고를 조　　　査 조사할 사
	전염병의 발생 원인과 역학적 특성을 밝히는 일. 이를 토대로 합리적 방역 대책을 세우는 것이 목적이다.

569

度
법도 도
헤아릴 탁
★★★

程度	程 한도 정　　　度 법도 도
	1. 사물의 성질이나 가치를 양부(良否), 우열 따위에서 본 분량이나 수준
	2. 알맞은 한도
態度	態 모양 태　　　度 법도 도
	1. 몸의 동작이나 몸을 가누는 모양새
	2. 어떤 일이나 상황 따위를 대하는 마음가짐. 또는 그 마음가짐이 드러난 자세
	3. 어떤 일이나 상황 따위에 대해 취하는 입장
忖度	忖 헤아릴 촌　　　度 헤아릴 탁
	남의 마음을 미루어서 헤아림.

570

渡
건널 도
★★

引渡	引 끌 인　　　渡 건널 도
	사물이나 권리 따위를 넘겨줌.
讓渡	讓 사양할 양　　　渡 건널 도
	재산이나 물건을 남에게 넘겨줌. 또는 그런 일
不渡	不 아닐 부(불)　　　渡 건널 도
	어음이나 수표를 가진 사람이 기한이 되어도 어음이나 수표에 적힌 돈을 지급받지 못하는 일

001 知己之友 지기지우 ☐☐☐

알 지 　 몸 기 　 갈 지 　 벗 우

자기의 속마음을 참되게 알아주는 친구

002 博覽强記 박람강기 ☐☐☐

넓을 박 　 볼 람 　 강할 강 　 기록할 기

여러 가지의 책을 널리 많이 읽고 기억을 잘함.

003 護疾忌醫 호질기의 ☐☐☐

보호할 호 　 병 질 　 꺼릴 기 　 의원 의

병을 숨겨 의사에게 보여 주지 않는다는 뜻으로, 남에게 충고받기를 꺼려 자신의 잘못을 숨기려 함을 이르는 말

004 起死回生 기사회생 ☐☐☐

일어날 기 　 죽을 사 　 돌 회 　 날 생

거의 죽을 뻔하다가 도로 살아남.

005 驚弓之鳥 경궁지조 ☐☐☐

놀랄 경 　 활 궁 　 갈 지 　 새 조

한 번 화살에 맞은 새는 구부러진 나무만 보아도 놀란다는 뜻으로, 한 번 혼이 난 일로 늘 의심과 두려운 마음을 품는 것을 이르는 말. = 상궁지조(傷弓之鳥)

006 弱肉强食 약육강식 ☐☐☐

약할 약 　 고기 육 　 강할 강 　 먹을 식

약한 자가 강한 자에게 먹힌다는 뜻으로, 강한 자가 약한 자를 희생시켜서 번영하거나, 약한 자가 강한 자에게 끝내는 멸망됨을 이르는 말

007 自強不息
자강불식

스스로 자   강할 강   아닐 불   쉴 식

스스로 힘써 몸과 마음을 가다듬어 쉬지 아니함.

008 強近之親
강근지친

강할 강   가까울 근   갈 지   친할 친

도움을 줄 만한 아주 가까운 친척

009 弱馬卜重
약마복중

약할 약   말 마   점 복   무거울 중

약한 말에 무거운 짐을 실었다는 뜻으로, 재주와 힘이 넉넉하지 못한 사람이 능력에 벅찬 일을 맡음을 이르는 말

010 單刀直入
단도직입

홀 단   칼 도   곧을 직   들 입

혼자서 칼 한 자루를 들고 적진으로 곧장 쳐들어간다는 뜻으로, 여러 말을 늘어놓지 아니하고 바로 요점이나 본문제를 중심적으로 말함을 이르는 말

011 對牛彈琴
대우탄금

대할 대   소 우   탄알 탄   거문고 금

소를 마주 대하고 거문고를 탄다는 뜻으로, 어리석은 사람에게는 깊은 이치를 말해 주어도 알아듣지 못하므로 아무 소용이 없음을 이르는 말

012 明珠彈雀
명주탄작

밝을 명   구슬 주   탄알 탄   참새 작

새를 잡는 데 구슬을 쓴다는 뜻으로, 작은 것을 탐내다가 큰 것을 손해 보게 됨을 이르는 말

013 山戰水戰
산전수전

산 산   싸움 전   물 수   싸움 전

산에서도 싸우고 물에서도 싸웠다는 뜻으로, 세상의 온갖 고생과 어려움을 다 겪었음을 이르는 말

014 速戰速決
속전속결

빠를 속   싸움 전   빠를 속   결정할 결

1. 싸움을 오래 끌지 아니하고 빨리 몰아쳐 이기고 짐을 결정함.
2. 어떤 일을 빨리 진행하여 빨리 끝냄을 비유적으로 이르는 말

015 戰戰兢兢
전전긍긍

☐☐☐

| 싸움 전 | 싸움 전 | 삼갈 긍 | 삼갈 긍 |

몹시 두려워서 벌벌 떨며 조심함.

016 臨戰無退
임전무퇴

☐☐☐

| 임할 임(림) | 싸움 전 | 없을 무 | 물러날 퇴 |

세속 오계의 하나. 전쟁에 나아가서 물러서지 않음을 이른다.

017 鯨戰蝦死
경전하사

☐☐☐

| 고래 경 | 싸움 전 | 새우 하 | 죽을 사 |

고래 싸움에 새우 등 터진다는 뜻으로, 강한 자끼리 서로 싸우는 통에 아무 상관도 없는 약한 자가 해를 입음을 비유적으로 이르는 말

018 汗牛充棟
한우충동

☐☐☐

| 땀 한 | 소 우 | 채울 충 | 마룻대 동 |

짐으로 실으면 소가 땀을 흘리고, 쌓으면 들보에까지 찬다는 뜻으로, 가지고 있는 책이 매우 많음을 이르는 말

019 自暴自棄
자포자기

☐☐☐

| 스스로 자 | 사나울 포 | 스스로 자 | 버릴 기 |

절망에 빠져 자신을 스스로 포기하고 돌아보지 아니함.

020 語不成說
어불성설

☐☐☐

| 말씀 어 | 아닐 불 | 이룰 성 | 말씀 설 |

말이 조금도 사리에 맞지 아니함.

021 橫說竪說
횡설수설

☐☐☐

| 가로 횡 | 말씀 설 | 세울 수 | 말씀 설 |

조리가 없이 말을 이러쿵저러쿵 지껄임.

022 名論卓說
명론탁설

☐☐☐

| 밝을 명 | 논할 론 | 높을 탁 | 말씀 설 |

훌륭하고 이름난 이론이나 학설

023 ☐☐☐

甘言利說
감언이설

| 달 감 | 말씀 언 | 이로울 이(리) | 말씀 설 |

귀가 솔깃하도록 남의 비위를 맞추거나 이로운 조건을 내세워 꾀는 말

024 ☐☐☐

他尙何說
타상하설

| 다를 타 | 오히려 상 | 어찌 하 | 말씀 설 |

다른 무엇을 말할 필요가 있겠느냐는 뜻으로, 한 가지를 보면 다른 것은 보지 않아도 헤아릴 수 있음을 이르는 말

025 ☐☐☐

街談巷說
가담항설

| 거리 가 | 말씀 담 | 거리 항 | 말씀 설 |

거리나 항간에 떠도는 소문

026 ☐☐☐

流言蜚語
유언비어

| 흐를 유(류) | 말씀 언 | 바퀴 비 | 말씀 어 |

아무 근거 없이 널리 퍼진 소문

027 ☐☐☐

以卵投石
이란투석

| 써 이 | 알 란 | 던질 투 | 돌 석 |

달걀로 돌을 친다는 뜻으로, 아주 약한 것으로 강한 것에 대항하려는 어리석음을 비유적으로 이르는 말. = 이란격석(以卵擊石)

028 ☐☐☐

意氣投合
의기투합

| 뜻 의 | 기운 기 | 던질 투 | 합할 합 |

마음이나 뜻이 서로 맞음.

029 ☐☐☐

置之度外
치지도외

| 둘 치 | 갈 지 | 법도 도 | 바깥 외 |

마음에 두지 아니함. ≒ 도외치지(度外置之)

030 ☐☐☐

一擧手一投足
일거수일투족

| 하나 일 | 들 거 | 손 수 | 하나 일 | 던질 투 | 발 족 |

손 한 번 들고 발 한 번 옮긴다는 뜻으로, 크고 작은 동작 하나하나를 이르는 말

한자어

001

時期
시기

때 시 　 기약할 기

어떤 일이나 현상이 진행되는 시점
- 가을은 오곡백과가 무르익는 時期이다.

002

時機
시기

때 시 　 틀 기

적당한 때나 기회
- 時機를 놓치다.

003

猜忌
시기

시기할 시 　 꺼릴 기

남이 잘되는 것을 샘하여 미워함.
- 주위 사람들은 그의 뛰어난 능력을 猜忌했다.

004

起牀
기상

일어날 기 　 평상 상

잠자리에서 일어남.
- 그는 여섯 시에 起牀해서 일곱 시에 아침 식사를 했다.

005

氣象
기상

기운 기 　 코끼리 상

대기 중에서 일어나는 물리적인 현상을 통틀어 이르는 말
- 氣象 이변으로 사막에 큰비가 내렸다고 한다.

006

氣像
기상

기운 기 　 모양 상

사람이 타고난 기개나 마음씨. 또는 그것이 겉으로 드러난 모양
- 우리 국군의 늠름한 氣像을 보니 마음이 흐뭇합니다.

007

奇想
기상

기이할 기 　 생각 상

좀처럼 짐작할 수 없는 별난 생각
- 무엇을 생각할 때의 그 눈은 확실히 보통 사람의 생각이 밎지 못하는 奇想을 빚어내는 것이었다.
- 奇想天外(기상천외)

008

改善
개선

고칠 개 　 착할 선

잘못된 것이나 부족한 것, 나쁜 것 따위를 고쳐 더 좋게 만듦.
- 관계 改善을 위하여 노력하다.

009

改選
개선

고칠 개 　 가릴 선

의원이나 임원 등이 사퇴하거나 그 임기가 다 되었을 때 새로 선출함.
- 시 의원의 改選을 실시하다.

010

凱旋
개선

개선할 개 　 돌 선

싸움에서 이기고 돌아옴.
- 그 선수는 올림픽 凱旋을 축하하는 시민들의 환호에 답했다.

011 □□□

强度
강도

강할 강　　법도 도

센 정도
• 감독은 선수들에게 强度 높은 훈련을 시켰다.

---

012 □□□

剛度
강도

굳셀 강　　법도 도

금속의 단단하고 센 정도
• 강철보다 합금의 剛度가 더 높다.

---

013 □□□

强盜
강도

강할 강　　도둑 도

폭행이나 협박 따위로 남의 재물을 빼앗는 도둑. 또는 그런 행위
• 어제 우리 동네 부잣집에 强盜가 들었다.

---

014 □□□

强化
강화

강할 강　　될 화

1. 세력이나 힘을 더 강하고 튼튼하게 함.
   • 국력을 强化하다.
2. 수준이나 정도를 더 높임.

---

015 □□□

講和
강화

익힐 강　　화목할 화

싸우던 두 편이 싸움을 그치고 평화로운 상태가 됨.
• 두 나라가 전쟁을 종식하고 講和하기로 하였다.

---

016 □□□

弱冠
약관

약할 약　　갓 관

1. 스무 살을 달리 이르는 말
   ※ ≪예기≫ 〈곡례편(曲禮篇)〉에서, 공자가 스무 살에 관례를 한다고 한 데서 나온 말이다.
   • 올해 열여덟 살 아직 弱冠도 되지 못한 소년이건만….
2. 젊은 나이

---

017 □□□

約款
약관

맺을 약　　항목 관

계약의 당사자가 다수의 상대편과 계약을 체결하기 위하여 일정한 형식에 의하여 미리 마련한 계약의 내용
• 많은 소비자들이 공정을 잃은 約款 규정에 피해를 입고 있다.

---

018 □□□

投棄
투기

던질 투　　버릴 기

내던져 버림.
• 쓰레기를 投棄하다.

---

019 □□□

投機
투기

던질 투　　틀 기

기회를 틈타 큰 이익을 보려고 함. 또는 그 일
• 부동산 投機의 근절책을 모색하다.

---

020 □□□

妬忌
투기

샘낼 투　　꺼릴 기

부부 사이나 사랑하는 이성(異性) 사이에서 상대되는 이성이 다른 이성을 좋아할 경우에 지나치게 시기함.
• 동료의 승진을 妬忌하다.

💬 다음 한자의 뜻과 음을 쓰시오.

01 引 : (   )   02 稅 : (   )

03 強 : (   )   04 設 : (   )

05 彈 : (   )   06 疫 : (   )

07 戰 : (   )   08 渡 : (   )

💬 다음 한자성어의 독음을 쓰고, 적절한 뜻을 바르게 연결하시오.

09 單刀直入
(   )   ⓐ 달걀로 돌을 친다는 뜻으로, 아주 약한 것으로 강한 것에 대항하려는 어리석음을 비유적으로 이르는 말

10 以卵投石
(   )   ⓑ 짐으로 실으면 소가 땀을 흘리고, 쌓으면 들보에까지 찬다는 뜻으로, 가지고 있는 책이 매우 많음을 이르는 말

11 對牛彈琴
(   )   ⓒ 혼자서 칼 한 자루를 들고 적진으로 곧장 쳐들어간다는 뜻으로, 여러 말을 늘어놓지 아니하고 바로 요점이나 본문제를 중심적으로 말함을 이르는 말

12 流言蜚語
(   )   ⓓ 조리가 없이 말을 이러쿵저러쿵 지껄임.

13 橫說竪說
(   )   ⓔ 아무 근거 없이 널리 퍼진 소문

14 汗牛充棟
(   )   ⓕ 소를 마주 대하고 거문고를 탄다는 뜻으로, 어리석은 사람에게는 깊은 이치를 말해 주어도 알아듣지 못하므로 아무 소용이 없음을 이르는 말

15 戰戰兢兢
(   )   ⓖ 거의 죽을 뻔하다가 도로 살아남.

16 起死回生
(   )   ⓗ 몹시 두려워서 벌벌 떨며 조심함.

💬 〈보기〉의 설명을 참고하여 빈칸에 들어갈 한자를 쓰시오.

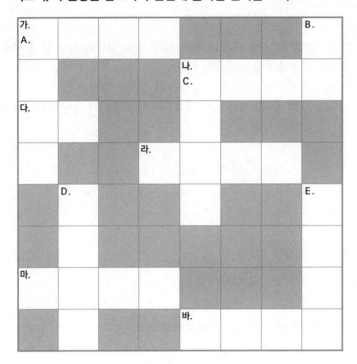

보 기

[가로]

가. 약한 말에 무거운 짐을 실었다는 뜻으로, 재주와 힘이 넉넉하지 못한 사람이 능력에 벅찬 일을 맡음을 이르는 말

나. 절망에 빠져 자신을 스스로 포기하고 돌아보지 아니함.

다. 폭행이나 협박 따위로 남의 재물을 빼앗는 도둑. 또는 그런 행위

라. 말이 조금도 사리에 맞지 아니함.

마. 마음에 두지 아니함.

바. 거리나 항간에 떠도는 소문

[세로]

A. 강한 자가 약한 자를 희생시켜서 번영하거나, 약한 자가 강한 자에게 끝내는 멸망됨을 이르는 말

B. 내던져 버림.

C. 스스로 힘써 몸과 마음을 가다듬어 쉬지 아니함.

D. 자기의 속마음을 참되게 알아주는 친구

E. 귀가 솔깃하도록 남의 비위를 맞추거나 이로운 조건을 내세워 꾀는 말

⊕ 정답

01. 끌 인
02. 세금 세
03. 강할 강
04. 베풀 설
05. 탄알 탄
06. 전염병 역
07. 싸움 전
08. 건널 도

09. 단도직입 - ⓒ
10. 이란투석 - ⓐ
11. 대우탄금 - ⓕ
12. 유언비어 - ⓔ
13. 횡설수설 - ⓓ
14. 한우충동 - ⓑ
15. 전전긍긍 - ⓗ
16. 기사회생 - ⓖ

19^강 실전 연습문제

01 다음 글의 ⑤~②에 대한 한자 표기가 옳지 않은 것은?

2021 군무원 7급

> 일제 강점기 저항문학 작품의 수가 적고 저항의 ⑤ 강도가 그리 높지 않은 것은 일제의 사상 ⑥ 통제에 원인이 있다. 그래서 우리는 작품의 ⑥ 행간에 감추어져 있는 작가의 의식을 끌어내서 작가가 하고 싶었으나 제대로 표현하지 못한 내용의 ② 단서를 찾아내는 작업을 해야 한다. 검열의 틈을 뚫고 자신의 진실을 드러내고자 애쓴 일제 강점기 문학인들의 고민과 고충을 이해하고 작품 속에 내재된 의미를 찾아서 정당하게 해석해야 할 의무가 우리에게 있다.

① ⑤ 강도 – 強道
② ⑥ 통제 – 統制
③ ⑥ 행간 – 行間
④ ② 단서 – 端緒

02 밑줄 친 단어와 바꿔 쓸 수 있는 한자어로 가장 적절한 것은?

2020 지방직 9급

① 그는 가수가 되려는 꿈을 버리고 직장을 구했다. → 遺棄하고
② 휴가철인 7~8월에 버려지는 반려견들이 가장 많다. → 根絕되는
③ 그는 집 앞에 몰래 쓰레기를 버리고 간 사람을 찾고 있다. → 投棄하고
④ 취직하려면 그녀는 우선 지각하는 습관을 버려야 한다. → 抛棄해야

03 ⑤~⑥의 표제어에 적합한 한자 표기는?

2016 국가직 7급

> ⑤ 유세: 자기 의견 또는 자기 소속 정당의 주장을 선전하며 돌아다님.
> ⑥ 조세: 국가 또는 지방자치단체가 필요한 경비로 사용하기 위하여 국민이나 주민으로부터 강제로 거두어들이는 금전
> ⑥ 탑본: 비석, 기와, 기물 따위에 새겨진 글씨나 무늬를 종이에 그대로 떠냄.

	⑤	⑥	⑥
①	遊說	徂歲	拓本
②	遊說	租稅	搨本
③	誘說	徂歲	搨本
④	誘說	租稅	拓本

04 다음 중 그 뜻이 가장 다른 것은?

① 發憤忘食 ② 守株待兔 ③ 自强不息

④ 切磋琢磨 ⑤ 螢雪之功

05 ㉠~㉢의 한자 표기로 모두 옳은 것은?

> 부동산 ㉠ 투기를 막기 위해 다주택자에 대한 ㉡ 과세를 ㉢ 강화했다.

	㉠	㉡	㉢		㉠	㉡	㉢
①	投棄	課稅	講和	②	投棄	過歲	强化
③	投機	課稅	强化	④	投機	過歲	講和

---

01 ① 強道 → 強度: 문맥상 '센 정도'의 의미이므로, '道(길 도)'가 아닌 '度(법도 도)'를 쓴, '強度(강도: 강할 강, 법도 도)'가 올바른 표기이다.

오답정리 ▶ ② 統制(통제: 거느릴 통, 억제할 제): 일정한 방침이나 목적에 따라 행위를 제한하거나 제약함. / 권력으로 언론·경제 활동 따위에 제한을 가하는 일

③ 行間(행간: 다닐 행, 사이 간): 쓰거나 인쇄한 글의 줄과 줄 사이. 또는 행과 행 사이 / 글에 직접적으로 나타나 있지 아니하나 그 글을 통하여 나타내려고 하는 숨은 뜻을 비유적으로 이르는 말

④ 端緒(단서: 끝 단, 실마리 서): 어떤 문제를 해결하는 방향으로 이끌어 가는 일의 첫 부분 / 어떤 일의 시초

02 ③ 목적어가 '쓰레기를'인 것을 보아, 내던져 버림을 의미하는 '投棄(투기: 던질 투, 버릴 기)'로 바꿔 쓴 것은 옳다.

오답정리 ▶ ① 목적어가 '꿈을'인 것을 보아, '내다 버림.'을 의미하는 '遺棄(유기: 남길 유, 버릴 기)'는 어울리지 않는다. 문맥상 '하려던 일을 도중에 그만두어 버림.'을 의미하는 '拋棄(포기: 던질 포, 버릴 기)'가 어울린다.

② '반려견들이'를 보아, '다시 살아날 수 없도록 아주 뿌리째 없애 버림.'을 의미하는 '根絕(근절: 뿌리 근, 끊을 절)'은 어울리지 않는다. 문맥상 '내다 버림.'을 의미하는 '遺棄(유기: 남길 유, 버릴 기)'가 어울린다.

④ '지각하는 습관을'보아, '하려던 일을 도중에 그만두어 버림.'을 의미하는 '拋棄(포기: 던질 포, 버릴 기)'는 어울리지 않는다. 문맥상 '根絕(근절: 뿌리 근, 끊을 절)'이 어울린다.

03 ㉠ '선전하며 돌아다님'을 이르는 말은 '遊(놀 유)'를 쓴 '遊說(유세: 놀 유, 달랠 세)'이다.

㉡ 문맥상 '세금'이란 의미이므로, '稅(세금 세)'를 쓴 '租稅(조세: 구실 조, 세금 세)'가 적합하다.

㉢ '비석, 기와, 기물'의 글씨나 무늬를 그대로 떠내는 것은 '搨本(탑본: 베낄 탑, 근본 본)', '拓本(탁본: 박을 탁, 근본 본)' 둘 다 가능하다. 다만 독음이 '탑본'으로 제시되었으므로 '搨本(탑본)'을 선택해야 한다.

오답정리 ▶ ㉠ 誘說(유세: 꾈 유, 달랠 세): 달콤한 말로 꾐.

㉡ 徂歲(조세: 갈 조, 해 세): 지나간 해. 또는 지나간 시절

04 '守株待兔(수주대토: 지킬 수, 그루 주, 기다릴 대, 토끼 토)'는 어리석은 사람을 비유적으로 이르는 말이다. 나머지는 모두 '열심히 노력함/공부함'이란 의미를 가지고 있기 때문에, 그 뜻이 가장 다른 것은 ②이다.

오답정리 ▶

① 發憤忘食(발분망식: 필 발, 성낼 분, 잊을 망, 먹을 식): 끼니까지도 잊을 정도로 어떤 일에 열중하여 노력함.

③ 自强不息(자강불식: 스스로 자, 강할 강, 아닐 불, 쉴 식): 스스로 힘써 몸과 마음을 가다듬어 쉬지 아니함.

④ 切磋琢磨(절차탁마: 끊을 절, 갈 차, 쫄 탁, 갈 마): 옥이나 돌 따위를 갈고 닦아서 빛을 낸다는 뜻으로, 부지런히 학문과 덕행을 닦음을 이르는 말

⑤ 螢雪之功(형설지공: 반딧불 형, 눈 설, 갈 지, 공 공): 반딧불·눈과 함께 하는 노력이라는 뜻으로, 고생을 하면서 부지런하고 꾸준하게 공부하는 자세를 이르는 말

05 ㉠ 문맥상 '기회를 틈타 큰 이익을 보려고 함.'의 의미이므로, '投機(투기: 던질 투, 틀 기)'가 적절하다.

㉡ 문맥상 '세금을 정하여 그것을 내도록 의무를 지움.'의 의미이므로, '課稅(과세: 매길 과, 세금 세)'가 적절하다.

㉢ 문맥상 '수준이나 정도를 더 높임.'의 의미이므로, '强化(강화: 강할 강, 될 화)'가 적절하다.

오답정리 ▶ ㉠ 投棄(투기: 던질 투, 버릴 기): 내던져 버림.

㉡ 過歲(과세: 지날 과, 해 세): 설을 쐼.

㉢ 講和(강화: 익힐 강, 화목할 화): 싸우던 두 편이 싸움을 그치고 평화로운 상태가 됨.

➕ 정답 | 01 ① 02 ③ 03 ② 04 ② 05 ③

1 한자

571	572	573	574	575	576
毛	尾	戶	房	扁	篇
털 모	꼬리 미	집 호	방 방	납작할 편	책 편
577	578	579	580	581	582
編	偏	遍	斤	斥	近
엮을 편	치우칠 편	두루 편	도끼 근	물리칠 척	가까울 근
583	584	585	586	587	588
折	斬	新	親	斷	訴
꺾을 절	벨 참	새 신	친할 친	끊을 단	하소연할 소
589	590	591	592	593	594
所	啓	長	張	髮	豕
바 소	열 계	길 장	베풀 장	터럭 발	돼지 시
595	596	597	598	599	600
家	蒙	逐	象	像	豫
집 가	어리석을 몽	쫓을 축	코끼리 상	모양 상	미리 예

2 한자성어

001 尾生之信	002 千篇一律	003 韋編三絶	004 手不釋卷	005 不偏不黨
006 近墨者黑	007 麻中之蓬	008 九折羊腸	009 百折不屈	010 泣斬馬謖
011 臥薪嘗膽	012 肝膽相照	013 四顧無親	014 優柔不斷	015 一刀兩斷
016 斷機之戒	017 罔知所措	018 十目所視	019 衆人環視	020 敎學相長
021 長幼有序	022 乘勝長驅	023 絶長補短	024 虛張聲勢	025 危機一髮
026 累卵之危	027 遼東之豕	028 家徒壁立	029 上漏下濕	030 三旬九食

3 한자어

001 近間	002 近刊	003 根幹	004 折衷	005 折衝
006 新築	007 伸縮	008 斷定	009 端正	010 端整
011 所願	012 訴願	013 疏遠	014 長官	015 將官
016 壯觀	017 家庭	018 家政	019 假定	020 苛政

○ 알고있음 △ 애매함 X 모름

571 毛 털 모 ★

毛髮	毛 털 모　　　髮 터럭 발
	1. 사람의 몸에 난 털을 통틀어 이르는 말 2. 사람의 머리털
不毛地	不 아닐 불　　　毛 털 모　　　地 땅 지
	1. 식물이 자라지 못하는 거칠고 메마른 땅
	2. 어떠한 사물이나 현상이 발달되어 있지 않은 곳. 또는 그런 상태를 비유적으로 이르는 말
吹毛求疵	吹 불 취　　　毛 털 모　　　求 구할 구　　　疵 흠 자
	상처를 찾으려고 털을 불어 헤친다는 뜻으로, 억지로 남의 작은 허물을 들추어냄을 비유적으로 이르는 말

572 尾 꼬리 미 ★

語尾	語 말씀 어　　　尾 꼬리 미
	용언 및 서술격 조사가 활용하여 변하는 부분
尾行	尾 꼬리 미　　　行 다닐 행
	다른 사람의 행동을 감시하거나 증거를 잡기 위하여 그 사람 몰래 뒤를 밟음.
龍頭蛇尾	龍 용 용(룡)　　　頭 머리 두　　　蛇 뱀 사　　　尾 꼬리 미
	용의 머리와 뱀의 꼬리라는 뜻으로, 처음은 왕성하나 끝이 부진한 현상을 이르는 말

573 戶 집 호 ★

戶籍	戶 집 호　　　籍 문서 적
	호주(戶主)를 중심으로 하여 그 집에 속하는 사람의 본적지, 성명, 생년월일 따위의 신분에 관한 사항을 기록한 공문서
破落戶	破 깨뜨릴 파　　　落 떨어질 락　　　戶 집 호
	재산이나 세력이 있는 집안의 자손으로서 집안의 재산을 몽땅 털어먹는 난봉꾼을 이르는 말
家家戶戶	家 집 가　　　家 집 가　　　戶 집 호　　　戶 집 호
	한 집 한 집

574 房 방 방 ★★

茶房	茶 차 다　　　　房 방 방
	사람들이 이야기를 나누거나 쉴 수 있도록 꾸며 놓고, 차(茶)나 음료 따위를 판매하는 곳
暖房	暖(煖) 따뜻할 난　　　房 방 방
	1. 실내의 온도를 높여 따뜻하게 하는 일 2. 불을 피워 따뜻하게 된 방
傳貰房	傳 전할 전　　　　貰 세낼 세　　　　房 방 방
	전세를 받고 빌려주는 방. 또는 전세를 주고 빌려 쓰는 방

575 扁 납작할 편 ★

扁平	扁 납작할 편　　　平 평평할 평
	넓고 평평함.
扁額	扁 납작할 편　　　額 이마 액
	종이, 비단, 널빤지 따위에 그림을 그리거나 글씨를 써서 방 안이나 문 위에 걸어 놓는 액자
扁桃腺	扁 납작할 편　　　桃 복숭아 도　　　腺 샘 선
	림프 조직이 모여 둥글고 작은 덩어리를 이룬 것

576 篇 책 편 ★

玉篇	玉 구슬 옥　　　篇 책 편
	한자를 모아서 일정한 순서로 늘어놓고 글자 하나하나의 뜻과 음을 풀이한 책. = 자전(字典)
長篇	長 길 장　　　篇 책 편
	1. 내용이 길고 복잡한 소설이나 시가 따위를 통틀어 이르는 말 2. 구성이 복잡하고 다루는 세계도 넓으며 등장인물도 다양한 긴 소설
續篇	續 이을 속　　　篇 책 편
	이미 만들어진 책이나 영화 따위의 뒷이야기로 만들어진 것

577 編 엮을 편 ★★

編入	編 엮을 편　　　入 들 입
	1. 얽거나 짜 넣음. 2. 이미 짜인 한 동아리나 대열 따위에 끼어 들어감. 3. 첫 학년에 입학하지 않고 어떤 학년에 도중에 들어가거나 다니던 학교를 그만두고 다른 학교에 들어감.
編輯	編 엮을 편　　　輯 모을 집
	일정한 방침 아래 여러 가지 재료를 모아 신문, 잡지, 책 따위를 만드는 일. 또는 영화 필름이나 녹음테이프, 문서 따위를 하나의 작품으로 완성하는 일
改編	改 고칠 개　　　編 엮을 편
	1. 책이나 과정 따위를 고쳐 다시 엮음. 2. 조직 따위를 고쳐 편성함.

578

偏 치우칠 편

★★★

偏見	偏 치우칠 편　　　　見 볼 견
	공정하지 못하고 한쪽으로 치우친 생각
偏向	偏 치우칠 편　　　　向 향할 향
	한쪽으로 치우침.
偏重	偏 치우칠 편　　　　重 무거울 중
	중심이 한쪽으로 치우침.

579

遍 두루 편

★★★

普遍	普 넓을 보　　　　遍 두루 편
	모든 것에 두루 미치거나 통함. 또는 그런 것
遍歷	遍 두루 편　　　　歷 지날 력
	1. 이곳저곳을 널리 돌아다님. 2. 여러 가지 경험을 함.
遍在	遍 두루 편　　　　在 있을 재
	널리 퍼져 있음.

580

斤 도끼 근

★

斧斤	斧 도끼 부　　　　斤 도끼 근
	큰 도끼와 작은 도끼를 통틀어 이르는 '말
斤數	斤 도끼 근　　　　數 셀 수
	저울에 단 무게의 수
千斤萬斤	千 일천 천　　斤 도끼 근　　萬 일만 만　　斤 도끼 근
	무게가 천 근이나 만 근이 된다는 뜻으로, 아주 무거움을 비유적으로 이르는 말

581

斥 물리칠 척

★★

排斥	排 밀칠 배　　　　斥 물리칠 척
	따돌리거나 거부하여 밀어 내침.
除斥	除 덜 제　　　　斥 물리칠 척
	1. 배제하여 물리침. 2. 법관 및 법원 사무관 등이 특정 사건에 대하여 법률에서 정한 특수한 관계가 있을 때에 법률상 그 사건에 관한 직무 집행을 행할 수 없게 함. 또는 그런 제도
衛正斥邪	衛 지킬 위　　正 바를 정　　斥 물리칠 척　　邪 간사할 사
	구한말에, 주자학을 지키고 가톨릭을 물리치기 위하여 내세운 주장

582 近 가까울 근 ★★ □□□

遠近	遠 멀 원　　近 가까울 근
	멀고 가까움.
接近	接 이을 접　　近 가까울 근
	1. 가까이 다가감.　2. 친밀하고 밀접한 관계를 가짐.
近處	近 가까울 근　　處 곳 처
	가까운 곳

583 折 꺾을 절 ★★ □□□

挫折	挫 꺾을 좌　　折 꺾을 절
	1. 마음이나 기운이 꺾임.　2. 어떠한 계획이나 일 따위가 도중에 실패로 돌아감.
屈折	屈 굽을 굴　　折 꺾을 절
	1. 휘어서 꺾임.
	2. 생각이나 말 따위가 어떤 것에 영향을 받아 본래의 모습과 달라짐.
	3. 광파, 음파, 수파 따위가 한 매질에서 다른 매질로 들어갈 때 경계면에서 그 진행 방향이 바뀌는 현상
迂餘曲折	迂 에돌 우　　餘 남을 여　　曲 굽을 곡　　折 꺾을 절
	뒤얽혀 복잡하여진 사정

584 斬 벨 참 ★★ □□□

斬新	斬(嶄) 벨 참　　新 새 신
	새롭고 산뜻함.
斬首	斬 벨 참　　首 머리 수
	목을 벰.
泣斬馬謖	泣 울 읍　　斬 벨 참　　馬 말 마　　謖 일어날 속
	큰 목적을 위하여 자기가 아끼는 사람을 버림을 이르는 말
	※ 중국 촉나라 제갈량이 군령을 어기어 가정(街亭) 싸움에서 패한 마속을 눈물을 머금고 참형에 처하였다는 데서 유래한다.

585 新 새 신 ★★★ □□□

新規	新 새 신　　規 법 규
	1. 새로운 규칙이나 규정　2. 새로이 하는 일
革新	革 가죽 혁　　新 새 신
	묵은 풍속, 관습, 조직, 방법 따위를 완전히 바꾸어서 새롭게 함.
更新	更 고칠 경　　新 새 신
	1. 이미 있던 것을 고쳐 새롭게 함. = 갱신(更新)
	2. 기록경기 따위에서, 종전의 기록을 깨뜨림.
	3. 어떤 분야의 종전 최고치나 최저치를 깨뜨림.
	更 다시 갱　　新 새 신
	1. 이미 있던 것을 고쳐 새롭게 함. = 경신(更新)
	2. 법률관계의 존속 기간이 끝났을 때 그 기간을 연장하는 일
	3. 기존의 내용을 변동된 사실에 따라 변경·추가·삭제하는 일

586 親 친할 친
★★★

親舊	親 친할 친　　　舊 옛 구
	1. 가깝게 오래 사귄 사람
	2. 나이가 비슷하거나 아래인 사람을 낮추거나 친근하게 이르는 말
親戚	親 친할 친　　　戚 겨레 척
	친족과 외척을 아울러 이르는 말
兩親	兩 두 양(량)　　　親 친할 친
	부친과 모친을 아울러 이르는 말

587 斷 끊을 단
★★★

斷絶	斷 끊을 단　　　絶 끊을 절
	1. 유대나 연관 관계를 끊음.　2. 흐름이 연속되지 아니함.
中斷	中 가운데 중　　　斷 끊을 단
	중도에서 끊어지거나 끊음.
判斷	判 판단할 판　　　斷 끊을 단
	사물을 인식하여 논리나 기준 등에 따라 판정을 내림.

588 訴 하소연할 소
★★

訴訟	訴 하소연할 소　　　訟 송사할 송
	재판에 의하여 원고와 피고 사이의 권리나 의무 따위의 법률관계를 확정하여 줄 것을 법원에 요구함. 또는 그런 절차
告訴	告 알릴 고　　　訴 하소연할 소
	1. 고하여 하소연함.
	2. 범죄의 피해자나 다른 고소권자가 범죄 사실을 수사 기관에 신고하여 그 수사와 범인의 기소를 요구하는 일
呼訴	呼 부를 호　　　訴 하소연할 소
	억울하거나 딱한 사정을 남에게 간곡히 알림.

589 所 바 소
★★

所得	所 바 소　　　得 얻을 득
	일한 결과로 얻은 정신적·물질적 이익
所聞	所 바 소　　　聞 들을 문
	사람들 입에 오르내려 전하여 들리는 말
場所	場 마당 장　　　所 바 소
	어떤 일이 이루어지거나 일어나는 곳

590 啓 열 계 ★★★

啓示	啓 열 계　　　示 보일 시 1. 깨우쳐 보여 줌. 2. 사람의 지혜로써는 알 수 없는 진리를 신(神)이 가르쳐 알게 함.
啓發	啓 열 계　　　發 필 발 슬기나 재능, 사상 따위를 일깨워 줌.
啓導	啓 열 계　　　導 이끌 도 남을 깨치어 이끌어 줌.

591 長 길 장 ★★

長短	長 길 장　　　短 짧을 단 1. 길고 짧음.　2. 좋은 점과 나쁜 점
延長	延 늘일 연　　　長 길 장 1. 시간이나 거리 따위를 본래보다 길게 늘림. 2. 물건의 길이나 걸어간 거리 따위를 일괄하였을 때의 전체 길이 3. 어떤 일의 계속. 또는 하나로 이어지는 것
社長	社 모일 사　　　長 길 장 회사의 책임자

592 張 베풀 장 ★★

主張	主 주인 주　　　張 베풀 장 자기의 의견이나 주의를 굳게 내세움. 또는 그런 의견이나 주의
誇張	誇 자랑할 과　　　張 베풀 장 사실보다 지나치게 불려서 나타냄.
出張	出 날 출　　　張 베풀 장 용무를 위하여 임시로 다른 곳으로 나감.

593 髮 터럭 발 ★★

理髮	理 다스릴 이(리)　　　髮 터럭 발 머리털을 깎아 다듬음.
頭髮	頭 머리 두　　　髮 터럭 발 머리에 난 털
間髮	間 사이 간　　　髮 터럭 발 아주 잠시 또는 아주 적음을 이르는 말

594 豕 돼지 시 ★		
豕喙	豕 돼지 시　　喙 부리 훼	
	돼지 주둥아리라는 뜻으로, 인상에 욕심이 많아 보이는 사람을 이르는 말	
遼東豕	遼 멀 요(료)　　東 동녘 동　　豕 돼지 시	
	견문이 좁아 세상일을 모르고 저 혼자 득의양양함을 이르는 말	
	※ 옛날 요동의 어떤 돼지가 머리가 흰 새끼를 낳자, 이를 신기하게 여긴 주인이 임금께 바치려고 하동(河東)으로 가지고 갔다가 그곳 돼지는 모두 머리가 흰 것을 보고 부끄러워서 돌아왔다는 데서 유래한다.	
亥豕之譌	亥 돼지 해　　豕 돼지 시　　之 갈 지　　譌 그릇될 와	
	서로 비슷한 글자 가운데 하나를 다른 글자로 잘못 써 뜻을 그릇 전하게 됨을 이르는 말.	
	※ 기해(己亥)를 삼시(三豕)로 잘못 썼다는 데서 유래한다.	

595 家 집 가 ★★	
家族	家 집 가　　族 겨레 족
	주로 부부를 중심으로 한, 친족 관계에 있는 사람들의 집단. 또는 그 구성원
國家	國 나라 국　　家 집 가
	일정한 영토와 거기에 사는 사람들로 구성되고, 주권(主權)에 의한 하나의 통치 조직을 가지고 있는 사회 집단
作家	作 지을 작　　家 집 가
	문학 작품, 사진, 그림, 조각 따위의 예술품을 창작하는 사람

596 蒙 어리석을 몽 ★★	
啓蒙	啓 열 계　　蒙 어리석을 몽
	지식수준이 낮거나 인습에 젖은 사람을 가르쳐서 깨우침.
蒙昧	蒙 어리석을 몽　　昧 어두울 매
	어리석고 사리에 어두움.
蒙利	蒙 어리석을 몽　　利 이로울 리
	이익을 얻음. 또는 덕을 봄.

597 逐 쫓을 축 ★★			
逐出	逐 쫓을 축　　出 날 출		
	쫓아내거나 몰아냄.		
驅逐	驅 몰 구　　逐 쫓을 축		
	어떤 세력 따위를 몰아서 쫓아냄.		
隨衆逐隊	隨 따를 수　　衆 무리 중　　逐 쫓을 축　　隊 무리 대		
	무리를 따르고 대열을 쫓는다는 뜻으로, 자기의 뚜렷한 주관이 없이 여러 사람의 틈에 끼어 덩달아 행동함을 이르는 말		

598 象 코끼리 상 ★★★	象徵	象 코끼리 상　　　徵 부를 징
		추상적인 개념이나 사물을 구체적인 사물로 나타냄. 또는 그렇게 나타낸 표지(標識)·기호·물건 따위
	印象	印 도장 인　　　象 코끼리 상
		어떤 대상에 대하여 마음속에 새겨지는 느낌.
	象牙塔	象 코끼리 상　　　牙 어금니 아　　　塔 탑 탑
		1. 속세를 떠나 오로지 학문이나 예술에만 잠기는 경지
		2. '대학'을 비유적으로 이르는 말

599 像 모양 상 ★★★	映像	映 비출 영　　　像 모양 상
		1. 빛의 굴절이나 반사 등에 의하여 이루어진 물체의 상(像)
		2. 머릿속에서 그려지는 모습이나 광경
		3. 영사막이나 브라운관, 모니터 따위에 비추어진 상
	想像	想 생각 상　　　像 모양 상
		실제로 경험하지 않은 현상이나 사물에 대하여 마음속으로 그려 봄.
	偶像	偶 짝 우　　　像 모양 상
		1. 나무, 돌, 쇠붙이, 흙 따위로 만든 신불(神佛)이나 사람의 형상
		2. 신처럼 숭배의 대상이 되는 물건이나 사람

600 豫 미리 예 ★★	豫想	豫 미리 예　　　想 생각 상
		어떤 일을 직접 당하기 전에 미리 생각하여 둠. 또는 그런 내용
	豫定	豫 미리 예　　　定 정할 정
		앞으로 일어날 일이나 해야 할 일을 미리 정하거나 생각함.
	豫測	豫 미리 예　　　測 헤아릴 측
		미리 헤아려 짐작함.

001 ☐☐☐

尾生之信
미생지신

꼬리 미　　　날 생　　　갈 지　　　믿을 신

우직하여 융통성이 없이 약속만을 굳게 지킴을 비유적으로 이르는 말
※ 중국 춘추 시대에 미생(尾生)이라는 자가 다리 밑에서 만나자고 한 여자와의 약속을 지키기 위하여 홍수에도 피하지 않고 기다리다가 마침내 익사하였다는 고사에서 유래한다.

002 ☐☐☐

千篇一律
천편일률

일천 천　　　책 편　　　하나 일　　　법 률

1. 여러 시문의 격조(格調)가 모두 비슷하여 개별적 특성이 없음.
2. 여럿이 개별적 특성이 없이 모두 엇비슷한 현상을 비유적으로 이르는 말

003 ☐☐☐

韋編三絕
위편삼절

가죽 위　　　엮을 편　　　석 삼　　　끊을 절

공자가 주역을 즐겨 읽어 책의 가죽끈이 세 번이나 끊어졌다는 뜻으로, 책을 열심히 읽음을 이르는 말

004 ☐☐☐

手不釋卷
수불석권

손 수　　　아닐 불　　　풀 석　　　책 권

손에서 책을 놓지 아니하고 늘 글을 읽음.

005 ☐☐☐

不偏不黨
불편부당

아닐 불　　　치우칠 편　　　아닐 부(불)　　　무리 당

아주 공평하여 어느 쪽으로도 치우침이 없음.

006 ☐☐☐

近墨者黑
근묵자흑

가까울 근　　　먹 묵　　　놈 자　　　검을 흑

먹을 가까이하는 사람은 검어진다는 뜻으로, 나쁜 사람과 가까이 지내면 나쁜 버릇에 물들기 쉬움을 비유적으로 이르는 말

007 □□□

麻中之蓬
마중지봉

| 삼 마 | 가운데 중 | 갈 지 | 쑥 봉 |

삼밭 속의 쑥이라는 뜻으로, 곧은 삼밭 속에서 자란 쑥은 곧게 자라게 되는 것처럼 선한 사람과 사귀면 그 감화를 받아 자연히 선해짐을 비유적으로 이르는 말

008 □□□

九折羊腸
구절양장

| 아홉 구 | 꺾을 절 | 양 양 | 창자 장 |

아홉 번 꼬부라진 양의 창자라는 뜻으로, 꼬불꼬불하며 험한 산길을 이르는 말

009 □□□

百折不屈
백절불굴

| 일백 백 | 꺾을 절 | 아닐 불 | 굽을 굴 |

어떠한 난관에도 결코 굽히지 않음.

010 □□□

泣斬馬謖
읍참마속

| 울 읍 | 벨 참 | 말 마 | 일어날 속 |

큰 목적을 위하여 자기가 아끼는 사람을 버림을 이르는 말

※ 중국 촉나라 제갈량이 군령을 어기어 가정(街亭) 싸움에서 패한 마속을 눈물을 머금고 참형에 처하였다는 데서 유래한다.

011 □□□

臥薪嘗膽
와신상담

| 누울 와 | 섶 신 | 맛볼 상 | 쓸개 담 |

불편한 섶에 몸을 눕히고 쓸개를 맛본다는 뜻으로, 원수를 갚거나 마음먹은 일을 이루기 위하여 온갖 어려움과 괴로움을 참고 견딤을 비유적으로 이르는 말

※ 중국 춘추 시대 오나라의 왕 부차(夫差)가 아버지의 원수를 갚기 위하여 장작더미 위에서 잠을 자며 월나라의 왕 구천(句踐)에게 복수할 것을 맹세하였고, 그에게 패배한 월나라의 왕 구천이 쓸개를 핥으면서 복수를 다짐한 데서 유래한다.

012 □□□

肝膽相照
간담상조

| 간 간 | 쓸개 담 | 서로 상 | 비출 조 |

서로 속마음을 털어놓고 친하게 사귐.

013 □□□

四顧無親
사고무친

| 넉 사 | 돌아볼 고 | 없을 무 | 친할 친 |

의지할 만한 사람이 아무도 없음.

014 □□□

優柔不斷
우유부단

| 넉넉할 우 | 부드러울 유 | 아닐 부(불) | 끊을 단 |

어물어물 망설이기만 하고 결단성이 없음.

015 一刀兩斷
일도양단

☐☐☐

| 하나 일 | 칼 도 | 두 양(량) | 끊을 단 |

1. 칼로 무엇을 대번에 쳐서 두 도막을 냄.
2. 어떤 일을 머뭇거리지 아니하고 선뜻 결정함을 비유적으로 이르는 말

016 斷機之戒
단기지계

☐☐☐

| 끊을 단 | 틀 기 | 갈 지 | 경계할 계 |

학문을 중도에서 그만두면 짜던 베의 날을 끊는 것처럼 아무 쓸모가 없음을 경계한 말.
≒ 맹모단기지교(孟母斷機之教), 맹모단기(孟母斷機)
※ 맹자가 수학(修學) 도중에 집에 돌아오자, 그의 어머니가 짜던 베를 끊어 그를 훈계하였다는 데서 유래한다.

017 罔知所措
망지소조

☐☐☐

| 없을 망 | 알 지 | 바 소 | 둘 조 |

너무 당황하거나 급하여 어찌할 줄을 모르고 갈팡질팡함.

018 十目所視
십목소시

☐☐☐

| 열 십 | 눈 목 | 바 소 | 볼 시 |

여러 사람이 다 보고 있다는 뜻으로, 세상 사람을 속일 수 없음을 비유적으로 이르는 말

019 衆人環視
중인환시

☐☐☐

| 무리 중 | 사람 인 | 고리 환 | 볼 시 |

여러 사람이 둘러싸고 지켜봄.

020 教學相長
교학상장

☐☐☐

| 가르칠 교 | 배울 학 | 서로 상 | 길 장 |

가르치고 배우는 과정에서 스승과 제자가 함께 성장함.

021 長幼有序
장유유서

☐☐☐

| 길 장 | 어릴 유 | 있을 유 | 차례 서 |

오륜(五倫)의 하나. 어른과 어린이 사이의 도리는 엄격한 차례가 있고 복종해야 할 질서가 있음을 이른다.

022 乘勝長驅
승승장구

☐☐☐

| 탈 승 | 이길 승 | 길 장 | 몰 구 |

싸움에 이긴 형세를 타고 계속 몰아침.

023 絶長補短
절장보단

끊을 절　　　　길 장　　　　기울 보　　　　짧을 단

긴 것을 잘라서 짧은 것을 보충한다는 뜻으로, 장점이나 넉넉한 것으로 단점이나 부족한 것을 보충함을 이르는 말

024 虛張聲勢
허장성세

빌 허　　　　베풀 장　　　　소리 성　　　　기세 세

실속은 없으면서 큰소리치거나 허세를 부림. 허세(虛勢).

025 危機一髮
위기일발

위태할 위　　　틀 기　　　　하나 일　　　　터럭 발

여유가 조금도 없이 몹시 절박한 순간

026 累卵之危
누란지위

여러 누(루)　　알 란　　　　갈 지　　　　위태할 위

충충이 쌓아 놓은 알의 위태로움이라는 뜻으로, 몹시 아슬아슬한 위기를 비유적으로 이르는 말

027 遼東之豕
요동지시

멀 요(료)　　　동녘 동　　　　갈 지　　　　돼지 시

견문이 좁아 세상일을 모르고 저 혼자 득의양양함을 이르는 말 ≒ 요동시(遼東豕)

※ 옛날 요동의 어떤 돼지가 머리가 흰 새끼를 낳자, 이를 신기하게 여긴 주인이 임금께 바치려고 하동(河東)으로 가지고 갔다가 그곳 돼지는 모두 머리가 흰 것을 보고 부끄러워서 돌아왔다는 데서 유래한다.

028 家徒壁立
가도벽립

집 가　　　　다만 도　　　　벽 벽　　　　설 립

가난한 집이라서 집 안에 세간살이는 하나도 없고 네 벽만 서 있다는 뜻으로, 매우 가난하다는 말

029 上漏下濕
상루하습

위 상　　　　샐 루　　　　아래 하　　　　젖을 습

위에서는 비가 새고 아래에서는 습기가 오른다는 뜻으로, 매우 가난한 집을 비유적으로 이르는 말

030 三旬九食
삼순구식

석 삼　　　　열흘 순　　　　아홉 구　　　　먹을 식

삼십 일 동안 아홉 끼니밖에 먹지 못한다는 뜻으로, 몹시 가난함을 이르는 말

001 近間

가까울 근   사이 간

근간

이제까지의 매우 짧은 동안
• 近間에 잘 지내고 있는지 궁금하다.

002 近刊

가까울 근   책 펴낼 간

근간

최근에 출판함. 또는 그런 간행물
• 김 씨는 近刊 서적들을 통해 소설계 동향을 파악한다.

003 根幹

뿌리 근   줄기 간

근간

1. 뿌리와 줄기를 아울러 이르는 말
2. 사물의 바탕이나 중심이 되는 중요한 것
   • 섬유 산업은 우리나라 경제 성장의 根幹이 되었다.

004 折衷

꺾을 절   속마음 충

절충

서로 다른 사물이나 의견, 관점 따위를 알맞게 조절하여 서로 잘 어울리게 함.
• 그 두 의견을 잘 折衷해서 이렇게 하도록 하면 좋을 것입니다.

005 折衝

꺾을 절   부딪칠 충

절충

적의 전차(戰車)를 후퇴시킨다는 뜻으로, 이해관계가 서로 다른 상대와 교섭하거나 담판함을 이르는 말
• 노사는 회사의 정상화 방안을 折衝하기 위해 애쓰고 있다.

006 新築

새 신   쌓을 축

신축

건물 따위를 새로 만듦.
• 이곳이 아파트 新築 부지이다.

007 伸縮

펼 신   줄일 축

신축

늘고 줆. 또는 늘이고 줄임.
• 이 고무줄은 伸縮이 뛰어나다.

008 斷定

끊을 단   정할 정

단정

딱 잘라서 판단하고 결정함.
• 검찰은 이번 사건을 계획적 범행으로 斷定했다.

009 端正

끝 단   바를 정

단정

옷차림새나 몸가짐 따위가 얌전하고 바름.
• 용모가 端正하다.

010 端整

끝 단   가지런할 정

단정

깨끗이 정리되어 가지런함.
• 교실이 端整하게 정돈되어 있다.

011

所願 바 소 원할 원

소원

어떤 일이 이루어지기를 바람. 또는 그런 일
• 所願을 빌다.

012

訴願 하소연할 소 원할 원

소원

행정 관청의 위법 또는 부당한 처분으로 권리와 이익을 침해받을 때에, 그 상급 관청에 대하여 처분의 취소 또는 변경을 청구하는 일
• 헌법 訴願을 제기하다.

013

疏遠 성길 소 멀 원

소원

지내는 사이가 두텁지 아니하고 거리가 있어서 서먹서먹함.
• 그 사건 이후로 두 사람의 사이는 매우 疏遠하게 되었다.

014

長官 길 장 벼슬 관

장관

국무를 나누어 맡아 처리하는 행정 각 부의 우두머리
• 행정안전부 長官

015

將官 장수 장 벼슬 관

장관

군사를 거느리는 우두머리. 장수(將帥)

016

壯觀 씩씩할 장 볼 관

장관

훌륭하고 장대한 광경
• 산 정상에서 보는 일몰은 그야말로 壯觀이었다.

017

家庭 집 가 뜰 정

가정

1. 한 가족이 생활하는 집
2. 가까운 혈연관계에 있는 사람들의 생활 공동체
• 결혼하여 한 家庭을 이루다.

018

家政 집 가 정사 정

가정

집안을 다스리는 일
• 연일 이어지는 야근 때문에 家政을 돌볼 시간이 없다.

019

假定 거짓 가 정할 정

가정

사실이 아니거나 또는 사실인지 아닌지 분명하지 않은 것을 임시로 인정함.
• 그의 의식 속에는 만약이라는 假定이 항상 존재하고 있다.

020

苛政 가혹할 가 정사 정

가정

가혹한 정치
• 독재자의 苛政 아래 백성들은 힘들어했다.

💬 다음 한자의 뜻과 음을 쓰시오.

01 近 : (   )   02 偏 : (   )

03 折 : (   )   04 遍 : (   )

05 新 : (   )   06 蒙 : (   )

07 親 : (   )   08 象 : (   )

💬 다음 한자성어의 독음을 쓰고, 적절한 뜻을 바르게 연결하시오.

09 手不釋卷 ·
    (   )

10 教學相長 ·
    (   )

11 虛張聲勢 ·
    (   )

12 近墨者黑 ·
    (   )

13 臥薪嘗膽 ·
    (   )

14 肝膽相照 ·
    (   )

15 尾生之信 ·
    (   )

16 韋編三絶 ·
    (   )

· ⓐ 먹을 가까이하는 사람은 검어진다는 뜻으로, 나쁜 사람과 가까이 지내면 나쁜 버릇에 물들기 쉬움을 비유적으로 이르는 말

· ⓑ 서로 속마음을 털어놓고 친하게 사귐.

· ⓒ 손에서 책을 놓지 아니하고 늘 글을 읽음.

· ⓓ 가르치고 배우는 과정에서 스승과 제자가 함께 성장함.

· ⓔ 실속은 없으면서 큰소리치거나 허세를 부림.

· ⓕ 공자가 주역을 즐겨 읽어 책의 가죽끈이 세 번이나 끊어졌다는 뜻으로, 책을 열심히 읽음을 이르는 말

· ⓖ 우직하여 융통성이 없이 약속만을 굳게 지킴을 비유적으로 이르는 말

· ⓗ 불편한 섶에 몸을 눕히고 쓸개를 맛본다는 뜻으로, 원수를 갚거나 마음먹은 일을 이루기 위하여 온갖 어려움과 괴로움을 참고 견딤을 비유적으로 이르는 말

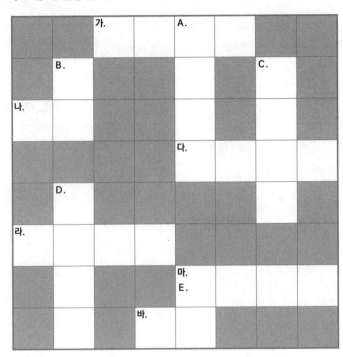

💬 〈보기〉의 설명을 참고하여 빈칸에 들어갈 한자를 쓰시오.

🔍 정답

01. 가까울 **근**

02. 치우칠 **편**

03. 꺾을 **절**

04. 두루 **편**

05. 새 **신**

06. 어리석을 **몽**

07. 친할 **친**

08. 코끼리 **상**

09. 수불석권 – ⓒ

10. 교학상장 – ⓓ

11. 허장성세 – ⓔ

12. 근묵자흑 – ⓐ

13. 와신상담 – ⓗ

14. 간담상조 – ⓑ

15. 미생지신 – ⓖ

16. 위편삼절 – ⓕ

20^강 실전 연습문제

01 다음 작품과 가장 관련 있는 한자 성어는?   `2020 지방직 9급`

> 이고 진 저 늙은이 짐 풀어 나를 주오
> 나는 젊었거늘 돌인들 무거울까
> 늙기도 설워라커늘 짐을조차 지실까
>
> — 정철, 〈훈민가〉

① 朋友有信   ② 長幼有序   ③ 君臣有義   ④ 夫婦有別

02 효(孝)와 관계된 사자성어가 아닌 것은?   `2019 서울시 7급(2월)`

① 斑衣之戲   ② 斷機之戒   ③ 陸績懷橘   ④ 望雲之情

03 밑줄 친 단어의 한자 표기가 바른 것은?   `2016 기상직 7급`

① 암살 기도가 <u>미수(未收)</u>로 그치다.
② 부가 일부 계층에 <u>편재(遍在)</u>되어 있다.
③ 신병을 이유로 영의정 스스로 <u>사의(斜意)</u>를 표명했다.
④ <u>제재(題材)</u>가 반드시 좋아야 좋은 글이 되는 것이 아니다.

04 다음 중 괄호 안의 한자어가 적절히 사용된 것은?   `2014 서울시 9급`

① 가상(假像) 현실에서는 실제로 경험할 수 없는 체험을 할 수 있다.
② 가시(可示)적인 성과보다는 내실이 중요하다.
③ 그의 작품에는 다양한 인생 편력(遍歷)이 드러나 있다.
④ 그 이야기는 과장(誇長) 없는 사실이다.
⑤ 삶에 대한 통찰(通察)이 묻어나는 말씀이다.

05 다음 글의 내용에 가장 어울리는 한자 성어는?

> 조선 후기 유명한 시인이자 독서가였던 백곡(白谷) 김득신(金得臣)은 어릴 때 천연두를 앓아 머리가 둔했다고 전해진다. 열 살이 돼서야 글을 배우기 시작했는데, 읽고 돌아서면 잊어버리는 수준이니 도무지 진척이 없었

다. 주위에서 저런 둔재가 있느냐고 혀를 찼지만 그의 아버지만큼은 격려를 아끼지 않았다. 부친의 신뢰를 저버리지 않고 김득신은 엄청난 열정으로 책읽기에 몰두했다. 그는 그칠 줄 모르고 읽고 또 읽었다. 기록에 따르면 《사기(史記)》의 〈백이전(伯夷傳)〉은 무려 1억 1만 3000번을 읽었다고 한다. 여기서 '1억'은 10만을 가리킨다.

김득신은 인고의 노력 끝에 그의 나이 20세가 되어서야 부친께 글 한 편을 올릴 수 있었고, 59세에 드디어 과거에 급제하여 벼슬에 나아갔다고 한다.

김득신은 스스로 지은 묘비명에서 "재주가 남만 못하다고 스스로 한계를 짓지 말라. 나보다 어리석고 둔한 사람도 없겠지만 결국에는 이룸이 있었다. 모든 것은 힘쓰는데 달렸을 따름"이라 했다. 스스로 둔재임을 인식하고 초인적 노력을 쏟는 열정으로 문장을 이루었던 김득신의 이야기는 분명 세월을 넘어 가르치는 바가 적지 않다.

① 教學相長　　② 尾生之信　　③ 三人成虎　　④ 大器晚成

---

01 제시된 작품에서는 노인을 공경하고 도와주어야 한다는 경로사상(敬老思想)을 말하고 있다. 따라서 제시된 작품과 가장 관련이 깊은 한자 성어는 어른과 어린이 사이의 도리는 엄격한 차례가 있고 복종해야 할 질서가 있음을 이르는 말인 ② '長幼有序(장유유서: 길 장, 어릴 유, 있을 유, 차례 서)'이다.

오답정리 ① 朋友有信(붕우유신: 벗 붕, 벗 우, 있을 유, 믿을 신): 벗과 벗 사이의 도리는 믿음에 있음.
③ 君臣有義(군신유의: 임금 군, 신하 신, 있을 유, 옳을 의): 임금과 신하 사이의 도리는 의리에 있음.
④ 夫婦有別(부부유별: 지아비 부, 며느리 부, 있을 유, 다를 별): 남편과 아내 사이의 도리는 서로 침범하지 않음에 있음.

02 ② '斷機之戒(단기지계: 끊을 단, 틀 기, 갈 지, 경계할 계)'는 학문을 중도에서 그만두면 짜던 베의 날을 끊는 것처럼 아무 쓸모없음을 경계한 말이다. 따라서 '효(孝)'와 관계가 없다.

오답정리 ① 班衣之戲(반의지희: 아롱질 반, 옷 의, 갈 지, 놀이 희): 중국 초나라의 노래자가 일흔 살에 늙은 부모님을 위로하려고 색동저고리를 입고 어린이처럼 기어 다녀 보였다는 데서 유래하여, 늙어서 효도함을 이르는 말
③ 陸績懷橘(육적회귤: 뭍 육(륙), 실 낳을 적, 품을 회, 귤나무 귤): 중국 후한(後漢)의 육적이 6세 때 원술의 집에서 대접 받은 귤 세 개를 어머니께 가져다드리려고 몰래 품에 품었다는 고사에서 유래하여, 효자의 아름다운 행실을 비유하는 말
④ 望雲之情(망운지정: 바랄 망, 구름 운, 갈 지, 뜻 정): 자식이 객지에서 고향에 계신 어버이를 생각하는 마음

03 ④ 문맥상 '글의 재료'란 의미이므로, '題材(제재: 제목 제, 재목 재)'의 표기는 옳다.

오답정리 ① 未收 → 未遂: 문맥상 '암살 기도를 이루지 못하다'란 의미이므로, '未遂(미수: 아닐 미, 이룰 수)'로 표기해야 한다.
※ 未收(미수: 아닐 미, 거둘 수): 돈이나 물건 따위를 아직 다 거두어들이지 못함.
② 遍在 → 偏在: 문맥상 '부'가 일부 계층에만 집중되어 있다는 의미이므로, '偏在(편재: 치우칠 편, 있을 재)'으로 표기해야 한다.
遍在(편재: 두루 편, 있을 ·재): 널리 퍼져 있음.
③ 斜意 → 辭意: 문맥상 '물러날 의사를 표명했다'란 의미이므로, '辭意(사의: 말씀 사, 뜻 의)'로 표기해야 한다.
※ '斜意(사의: 비낄 사, 뜻 의)'는 없는 단어이다.

04 ③ 문맥상 '여러 가지를 경험함.'의 의미이므로, '遍歷(편력: 두루 편, 지날 력)'의 사용은 바르다.

오답정리 ① 假像 → 假想: 문맥상 '사실이라고 가정하여 생각함.'의 의미이므로, '假想(가상: 거짓 가, 생각 상)'이 적절하다.
※ 假像(가상: 거짓 가, 모양 상): 실물처럼 보이는 거짓 형상
② 可示 → 可視: 문맥상 '눈으로 볼 수 있는 것'의 의미이므로, '可視(가시: 옳을 가, 볼 시)'가 적절하다.
※ '可示(가시: 옳을 가, 보일 시)'는 없는 단어이다.
④ 誇長 → 誇張: 문맥상 '사실보다 지나치게 불려서 나타냄.'의 의미이므로, '誇張(과장: 자랑할 과, 베풀 장)'이 적절하다.
※ '誇長(과장: 자랑할 과, 길 장)'은 없는 단어이다.
⑤ 通察 → 洞察: 문맥상 '꿰뚫어 봄.'의 의미이므로, '洞察(통찰: 꿰뚫을 통, 살필 찰)'이 적절하다.
※ 通察(통찰: 통할 통, 살필 찰): 책이나 글을 처음부터 끝까지 모두 훑어봄.

05 김득신은 어릴 적 앓은 병으로 인하여 머리가 둔했다고 하나, 꾸준한 노력 끝에 59세에 이르러서 벼슬에 나아가기에 이르렀다. 제시된 한자 성어 중 이 이야기에 가장 어울리는 것은, '큰 그릇을 만드는 데는 시간이 오래 걸린다는 뜻으로, 크게 될 사람은 늦게 이루어짐을 이르는 말'인 ④ '大器晚成(대기만성: 큰 대, 그릇 기, 늦을 만, 이룰 성)'이다.

오답정리 ① 教學相長(교학상장: 가르칠 교, 배울 학, 서로 상, 길 장): 가르치고 배우는 과정에서 스승과 제자가 함께 성장함.
② 尾生之信(미생지신: 꼬리 미, 날 생, 갈 지, 믿을 신): 우직하여 융통성이 없이 약속만을 굳게 지킴을 비유적으로 이르는 말
③ 三人成虎(삼인성호: 석 삼, 사람 인, 이룰 성, 범 호): 세 사람이 짜면 거리에 범이 나왔다는 거짓말도 꾸밀 수 있다는 뜻으로, 근거 없는 말이라도 여러 사람이 말하면 곧이듣게 됨을 이르는 말

＋ 정답 01 ②　02 ②　03 ④　04 ③　05 ④

혜원 국어
신(神)의 한 수
한자편

1판 2쇄 발행 | 2021년 10월 8일
편 저 자 | 고혜원
발 행 처 | 오스틴북스
인   쇄 | 영피앤피
등록번호 | 제 396-2010-000009호
주   소 | 경기도 고양시 일산동구 백석동 1351번지
전   화 | 070-4123-5716
팩   스 | 031-902-5716

정   가 | 21,000원
I S B N | 979-11-88426-26-3   13710